Le Routard

Venise

Directeur de collection et auteur
Philippe GLOAGUEN

Cofondateurs
Philippe GLOAGUEN
et Michel DUVAL

Rédacteurs en chef adjoints
Amanda KERAVEL
et Benoît LUCCHINI

Directrice de la coordination
Florence CHARMETANT

Directrice administrative
Bénédicte GLOAGUEN

Directeur du développement
Gavin's CLEMENTE-RUÏZ

Direction éditoriale
Catherine JULHE

Rédaction
Isabelle AL SUBAIHI
Mathilde de BOISGROLLIER
Thierry BROUARD
Marie BURIN des ROZIERS
Véronique de CHARDON
Fiona DEBRABANDER
Anne-Caroline DUMAS
Géraldine LEMAUF-BEAUVOIS
Olivier PAGE
Alain PALLIER
Anne POINSOT
André PONCELET

Conseiller à la rédaction
Pierre JOSSE

Administration
Carole BORDES
Éléonore FRIESS

2016

hachette

Remarque importante aux hôteliers et restaurateurs

Les enquêteurs du *Routard* travaillent dans le plus strict anonymat. Aucune réduction, aucun avantage quelconque, aucune rétribution n'est jamais demandé en contrepartie. Face aux aigrefins, la loi autorise les hôteliers et restaurateurs à porter plainte.

Avis aux lecteurs

Le Routard, ce n'est pas comme le bon vin, il vieillit mal. On ne veut pas pousser à la consommation, mais évitez de partir avec une édition ancienne. Les modifications sont souvent importantes.

Les réductions accordées à nos lecteurs ne sont jamais demandées par nos rédacteurs afin de préserver leur indépendance. Les hôteliers et restaurateurs sont sollicités par une société de mailing, totalement indépendante de la rédaction, qui reste donc libre de ses choix. De même pour les autocollants et plaques émaillées.

Avec routard.com, choisissez, organisez, réservez et partagez vos voyages !

✓ Rejoignez la plus grande communauté francophone de voyageurs : plus de **2 millions** de visiteurs !

✓ Échangez avec les routarnautes : forums, photos, avis d'hôtels.

✓ Retrouvez aussi toutes les informations actualisées pour choisir et préparer vos voyages : plus de 200 fiches pays, une centaine de dossiers pratiques et un magazine en ligne pour découvrir tous les secrets de votre destination.

✓ Enfin, comparez les offres pour organiser et réserver votre voyage au meilleur prix.

Pictogrammes du *Routard*

Établissements

- Hôtel, auberge, chambres d'hôtes
- Camping
- Restaurant
- Pizzeria
- Boulangerie, sandwicherie
- Glacier
- Pâtisserie
- Café, salon de thé
- Café, bar
- Bar musical
- Club, boîte de nuit
- Salle de spectacle
- Office de tourisme
- Poste
- Boutique, magasin, marché
- Accès Internet
- Hôpital, urgences

Sites

- Plage
- Site de plongée
- Piste cyclable, parcours à vélo

Transports

- Aéroport
- Gare ferroviaire
- Gare routière, arrêt de bus
- Station de métro
- Station de tramway
- Parking
- Taxi
- Taxi collectif
- Bateau
- Bateau fluvial

Attraits et équipements

- Présente un intérêt touristique
- Recommandé pour les enfants
- Adapté aux personnes handicapées
- Ordinateur à disposition
- Connexion wifi
- Inscrit au Patrimoine mondial de l'Unesco

Le *Routard* est imprimé sur un papier issu de forêts gérées.

Tout au long de ce guide, découvrez toutes les photos de la destination sur • *routard.com* • Attention au coût de connexion à l'étranger, assurez-vous d'être en wifi !

I.S.B.N. 978-2-01-161249-6

TABLE DES MATIÈRES

COMMENT Y ALLER ?

VENISE UTILE

HOMMES, CULTURE, ENVIRONNEMENT

INFORMATIONS ET ADRESSES UTILES

LE GRAND CANAL

SAN MARCO

DORSODURO

SAN POLO ET SANTA CROCE

CANNAREGIO

CASTELLO

LES ÎLES DU BASSIN DE SAINT-MARC

LA GIUDECCA

SAN GIORGIO MAGGIORE

LES ÎLES DU NORD

SAN MICHELE

MURANO

BURANO

SAN FRANCESCO DEL DESERTO

TORCELLO

SANT'ERASMO

LES ÎLES DU SUD

LIDO

SAN LAZZARO DEGLI ARMENI ET SAN SERVOLO

CHIOGGIA

LA TERRE FERME, DE MESTRE À PUNTA SABBIONI

LE CANALE DEL BRENTA (CANAL DE LA BRENTA)

IMPORTANT : DERNIÈRE MINUTE

Sauf rare exception, le *Routard* bénéficie d'une parution annuelle à date fixe. Entre deux dates, des événements fortuits (formalités, taux de change, catastrophes naturelles, conditions d'accès aux sites, fermetures inopinées, etc.) peuvent intervenir et modifier vos projets de voyage. Pour éviter les déconvenues, nous vous recommandons de consulter la rubrique « Guide » par pays de notre site • ***routard.com*** • et plus particulièrement les dernières ***Actus voyageurs.***

Recommandation à ceux qui souhaitent profiter des réductions et avantages proposés dans le *Routard* par les hôteliers et les restaurateurs.

À l'hôtel, pensez à les demander au moment de la réservation ou bien lors de votre **arrivée.** Ils ne sont valables que pour les réservations en direct et ne sont pas cumulables avec d'autres offres promotionnelles (notamment sur Internet). Au restaurant, parlez-en **au moment** de la commande et surtout **avant** que l'addition ne soit établie. Poser votre *Routard* sur la table ne suffit pas : le personnel de salle n'est pas toujours au courant et une fois le ticket de caisse imprimé, il est souvent difficile de modifier le total. En cas de doute, montrez la notice relative à l'établissement dans le *Routard* de l'année, bien sûr, et ne manquez pas de nous faire part de toute difficulté rencontrée.

Remerciements

Pour l'édition de ce guide, nous remercions tout particulièrement :

- Valerio Scoyni, directeur de l'ENIT à Paris ;
- Anne Lefèvre, chargée des relations presse à l'ENIT ;
- Federica Galbesi et Antonella Botta, chargées de la communication et du marketing à l'ENIT ;
- Cristina Bottero de l'office de tourisme à Venise, pour sa disponibilité et son efficacité ;
- Christine Adam, pour son aide indéfectible, son dynamisme et sa connaissance de Venise sur le bout des doigts.

Nous tenons à remercier tout particulièrement Loup-Maëlle Besançon, Thierry Bessou, Gérard Bouchu, François Chauvin, Grégory Dalex, Fabrice Doumergue, Cédric Fischer, Carole Fouque, Michelle Georget, David Giason, Claude Hervé-Bazin, Emmanuel Juste, Dimitri Lefèvre, Fabrice de Lestang, Romain Meynier, Éric Milet, Pierre Mitrano, Jean-Sébastien Petitdemange et Thomas Rivallain pour leur collaboration régulière.

Perrine Attout
Emmanuelle Bauquis
Jean-Jacques Bordier-Chêne
Michèle Boucher
Sophie Cachard
Caroline Cauwe
Lucie Colombo
Agnès Debiage
Jérôme Denoix
Tovi et Ahmet Diler
Clélie Dudon
Sophie Duval
Perrine Eymauzy
Alain Fisch
Cécile Gastaldo
Bérénice Glanger
Adrien et Clément Gloaguen
Bernard Hilaire
Sébastien Jauffret
Jacques Lemoine
Jacques Muller
Caroline Ollion
Justine Oury
Martine Partrat
Odile Paugam et Didier Jehanno
Émilie Pujol
Prakit Saiporn
Jean-Luc et Antigone Schilling
Alice Sionneau
Caroline Vallano
Camille Zecchinati

Direction : Nathalie Bloch-Pujo
Contrôle de gestion : Jérôme Boulingre et Alexis Bonnefond
Secrétariat : Catherine Maîtrepierre
Direction éditoriale : Catherine Julhe
Édition : Matthieu Devaux, Géraldine Péron, Olga Krokhina, Gia-Quy Tran, Julie Dupré, Victor Beauchef, Jeanne Cochin, Emmanuelle Michon, Flora Sallot, Sandra Svadin et Quentin Tenneson
Préparation-lecture : Estelle Gaudin
Cartographie : Frédéric Clémençon et Aurélie Huot
Fabrication : Nathalie Lautout et Audrey Detournay
Relations presse France : COM'PROD, Fred Papet. ☎ 01-70-69-04-69. • *info@comprod.fr* •
Direction marketing : Adrien de Bizemont, Lydie Firmin et Laure Illand
Contacts partenariats : André Magniez (EMD). • *andremagniez@gmail.com* •
Édition des partenariats : Élise Ernest
Informatique éditoriale : Lionel Barth
Couverture : Clément Gloaguen et Seenk
Maquette intérieure : le-bureau-des-affaires-graphiques.com, Thibault Reumaux et npeg.fr
Relations presse : Martine Levens (Belgique) et Maureen Browne (Suisse)
Régie publicitaire : Florence Brunel-Jars. • *fbrunel@hachette-livre.fr* •

??? LES QUESTIONS QU'ON SE POSE LE PLUS SOUVENT

Quelle est la meilleure saison pour y aller ?
Toute l'année ! Mais sachez que pendant les périodes de Carnaval, de la Mostra et de la Biennale, les prix des hébergements atteignent des sommets ! Désormais, les intersaisons sont également pleine saison à Venise : il y a moins de monde en juillet-août (mais grosse chaleur) qu'en mai ou en septembre...

La vie est-elle chère ?
Oui, Venise est une des villes les plus chères d'Italie. Les petits budgets choisiront l'hiver, et si possible en semaine, pour se loger (de janvier à mars mais hors Carnaval). Cependant, en profitant des promotions sur Internet, on peut se loger à un prix raisonnable, surtout en basse saison.

Quel est le meilleur moyen pour se déplacer ?
Les *vaporetti* sont nombreux et pratiques, mais le billet est plutôt cher (à moins de coupler vos visites et de prendre un *pass* 3 jours). Pour autant la plus belle façon de découvrir la ville reste sans aucun doute... la marche !

Peut-on passer de folles nuits à Venise ?
Certainement, à condition de s'aventurer dans des *campi,* fréquentés par les étudiants, comme celui de Santa Margherita dans le quartier du Dorsoduro ou encore les abords du marché du Rialto qui restent animés relativement tard.

Combien de temps faut-il rester à Venise pour avoir « tout vu » ?
Pour pouvoir apprécier tous les aspects de la « Sérénissime », l'idéal est d'y séjourner une semaine entière. Cependant, Venise est la destination week-end par excellence, et ses ressources paraissent inépuisables. Une bonne occasion d'y revenir plusieurs fois...

L'artisanat est-il développé ?
L'artisanat vénitien va du masque en papier mâché à la fine dentelle de Burano, en passant par le verre de Murano. De quoi remplir vos bagages de souvenirs, mais mieux vaut avoir la carte de paiement avenante, et attention aux contrefaçons !

Faut-il emporter des bottes ?
En hiver principalement, il y a toujours un risque d'*acqua alta.* Mais pas de panique : celle-ci ne dure que le temps d'une marée, et des passerelles sont installées pour faciliter la circulation des piétons.

La ville est-elle sûre ?
Venise est une ville tranquille. La nuit, on se promène sans crainte dans ses ruelles désertes. C'est même là tout son charme. Attention cependant aux pickpockets dans les lieux les plus fréquentés.

Peut-on y aller avec des enfants ?
Oui, mais seulement s'ils sont en âge de marcher, car en poussette, c'est franchement galère ! Venise est d'une richesse incroyable pour les enfants. Une ville magique avec ses ponts, ses gondoles, ses *vaporetti* et sa cuisine !

LES COUPS DE CŒUR DU ROUTARD

- **Se glisser parmi les étals du marché du Rialto de bon matin,** quand sont livrés fruits, légumes et poissons fraîchement pêchés... .... p. 164
- **Savourer la cuisine vénitienne,** avec ses nombreuses spécialités inspirées de la mer !... p. 70
- **Boire un *spritz* (apéro vénitien) près du Rialto,** dans un *bacaro,* avec les locaux emportés par des conversations animées... p. 157
- **Parcourir le Grand Canal à bord d'un *vaporetto*** et voir défiler le spectacle extraordinaire des palais vénitiens, de jour comme de nuit. .... p. 107
- **Sillonner la ville sur les pas de Corto Maltese,** après avoir relu la B.D. d'Hugo Pratt *Fable de Venise,* et s'aventurer du côté du Ghetto ou du terrible lion de l'Arsenal. .... p. 176, 194
- **Découvrir la richesse de la collection de François Pinault** au palazzo Grassi et à la Punta della Dogana pour les amateurs d'art contemporain..... p. 133, 141
- **Flâner la nuit dans les ruelles désertes,** quand la lumière des réverbères illumine la surface des canaux. On est alors seul au monde............................. p. 114
- **Suivre la visite guidée du théâtre de la Fenice,** avant d'assister à un concert dans cette somptueuse bonbonnière rococo parmi un public unique au monde................................ p. 97, 130
- **Admirer les toiles de Carpaccio** à l'Accademia ou à la merveilleuse Scuola San Giorgio degli Schiavoni.. p. 144, 196
- **Visiter la Ca' Rezzonico,** un palais magnifique dont l'intérieur est d'une richesse impressionnante. .... p. 148
- Grimper en haut du campanile de l'île de San Giorgio Maggiore **pour la vue panoramique** sur Venise et sa lagune... p. 203
- **Partir à l'abordage du Museo Storico Navale** pour comprendre l'importance de la mer dans l'histoire de la Sérénissime. .... p. 197
- **À Burano,** composer un patchwork photographique des **maisons colorées** avant d'embarquer pour **Torcello** afin d'admirer l'intérieur de la **cattedrale Santa Maria Assunta.** .... p. 211, 216
- Faire un saut au Lido pour **renouer avec l'architecture Liberty du XIXe s,** au fil d'une promenade à vélo. .... p. 219
- Au Lido, essayer de **replonger dans l'atmosphère glamour d'autrefois,** en septembre au moment de la Mostra....... p. 68
- Prendre le temps de **visiter quelques villas du canal de la Brenta,** miroir fastueux de l'opulence passée de Venise, côté terre ferme. .... p. 233

ITINÉRAIRES CONSEILLÉS

Venise est une ville très visitée, tant et si bien qu'en pleine saison, ça « bouchonne » sérieusement du côté de la piazza San Marco ou du Rialto. N'hésitez pas à sortir des sentiers battus. Aventurez-vous vers les passages secrets et les itinéraires de « délestage ». Venise offre alors un tout autre visage.

Une demi-journée

C'est évidemment bien trop court pour découvrir cette ville. Toutefois, offrez-vous quand même la « carte postale » de la Sérénissime en prenant dès votre arrivée le *vaporetto* nº 2 (plus rapide que le nº 1) en direction de la piazza San Marco. De piazzale Roma ou de la gare ferroviaire Santa Lucia, il faut à peine 30 mn à ce moyen de transport emblématique de Venise pour parcourir le Grand Canal et vous déposer sur la *place Saint-Marc (piazza San Marco).* De l'aéroport, c'est encore plus irréel. En sortant, marchez une dizaine de minutes, puis prenez le *water-bus (alilaguna).* En un peu plus de 1h, vous débarquez devant le *palazzo Ducale,* le palais des Doges, attenant à la célèbre place : émerveillement assuré. La visite de la basilique – chef-d'œuvre de l'art vénéto-byzantin – est gratuite.

Un jour

Direction piazza San Marco en empruntant le *vaporetto* nº 2 (plus rapide que le nº 1). Environ 30 mn après, on est sur la fameuse place Saint-Marc. Visiter la *basilique* et le *palais des Doges.* Prendre ensuite la calle larga XXII Marzo jusqu'au campo Santa Maria Zobenigo, d'où l'on emprunte le *traghetto* pour passer sur l'autre rive. C'est l'occasion de faire un peu de gondole sans casser sa tirelire (compter 2 € le trajet). Les plus pressés pousseront jusqu'au *pont de l'Accademia,* qui arrive au niveau du musée éponyme.
Une petite pause *tramezzini* (délicieux petits sandwichs italiens) dans le quartier de Dorsoduro, puis cap sur la *Scuola Grande di San Rocco,* soit par le *vaporetto* nº 1 (arrêt San Tomà), soit à pied en passant par le *campo Santa Margherita.* Visiter ensuite la superbe *chiesa dei Frari,* juste à côté, avant de gagner le célèbre *ponte di Rialto* en traversant le *campo San Polo.*
C'est l'occasion de boire un *spritz,* au milieu des habitués d'un des *bacari* (bars à vins qui ont fait la réputation du quartier), avant d'aller dîner dans une de ces adresses typiques.

Trois jours

– ***Premier jour :*** commencer la matinée par la visite de la *basilique Saint-Marc (basilica di San Marco).* Monter tout en haut du campanile pour découvrir les environs. Puis musarder dans le quartier de San Marco avant de traverser le *pont de l'Accademia* pour visiter son célèbre musée.
L'après-midi, promenez-vous pour découvrir les charmes de Dorsoduro. Une glace le long des *Zattere,* la *collection Peggy Guggenheim,* et il est déjà l'heure de

l'apéro sur le très animé *campo Santa Margherita.* Pour dîner, optez pour une table dans le quartier de San Polo.

– ***Deuxième jour :*** visite du *musée Correr* et du *palais des Doges.* Puis promenade dans le quartier du Castello sur la *riva degli Schiavoni* en remontant jusqu'à la porte de l'*Arsenal* (allez dire bonjour aux lions de notre part !) et visite de la petite *Scuola San Giorgio degli Schiavoni* pour contempler les toiles de Carpaccio. Si vous êtes plutôt art moderne et contemporain, rendez-vous l'après-midi au *musée Peggy Guggenheim,* à la *Punta della Dogana* dans le Dorsoduro et au *palazzo Grassi.*

– ***Troisième jour :*** attention, cette journée ne conviendra qu'aux lèves-tôt ! D'abord, il vous faudra rejoindre l'embarcadère *Fondamenta Nove* pour prendre le bateau jusqu'à Burano. Si le cœur vous en dit (et surtout si vous avez le temps), faites l'aller-retour vers Torcello pour voir la basilique. De retour à Venise même, partir du quartier de la gare et faire un tour dans le Cannaregio. Puis pousser jusqu'à la *Ca' d'Oro* pour visiter la *galleria Franchetti.* Après le déjeuner, prendre le *traghetto* devant la *Ca' d'Oro* pour rejoindre le quartier San Polo, visiter la *chiesa dei Frari* et la *Scuola Grande di San Rocco.* Le soir, rien de mieux que de s'offrir un dîner dans le quartier du Rialto, qui regorge de bonnes petites adresses.

Une semaine

C'est le temps idéal pour découvrir la ville sans trop se presser, en misant sur les heures creuses pour visiter les sites « incontournables ». L'occasion également de flâner dans le Cannaregio et le Castello, deux quartiers méconnus des touristes, où Venise respire encore un parfum d'antan. Ne pas oublier non plus de faire le tour complet de la ville en bateau et de pousser jusqu'au *Lido,* non sans avoir fait une halte à la *Giudecca.* Sur la terre ferme, le *canale del Brenta* est à découvrir en bateau. En une semaine, on se fait plaisir en découvrant Venise au petit matin et la nuit, aux heures magiques où la ville n'appartient plus qu'aux rêveurs éveillés. Surtout, on peut vraiment goûter à l'art de vivre vénitien, à commencer par sa cuisine, tout un programme...

Si vous êtes...

... en famille : la place et la basilique Saint-Marc, la balade en *vaporetto* (ligne n° 1 ou 2) sur le Grand Canal, le pont du Rialto, la visite d'un atelier de masques, le musée d'Histoire navale et celui d'Histoire naturelle, le Carnaval (si vous y êtes à cette période), le marché au poisson (marché de Rialto), la petite île de Burano aux maisons colorées.

... inconditionnel de la peinture du Titien, du Tintoret et de Véronèse : la chiesa Santa Maria dei Frari, la galleria dell'Accademia, la Scuola Grande di San Rocco, le palais des Doges.

... passionné de bateaux : l'atelier de réparation des gondoles sur la fondamenta Nani, la fête du Redentore (en juin), le quartier de l'Arsenal et le musée d'Histoire navale.

... plutôt mélomane : le théâtre de la Fenice, le palazetto Bru Zane, la chiesa San Vidal avec près de 300 concerts par an.

... plutôt adepte de calme et de tranquillité : le Ghetto, le quartier de l'Arsenal, le campanile de San Giorgio Maggiore, le palazzo Grimani, l'île de la Giudecca, celle de Torcello ou de San Francesco del Deserto.

... amoureux : la Ca' Rezzonico, le *Caffè Florian,* la balade le long des Zattere, la chiesa della Madonna dell'Orto, la place Saint-Marc le soir, le Lido à vélo et l'incontournable tour en gondole.

... amateur d'art moderne et contemporain : la Ca' Pesaro, la collection Peggy Guggenheim, le palazzo Grassi, la Punta della Dogana, le Teatrino et les expos de la Biennale (tous les 2 ans).

COMMENT Y ALLER ?

EN AVION

Les compagnies régulières

▲ AIR FRANCE

Rens et résas au ☎ 36-54 (0,34 €/mn – tlj 6h30-22h), sur ● airfrance.fr ●, dans les agences Air France et dans ttes les agences de voyages. Fermées dim.

➢ De l'aéroport Roissy-Charles-de-Gaulle : 6 vols/j. pour Venise-Marco Polo.

Air France propose à tous des tarifs attractifs toute l'année. Vous avez la possibilité de consulter les meilleurs tarifs du moment sur Internet, directement sur la page d'accueil « Meilleures offres et promotions ».

Le programme de fidélisation Air France-KLM permet d'accumuler des *miles* à son rythme et de profiter d'un large choix de primes. Avec votre carte *Flying Blue,* vous êtes immédiatement identifié comme client privilégié lorsque vous voyagez avec tous les partenaires.

Air France propose également des réductions Jeunes. La carte *Flying Blue Jeune* est réservée aux jeunes âgés de 2 à 24 ans résidant en France métropolitaine, dans les départements d'outre-mer, au Maroc, en Tunisie ou en Algérie. Avec plus de 1 000 destinations et plus de 100 partenaires, *Flying Blue Jeune* offre autant d'occasions d'accumuler des *miles* partout dans le monde.

▲ HOP !

Rens et résas sur ● hop.fr ●, via les canaux de ventes Air France, dans ttes les agences de voyages et au centre d'appel ☎ 0825-302-222 (0,15 €/mn ; tlj 365 j./an).

➢ De Biarritz, Bordeaux, Brest, Caen, La Rochelle, Lille, Limoges, Lorient, Lyon, Marseille, Metz-Nancy, Montpellier, Mulhouse-Bâle, Nantes, Nice, Pau, Poitiers, Rennes et Strasbourg, vols vers Rome via Lyon.

HOP ! propose des tarifs attractifs toute l'année. Possibilité de consulter les meilleurs tarifs du moment sur ● *hop.fr* ●

▲ ALITALIA

Infos et résas au ☎ 0892-655-655 (0,34 €/mn ; lun-ven 8h-20h, w-e 9h-19h), sur ● alitalia.fr ● et dans les agences de voyages.

➢ De l'aéroport Roissy-Charles-de-Gaulle : 5 vols/j. pour Venise-Marco Polo (en partage de code avec Air France).

▲ BRUSSELS AIRLINES

Rens : ☎ 0892-640-030 (0,33 €/mn ; lun-ven 9h-19h, sam 9h-17h) depuis la France. ● brusselsairlines.com ●

➢ Vols quotidiens Bruxelles-Venise 2 fois/j. min.

Les compagnies *low-cost*

Plus vous réserverez vos billets à l'avance, plus vous aurez des chances d'avoir des tarifs avantageux. Des frais de dossier ainsi que des frais pour le paiement par carte bancaire peuvent vous être facturés. En outre, les pénalités en cas de changement de vols sont assez importantes. Il faut aussi rappeler que plusieurs compagnies facturent maintenant les bagages en soute et limitent leurs poids. En cabine également, le nombre de bagages est strictement limité (attention même le plus petit sac à main est compté comme un bagage à part entière). À bord, c'est

NOUVEAUTÉ

LA VÉLODYSSÉE (ROSCOFF-HENDAYE ; avril 2016)

De Roscoff à Hendaye, tout au long de la façade Atlantique, la plus longue véloroute de France dévale du nord au sud sur plus de 1 200 km. Choisissez votre parcours parmi 12 itinéraires divisés en étapes de 20 à 40 km, essentiellement en voies vertes fléchées et sécurisées. Un parcours nature, caractérisé par la diversité de ses paysages : eau salée de l'Atlantique et eau douce des lacs aquitains, forêts bretonnes et pinèdes landaises, marais salants, parcs à huîtres, plages de sable fin et marécages où viennent nicher les oiseaux…
La Vélodyssée prend racine dans les genêts du Finistère, suit les agréables berges du canal de Nantes à Brest, puis se confond avec le littoral atlantique pour finir en beauté au Pays basque. Les plages à perte de vue et le charme des villes qui jalonnent le parcours sont autant de haltes à ne pas manquer.
Un guide pratique : à chaque étape sa carte en couleurs. Avec un carnet d'adresses pour louer un vélo, se loger et, bien sûr, se restaurer.

service minimum et toutes les prestations sont payantes (boissons, journaux). Attention également, au moment de la résa par Internet, à décocher certaines options qui sont automatiquement cochées (assurances, etc.). Au final, même si les prix de base restent très attractifs, il convient de prendre en compte les frais annexes pour calculer le plus justement son budget.

▲ EASY JET

• *easyjet.com* •

➢ De l'aéroport Roissy-Charles-de-Gaulle, 1-2 A/R par j. et de Paris-Orly, 2 A/R par j.

➢ De Lyon et de Nice, plusieurs vols/sem.

▲ RYANAIR

• *ryanair.com* •

➢ De Paris-Beauvais ou de Bruxelles-Charleroi, 1 A/R par j. à destination de Venise-Trévise (aéroport situé à 30 km de Venise).

▲ TRANSAVIA

☎ *0892-05-88-88 (0,34 €/mn).* • *transavia.com* •

➢ Vols hebdomadaires pour Venise depuis Paris-Orly, Lille et Nantes.

LES ORGANISMES DE VOYAGES

EN FRANCE

▲ COMPTOIR DE L'ITALIE

– Paris : 6, rue des Écoles, 75005. ☎ 01-53-10-34-43. Fax : 01-53-10-21-71. • *comptoir.fr* • *Ⓜ Cardinal-Lemoine. Lun-ven 9h30-18h30, sam 10h-18h30.*

– Lyon : 10, quai Tilsitt, 69002. ☎ 04-72-44-13-40. Ⓜ Bellecour. Lun-sam 9h30-18h30.

– Marseille : 12, rue Breteuil, 13001. ☎ 04-84-25-21-80. Ⓜ Estrangin. Lun-sam 9h30-18h30.

– Toulouse : 43, rue Peyrolières, 31000. ☎ 05-62-30-15-00. Ⓜ Esquirol. Lun-sam 9h30-18h30.

D'un bout à l'autre de ces deux pays aux ambiances souvent similaires, de multiples idées de voyages s'offrent à vous. En Italie comme en Croatie, le Comptoir vous propose un large choix d'autotours et de séjours dans des hôtels de charme, au meilleur prix. Quelles que soient vos envies, une équipe de spécialistes de l'Italie et de la Croatie seront à votre écoute pour créer votre voyage sur mesure.

21 Comptoirs, plus de 60 destinations, des idées de voyages à l'infini. Comptoir des Voyages s'impose depuis 20 ans comme une référence incontournable pour les voyages sur mesure, accessibles à tous les budgets. Membre de l'association ATR (Agir pour un tourisme responsable), Comptoir des Voyages a obtenu la certification Tourisme responsable AFAQ AFNOR.

▲ ITALIE & CO

– Courbevoie : 169, bd Saint-Denis, 92400. Sur rdv ou à domicile. 📱 06-85-56-30-62. • *carine@italieandco.fr* • *italieandco.fr* •

Italie & Co est une agence dynamique et d'un genre nouveau, fondée par deux professionnels italiens partageant la même passion pour leur pays d'origine. Ils sont disponibles tous les jours par mail ou par téléphone pour vous aider à organiser le voyage de vos rêves et pour vous assister tout au long de votre séjour. Seul ou en famille, pour vos loisirs ou pour votre travail, Italie & Co propose des offres sélectionnées et testées par l'agence. Une soirée à la Scala de Milan, à la Fenice de Venise ou aux arènes de Vérone, un cours de cuisine à l'école Barilla ou juste du farniente sur une belle plage en Sardaigne, Italie & Co met à votre disposition son carnet d'adresses de charme pour faire de votre voyage une véritable expérience. Offre spéciale lecteurs routard : un accueil VIP ou un cadeau surprise en donnant la référence « routard » au moment de la réservation.

▲ JEUNESSE ET RECONSTRUCTION

– Paris : 10, rue de Trévise, 75009. ☎ 01-47-70-15-88. • *volontariat.org* • *Ⓜ Cadet ou Grands-Boulevards. Lun-ven 10h-13h, 14h-18h.*

Jeunesse et Reconstruction propose des activités dont le but est l'échange culturel dans le cadre d'un engagement volontaire. Chaque année, des

NOUVEAUTÉ

AUSTRALIE CÔTE EST + AYERS ROCK (mai 2016)

Le pouvoir attractif de l'Australie est évident. Des terres arides à l'emblématique Ayers Rock, cet immense « rocher » émergeant au milieu de rien, des îlots paradisiaques sur la Grande Barrière de corail… Les animaux, parfois cocasses – kangourous, koalas, crocodiles, araignées Redback… –, côtoient la plus vieille civilisation du monde, celle du peuple aborigène. Pour les adeptes de la mer, il faudrait 27 ans pour visiter toutes les plages du pays, à raison d'une par jour ! La plus longue autoroute du monde suit 14 500 km de côtes, sans jamais lasser. Pour les accros de culture, l'Opéra de Sydney s'impose, avant de découvrir de fabuleux musées. Sans oublier l'ambiance des cafés de Melbourne, véritable petite San Francisco locale. Vous saurez tout sur le fameux Programme Vacances Travail (Working Holiday Visa), permettant d'alterner petits boulots et voyage au long cours. Mais le plus important se trouve dans la franche convivialité du peuple australien.

centaines de jeunes bénévoles âgés de 17 à 30 ans participent à des chantiers internationaux en France ou à l'étranger (Europe, Asie, Afrique et Amérique), et s'engagent dans un programme de volontariat à long terme (6 mois ou 1 an).
Dans le cadre des chantiers internationaux, les volontaires se retrouvent autour d'un projet d'intérêt collectif (1 à 4 semaines) et participent à la restauration du patrimoine bâti, à la protection de l'environnement, à l'organisation logistique d'un festival ou à l'animation et l'aide à la vie quotidienne auprès d'enfants ou de personnes handicapées.

▲ NOUVELLES FRONTIERES
☎ 0825 000 747 (0,15 €/min). En agence de voyages, agences Nouvelles Frontières et Marmara. • nouvelles-frontieres.fr •
Depuis plus de 45 ans, Nouvelles Frontières fait découvrir le monde au plus grand nombre au travers de séjours à la découverte de nouveaux paysages et de rencontres riches en émotions. Selon votre budget ou vos désirs, plus de 100 destinations sont proposées en circuits ou en séjours et voyages à la carte à personnaliser selon vos envies. Rendez-vous sur le Web ou bien en agence où les conseillers Nouvelles Frontières seront à votre écoute pour composer votre voyage selon vos souhaits.

▲ NOVO.TRAVEL
Rens et résas : ☎ 0899-180-018 (1,35 € l'appel + 0,34 €/mn). • novo.travel • Lun-ven 10h-12h et 14h-18h.
Spécialiste des voyages en autocar à destination de toutes les grandes cités européennes. Week-ends, séjours et circuits en bus toute l'année, grands festivals et événements européens. Formules pour tout public, individuel ou groupe, au départ de toutes les grandes villes de France.

▲ PROMOVACANCES.COM
• promovacances.com • ou au ☎ 0899-654-850 (1,35 € l'appel puis 0,34 €/mn). Lun-ven 8h-minuit, sam 9h-23h, dim 10h-23h.
N° 1 français de la vente de séjours sur Internet, Promovacances a fait voyager plus de 2 millions de clients en 10 ans. Le site propose plus de 10 000 voyages actualisés chaque jour vers 300 destinations : séjours, circuits, week-ends, thalasso, plongée, golf, voyages de noces, locations, vols secs... L'ambition du voyagiste : prouver chaque jour que le petit prix est compatible avec des vacances de qualité. Grâce aux avis clients publiés sur le site et aux visites virtuelles des hôtels, vous réservez vos vacances en toute tranquillité.

▲ TERRES LOINTAINES
– Issy-les-Moulineaux : 2, rue Maurice-Hartmann, 92130. Sur rdv slt ou par tél : ☎ 01-84-19-44-45. • terres-lointaines.com • Lun-ven 8h30-19h30, sam 9h-18h.
Véritable créateur de voyages sur mesure, Terres Lointaines est un spécialiste reconnu du long-courrier sur plus de 30 destinations en Amérique, en Afrique et en Asie, et qui assure des prix compétitifs et un discours de transparence. Grâce à une sélection rigoureuse de partenaires sur place et un large choix d'hébergements de petite capacité et de charme, Terres Lointaines propose des voyages de qualité et hors des sentiers battus. Les circuits itinérants sont déclinables à l'infini pour coller parfaitement à toutes les envies et tous les budgets. En plus d'un contact privilégié avec un expert du pays, le site *• terres-lointaines.com •*, illustré par de nombreuses photos, des cartes interactives et informations pratiques, commencera à vous faire voyager.

▲ VOYAGES-SNCF.COM
– Infos et résas depuis la France : • voyages-sncf.com • et sur tablette et mobile avec les applis V. (trains) et V. Hôtel (hôtels).
– Réserver un vol, un hôtel, une voiture : ☎ 0899-500-500 (1,35 € l'appel, puis 0,34 €/mn).
– Une question ? Rubrique Contact ou au ☎ 09-70-60-99-60 (n° non surtaxé).
Voyages-sncf.com, distributeur de voyages en ligne de la SNCF, vous propose ses meilleurs prix de train, d'avion, d'hôtel et de location de voitures en France et en Europe. Accédez aussi à ses services exclusifs : billets à domicile (en France), Alerte Résa, calendrier des prix, offres de dernière minute...

▲ **VOYAGEURS DU MONDE EN ITALIE**

– Voyageurs en Italie (Italie, îles Éoliennes, Sardaigne, Sicile).
• voyageursdumonde.fr •
– Paris : La Cité des Voyageurs, 55, rue Sainte-Anne, 75002. ☎ 01-42-86-17-20. Ⓜ Opéra ou Pyramides. Lun-sam 9h30-19h. Avec une librairie spécialisée sur les voyages.
– Également des agences à Bordeaux, Grenoble, Lille, Lyon, Marseille, Montpellier, Nantes, Nice, Rennes, Rouen, Strasbourg et Toulouse. Également Bruxelles et Genève.

Le spécialiste du voyage en individuel sur mesure. Parce que chaque voyageur est différent, que chacun a ses rêves et ses idées pour les réaliser, Voyageurs du Monde conçoit, depuis plus de 30 ans, des projets sur mesure. Les séjours proposés sur 120 destinations sont élaborés par leurs 180 conseillers voyageurs. Spécialistes par pays et même par région, ils vous aideront à personnaliser les voyages présentés à travers une trentaine de brochures d'un nouveau type et sur le site internet où vous pourrez également découvrir les hébergements exclusifs et consulter votre espace personnalisé. Au cours de votre séjour, vous bénéficiez des services personnalisés Voyageurs du Monde, dont la possibilité de modifier à tout moment votre voyage, l'assistance d'un concierge local, la mise en place de rencontres et de visites privées et l'accès à votre carnet de voyage via une application iPhone et Androïd. Voyageurs du Monde est membre de l'association ATR (Agir pour un tourisme responsable) et a obtenu sa certification Tourisme responsable AFAQ AFNOR.

Comment aller à Roissy et à Orly ?

> Conservez dans votre bagage cabine vos médicaments, vos divers chargeurs et appareils ainsi que vos objets de valeur (clés et bijoux). Et on ne sait jamais, ajoutez-y de quoi vous changer si vos bagages n'arrivaient pas à bon port avec vous.

Bon à savoir :
– le ***pass Navigo*** est valable pour Roissy-Rail (RER B, zones 1-5) et Orly-Rail (RER C, zones 1-4). Le week-end et les j. fériés, le *pass Navigo* est dézoné, ce qui permet à ceux qui n'ont que les zones 1 à 3 d'aller tout de même jusqu'aux aéroports sans frais supplémentaire ;
– le ***billet Orly-Rail*** permet d'accéder sans supplément aux réseaux métro et RER.

À Roissy-Charles-de-Gaulle 1, 2 et 3

Attention : si vous partez de Roissy, pensez à vérifier de quelle aérogare votre avion décolle, car la durée du trajet peut considérablement varier en fonction de cette donnée.

En transports collectifs

Les cars Air France : *☎ 0892-350-820 (0,34 €/mn). • lescarsairfrance.com • Paiement par CB possible à bord.*

Le site internet diffuse les informations essentielles sur le réseau (lignes, horaires, tarifs...) permettant de connaître en temps réel le trafic afin de mieux planifier son départ. Il permet d'acheter à un tarif spécial et d'imprimer les billets électroniques pour accéder aux bus.

➢ *Paris-Roissy :* départ pl. de l'Étoile (1, av. Carnot), avec un arrêt pl. de la Porte-Maillot (bd Gouvion-Saint-Cyr). Départ ttes les 30 mn, 5h45-23h. Durée du trajet : 1h env. Tarifs : 17 € l'aller simple, 29 € l'A/R ; réduc enfants 2-11 ans. Autre départ depuis la gare Montparnasse (arrêt rue du Commandant-Mouchotte, face à l'hôtel *Pullman*), ttes les 30 mn, 6h-22h, avec un arrêt gare de Lyon (20 bis, bd Diderot). Tarifs : 17 € l'aller simple, 28,50 € l'A/R ; réduc enfants 2-11 ans.

➢ *Roissy-Paris :* les cars *Air France* desservent la pl. de la Porte-Maillot, avec un arrêt bd Gouvion-Saint-Cyr, et se rendent ensuite au terminus de l'av. Carnot. Départ ttes les 30 mn, 5h45-23h, des terminaux 2A et 2C (porte C2), 2E et 2F (niveau « Arrivées », porte E8 ou F9), 2B et 2D (porte B1), et du terminal 1 (porte 32, niveau « Arrivées »).

À destination de la gare de Lyon et de la gare Montparnasse, départ ttes les 30 mn, 6h-22h, des mêmes terminaux. Durée du trajet : 1h15 env.

Roissybus : ☎ *32-46 (0,34 €/mn).* • *ratp.fr* • Départ de la pl. de l'Opéra (angle rues Scribe et Auber) ttes les 15 mn (20 mn à partir de 20h, 30 mn à partir de 22h), 5h15-0h30. Durée du trajet : 60 mn. De Roissy, départ 6h-0h30 des terminaux 1, 2A, 2B, 2C, 2D et 2F, et à la sortie du hall d'arrivée du terminal 3. Tarif : 10,50 €.

Bus RATP nº 351 : de la pl. de la Nation, 5h35-20h20. Solution la moins chère mais la plus lente. Compter 3 tickets ou 5,70 € et 1h40 de trajet. Ou **bus nº 350,** de la gare de l'Est (1h15 de trajet). Arrivée Roissypôle-gare RER.

RER ligne B + navette : ☎ *32-46 (0,34 €/mn).* Départ ttes les 15 mn, 4h53-0h20 depuis la gare du Nord et à partir de 5h26 depuis Châtelet. À Roissy-Charles-de-Gaulle, descendre à la station (il y en a 2) qui dessert le bon terminal. De là, prendre la navette adéquate. Compter 50 mn de la gare du Nord à l'aéroport (navette comprise), mais mieux vaut prendre de la marge. Tarif : 10,90 €. *Pass Navigo* valable sans frais supplémentaires pour les aéroports.

– Si vous venez du Nord, de l'Ouest ou du Sud de la France en train, vous pouvez rejoindre les aéroports de Roissy sans passer par Paris, la gare SNCF Paris-Charles-de-Gaulle étant reliée aux réseaux TGV.

En navette

Easybus : départ ttes les 30 mn près du Palais-Royal *(2, pl. André-Malraux, face à la Comédie-Française, Ⓜ Louvre/Palais-Royal).* Minibus de 16 places. Comptez 45-60 mn de trajet. Réservation sur le site • *easybus.fr* • Plus vous réservez tôt, moins vous payez.

En taxi

Pensez aussi aux nouveaux services de transport qui se développent dans la capitale, et qui pourraient être adaptés à vos besoins :

– ***WeCab :*** ☎ *01-41-27-66-77.* • *wecab.com* • *Remise de 10 % pour nos lecteurs avec le code « routard2016 » au paiement.* Une formule de taxi partagé (avoir un peu de souplesse horaire donc, max 2 arrêts), fonctionnant entre les aéroports parisiens et Paris, ainsi qu'une quarantaine de villes en Île-de-France, tarifs forfaitaires (paiement à l'avance en ligne).
– ***Marcel :*** ☎ *0892-230-300.* • *marcel.cab* • *Appli Marcel Chauffeur sur iPhone et Androïd. 15 % de réduc pour tte résa effectuée plus de 48h à l'avance. Remise supplémentaire de 10 % pour nos lecteurs avec le code promo « routard ».* Service sur Paris et en Île-de-France, tarifs fixes avantageux et connus à la réservation. Aucun frais supplémentaire pour les bagages, passagers supplémentaires ou l'approche. Réservation gratuite par Internet ou via l'application, payante par téléphone.

En voiture

Chaque terminal a son propre parking. Compter 36 € par tranche de 24h. Également des parkings longue durée (PR et PX), plus éloignés des terminaux, qui proposent des tarifs plus avantageux (forfait 24h 26 €, forfait 7 j. 158 €). Possibilité de réserver sa place de parking via le site • *aeroportsdeparis.fr* • Stationnement au parking Vacances (longue durée) dans le P3 Résa (terminaux 1 et 3) situé à 2 mn du terminal 3 à pied, ou dans le PAB (terminal 2). Formules de stationnement 1-30 j. (115-230 €) pour le P3 Résa. Forfait w-e 4 j. au PAB : 49 €. Réservation sur Internet uniquement. Les P1, PAB et PEF accueillent les deux-roues : 15 € pour 24h.
– À proximité, ***Econopark*** : possibilité de laisser sa voiture à Aulnay-sous-Bois *(1, bd André-Citroën ; env 10 min de Roissy).* De 1 à 28 j., compter 30-166 €. Trajet A/R vers Roissy en minibus (sans supplément). Résa et paiement en ligne sur • *econopark.fr* • ou ☎ *01-60-14-80-00.*

Comment se déplacer entre Roissy-Charles-de-Gaulle 1, 2 et 3 ?

Les rames du CDG-VAL font le lien entre les 3 terminaux en 8 mn.

Fonctionne tlj, 24h/24. Gratuit. Accessible aux personnes à mobilité réduite. Départ ttes les 4 mn, et ttes les 20 mn minuit-4h. Desserte gratuite vers certains hôtels, parkings, gares RER et gares TGV. *Infos au ☎ 39-50.*

À Orly-Sud et Orly-Ouest

En transports collectifs

🚌 ***Les cars Air France :*** *☎ 0892-350-820 (0,34 €/mn). • lescarsairfrance.com • Tarifs : 12,50 € l'aller simple, 21 € l'A/R ; réduc 2-11 ans. Paiement par CB possible dans le bus.*

➢ *Paris-Orly :* départ de l'Étoile, 1, av. Carnot, ttes les 30 mn, 5h-22h40. Arrêts au terminal des Invalides, rue Esnault-Pelterie (Ⓜ Invalides), gare Montparnasse (rue du Commandant-Mouchotte, face à l'hôtel *Pullman* ; Ⓜ Montparnasse-Bienvenüe, sortie « Gare SNCF ») et porte d'Orléans (arrêt facultatif uniquement dans le sens Orly-Paris). Compter env 1h.

➢ *Orly-Paris :* départ ttes les 20 mn, 6h30-23h40, d'Orly-Sud, porte L, et d'Orly-Ouest, porte D, niveau « Arrivées ».

🚆 ***RER C + navette :*** *☎ 01-60-11-46-20. • transdev-idf.com •* Prendre le RER C jusqu'à Pont-de-Rungis (un RER ttes les 15-30 mn). Compter 25 mn depuis la gare d'Austerlitz. Ensuite, navette pdt 15-20 mn pour Orly-Sud et Orly-Ouest. Compter 6,85 €. Très recommandé les jours où l'on piétine sur l'autoroute du Sud (w-e et jours de grands départs) : on ne sera jamais en retard. Pour le retour, départ de la navette ttes les 15 mn depuis la porte G à Orly-Ouest (5h40-23h14) et la porte F à Orly-Sud (4h45-0h55).

🚌 ***Orlybus :*** *• ratp.fr •*
Compter 7,70 € l'aller simple.

➢ *Paris-Orly :* départ ttes les 15-20 mn de la pl. Denfert-Rochereau. Compter 20-30 mn pour rejoindre Orly (Ouest ou Sud). Orlybus fonctionne tlj 5h35-23h, jusqu'à minuit ven, sam et veilles de fêtes.

➢ *Orly-Paris :* départ d'Orly-Sud, porte H, quai 3, ou d'Orly-Ouest, porte J, niveau « Arrivées ». Fonctionne tlj 6h-23h20, jusqu'à 0h20 ven, sam et veilles de fêtes.

🚆 ***Orlyval :*** *☎ 32-46 (0,34 €/mn). • ratp.fr •* Compter 12,05 € l'aller simple entre Orly et Paris. La jonction se fait à Antony (ligne B du RER) sans aucune attente. Permet d'aller d'Orly à Châtelet et vice versa en 40 mn env, sans se soucier de la densité de la circulation automobile.

➢ *Paris-Orly :* départ pour Orly-Sud et Ouest ttes les 6-8 mn, 6h-23h.

➢ *Orly-Paris :* départ d'Orly-Sud, porte K, zone livraison des bagages, ou d'Orly-Ouest, porte A, niveau 1.

En taxi

Pensez aussi aux nouveaux services de transport de personnes qui se développent dans la capitale et pourraient être adaptés à vos besoins (voir plus haut les solutions en taxi proposées pour se rendre à Roissy).

En voiture

– **Parkings aéroports :** à proximité d'Orly-Ouest, parkings P0 et P2. À proximité d'Orly-Sud, P1, P2 et P3 (à 50 m du terminal, accessible par tapis roulant). Compter 28,50 € pour 24h de stationnement. Les parkings P0 et P2 (Orly-Ouest) ainsi que P6 (Orly-Sud), à proximité immédiate des terminaux, proposent des forfaits intéressants, dont le « Week-end ». Forfaits disponibles aussi pour les P4 et P5 (éloignés) : 24-27 € pour 24h. Il existe des forfaits « Vacances » intéressants à partir de 6 j. et jusqu'à 45 j. (100-300 €) aux P2 et P6.
Les P4, P7 (en extérieur) et P5 (couvert) sont des parkings longue durée, plus excentrés, reliés en 10 mn par navettes gratuites aux terminaux. *Rens : ☎ 01-49-75-56-50.* Comme à Roissy, possibilité de réserver en ligne sa place de parking (P0 et P7) sur *• aeroportsdeparis.fr •* Les frais de résa (en sus du parking) sont de 8 € pour 1 j., de 12 € pour 2-3 j. et de 20 € pour 4-10 j. de stationnement pour le P0. Les parkings P0-P2 à Orly-Ouest et P1-P3 à Orly-Sud accueillent les deux-roues : 6,20 € pour 24h.
– À proximité, ***Econopark*** : possibilité de laisser sa voiture à Chevilly-Larue *(366, av. de Stalingrad ; env 10 mn d'Orly ; proche A6 et A10).* De 1 à 28 j.,

compter 30-166 €. Trajet A/R vers Orly en minibus (sans supplément). Option parking couvert 1 € supplémentaire/j. Résa et paiement en ligne sur • *econopark.fr* • ou ☎ *01-60-14-80-00.*

Liaisons entre Orly et Roissy-Charles-de-Gaulle

🚌 ***Les cars Air France :*** *☎ 0892-350-820 (0,34 €/mn). • lescarsairfrance.com •* Départ de Roissy-Charles-de-Gaulle depuis les terminaux 1 (porte 32), 2A et 2C (porte C2), 2B et 2D (porte B1), 2E et 2F (porte E8 ou F9) vers Orly 5h55-22h30. Départ d'Orly-Sud (porte D) et d'Orly-Ouest (porte L) vers Roissy-Charles-de-Gaulle 6h30 (7h le w-e)-22h30. Ttes les 30-45 mn (dans les 2 sens). Durée du trajet : 1h30 env. Tarif : 21 €, 35,50 € A/R ; réduc.

🚆 ***RER B + Orlyval :*** *☎ 32-46 (0,34 €/mn).* Depuis Roissy, navette puis RER B jusqu'à Antony et enfin Orlyval entre Antony et Orly, 6h-22h15. Tarif : 19,50 €.

EN BELGIQUE

▲ AIRSTOP

Pour ttes les adresses Airstop, 1 seul numéro de tél : ☎ 070-233-188. • airstop.be • Lun-ven 9h-18h30, sam 10h-17h.

- Bruxelles : bd E.-Jacquemain, 76, 1000.

- Anvers : Jezusstraat, 16, 2000.

- Bruges : Dweersstraat, 2, 8000.

- Gand : Maria Hendrikaplein, 65, 9000.

- Louvain : Mgr. Ladeuzeplein, 33, 3000.

Airstop offre une large gamme de prestations, du vol sec au séjour tout compris à travers le monde.

▲ CONNECTIONS

Rens et résas : ☎ 070-233-313. • connections.be • Lun-ven 9h-19h, sam 10h-17h.

Fort d'une expérience de plus de 20 ans dans le domaine du voyage, Connections dispose d'un réseau de 30 *travel shops* dont un à Brussels Airport. Connections propose des vols dans le monde entier à des tarifs avantageux et des voyages destinés à tous ceux qui désirent découvrir la planète de façon autonome et de vivre des expériences uniques. Connections propose une gamme complète de produits : vols, hébergements, locations de voitures, autotours, vacances sportives, excursions, assurances « protections »...

▲ SERVICE VOYAGES ULB

• servicevoyages.be • 25 agences dont 12 à Bruxelles.

- Bruxelles : campus ULB, av. Paul-Héger, 22, CP 166, 1000. ☎ 02-650-40-20.

- Bruxelles : pl. Saint-Lambert, 1200. ☎ 02-742-28-80.

- Bruxelles : chaussée d'Alsemberg, 815, 1180. ☎ 02-332-29-60.

Service Voyages ULB, c'est le voyage à l'université. Billets d'avion sur vols charters et sur compagnies régulières à des prix compétitifs.

▲ TAXISTOP

Pour ttes les adresses Taxistop : ☎ 070-222-292. • taxistop.be •

- Bruxelles : rue Thérésienne, 7a, 1000.

- Gent : Maria Hendrikaplein, 65, 9000.

- Ottignies : bd Martin, 27, 1340.

Taxistop propose un système de covoiturage, ainsi que d'autres services comme l'échange de maisons ou le gardiennage.

▲ VOYAGEURS DU MONDE

• voyageursdumonde.com •

- Bruxelles : 23, chaussée de Charleroi, 1060. ☎ 02-543-95-50.

Le spécialiste du voyage en individuel sur mesure.

Voir texte dans la partie « En France ».

EN SUISSE

▲ STA TRAVEL

☎ 058-450-49-49. • statravel.ch •

- Fribourg : rue de Lausanne, 24, 1701. ☎ 058-450-49-80.

- Genève : rue de Rive, 10, 1204. ☎ 058-450-48-00.

- Genève : rue Vignier, 3, 1205. ☎ 058-450-48-30.

- Lausanne : bd de Grancy, 20, 1006. ☎ 058-450-48-50.

- Lausanne : à l'université, Anthropole, 1015. ☎ 058-450-49-20.

Agences spécialisées notamment dans les voyages pour jeunes et étudiants. 150 bureaux STA et plus de 700 agents du même groupe répartis dans le monde entier sont là pour donner un coup de main *(Travel Help)*.
STA propose des tarifs avantageux : vols secs *(Blue Ticket)*, hôtels, écoles de langues, *work & travel*, circuits d'aventure, voitures de location, etc. Délivre la carte internationale d'étudiant et la carte Jeune.

▲ **VOYAGES ARTISANS AUX PIEDS NUS**
– Carouge : rue de Saint-Victor, 3, 1227. ☎ 022-301-01-50. • apnvoyages.ch • En sem sur rdv.
Voyages APN propose des destinations hors des sentiers battus, particulièrement en Europe (Grèce, Italie et pays du Nord), avec un contact direct avec les prestataires, notamment dans le cadre des agritourismes. Certains programmes sont particulièrement adaptés aux familles. L'accent est mis sur le tourisme responsable et durable. Dans ce cadre, une sélection de destinations telles que la Bolivie ou le Bénin est proposée.

AU QUÉBEC

▲ **CLUB AVENTURE VOYAGES**
– Montréal (Québec) : 759, av. Mont-Royal, H2J 1W8. • clubaventure.qc.ca •
Club Aventure développe une façon de voyager qui lui est propre : petits groupes, contact avec les populations visitées, utilisation des ressources humaines locales, visite des grands monuments mais aussi et surtout ouverture de routes parallèles. Ces circuits ont reçu la griffe du temps et de l'expérience ; ils sont devenus les « circuits griffés » du Club Aventure.

▲ **TOURS CHANTECLERC**
• tourschanteclerc.com •
Tours Chanteclerc est un tour-opérateur qui publie différentes brochures de voyages : Europe, Amérique du Nord, Amérique du Sud, Asie et Pacifique sud, Afrique et le Bassin méditerranéen en circuits ou en séjours. Il s'adresse aux voyageurs indépendants qui réservent un billet d'avion, un hébergement (dans toute l'Europe), des excursions ou une location de voiture. Également spécialiste de Paris, le tour-opérateur offre une vaste sélection d'hôtels et d'appartements dans la Ville lumière.

EN TRAIN

Au départ de Paris et Dijon

La société italienne ***Thello*** gère les trains de nuit entre la France et Venise. *Point de vente à Paris-gare de Lyon : espace Esterel-galerie des fresques, pl. Louis-Armand, 75571 Paris Cedex 12. ☎ 01-83-82-00-00. • thello.com • Tlj 10h-20h.*
– ***Au départ de Paris-gare de Lyon ou Dijon :*** 1 A/R par j. de nuit (départ de Paris-gare de Lyon vers 20h, arrivée à Venise-Santa Lucia le lendemain matin vers 9h30).
– Également liaisons jusqu'à Milan et Turin avec la SNCF, puis avec les trains italiens Frecciarossa.
– ***e-billet :*** réservez, achetez et imprimez votre e-billet sur Internet.
– ***m-billet :*** plus besoin de support papier, vous pouvez télécharger le code-barres de votre voyage correspondant à votre réservation directement dans votre smartphone, à l'aide de l'application *SNCF Direct*.
– ***Billet à domicile :*** commandez votre billet par Internet ou par téléphone au *☎ 36-35 (0,34 €/mn, hors surcoût éventuel de votre opérateur)* ; la SNCF vous l'envoie gratuitement à domicile sous 48h, en France.
– Également dans les gares, les boutiques SNCF et les agences de voyages agréées.

Les avantages européens avec la SNCF

– Rens : ☎ 36-35 (0,34 €/mn hors surcoût éventuel de votre opérateur). • tgv.com • voyages-sncf.com • thello.com • interrailnet.com •
Avec les ***pass InterRail,*** les résidents européens peuvent voyager dans 30 pays d'Europe, dont l'Italie. Plusieurs formules et autant de tarifs, en

fonction de la destination et de l'âge.
À noter que le *pass InterRail* n'est pas valable dans votre pays de résidence (cependant l'*InterRail Global Pass* offre une réduction de 50 % de votre point de départ jusqu'au point frontière en France).
– Pour les grands voyageurs, l'***InterRail Global Pass*** est valable dans l'ensemble des 30 pays européens concernés, intéressant si vous comptez parcourir plusieurs pays au cours du même périple. Il se présente sous 5 formes au choix. 2 formules flexibles : une, utilisable 5 j. sur une période de validité de 10 j. (192 € pour les 12-25 ans, 224 € pour les plus de 25 ans), ou une autre utilisable 10 j. sur une période de validité de 22 j. (281 € pour les 12-25 ans, 318 € pour les plus de 25 ans). 3 formules « continues » : *pass* 15 j. (325 € pour les 12-25 ans, 352 € pour les plus de 25 ans), *pass* 22 j. (360 € pour les 12-25 ans, 411 € pour les plus de 25 ans), *pass* 1 mois (532 € pour les 12-25 ans, 668 € pour les plus de 25 ans). Ces 5 formules existent aussi en version 1re classe !
Les voyageurs de plus de 60 ans bénéficient d'une réduction de 10 % sur le tarif de l'*InterRail Global Pass* en 1re et 2de classe (tarif senior). Également des tarifs enfants 4-12 ans.
– Si vous ne parcourez que l'Italie, le ***One Country Pass*** vous suffira. D'une période de validité de 1 mois et utilisable selon les formules 3, 4, 6 ou 8 j. en discontinu : à vous de calculer avant votre départ le nombre de jours dont vous aurez besoin pour voyager. Pour connaître les différents tarifs : • *interrailnet.eu* • Là encore, ces formules se déclinent en version 1re classe (mais ce n'est pas le même prix, bien sûr). Pour voyager dans 2 pays, vous pouvez combiner deux *One Country Pass.* Au-delà, il est préférable de prendre l'*InterRail Global Pass.*
InterRail offre également la possibilité d'obtenir des réductions ou avantages à travers toute l'Europe avec ses partenaires bonus (musées, chemins de fer privés, hôtels, etc.).
Pour plus de renseignements, adressez-vous à la gare ou boutique SNCF la plus proche.

EN VOITURE

Covoiturage

Le principe est économique, écologique et convivial. Il s'agit de mettre en relation un chauffeur et des passagers afin de partager le trajet et les frais, que ce soit de manière régulière ou de manière exceptionnelle (pour les vacances, par exemple). Les conducteurs sont invités à proposer leurs places libres sur • *blablacar* • *covoiturage.fr* • (disponible sur web et sur mobile). L'inscription est gratuite.

Itinéraires

Aller à Venise en voiture, c'est comme vouloir passer par l'enfer pour atteindre le paradis. La route elle-même est plutôt facile, mais, sur place, on se trouve confronté au vaste problème du parking : soit complet, soit hors de prix, soit souvent les deux... On vous déconseille donc fortement ce mode de transport. Pour les irréductibles, voici quand même quelques indications.
– ***À partir de Paris :*** 1 110 km. Compter 11h, dont 9h30 d'autoroute. Prendre l'A6 en direction de Lyon jusqu'à Mâcon. Puis Bourg-en-Bresse et Bellegarde. Autoroute vers Chamonix (A6-E25), puis le tunnel du Mont-Blanc (traversée payante), en direction d'Aoste, Turin, Milan. À Milan, continuer sur Brescia, Vérone, Vicence, Padoue, Mestre et Venise.
– **Ceux qui habitent l'est ou le nord de la France** ont avantage à prendre l'autoroute en Suisse ***à partir de Bâle.*** De Bâle à Venise, compter 7h presque uniquement par autoroute. Passer par Lucerne et le tunnel du Gothard, puis prendre la direction de Milan. De là, se reporter à l'itinéraire ci-avant. À prendre en compte : vignette annuelle de 40 € à payer pour emprunter les autoroutes suisses.
– ***À partir de Marseille :*** 780 km. Compter 7h30 env, dont 6h30 d'autoroute. Direction Nice, puis longer la côte jusqu'à la frontière italienne. Après Gênes, remonter sur Piacenza et continuer sur Brescia. De là, poursuivre jusqu'à Venise.

– *Attention :* en Italie, sur l'autoroute, les panneaux indicateurs sont de couleur verte ; les bleus concernent les autres routes, notamment les nationales ou les routes secondaires. Les feux de croisement sont obligatoires sur les autoroutes et les routes nationales italiennes... sous peine d'amende.

EN BUS

▲ CLUB ALLIANCE

– Paris : 33, rue de Fleurus, 75006. ☎ 01-45-48-89-53. • cluballiancevoyages.fr • Ⓜ Notre-Dame-des-Champs, Saint-Placide ou Rennes. Lun-ven 11h-19h, sam 14h-19h.

Spécialiste des week-ends et des ponts de 3 ou 4 jours. Circuits économiques de 1 à 16 jours en Europe, y compris en France. Pour l'Italie, Club Alliance propose un circuit combiné de 6 jours Florence-Rome-Venise. Brochure gratuite sur demande.

▲ EUROLINES

☎ 0892-89-90-91 (0,34 €/mn), tlj 8h-21h, dim 10h-18h. • eurolines.fr • – Paris : 55, rue Saint-Jacques, 75005. Lun-ven 9h30-18h30, sam 10h-13h et 14h-17h. Numéro d'urgence : ☎ 01-49-72-51-57.

Vous trouverez également les services d'Eurolines sur • routard.com • Eurolines propose 10 % de réduc pour les jeunes (12-25 ans) et les seniors. 2 bagages gratuits/pers en Europe et 40 kg gratuits pour le Maroc. Gare routière internationale à Paris : 28, av. du Général-de-Gaulle, 93541 Bagnolet Cedex. Ⓜ Gallieni.

Première *low-cost* par bus en Europe, Eurolines permet de voyager vers plus de 600 destinations en Europe et au Maroc avec des départs quotidiens depuis 90 villes françaises. Eurolines propose également des hébergements à petits prix sur les destinations desservies.

Pass Europe : pour un prix fixe valable 15 ou 30 jours, vous voyagez autant que vous le désirez sur le réseau entre 51 villes européennes. Également un *minipass* pour visiter 2 capitales européennes (7 combinés possibles).

UNITAID

UNITAID a été créé pour lutter contre le VIH/sida, le paludisme et la tuberculose, les trois principales maladies meurtrières dans les pays en développement. UNITAID intervient dans 94 pays en facilitant l'accès aux médicaments et aux diagnostics, et en en baissant les prix, dans les pays en développement. Le financement d'UNITAID provient principalement d'une contribution de solidarité sur les billets d'avion mise en place par six pays membres dont la France. Les financements d'UNITAID ont permis à près d'un million de personnes atteintes du VIH/sida de bénéficier d'un traitement et de délivrer plus de 19 millions de traitements contre le paludisme. Moins de 5 % des fonds sont utilisés pour le fonctionnement du programme, 95 % sont utilisés directement pour les médicaments et les tests. Pour en savoir plus : *• unitaid.eu •*

VENISE UTILE

ABC DE VENISE

- *Nombre d'habitants :* 58 660 dans le centre de Venise ; 269 810 en incluant les îles et la terre ferme.
- *Superficie :* 800 ha pour le centre ; 16 014 ha pour toute la commune (et même 41 316 ha avec la lagune !).
- *Nombre de touristes par an :* environ 22 millions. Durée moyenne du séjour : 2 ou 3 jours.
- *Activités économiques :* priorité au tourisme (à Venise même). Mais des activités industrielles également, comme la métallurgie, la construction navale et l'industrie mécanique (à Mestre). Activités artisanales : dentelle à Burano et verrerie à Murano.
- *Signes particuliers :* la cité a la forme d'un poisson ; autant de ponts que de gondoliers, autour de 430.

Venise a cette faculté unique de provoquer l'étonnement à chaque fois que l'on y retourne. Aucun cliché ne rendra jamais l'ambiance de ses ruelles tortueuses, de ses placettes, de ses canaux et de ses églises. La Sérénissime est une ville née de la mer et tournée vers la mer, qui de tout temps a su batailler pour préserver son indépendance. De ce glorieux passé, elle a gardé palais et vieilles demeures qui, aujourd'hui, sont autant de musées qui témoignent de sa superbe d'antan. Venise, c'est du charme presque à tous les coins de rue, un étrange mélange entre le déjà-vu et l'étonnement de la découverte, la carte postale et le demi-mot, un grand plongeon dans le Moyen Âge et, jusqu'à sa table, un vrai carnaval pour les papilles !
Alors, prenez le temps de la découvrir, quittez la foule. Perdez-vous ! Sacrifiez votre sens de l'orientation sur l'autel de la débrouille, vous croiserez peut-être ainsi Corto Maltese, le commissaire Brunetti ou un Casanova dépité d'avoir égaré sa donzelle à la sortie d'un musée... Allez-y en hiver, par temps de brume, par temps de neige ou quand la *bora* cingle... Retournez-y lors de ces fêtes populaires et rieuses qui scellent, depuis la nuit des temps, l'amour que la Sérénissime entretient avec la mer.

AVANT LE DÉPART

Adresses utiles

En France

Office national italien de tourisme (ENIT) : *23, rue de la Paix, 75002 Paris. Infos : ☎ 01-42-66-03-96. • infoitalie.paris@enit.it • enit.it • italia.it • (site très complet à consulter absolument avt de partir). Ⓜ Opéra ; RER A : Auber.*

Lun-ven 11h-16h45. Pas d'infos par courrier postal, uniquement par e-mail.

■ ***Consulats d'Italie en France :***
– Paris : 5, bd Émile-Augier, 75116. ☎ 01-44-30-47-00 (standard automatique qui oriente en fonction de l'appel lun-ven 9h-17h). • segreteria.parigi@esteri.it • consparigi.esteri.it • Ⓜ La Muette ; RER C : Boulainvilliers. Ouv au public lun-ven 9h-12h, plus mer 14h30-16h30.
– Consulats honoraires et correspondants consulaires à Lyon, Marseille et Metz.

■ ***Institut culturel italien :*** *hôtel de Gallifet, 73, rue de Grenelle, 75007 Paris. ☎ 01-44-39-49-39. • iicparigi@esteri.it • iicparigi.esteri.it • Ⓜ Varenne, Rue-du-Bac ou Sèvres-Babylone. Lun-ven 10h-13h, 15h-18h. Bibliothèque de consultation : ☎ 01-44-39-49-25. Mêmes horaires sf lun mat et fermé de mi-juil à début sept.*

■ ***Ambassade d'Italie :*** *51, rue de Varenne, 75007 Paris. ☎ 01-49-54-03-00. • ambasciata.parigi@esteri.it • ambparigi.esteri.it • Ⓜ Rue-du-Bac, Varenne ou Sèvres-Babylone.* Superbe hôtel particulier ouvert au public uniquement lors des Journées du patrimoine en septembre.

Loisirs

■ ***Centre culturel italien :*** *4, rue des Prêtres-Saint-Séverin, 75005 Paris. ☎ 01-46-34-27-00. • centreculturelitalien.com • Ⓜ Cluny-La Sorbonne ou Saint-Michel ; RER B et C : Saint-Michel. Lun-ven 10h-13h30, 14h30-19h ; mer 14h30-19h ; sam 10h30-13h30.* Propose des cours d'italien ainsi que des expos, des conférences, des cours d'histoire de l'art, de cuisine... Programme des activités culturelles par téléphone ou par e-mail.

■ ***Radici :*** *☎ 05-62-17-50-37. • radici-press.net •* Revue bimestrielle et bilingue franco-italien, centrée sur l'actualité, la culture et la civilisation italiennes.

■ ***Théâtre de la comédie italienne :*** *17, rue de la Gaîté, 75014 Paris. ☎ 01-43-21-22-22. • comedie-italienne.fr • Ⓜ Edgar-Quinet ou Gaîté.* Seul théâtre italien en France, la programmation de ce théâtre perpétue la tradition de la *commedia dell'arte* et affiche aussi des pièces classiques et contemporaines d'auteurs italiens (jouées en français).

■ ***Aligre FM 93.1 :*** le dimanche de 8h à 11h dans l'émission *Cappuccino*, journalistes et invités évoquent les problématiques franco-italiennes. Ceux qui n'habitent pas en Île-de-France peuvent accéder à l'émission via le site internet : *• aligre-cappucino.fr •*

En Belgique

ℹ ***Office de tourisme :*** *rue Émile-Claus, 28, Bruxelles 50. ☎ 02-647-11-54. • brussels@enit.it • enit.it • Lun-ven 11h-16h.*

■ ***Ambassade d'Italie :*** *rue Émile-Claus, 28, Bruxelles 1050. ☎ 02-643-38-50. • ambbruxelles.esteri.it •*

■ ***Consulat d'Italie :*** *rue de Livourne, 38, Bruxelles 1000. ☎ 02-543-15-50. • segreteria.bruxelles@esteri.it • consbruxelles.esteri.it • Lun-ven 9h-12h30, plus lun et mer 14h30-16h.*

En Suisse

■ ***Ambassade d'Italie :*** *Elfenstrasse, 14, 3006 Berne. ☎ 031-350-07-77. • ambasciata.berna@esteri.it • Lun-jeu 9h-13h, 14h-17h ; ven 8h30-13h, 13h30-16h30.*

■ ***Consulats d'Italie :***
– Genève : rue Charles-Galland, 14, 1206. ☎ 022-839-67-44. • consolato.ginevra@esteri.it • Lun-mer et ven 9h-12h30 ; mar et jeu 14h-17h.
– Autres consulats à Lausanne et Zurich.

Au Canada

ℹ ***Office national de tourisme :*** *110 Yonge St, suite 503, Toronto (Ontario) M5C 1T4. ☎ (416) 925-4882. • toronto@enit.it •enit.it Lun-ven 9h-17h.*

■ ***Ambassade d'Italie :*** *275 Slater St, 21st floor, Ottawa (Ontario) K1P 5H9. ☎ (1-613) 232-2401. • ambasciata.ottawa@esteri.it • ambottawa.esteri.it • Lun et ven 9h-12h ; mer 9h-12h, 14h-17h.*

■ ***Consulat général :*** *136 Berverley St, Toronto (Ontario) M5T 1Y5. ☎ (416) 977-1566. • constoronto.esteri.it •*

Formalités d'entrée

Pas de contrôles aux frontières, puisque l'Italie fait partie de l'espace Schengen. Néanmoins, quelques précautions d'usage.
- ***Pour un séjour de moins de 3 mois :*** ressortissants de l'Union européenne ainsi que de la Suisse, carte d'identité en cours de validité. Ressortissants canadiens : passeport en cours de validité.
- ***Pour les mineurs non accompagnés de leurs parents :*** une carte d'identité est désormais suffisante.
- ***Pour une voiture :*** permis de conduire à 3 volets, carte grise et carte verte d'assurance internationale. Munissez-vous d'une procuration si vous n'êtes pas propriétaire du véhicule.
- ***Vaccins :*** aucun n'est obligatoire, mais il est préférable d'avoir son rappel antitétanique à jour, surtout si l'on fait du camping.
- ***Pensez à scanner*** passeport, carte de paiement, billets d'avion et vouchers d'hôtel. Ensuite, adressez-les-vous par mail, en pièces jointes. En cas de perte ou vol, rien de plus facile pour les récupérer dans un cybercafé. Les démarches administratives seront bien plus rapides.

Assurances voyages

■ ***Routard Assurance :*** *c/o AVI International, 40-44, rue de Washington, 75008 Paris. ☎ 01-44-63-51-00. • avi-international.com • Ⓜ George-V.* Depuis 20 ans, *Routard Assurance,* en collaboration avec *AVI International,* spécialiste de l'assurance voyage, propose aux voyageurs un contrat d'assurance complet à la semaine qui inclut le rapatriement, l'hospitalisation, les frais médicaux, le retour anticipé et les bagages. Ce contrat se décline en différentes formules : individuel, senior, famille, light et annulation. Pour les séjours longs (2 mois à 1 an), consultez notre site. L'inscription se fait en ligne et vous recevrez, dès la souscription, tous vos documents d'assurance par mail.

■ ***AVA :*** *25, rue de Maubeuge, 75009 Paris. ☎ 01-53-20-44-20. • ava.fr • Ⓜ Cadet.* Un autre courtier fiable pour ceux qui souhaitent s'assurer en cas de décès-invalidité-accident lors d'un voyage à l'étranger, mais surtout pour bénéficier d'une assistance rapatriement, perte de bagages et annulation. Attention, franchises pour leurs contrats d'assurance voyage.

■ ***Pixel Assur :*** *18, rue des Plantes, BP 35, 78601 Maisons-Laffitte. ☎ 01-39-62-28-63. • pixel-assur.com • RER A : Maisons-Laffitte.* Assurance de matériel photo et vidéo tous risques (casse, vol, immersion) dans le monde entier. Devis en ligne basé sur le prix d'achat de votre matériel. Avantage : garantie à l'année.

Carte internationale d'étudiant (carte ISIC)

Elle prouve le statut d'étudiant dans le monde entier et permet de bénéficier de tous les avantages, services et réductions dans les domaines du transport, de l'hébergement, de la culture, des loisirs, du shopping...
La carte ISIC permet aussi d'accéder à des avantages exclusifs sur le voyage (billets d'avion spécial étudiants, hôtels et auberges de jeunesse, assurances, cartes SIM internationales, location de voiture...).

Pour l'obtenir en France

- ***Rendez-vous dans la boutique ISIC*** *(2, rue de Cicé, 75006 Paris ; ☎ 01-40-49-01-01)* muni de votre certificat de scolarité, d'une photo d'identité et de 13 € (12 € + 1 € de frais de traitement).
- ***Ou commande en ligne :*** *• isic.fr •*
La carte est valable 16 mois du 1er septembre au 31 décembre de l'année suivante.

En Belgique

Elle coûte 12 € (+ 1 € de frais d'envoi) et s'obtient sur présentation de la carte d'identité et de la carte d'étudiant auprès de l'agence ***Connections*** : *rens au ☎ 070-23-33-13 ou en ligne.* • *isic.be* •

En Suisse

Dans toutes les agences ***S.T.A. Travel*** *(☎ 058-450-40-00 ou 49-49),* sur présentation de la carte d'étudiant, d'une photo et de 20 Fs. Commande de la carte en ligne : • *isic.ch* • *statravel.ch* •

Au Canada

La carte coûte 20 $Ca (+ 1,50 $Ca de frais d'envoi). Disponible dans les agences ***Travel Cuts/Voyages Campus,*** mais aussi dans les bureaux d'associations étudiantes. Pour plus d'infos : • *isiccanada.com* •

Carte d'adhésion internationale aux auberges de jeunesse (carte FUAJ)

Cette carte vous ouvre les portes des 4 000 auberges de jeunesse du réseau *HI-Hostelling International* en France et dans le monde. Vous pouvez ainsi parcourir 90 pays à des prix avantageux et bénéficier de tarifs préférentiels avec les partenaires des Auberges de Jeunesse *HI.* Enfin, vous intégrez une communauté mondiale de voyageurs partageant les mêmes valeurs : plaisir de la rencontre, respect des différences et échange dans un esprit convivial. Il n'y a pas de limite d'âge pour séjourner en auberge de jeunesse. Il faut simplement être adhérent.

Pour l'obtenir en France

- ***En ligne*** • *hifrance.org* •
- Dans toutes les auberges de jeunesse. Liste sur • *hifrance.org* •
- ***Par correspondance*** auprès de l'antenne nationale *(27, rue Pajol, 75018 Paris ; ☎ 01-44-89-87-27),* en envoyant une photocopie d'une pièce d'identité et un chèque à l'ordre de la FUAJ du montant correspondant à l'adhésion + 2 € pour les frais d'envoi.

Les tarifs de l'adhésion 2015

- *Carte internationale individuelle FUAJ - de 26 ans :* 7 €. Pour les mineurs, une autorisation parentale et la carte d'identité du parent tuteur sont nécessaires pour l'inscription.
- *Carte internationale individuelle FUAJ + de 26 ans :* 11 €.
- *Carte internationale FUAJ Famille :* 20 €. Pour les familles ayant un ou plusieurs enfants de - de 16 ans. Les enfants de + de 16 ans devront acquérir une carte individuelle FUAJ.

En Belgique

Réservée aux personnes résidant en Belgique. La carte d'adhésion est obligatoire. Son prix varie selon l'âge : entre 3 et 15 ans, 4 € ; entre 16 et 25 ans, 10 € ; après 25 ans, 16 €.

Renseignements et inscriptions

■ ***À Bruxelles :*** ***LAJ,*** *rue de la Sablonnière, 28, 1000.* | *☎ 02-219-56 76.* • *lesaubergesdejeunesse.be* •

En Suisse (SJH)

Réservée aux personnes résidant en Suisse. Le prix de la carte dépend de l'âge : 22 Fs pour les - de 18 ans, 33 Fs pour les adultes et 44 Fs pour une famille avec des enfants de - de 18 ans.

Renseignements et inscriptions

■ **Schweizer Jugendherbergen (SJH) :** *service des membres, Schaffhauserstr. 14, 8006 Zurich. ☎ 044-360-14-14. • youthhostel.ch •*

Au Canada

Elle coûte 35 $Ca pour une durée de 16 à 28 mois et 175 $Ca pour une validité à vie (tarif hors taxes). Gratuit pour les enfants de - de 18 ans.

■ ***Auberges de Jeunesse du Saint-Laurent / St Laurent Youth Hostels :*** *3514, av. Lacombe, Montréal (Québec) H3T 1M1. ☎ 514-731-10-15. N° gratuit (au Canada) : ☎ 1-800-663-5777.*

■ ***Canadian Hostelling Association :*** *301-20 James St, Ottawa (Ontario) K2P 0T6. ☎ 613-237-78-84. • info@hihostels.ca • hihostels.ca •*

Pour réserver votre séjour en auberge de jeunesse HI

– ***En France :*** *• hifrance.org •* Accès aux offres spéciales et dernières minutes.
– ***En France et dans le monde :*** *• hihostels.com •* Si vous prévoyez un séjour itinérant, vous pouvez réserver plusieurs auberges en une seule fois !

ARGENT, BANQUES

Les banques

Les banques sont généralement ouvertes du lundi au vendredi de 8h30 à 13h30 et de 14h30 à 16h. Fermées les week-ends (parfois ouvertes le samedi matin, mais c'est plutôt rare) et jours fériés. Elles disposent généralement d'un distributeur de billets à l'extérieur.

En cas d'urgence

Quelle que soit la carte, chaque banque gère elle-même le processus d'opposition et le numéro de téléphone correspondant ! Avant de partir, notez donc bien le numéro d'opposition propre à votre banque en France (il figure souvent sur votre contrat, au dos des tickets de retrait ou à côté des distributeurs de billets), ainsi que le numéro à 16 chiffres de votre carte. Bien entendu, conservez ces informations en lieu sûr et séparément de votre carte. Par ailleurs, l'assistance médicale se limite aux 90 premiers jours du voyage et l'assistance véhicule aux cartes haut de gamme (renseignez-vous auprès de votre banque).

– ***Carte Visa :*** *n° d'urgence (Europ Assistance), ☎ (00-33) 1-41-85-85-85 (24h/24). • visa.fr •*
– ***Carte MasterCard :*** *n° d'urgence : ☎ (00-33) 1-45-16-65-65. • mastercardfrance.com •*
– ***Carte American Express :*** *☎ (00-33) 1-47-77-72-00 (n° accessible tlj 24h/24). • americanexpress.fr •*
– Pour toutes les cartes émises par ***La Banque postale*** : *composez le ☎ (00-33) 5-55-42-51-96 depuis l'étranger.*

Petite mesure de précaution : si vous retirez de l'argent dans un distributeur, utilisez de préférence les distributeurs attenants à une agence bancaire. En cas de problème avec votre carte (carte avalée, erreur de code...), vous aurez un interlocuteur dans l'agence, du moins pendant les heures ouvrables.

En zone Euro, pas de frais bancaires sur les paiements par carte. Les retraits sont soumis aux mêmes conditions tarifaires que ceux effectués en France (gratuits pour la plupart des cartes).
Une carte perdue ou volée peut être rapidement remplacée. En appelant sa banque, un système d'opposition, d'avance d'argent et de remplacement de carte pourront être mis en place afin de poursuivre son séjour en toute quiétude.

Dépannage en cas d'urgence

– ***Western Union Money Transfer :*** en cas de besoin urgent d'argent liquide (perte ou vol de billets, de chèques de voyage, de cartes de paiement), vous pouvez être dépanné en quelques minutes grâce au système *Western Union Money Transfer.* Pour cela, demandez à un proche de déposer de l'argent en euros dans l'un des bureaux *Western Union.* Les correspondants en France de *Western Union* sont ***La Banque postale*** *(fermée sam ap-m, n'oubliez pas ! ☎ 0825-009-898 ; 0,15 €/mn)* et la ***Société financière de paiements*** *(SFDP ; ☎ 0825-825-842 ; 0,15 €/mn).* L'argent vous est transféré en moins de 15 mn. La commission, assez élevée, est payée par l'expéditeur. Possibilité d'effectuer un transfert en ligne 24h/24 par carte de paiement (*Visa* ou *MasterCard* émise en France).
• *westernunion.fr* •
– ***Depuis l'Italie :*** *☎ 800-22-00-55, 800-601-622 ou 800-872-682 (n° gratuit), lun-ven 8h30-20h, sam 9h-19h, dim 9h-13h.*

ACHATS

Artisanat traditionnel

Les fameux ***masques*** en papier mâché, blancs ou peints, constituent, avec le verre de Murano et la dentelle de Burano, l'un des artisanats les plus emblématiques de Venise. Pinocchio, Casanova, personnages de la *commedia dell'arte,* animaux... il y en a pour tous les goûts et toutes les bourses. Savez-vous comment on les fabrique ? Eh bien, on commence par sculpter un modèle dans de l'argile, puis on en fait un moulage en plâtre. Une fois sec, ce moule est enduit de vaseline, puis tapissé de papier de laine, préalablement enduit d'eau et de colle. Une fois le masque sec, on démoule le tout. Puis il est poncé avec du papier de verre, tandis que les imperfections sont estompées à la peinture acrylique. Pour finir, vient la phase délicate de la peinture à l'eau ; chaque atelier possède d'ailleurs son petit secret de fabrication. On enduit parfois le masque d'un vernis vieillissant.
Le travail de la ***mosaïque,*** du ***verre*** et des ***dentelles*** fait aussi partie des activités traditionnelles. L'art de la mosaïque, introduit par les Romains pour la décoration des maisons et des villas de la Vénétie, se pratique encore de nos jours dans les rares ateliers des artisans chargés de restaurer les églises. L'*île de Murano* est le principal centre de fabrication du verre, alors que *Burano* produit les fameuses dentelles. Malheureusement, le travail artisanal subit la concurrence croissante de la mécanisation. Aujourd'hui, pour répondre à la forte demande occasionnée par la pression touristique, nombre d'objets proviennent de Chine ou de Taiwan. Heureusement, on rencontre encore quelques irréductibles qui travaillent à l'ancienne. Alors, pour garantir l'authenticité de leurs réalisations, les maîtres verriers de Murano apposent sur leur vitrine le macaron « *Vetro artistico Murano* ». On le reconnaît grâce à son adhésif au cœur rouge avec une pince. Cependant, pour la production courante (souvenirs), difficile de distinguer le vrai du faux. Le meilleur gage de vérité étant de voir l'artisan réaliser l'objet devant vous !
Venise cultive également une ancienne tradition du ***papier.***

Vêtements/accessoires

Sachez qu'il existe une différence (de taille !) entre les étiquettes du prêt-à-porter français et italien :

Tailles en France	34	36	38	40	42	44	46	48	50
Tailles en Italie	38	40	42	44	46	48	50	52	54

Pour les chaussures, la pointure française taille une unité de plus que l'italienne, ce qui donne :

France	36	37	38	39	40	41	42	43	44
Italie	35	36	37	38	39	40	41	42	43

BUDGET

Comme nous l'avons déjà écrit, Venise est une des villes les plus chères d'Italie. Hors saison, on peut cependant se loger et se restaurer à des prix bien plus raisonnables... Par ailleurs, avant de partir, il n'est pas négligeable de se pencher sur l'étude des forfaits proposés. Entre les transports, les musées et les églises, les offres sont très variables et peuvent vous faire gagner quelques euros... Lire attentivement la rubrique suivante « Cartes ou forfaits de visites et transports ».

Recommandation à ceux qui souhaitent profiter des réductions et avantages proposés dans le *Routard* par les hôteliers et les restaurateurs.

À l'hôtel, pensez à les demander au moment de la réservation ou bien lors de votre **arrivée.** Ils ne sont valables que pour les réservations en direct et ne sont pas cumulables avec d'autres offres promotionnelles (notamment sur Internet). Au restaurant, parlez-en **au moment** de la commande et surtout **avant** que l'addition ne soit établie. Poser votre *Routard* sur la table ne suffit pas : le personnel de salle n'est pas toujours au courant et une fois le ticket de caisse imprimé, il est souvent difficile de modifier le total. En cas de doute, montrez la notice relative à l'établissement dans le *Routard* de l'année, bien sûr, et ne manquez pas de nous faire part de toute difficulté rencontrée.

Hébergement

La fourchette de prix est donc très large et varie énormément suivant la saison : du lit en dortoir entre 15 et 50 € en auberge de jeunesse à une suite valant plusieurs milliers d'euros la nuit dans les palaces célèbres comme le *Danieli* ou le *Cipriani*. Des prix auxquels il convient d'ajouter la ***taxe de séjour.*** Cette dernière varie suivant la catégorie de l'établissement, la durée du séjour et même, parfois, selon l'âge des hôtes. Il s'agit d'un règlement établi par la mairie, qui demande le paiement en espèces. Elle peut varier de 1 à 5 € par nuit et par personne.

PROMOTIONS SUR INTERNET

De plus en plus d'hôtels modulent les tarifs de leurs chambres sur Internet en fonction du taux d'occupation. Il y a donc les prix de base (ceux que nous indiquons) et les promotions proposées sur le Net. À certaines périodes, le prix des chambres évolue en permanence, ce qui permet d'optimiser le chiffre d'affaires (comme le font les compagnies aériennes).

Ces promotions sont extrêmement variables d'une semaine à l'autre, voire d'un jour à l'autre. Elles sont particulièrement intéressantes pour les hôtels de gamme supérieure (3-étoiles et +). Par exemple, un établissement qui annonce des prix officiels de 90 à 130 €, proposera les mêmes chambres entre 60 et 80 € sur son site, à certaines périodes creuses.

Bref, lorsque vous avez choisi votre hôtel dans votre guide préféré, allez donc faire un tour sur son site pour voir ce qu'il propose. De vraies bonnes affaires en perspective !

En général, les prix affichés dans les hôtels sont les prix maximum, mais il est possible de négocier en basse saison, si vous restez plusieurs nuits. À vous de tenter votre chance.
Notez que la location d'appartements constitue une alternative avantageuse, surtout à plusieurs. Économies non seulement sur les nuits, mais aussi, et ce n'est pas négligeable, sur les repas. Se reporter à notre rubrique « Hébergement » plus loin.
La haute saison s'étend à peu près de début avril à fin juin, puis de septembre au mois d'octobre, sans oublier la semaine du Carnaval, qui varie selon les années, ainsi que les week-ends prolongés (pont de l'Ascension, Pentecôte, Noël, Nouvel An). Juillet et août sont plutôt considérés maintenant comme des mois de basse saison. Les prix sont alors diminués de 20-25 %. Et de mi-novembre à fin mars (sauf la fin d'année et le Carnaval, évidemment), les prix peuvent être divisés par deux (pour les hôtels les plus chic).
- ***Bon marché :*** moins de 50 €.
- ***Prix moyens :*** de 50 à 90 € pour deux personnes, parfois en dortoir.
- ***Chic :*** de 90 à 140 €.
- ***Très chic :*** de 140 à 180 €.
- ***Beaucoup plus chic :*** au-delà de 180 €.

Nourriture

Même si on regrette que Venise (à l'image des villes très touristiques) propose des restos aux plats à peine décongelés et aux rabatteurs insupportables, on y mange aussi fort bien. Il suffit pour cela de s'éloigner des « points chauds », votre guide préféré en poche. Côté petits budgets, les familles trouveront leur compte en achetant des pizzas à emporter, vendues le plus souvent en parts généreuses. Un autre bon moyen de se caler pour pas cher est de commander des *tramezzini* dans un *bacaro* (bar).

Courses alimentaires

Si vous avez eu la bonne idée de prendre une location d'appartement, vous aurez toujours la possibilité de faire vos courses au ***marché du Rialto ou de rio Terra San Leonardo*** ainsi que dans les quelques ***supérettes*** de la ville. On y trouve généralement de bons produits, notamment des fromages et de la charcuterie à la coupe. Un détail culturel parmi d'autres : sur les marchés et dans les supermarchés Italiens, on ne touche jamais les fruits ! Imaginez la réaction des vendeurs

quand un Français débarque avec ses vieilles habitudes : il tâte à main nue, voire il goûte et, après, il se décide ou non... Gare aux remontrances !
Les habitués se retrouvent au *Billa,* à San Basilio, sur les Zattere n° 1491 *(plan détachable B5 ; tlj 9h-20h).* Il y a aussi un autre *Billa (zoom détachable C2 ; strada Nova, Cannaregio, 3600 ; lun-sam 8h30-20h, dim 9h-20h),* en plein cœur de la cité. Sinon, il y a les *Coop* de quartier (supérettes), comme celle située près de la chiesa di San Giacomo dell'Orio, dans le quartier de Santa Croce *(zoom détachable B3),* ou encore celle située à l'extrémité des Fondamente Nove, dans le Castello *(plan détachable E-F3).* Mais la plus connue (et la plus grande !) est aussi la mieux repérable, près de l'arrivée des *vaporetti,* piazzale Roma *(plan détachable A3).* Dans San Polo, on signale un magasin bio au n° 2264, calle de la Regina *(zoom détachable C3).*

Au restaurant

Au restaurant, les menus ne comprennent pas toujours le service (entre 10 et 12 %, parfois un peu plus), ni le *coperto* (couvert), dont le prix est variable d'un établissement à l'autre (facturé par personne, de 1,50 à 3,50 €).
Soyez très attentif, certains restaurants affichent des tarifs attractifs sur de grandes pancartes mais se gardent bien de mentionner de manière claire ces frais annexes. À l'inverse, d'autres proposent des menus touristiques *tutto compreso* (« tout compris »), qui évitent au moins les surprises désagréables au moment de payer l'addition. Attention aussi aux prix annoncés avec la mention *etto,* cela signifie « pour 100 g » : un poisson de 300 g sera donc trois fois plus cher ! Enfin, les Vénitiens (et les Italiens en général) ont l'habitude de boire de l'eau minérale en bouteille au restaurant.
Les prix que nous indiquons s'entendent par personne, pour un repas considéré comme complet par un voyageur à l'appétit moyen : *antipasti, pasta* ou plat jugé principal par les Italiens (risotto, poisson, viande), puis dessert. Voir également notre rubrique « Cuisine » dans « Hommes, culture, environnement » pour s'y retrouver dans les menus. Le vin et les boissons sont comptés en plus, comme toujours...
- ***Sur le pouce :*** moins de 10 €.
- ***Bon marché :*** de 10 à 20 €.
- ***Prix moyens :*** de 20 à 35 €.
- ***Chic :*** de 35 à 50 €.
- ***Très chic :*** plus de 50 €.

CARTES OU FORFAITS DE VISITES ET TRANSPORTS

POUR GAGNER DU TEMPS ET DE L'ARGENT

Le site • *veneziaunica.it* • (en italien et en anglais) permet d'acheter en ligne et à l'avance les cartes et forfaits de transports, musées – municipaux exclusivement – , toilettes, wifi (Venise est un *hot spot*)... Attention, le site fournit un code et, avec celui-ci, on peut ensuite retirer cartes et forfaits à l'aéroport Marco-Polo, à la gare routière (piazzale Roma), à la gare ferroviaire, au parking du Tronchetto, dans les musées municipaux, aux guichets des transports, etc. (liste disponible sur le site). Infos également au ☎ *00-39-041-24-24* (depuis l'étranger). On peut bénéficier d'une légère réduction selon la période de séjour (il faut dans ce cas s'y prendre au moins 15 jours à l'avance).

Visites et transports constituent l'essentiel du budget, sur lequel vous devez vous pencher avant votre séjour pour choisir la formule qui vous convient le mieux. Il existe en effet plusieurs cartes et forfaits. Transports publics en *vaporetto,* musées, églises, moins de 29 ans... sans compter les gratuités pour les moins de 25 ans pour la plupart des sites. Bienvenue dans la jungle de ces multiples possibilités, parfois difficiles à décrypter. Notre premier conseil est de bien réfléchir à l'avance à son programme avant d'acheter un forfait. Inutile d'acheter une carte hebdomadaire de transports pour s'apercevoir que, la plupart du temps, on sillonne les rues à pied ! De même, souhaitez-vous ne visiter que les musées de la place Saint-Marc ? Aurez-vous vraiment le temps de visiter les 10 musées du *Museum Pass,* même si cette carte est rentabilisée dès le troisième site ?
Voici donc quelques clés pour organiser votre budget. Les prix que nous indiquons étant susceptibles d'augmenter d'ici à la publication de ce guide, considérez-les plutôt comme une base.

Cartes de réductions pour églises et musées

Carte Rolling Venice

Carte payante *(4 € env),* que nous recommandons vivement, réservée exclusivement aux **jeunes entre 14 et 29 ans.** Se la procurer avant d'acheter tous les autres forfaits. Elle permet d'obtenir des réductions importantes sur le transport en *vaporetto* dans la lagune ou en bus au Lido et sur la terre ferme. Elle accorde également des remises dans certains restos, musées, expos, théâtres, hôtels... et plus de 200 magasins. Autant ne pas s'en priver. Au moment de l'achat, on vous remet un livret mentionnant tous les endroits acceptant la carte. Elle est valable jusqu'au 31 décembre de l'année où elle a été délivrée.
On l'achète dans les bureaux de l'office de tourisme ou aux bornes automatiques de l'ACTV. Plus d'infos au ☎ *00-39-041-24-24 ; tlj 8h-19h30.*

Chorus Pass

Ce forfait très avantageux donne accès à une quinzaine d'églises parmi les plus belles de Venise. *Billet combiné valable 1 an. Plein tarif 12 € ; tarif étudiant jusqu'à 29 ans 8 € (ne pas oublier d'apporter un justificatif !) ;* Chorus Pass Family *(2 adultes + les enfants de moins de 18 ans) 24 €. Billet à l'unité 3 €. Gratuit pour les enfants de moins de 11 ans.* Le calcul est vite fait : ce forfait devient intéressant dès la quatrième église !
– *Infos :* **Associazione Chiese di Venezia,** ☎ *041-275-04-62.* • *chorusvenezia.org* • Le *Chorus Pass* est en vente dans les églises concernées, les billetteries *VELA* et les offices de tourisme. Toutes les églises du *Chorus Pass* ont les mêmes horaires : *lun-sam 10h-17h (dernière entrée à 16h45) ; sf l'église de san Giobbe ouv lun-sam 10h-13h30 slt (dernière entrée à 13h15). Ttes les églises sont fermées dim. Seule l'église des Frari est ouv lun-sam 9h-18h et dim 13h-18h (dernière entrée à 17h30). Elles sont ttes fermées 1er janv, le jour de Pâques, 15 août, 25 déc et dim mat pdt la messe.*
– *Liste des 16 églises concernées :* Santa Maria del Giglio, Santo Stefano, Santa Maria Formosa, Santa Maria dei Miracoli, Santa Maria Gloriosa dei Frari, San Giovanni Elemosinario, San Polo, San Giacomo dell'Orio, San Stae, Sant'Alvise, San Pietro di Castello, Santissimo Redentore, Santa Maria del Rosario (Gesuati), San Sebastiano, San Giobbe et San Giuseppe di Castello *(ouv slt début avr-fin oct).*
La plupart des églises mettent à disposition une petite planche explicative en français. Ne pas oublier de la rendre à la fin de la visite. Par ailleurs, il existe un ouvrage intitulé *Les Églises de Venise* (en vente dans les églises). Les fonds récoltés servent à leur restauration.

Museum Pass (pass Muve)

– En vente dans les musées ou dans les offices de tourisme. Également sur • vene ziaunica.it • Plein tarif 24 € ; tarif réduit 18 € pour les 6-14 ans, les étudiants de l'UE (jusqu'à 25 ans) et les détenteurs de la carte Rolling Venice *(voir plus haut).*
Valable 6 mois, il donne accès à tous les musées municipaux : *palais des Doges, musée Correr, Musée archéologique, bibliothèque Marciana, Ca' Rezzonico, palais Mocenigo, maison de Carlo Goldoni, Ca' Pesaro, musée du Verre à Murano, celui de la Dentelle à Burano* ainsi que le *musée d'Histoire naturelle.* Il donne également une réduction aux expos temporaires du *musée Fortuny.* En moyenne, rentabilisé au troisième musée visité.
– À noter que ce *Museum Pass* **ne permet pas de visiter deux fois le même monument.** Si vous visitez le musée Correr, vous devez visiter dans la continuité et le même jour le Musée archéologique et la bibliothèque Marciana (même bâtiment).
– Il existe également un ***Museum Pass San Marco*** *(17 € ; réduc)* valable 3 mois, lui, et restreint aux quatre musées de la place Saint-Marc *(palais des Doges, musée Correr, Musée archéologique, bibliothèque Marciana).*
– Attention, le *Museum Pass* ne donne accès ni à l'*Accademia,* ni aux collections de Pinault (*palazzo Grassi* et *Punta della Dogana*), ni à la *collection Peggy Guggenheim,* pour ne citer que trois lieux qui pratiquent des prix d'entrée pouvant vite doubler, voire tripler votre budget « À voir ». Il ne donne pas non plus accès aux églises, cela va de soi, ni aux visites « extras » de la basilique et du palais des Doges.

Tourist City Pass

Alors que les cartes précédentes proposent des réductions ou des forfaits poste par poste (églises, musées municipaux et place Saint-Marc), la *Tourist City Pass* donne accès à tout à la fois :
– Services du *Museum Pass* (accès aux 11 musées municipaux, dont ceux de la place Saint-Marc) et les 16 églises du *Chorus Pass.*
– Accès à la *Fondation Querini Stampalia* et au *Musée d'Art hébraïque.*
– Réductions pour certaines visites : secrets du palais des Doges, tour de l'Horloge, musée Fortuny, collection Peggy Guggenheim, expos de la Biennale, Fondation Bevilacqua La Masa, palais Grassi, musée des Icônes de l'Institut hellénique, musée d'Histoire navale, Scuola San Giorgio degli Schiavoni, Scuola Grande dei Carmini et Scuola Grande di San Rocco.
Réfléchissez bien avant de l'acheter, car si vous n'avez qu'un long week-end à Venise, vous risquez de devoir visiter tous les musées et églises au pas de course pour la rentabiliser.
Cette carte, valable 7 jours, ne donne accès qu'à une entrée par musée. On peut la commander par Internet sur le site • *veneziaunica.it* • mais vous pouvez aussi l'acheter dès votre arrivée à l'aéroport Marco-Polo au guichet de l'office de tourisme situé dans le hall des arrivées *(tlj 9h-20h),* de même qu'à l'office de tourisme ou à la gare ferroviaire Santa Lucia *(tlj 9h-20h)* ainsi qu'au terminal des bus du piazzale Roma *(tlj 9h-20h).*
– Tarif adulte (à partir de 30 ans) : 49,90 € (visite du théâtre de La Fenice incluse), 39,90 € ; tarif 6-29 ans : 29,90 €. • veneziaunica.it •

Venice Card San Marco (les musées de la place Saint-Marc + trois églises chorus au choix + Fondation Querini Stampalia)

– Valable seulement pour ceux qui n'auraient de temps que pour le quartier Saint-Marc. *Plein tarif : 25,90 €.* Cette carte (valable 7 jours à partir de sa première utilisation) donne accès aux quatre musées de la place Saint-Marc : le *palais des Doges,* le *musée Correr,* le *Musée archéologique* et la *bibliothèque Marciana,* à trois églises chorus de son choix ainsi qu'à la Fondation Querini Stampalia. Accorde également des remises pour certaines expos temporaires et les parkings.

Cartes de transport *(pass ACTV)*

ACTV est la société qui gère les transports publics terrestres et fluviaux. De nombreux distributeurs automatiques de tickets à l'unité et forfaits sont disséminés un peu partout dans la ville. Vous pouvez vous déplacer indifféremment en bus (terre ferme ou Lido) ou emprunter les lignes de *vaporetti* qui parcourent le Grand Canal ou font le tour de Venise.

Le prix d'un trajet est cher, de l'ordre de 7 € (valable 1h à partir de la validation du billet ; gratuit pour les moins de 6 ans). Il existe plusieurs forfaits illimités. Ce sont les ***pass ACTV*** *(☎ 041-24-24 ; • actv.it •).* Tarif 24h : 20 € ; 48h : 30 € ; 72h (3 jours) : 40 € et 60 € valable 7 jours (72h pour 20 € pour les 14-29 ans, sur présentation de la carte *Rolling Venice*). Il existe aussi le billet avec le transfert A/R à l'aéroport, majoré de 8 €

En vente au bureau *VELA,* piazzale Roma *(plan détachable A3),* aux guichets *ACTV* devant presque tous les arrêts de *vaporetti,* à l'aéroport Marco-Polo ou dans les offices de tourisme.

Pour toutes ces cartes, **le décompte des heures commence dès le compostage du ticket au premier voyage, et il est impératif de valider électroniquement votre forfait à chaque trajet, sous peine d'amende.**

– Forfaits valables également pour les îles de Murano, Burano, Mazzorbo, Torcello, Treporti... Sauf pour se rendre directement à l'aéroport par la lagune, car la gestion de ce trajet a été confiée à la société ***Alilaguna*** *(☎ 041-240-17-01 ; • alilaguna.com •). Compter 15 € l'aller, 27 € l'A/R.*

– Le forfait comprend le transport d'un bagage unique (excepté quand on vient de l'aéroport). Dans les *vaporetti,* il existe normalement un emplacement derrière le pilote, prévu pour les bagages.

– Les **jeunes de 14 à 29 ans** en possession de la carte *Rolling Venice* peuvent acheter un forfait transports « *72 hours Youth Card* » au prix de 20 €. Ce forfait, valable 3 jours, permet d'utiliser toutes les lignes de transport (*vaporetti* et bus) sauf les lignes *ACTV* n^os^16 et 19, et Alilaguna.

– Pour ceux qui seraient tentés de voyager sans billet, sachez que l'amende s'élève à 55 € environ et que les contrôles sont fréquents. Les bagages (au-delà d'un) et les animaux sont normalement payants dans les *vaporetti* (environ 7 €).

CLIMAT

Venise subit à la fois les caprices du climat méditerranéen et ceux du climat continental. Les températures sont souvent très élevées durant les mois d'été.

– ***Les meilleurs mois :*** mai et octobre. Ce sont les mois les plus doux et donc les plus agréables.

– ***Venise en été :*** en juillet et août, la chaleur peut être étouffante en raison de l'humidité et du sirocco qui souffle sur la lagune (sans parler des moustiques !). À cela s'ajoutent les odeurs montant des canaux. Dans ce cas, pointer son nez à l'avant des *vaporetti* pour rechercher un peu de fraîcheur reste le seul salut (et encore !). On ne conseille pas Venise en été.

– ***Venise en hiver :*** en janvier-février, le thermomètre peut passer sous la barre du zéro et la *bora* (un vent du nord-est) vous glace jusqu'aux os. Il peut neiger à Venise. L'arrivée impromptue de la neige sur les ponts et les places vous vaudra peut-être un de vos plus beaux souvenirs. Avantage de cette période hivernale : les prix des hébergements sont au plus bas. Inconvénient : beaucoup d'adresses d'hôtels et de restaurants sont fermées pour les congés annuels.

– ***Les mois de mars et d'avril :*** c'est la fin de l'hiver et presque déjà le printemps. Il peut y avoir des journées très fraîches sous un ciel bleu cristallin. Quelques journées pluvieuses parfois, mais cela ne dure pas longtemps. La pression touristique n'est pas encore trop forte. Ces deux mois sont plutôt à conseiller.

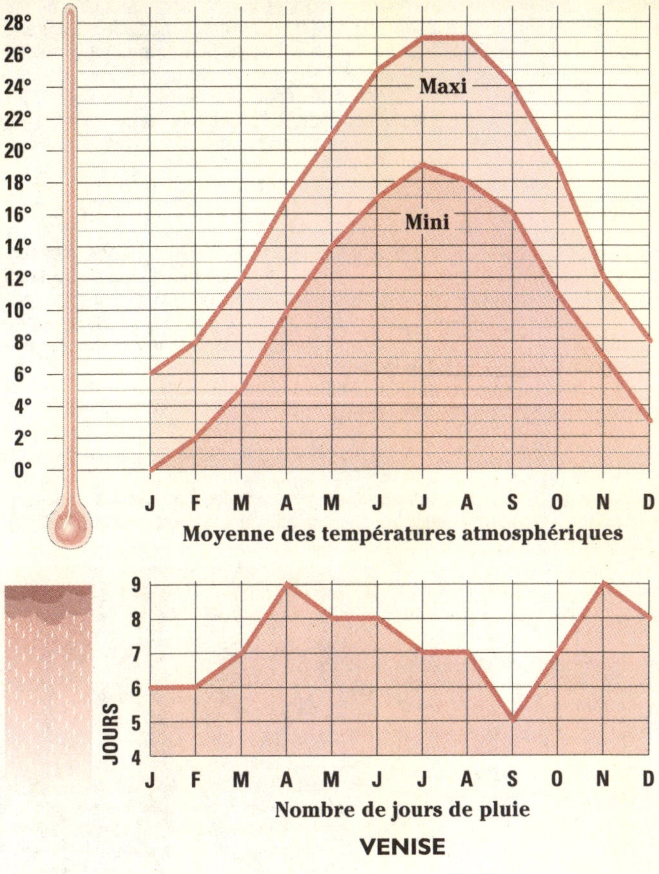

– Le ***mois de novembre*** peut vous réserver aussi bien un temps parfaitement dégagé qu'un brouillard à couper au couteau. Mais il faut avouer que Venise sous la pluie ou dans la brume a un charme fou. Attention toutefois aux périodes d'*acqua alta,* où les bottes de pluie sont de rigueur (d'octobre à mars !) !

DANGERS ET ENQUIQUINEMENTS

La seule crainte, c'est de vous perdre ! c'est ce qui fait le charme de Venise ! On retrouve son chemin tout aussi facilement, après avoir musardé dans des ruelles en cul-de-sac pleines de mystère. Faites plutôt attention de ne pas tomber à l'eau en prenant une photo !

Sécurité

Venise est une ville sûre. Malgré les quelque 22 millions de visiteurs par an dans le centre historique et ses environs, le nombre d'agressions est très faible. On peut se promener la nuit sans risque. En cas de vol, se rendre au poste de police le plus proche afin de faire établir un constat pour votre compagnie d'assurances. En cas de vol de votre téléphone portable, il vous faut un procès verbal traité informatiquement. Certaines assurances ne prennent pas en compte la déposition manuscrite. De plus, il faudrait avant votre départ avoir sur soi, le numéro IMEI du téléphone (c'est le numéro d'immatriculation). Le plus connu se trouve place Saint-Marc, à côté du *Florian,* mais il y en a un autre notamment à la gare ferroviaire, ou encore à l'aéroport.

Contrefaçons

Beaucoup de vendeurs à la sauvette dans les rues, tout autour des sites touristiques (place Saint-Marc, quartier de l'Accademia, Rialto...). Évitez de succomber aux imitations de sacs de grandes marques. À la douane, en rentrant chez vous, si vous êtes pris la main dans le sac, vous risquez une très forte amende, voire une peine de prison. Depuis quelque temps, les autorités italiennes et françaises ont renforcé les contrôles. À bon entendeur !

Arnaques et marchandage

La cité des Doges est passée de la république marchande à la dictature mercantile, où tout est bon pour faire de l'argent. Ici, le moindre petit hôtel n'a aucun scrupule à proposer des chambres doubles minuscules à 90 € la nuit ; plus loin, un resto à la devanture tapageuse vous sert royalement un poisson de la taille d'une sardine ou un plat de pâtes pour 20 €.

N'encouragez pas ce type de pratiques : faites jouer la concurrence (notamment en basse saison), discutez les prix, comparez les menus et n'hésitez pas à vous en aller dès que vous sentez l'arnaque. Il ne s'agit pas de devenir parano ni agressif, mais simplement d'agir avec discernement. Heureusement, il reste encore de nombreux Vénitiens qui aiment leur métier, désireux de servir de la qualité à prix raisonnables.

– L'office de tourisme a créé un ***service téléphonique*** pour tous ceux qui pensent avoir été roulés : ☎ *041-529-87-26,* pour démêler un problème sur le champ. Pour les plaintes après coup, on peut envoyer un mail au Service des réclamations *(servizio complaint ;* • *complaint.apt@turismovenezia.it* •*)* ou un fax (avec les pièces justificatives si nécessaire) au ☎ *041-523-03-99.* Les opérateurs parlent plusieurs langues.

Pour finir, sachez qu'au temps des doges, une gueule de lion en pierre était placée dans le palais ducal pour recueillir les lettres de dénonciation concernant les comploteurs de la République (elle y est toujours, d'ailleurs). La délation était le « sport national » à l'époque. Aujourd'hui, il ne tient qu'à vous, lecteurs, de nous faire partager votre expérience, bonne ou mauvaise. À cet effet, la boîte aux lettres du *Routard* est toujours ouverte pour recueillir vos observations et vos bons tuyaux.

NE TOMBEZ PAS DANS LE PANNEAU !

Les Vénitiens ont l'art du commerce, ce n'est rien de le dire. Méfiez-vous de ceux qui, à la manière de l'Antica Torre, du côté du marché du Rialto, repèrent en vous le gastronome qui furète et vous entraînent vers leur restaurant arborant fièrement la couverture du dernier Routard Venise. *Jetez un œil sur cette édition avant d'y entrer, comme on vous le conseille toujours, car l'adresse n'y figure peut-être pas ou plus. Ce sont des photocopies qui tiennent lieu de plaques. La police, l'office de tourisme ont été prévenus, mais on est à Venise... Donc, comme on dit par ailleurs, « Soyons attentifs, ensemble ! ».*

ENFANTS (ET PARENTS !)

Venise n'est pas seulement un nid pour tourtereaux. Si vous avez décidé de partir avec vos charmants bambins (en âge de marcher et d'apprécier la visite des musées et des églises, car Venise n'est pas faite pour les poussettes), voici quelques suggestions pour leur faire passer d'agréables moments.

– D'abord, ***équipez-les de bonnes chaussures.*** Ça a l'air tout bête, mais on passe sa journée à marcher...

– La première des choses à faire est de ***faire le tour de la ville par le Grand Canal en empruntant le vaporetto.*** Le spectacle des canaux et des palais est toujours un moment fort.

– Impossible de manquer le ***palais des Doges.*** Si vous le pouvez (résa difficile à l'avance), faites la visite des itinéraires secrets (voir « San Marco ») avec son lot de complots et intrigues, la salle de torture et les prisons... Ensuite, éventuellement un petit tour au ***musée d'Histoire navale*** (*Museo Storico Navale* ; à voir dans « Castello ») devrait les intéresser, de même que le ***musée d'Histoire naturelle,*** avec ses dinosaures, aménagé comme un cabinet de curiosités.

– Si votre budget ne vous permet pas de vous offrir un tour en gondole, prenez le ***traghetto.*** Ces gondoles collectives relient une rive à l'autre et ne coûtent que 2 € ! Pas besoin d'exercer ses talents d'équilibriste, le *traghetto,* à fond plat, est très stable. Attention cependant, ces gondoles collectives sont avant tout pour les Vénitiens. Se renseigner à l'office de tourisme pour les horaires et les trajets.

– Après avoir été si sages, vos enfants mériteront bien une petite ***glace.*** On trouve des glaciers artisanaux dans tous les quartiers (on les a tous consciencieusement testés !).

– Dans le Dorsoduro, rendez-vous sur la *fondamenta Nani* pour observer de l'autre côté du canal le *squero San Trovaso.* Il s'agit d'un des derniers ***ateliers de fabrication et de réparation de gondoles.*** Intéressant, surtout si les artisans sont à l'œuvre.

– Puis petit tour dans Castello pour aller rendre visite à Hamid à *Ca' del Sol (fondamenta dell'Osmarin, Castello, 4964),* l'un des rares artisans à fabriquer encore d'***authentiques masques.*** À coup sûr, vous craquerez pour un Pinocchio ou un animal peint à la main...

– Toujours dans le Castello, pendant que vous ***visitez la Fondazione Querini Stampalia,*** les enfants (de 3 à 6 ans) sont pris en charge par des animateurs lors d'ateliers ludiques (durée : 1h30 environ).

– Le ***Lido*** constitue un excellent terrain de jeux : pour ses plages, en saison, mais surtout pour y faire d'agréables promenades à vélo. Pour vous y rendre, prenez les *vaporetti* n°s 1, 2 ou 5.2.

– Prenez une demi-journée pour flâner dans ***Burano,*** l'île de la dentelle, aux maisons peintes de couleurs acidulées. Et pourquoi ne pas prévoir un pique-nique dans l'un des espaces verts, s'il fait beau ? En plus, on y va en bateau...

– Si vous descendez à Murano, n'hésitez pas à passer la tête dans des ***ateliers de verrerie*** (souvent ouverts aux visiteurs en demandant la permission). Émerveillement assuré !

– Pourquoi ne pas profiter de ce séjour dans la patrie de Vivaldi pour ***initier vos enfants à la musique*** ? De nombreux concerts sont organisés le soir... Lire « Spectacles (théâtre, musique et Biennale) » dans « Hommes, culture, environnement » pour vous aider à faire votre choix. Et qui sait, peut-être cela fera-t-il naître des vocations ?

– Enfin, si le soir vos chers bambins n'arrivent pas à s'endormir ou s'ils sont difficiles à canaliser en journée, vous pouvez toujours leur faire ***compter les ponts.*** Il y en a plus de 400 !

FÊTES ET JOURS FÉRIÉS

Pour Casanova, « Venise a recueilli tout le bonheur qu'il y a sur la Terre ». Parce qu'elle était la ville la plus riche, la plus rayonnante, Venise aimait le luxe. Depuis des lustres (vénitiens, sans doute), tout était prétexte à célébrations, fastes et amusements : la victoire de Lépante, le transport des reliques de saint Marc ou encore l'anniversaire de la fin de la peste. La fête gagnait aussi les couvents : même les religieuses se déguisaient au moment du Carnaval ! Malgré son déclin, Venise est encore le décor de fêtes grandioses.

– ***Régates de l'Épiphanie :*** le 6 janvier au matin, des hommes déguisés en sorcières *(befana)* font la course sur le Grand Canal à bord d'embarcations diverses. Ils sont censés apporter des cadeaux aux enfants.

– ***Carnaval :*** cette grande manifestation méritait bien sa rubrique à part entière, voir donc la rubrique « Carnaval » plus loin, dans « Hommes, culture, environnement ».

– ***25 avril :*** jour de la fête nationale mais aussi le jour du saint patron de Venise, saint Marc. La coutume veut qu'on offre ce jour-là un *boscolo* (« bouton de rose ») à son amoureuse. La légende met en scène une belle histoire d'amour sur fond social entre une noble vénitienne et un jeune homme pauvre.

– ***La Sensa :*** le jeudi de l'Ascension, on commémore les épousailles de Venise avec la mer. « Cultiver la mer et laisser la terre en friche », ce dicton indique la priorité mentale et économique de Venise du temps de sa splendeur. En 1177, le pape Alexandre III, pour remercier Venise d'avoir calmé le jeu avec le terrible Frédéric Barberousse, offrait au premier magistrat de la ville un anneau nuptial comme symbole de son pouvoir sur la mer. Par la suite, chaque année à la *Sensa* (« l'Ascension » en dialecte vénitien), le doge prenait place à la poupe d'un navire d'apparat spécialement construit pour l'occasion, le célèbre *Bucentaure.* Une fois au large, il jetait dans l'Adriatique un anneau en déclarant : « Nous t'épousons, ô Mer, en signe de véritable et perpétuelle domination. » Cette cérémonie durera jusqu'à ce que l'occupation française détruise le navire en 1797 pour récupérer l'or qu'il contenait.

– ***La Vogalonga :*** instituée en 1975, cette fête, qui se déroule le dimanche qui suit l'Ascension (mi-mai), est un événement très populaire. Elle consiste en une épreuve d'endurance qui rassemble des centaines de yoles de mer. La course a lieu entre Venise et Burano (soit près de 30 km aller-retour). • *vogalonga.it* •

– ***Festa del Redentore :*** le 3e week-end de juillet. La fête la plus aimée des Vénitiens célèbre la fin de la peste de 1576. On établit un pont de bateaux (en fait, depuis quelques années, une passerelle de bois que l'on parcourt à pied) de l'église du Redentore (Giudecca) jusqu'aux Zattere (Dorsoduro). Venise, illuminée de lanternes, éclate alors de mille feux. Des familles s'installent dans leur bateau face à la place Saint-Marc, mangent des sardines *in saor,* du canard rôti et des escargots de mer à l'huile et à l'ail, tout en avalant un bon verre de Valpolicella. Feu d'artifice le samedi soir. Ensuite, tradition oblige : on attend le lever du soleil sur les plages du Lido.

Si vous n'avez pas la chance de connaître quelqu'un possédant une terrasse sur le toit *(altana)* à Venise, vous verrez quand même très bien les feux et la fête depuis les quais de la *riva degli Schiavoni* ou à partir de l'église du Redentore, sur la Giudecca. Mieux, d'une barque dans le bassin de Saint-Marc. Sachez que c'est l'une des fêtes les plus spectaculaires d'Italie, et il faut avoir beaucoup de courage car, pour l'occasion, Venise est archi bondée.

– ***Mostra del Cinema di Venezia :*** le célèbre festival de cinéma de Venise. Se déroule au Lido pendant une dizaine de jours, de la fin août au 1er dimanche de septembre. À conseiller bien sûr aux inconditionnels du septième art (voir la rubrique « Cinéma » dans le chapitre « Hommes, culture, environnement ») !

– ***Regata storica*** *(régate historique)* **:** le 1er dimanche de septembre. Elle rassemble les meilleurs rameurs de Venise, de Pise, d'Amalfi et de Gênes, les quatre

républiques maritimes traditionnelles qui ont marqué l'histoire italienne. Seules sont en compétition des gondoles à deux rames. L'épreuve est précédée d'une parade du cortège historique sur le Grand Canal. Les plus belles embarcations, sur lesquelles prennent place des personnages costumés, accompagnent une maquette du *Bucentaure.*
Les régates historiques se déroulent depuis plusieurs siècles et c'est l'occasion d'un grand rassemblement populaire. On y voit des équipages de femmes, de jeunes gens et des représentants des différents quartiers de Venise.
- ***La Saint-Martin :*** le 11 novembre. Une fête qui vaut tous les Halloween du monde. Tandis que les pâtissiers confectionnent tous un gâteau spécial représentant saint Martin sur son cheval, les enfants tapent sur des casseroles et vont chez les commerçants demander leur obole.
- ***Festa della Madonna della Salute :*** le 21 novembre. On rappelle la fin de la peste de 1630 par une procession sur un pont établi entre l'église de la Salute et le *campo Santa Maria Zobenico.* Cette fête conserve son aspect religieux.
- Et n'oublions pas la ***Journée du patrimoine,*** où certains palais et autres sites privés ouvrent exceptionnellement leurs portes au public. *Infos :* • *giornatafai.it* •
Ou encore la ***Journée mondiale de la femme,*** le 8 mars de chaque année, où certaines églises et musées ouvrent gratuitement leurs portes aux femmes.

Jours fériés

- *1er janvier :* Jour de l'an *(Capodanno).*
- *6 janvier :* Épiphanie *(Epifania).*
- *Fin mars-début avril :* lundi de Pâques *(Pasquetta).*
- *25 avril :* anniversaire de la Libération de 1945 *(festa della Liberazione)* et fête de *la Saint-Marc, patron de Venise.*
- *1er mai :* fête du Travail *(festa del Lavoro).*
- *2 juin :* fête de l'anniversaire de la proclamation de la République *(festa della Repubblica).*
- *15 août :* Assomption *(Ferragosto).*
- *1er novembre :* Toussaint *(Ognissanti).*
- *21 novembre :* fête de la Madonna della Salute.
- *8 décembre :* fête de l'Immaculée Conception *(festa dell'Immacolata Concezione).*
- *25 décembre :* Noël *(Natale).*
- *26 décembre :* jour de Saint-Étienne *(San Stefano).*

HÉBERGEMENT

Vous réservez votre séjour à l'avance

Mieux vaut être prévoyant, quelles que soient la durée et la période du séjour. Pendant le Carnaval, à Pâques, d'avril à juin, en septembre-octobre et durant les fêtes de fin d'année, le taux de fréquentation atteint son maximum. Par prudence, mieux vaut donc réserver plusieurs semaines, voire plusieurs mois à l'avance. Un virement bancaire ou un acompte par carte de paiement sera nécessaire. Il est bien sûr possible de passer par une agence de voyages.

Vous débarquez sans réservation

En pleine saison, c'est courir le risque de devoir tourner les talons et de repartir illico ! En intersaison, mieux vaut quand même arriver tôt (disons dans la matinée) pour espérer trouver à se loger dans Venise même, sans quoi c'est le retour assuré vers le continent. Hors saison en revanche, pas de parano, mais méfiez-vous

quand même, aux abords de la gare Santa Lucia et au piazzale Roma, des rabatteurs qui vous proposent des prix et des hôtels douteux.
Dès votre arrivée, faites plutôt appel à l'une des antennes de l'***AVA*** *(Associazione Veneziana Albergatori)* que vous trouverez piazzale Roma, à la gare ferroviaire Santa Lucia, au rond-point de l'autoroute Romea de Marghera et à l'aéroport Marco-Polo *(☎ 041-522-80-04 ; consulter • avanews.it • ou • veneziasi.it • pour les offres spéciales).* Ils se chargeront de sonder les disponibilités, mais le choix sera forcément limité.
Quand bien même il serait dommage de ne pas loger au cœur même de la cité des Doges, Mestre (située à une dizaine de kilomètres) reste une alternative intéressante. De Mestre, pour vous rendre à Venise, vous disposez du train ou du bus. Comptez au minimum 30 mn de trajet si vous logez dans le centre, sans compter les imprévus (attentes, retards) qui peuvent doubler le temps. L'*ACTV* (société de transports en commun de Venise) a mis en place un service de bus qui relie le piazzale Roma à la piazza Barche, au centre de Mestre. Même entre minuit et 5h, il vous sera donc possible d'éviter la voiture.

Campings

Il n'existe pas de camping dans le centre historique de Venise. Les camping-caristes et les campeurs trouveront plusieurs campings autour de Mestre et Marghera. Pour le charme et la tranquillité, vous repasserez, mais vous pouvez toujours essayer de planter votre tente dans le camping du Lido. Finalement, les campings les mieux équipés se situent sur le ***litorale del Cavallino,*** au nord-est de Venise : tout confort, faciles d'accès en bateau (service régulier, même tard le soir). Mais attention, vous dépenserez en frais de bateau ce que vous aurez économisé en frais d'hébergement en choisissant le camping. Et ce sont de véritables usines à coucher les unes à côté des autres ! La plupart ne sont ouverts que de mi-mai à mi-septembre. Voir notre chapitre « La terre ferme, de Mestre à Punta Sabbioni ».
Un conseil : tous ces endroits sont parfois envahis de moustiques *(zanzare)* : mieux vaut prévoir un bon répulsif.
Il existe des listes complètes, dont une éditée par le *Touring Club italien,* que vous pouvez trouver dans les librairies sur place.

■ ***Fédération française de camping et de caravaning :*** *78, rue de Rivoli, 75004 Paris. ☎ 01-42-72-84-08. • info@ffcc.fr • ffcc.fr • Ⓜ Hôtel-de-Ville. Lun-ven 9h-12h30, 13h30-17h30 (17h ven).* Possibilité d'acheter la carte *FFCC* multi-avantages qui permet de bénéficier d'assurances spécifiques dont l'assurance annulation/interruption de séjour ainsi que de nombreuses réductions chez quelque 1 500 partenaires. La carte *FFCC* comprend également la *Camping Card International* qui vous permettra d'obtenir de multiples réductions dans les campings d'Europe, dont l'Italie.

Auberges de jeunesse

Auberges de jeunesse ou maisons d'accueil, à vous de choisir. On trouve quelques AJ privées dans Venise même, mais il n'existe qu'une AJ officielle, sur l'île de la Giudecca (attention, à moins de traverser à la nage, il faut prévoir le budget pour le *vaporetto*). Carte des AJ obligatoire. On peut se la procurer en France, l'acheter sur place, mais c'est plus cher, ou sur Internet. L'organisation *Hostelling International* est représentée à Paris par la Fédération unie des auberges de jeunesse (FUAJ). Coordonnées plus haut dans la rubrique « Avant le départ ». Il n'y a pas de limite d'âge pour séjourner en AJ. Il faut simplement être adhérent.
En haute saison, il est conseillé de ***réserver*** à l'avance. Plusieurs possibilités :
– ***Par Internet :*** • hihostels.com •
– ***Par téléphone ou par mail :*** en contactant directement l'AJ.

– ***Par courrier :*** en écrivant directement à l'AJ, mais ça prend du temps, c'est long et, franchement, c'est moins pratique.
– Vous pouvez aussi vous adresser directement au central de réservations des auberges de jeunesse italiennes pour plus d'informations :

■ ***AIG (Associazione italiana alberghi per la gioventù) :*** *via Cavour, 44, 00184 Rome.* ☎ *06-48-711-52.* • *info@aighostels.com* • *aighostels.com* • Pour compenser le manque de lits « officiels », des auberges de jeunesse privées proposent le même type d'hébergement en dortoirs : elles pratiquent d'ordinaire les mêmes tarifs et sont bien mieux situées.

Logement dans les communautés religieuses

Si vous rêviez de dormir dans un ancien couvent, c'est un vœu facile à réaliser à Venise. Il suffit de se conformer aux règles conventuelles (lits séparés, couvre-feu, etc.). Mais c'est souvent un confort plutôt spartiate, une déco sobre et assez sévère et une ambiance monacale un peu austère...
En outre, certains établissements ne sont ouverts aux touristes que pendant les grandes vacances scolaires d'été.
Couples non mariés, se renseigner avant ! Certaines communautés *(foresterie)* n'acceptent que les filles. On loge soit dans des dortoirs, soit dans des chambres individuelles (rien ne vous empêche de vous rapprocher dès la lumière éteinte, bien sûr...) ou doubles. Ces communautés occupent, pour certaines d'entre elles, de magnifiques palais vénitiens.

Bed & Breakfast

C'est la formule qui se développe et qui séduit les visiteurs. En fait, de nombreux prétendus *B & B* sont des petits hôtels de six à huit chambres... Les prix pratiqués sont souvent alignés sur ceux des hôtels, mais pas toujours, tout dépend du quartier choisi.

Pensions

Vous en trouverez beaucoup à Venise. Elles sont appelées *pensione* ou *locanda,* mais cela ne vous reviendra pas nécessairement moins cher que l'hôtel. Il s'agit en général d'une gestion familiale. On n'est pas obligé d'y prendre ses repas ni de rester un minimum de nuits. L'office de tourisme contrôle régulièrement ces établissements. Ils sont donc généralement bien tenus.

Hôtels

Venise compte un nombre important d'établissements exceptionnels à des prix évidemment bien moins exceptionnels (parfois même excessifs et aberrants). Cela dit, nous avons essayé de sélectionner des adresses de tout standing, du lit en dortoir jusqu'au petit nid d'amour. Certaines sont de véritables coups de cœur. D'autres sont citées surtout pour leur renommée, leur décor ou leur classe, en souhaitant que votre budget vous permette un jour d'y descendre.
Certains palais abritent désormais des chambres sophistiquées, dont les prix atteignent parfois les nues ; ils sont heureusement négociables à la baisse hors saison et en semaine.
Important : certains hôtels cités proposent parfois des réductions importantes (de 15 à près de 50 %). N'hésitez pas à discuter les prix, surtout si vous restez plusieurs nuits. Et si une réduction vous est offerte grâce à ce guide, demandez-la dès votre premier contact avec l'hôtelier (par Internet ou par téléphone).

Location d'appartements

Cette formule se développe de plus en plus. Pour certains il s'agit de l'option idéale d'hébergement. À vous de choisir sur Internet, où l'on trouve une variété considérable d'appartements, du studio au trois pièces-cuisine, jusqu'au vaste appartement de quatre à six pièces dans un vieux et magnifique palais du XVe s. Soyez vigilant en pesant le pour et le contre : sous les toits, avec la vue sur les gondoles, c'est agréable, mais quand il n'y a pas d'ascenseur... Attention aussi aux rez-de-chaussée, ils peuvent être plus sombres et, lors de l'*acqua alta,* ce n'est pas l'idéal. Sur une période de 1 semaine ou plus, la location d'appartements est généralement plus économique, surtout pour les familles ou les amis qui voyagent en petits groupes. On trouve souvent des apparts avec une pièce commune disposant de sofas convertibles. Ce qui fait que pour le prix d'une nuit en chambre double dans un hôtel classique, on peut parfois dormir à quatre ou à six. Par ailleurs, comme vous disposerez de votre propre cuisine, rien ne vous empêche de faire vous-même votre popote. Une bonne manière de découvrir la vie de quartier...
– Si vous louez un appartement, il y a une contrainte assez stricte à respecter (que l'on ignore en dormant à l'hôtel) : la **collecte des ordures.** À Venise, celle-ci est très réglementée compte tenu du fait que le ramassage des déchets se fait à la main d'une façon artisanale. Des employés poussent des chariots métalliques à roues (pas de moteur) capables de passer partout, dans les ruelles comme sur les ponts. De ces chariots, les ordures sont jetées ensuite dans un bateau-poubelle. Le tri est donc indispensable (papier, cartons, alimentaire, métal, verre...). Être respectueux de ces règles propres à Venise, c'est respecter Venise et les Vénitiens !

Voici deux agences que nous avons retenues sans hésitation. Elles sont classées par ordre alphabétique pour éviter les grincements de dents.

■ ***Casa d'Arno :*** *36, rue de la Roquette, 75011 Paris. ☎ 01-44-64-86-00. • info@casadarno.com • casadarno.com • Ⓜ Bastille. Ouv 10h-18h. Réception sur rdv.* Location d'appartements ou de *palazzi,* simples ou luxueux. Également une sélection de chambres d'hôtes de qualité. Conseils et accueil par une Italienne qui connaît bien son pays. Consultez leurs offres sur leur site internet.

■ ***Loc'Appart :*** *☎ 01-45-27-56-41. • locappart.com • Accueil téléphonique assuré à Paris par des responsables de destinations ayant une bonne connaissance de l'Italie : lun-jeu 10h30-13h, 14h-19h et ven 9h30-13h, 14h-18h.* Avec Loc'Appart, la location d'appartement (du studio jusqu'à la maisonnette) pour un minimum de 3 nuits à partir de n'importe quel jour de la semaine est possible. Dossiers suivis par des chargés de destinations à Paris et accueil assuré par des spécialistes sur place qui interviennent en cas de besoin. Une agence sympathique et sérieuse que nous recommandons volontiers. Service d'appartements également proposé dans le reste de l'Italie en ville (Milan, Florence, Rome, Naples, Palerme...) comme à la campagne (Toscane, Ombrie, Côte amalfitaine, Sicile). Loc'Appart propose aussi des hébergements en Agritourisme et *Bed & Breakfast* dans les différentes villes et régions italiennes.

Échange d'appartements et de maisons

Une formule de vacances originale ! Il s'agit d'échanger son logement contre celui d'un adhérent du même organisme. Cette formule est avantageuse, en particulier pour les jeunes couples avec enfants. Voici deux agences qui ont fait leurs preuves :

■ ***Homelink International :*** *19, cours des Arts-et-Métiers, 13100 Aix-en-Provence. ☎ 04-42-27-14-14 ou 01-44-61-03-23. • homelink.fr • Lun-ven 9h-12h, 14h-18h. Adhésion annuelle de 125 € avec diffusion d'annonce sur Internet.*

■ ***Intervac :*** *230, bd Voltaire, 75011 Paris. ☎ 05-46-66-52-76. • info@intervac.fr • intervac.fr • Adhésion annuelle nationale et internationale avec diffusion d'annonce sur Internet : 115 €.*

HORAIRES

Il va sans dire que les horaires qui suivent ne sont donnés qu'***à titre indicatif*** car ils sont très changeants. L'office de tourisme édite une brochure comportant une liste des lieux à visiter régulièrement mise à jour (très utile pour les expos temporaires).
- ***Banques :*** ouvertes du lundi au vendredi de 8h30 à 13h30 et de 14h45 à 15h45 généralement (horaires variables avec les saisons). Fermées les jours fériés.
- ***Bureaux et administrations :*** dans la plupart des cas, ouverts le matin jusqu'à une heure plus ou moins avancée de l'après-midi (désolés, mais c'est la formule la plus juste que l'on ait trouvée).
- ***Églises :*** seules les églises payantes ont des horaires fixes et fiables (voir « *Chorus Pass* » dans la rubrique « Cartes ou forfaits de visites et transports », plus haut). Pour les autres, les plus importantes ouvrent généralement le matin de 9h ou 10h jusqu'à 12h, et de 15h ou 16h jusqu'au soir. Pour les plus petites, il faut avoir la chance de passer devant au bon moment (juste avant ou après une messe).
- ***Magasins :*** habituellement ouverts tous les jours de 9h à 13h et de 15h30 à 19h30. Fermés une demi-journée par semaine, souvent le lundi matin.
- ***Musées :*** les horaires sont un peu réduits en basse saison. La billetterie ferme très souvent 30 mn (voire 1h) avant la fermeture des portes, n'attendez donc pas la fin de l'après-midi pour vous décider.
- ***Postes :*** ouvertes du lundi au vendredi de 8h30 à 14h (13h le samedi ; tous les jours sauf le dimanche jusqu'à 18h30 pour la poste centrale), ainsi que le dernier jour du mois de 8h30 à 12h.
- ***Restaurants :*** service généralement de 12h à 15h et de 19h à 22h (voire plus dans les quartiers animés). Mais on peut souvent grignoter des *cicchetti* dès 18h dans les bars, avec un verre de vin.
- ***Transports :*** voir plus loin.

LANGUE

L'italien est une langue facile pour les francophones. En peu de temps, vous pourrez apprendre quelques rudiments suffisants pour vous débrouiller.
Pour vous aider à communiquer, n'oubliez pas notre ***Guide de conversation du routard en italien.***
Ci-après, un petit vocabulaire de secours. Attention à certains faux amis : les *giorni feriali* sont les jours ouvrables (par opposition aux *giorni festivi,* qui sont les dimanche et jours fériés).

Quelques éléments de base

Politesse

Bonjour	*Buongiorno*
Bonsoir	*Buonasera*
Au revoir	*Arrivederci*
Excusez-moi	*Scusi*
S'il vous plaît	*Per favore*
Merci	*Grazie*
Je vous en prie	*Prego*

Questions courantes

Parlez-vous français ? anglais ?	*Parla francese ? inglese ?*
Pouvez-vous me dire... ?	*Può dirmi... ?*

Avez-vous... ?	*Ha... ?*
Je ne comprends pas	*Non capisco*
Parlez lentement	*Parli lentamente*
Combien coûte... ?	*Quanto costa... ?*
L'addition, s'il vous plaît	*Il conto, per favore*
C'est trop cher	*È troppo caro*

Le temps

Lundi	*Lunedì*
Mardi	*Martedì*
Mercredi	*Mercoledì*
Jeudi	*Giovedì*
Vendredi	*Venerdì*
Samedi	*Sabato*
Dimanche	*Domenica*
Aujourd'hui	*Oggi*
Hier	*Ieri*
Demain	*Domani*

Les nombres

Un	*Uno*	Huit	*Otto*
Deux	*Due*	Neuf	*Nove*
Trois	*Tre*	Dix	*Dieci*
Quatre	*Quattro*	Quinze	*Quindici*
Cinq	*Cinque*	Cinquante	*Cinquanta*
Six	*Sei*	Cent	*Cento*
Sept	*Sette*	Mille	*Mille*

Transports

Un billet pour...	*Un biglietto per...*
À quelle heure part... ?	*A che ora parte... ?*
À quelle heure arrive... ?	*A che ora arriva... ?*
Gare	*Stazione*
Horaire	*Orario*

À l'hôtel

Hôtel	*Albergo*
Une pension de famille	*Una pensione familiare*
Une réservation	*Una prenotazione*
Je désire une chambre	*Vorrei una camera*
À un lit (double), à deux lits	*Con letto (matrimoniale), con due letti*

Un zeste de vénitien

Le vénitien compte parmi les plus doux dialectes d'Italie. Pour les italianistes confirmés, un léger zézaiement apparaîtra comme une marque d'authenticité certaine. Les Vénitiens sont extrêmement fiers de leur dialecte et le considèrent comme une langue à part entière. Néanmoins, peu de gens le parlent encore, ils l'utilisent plutôt mélangé à la langue nationale. Parler le dialecte est un art exercé

par tout Vénitien, quel que soit son statut social. Sachez par exemple que les doubles consonnes disparaissent.
Le vénitien apparaît surtout dans les noms de rues, de canaux, de bistrots ou de monuments. On y reconnaît parfois quelques mots de français.

Manger

Baìcoli	Célèbres gâteaux secs
Bìrin	Petit verre de bière
Biréta	Petit verre de bière légèrement plus grand que le précédent
Curasàn	Déformation vénitienne de « croissant »
Fugàssa	Fougasse

Autres

Cae	Rue
Òcio !	Attention !
Fio, fia	Fils, fille

LIVRES DE ROUTE

Pour parfaire votre préparation, nous vous proposons une liste d'ouvrages sur Venise, les uns disponibles en librairie, les autres en bibliothèque.

Livres de référence

– ***Italies. Anthologie des voyageurs français aux XVIIIe et XIXe s*** (1988), Laffont, coll. « Bouquins ». Des extraits des plus beaux textes sur Venise. Une magnifique anthologie.
– ***Venises*** (1971), de Paul Morand, Gallimard, coll. « L'Imaginaire », 2006. Ce recueil de souvenirs vénitiens glanés au cours d'une relation fidèle de 60 ans entre la ville et son auteur, c'est la vie d'un homme à l'affût du monde et l'œuvre d'un grand styliste français.
– ***Venise*** (2006), d'Hippolyte Taine, Grand Caractère, coll. « Kiosque à Livres ». Réédition d'un texte classique sur la Venise du XIXe s vue par un voyageur érudit.
– ***La Mort à Venise*** (1912), de Thomas Mann, Stock, 2003. Dans le cadre du Lido, l'histoire d'une passion violente, à travers le regard d'un homme subjugué par la beauté incarnée par un adolescent. Un grand classique devenu un film de Visconti.
– ***Histoire de ma vie*** (1744-1756 ; trois tomes), de Casanova, Gallimard, coll. « Folio » n° 1760, 1986. Né à Venise, Casanova connut un destin à l'image de cette ville-labyrinthe mystérieuse aux maisons à double issue. Ses *Mémoires* nous livrent, outre le récit complaisant de ses péripéties amoureuses, un document extrêmement étoffé sur la vie quotidienne au XVIIIe s.
– ***Concert baroque*** (1974), d'Alejo Carpentier, Gallimard, coll. « Folio » n° 1020, 2001. Une nuit de Carnaval inoubliable dans une Venise intemporelle. Par-delà les siècles, Vivaldi, Scarlatti et Haendel se retrouvent sur la tombe de Stravinski. Toutes les beautés de la nuit baroque rendue magique par la grâce du style. À réserver aux initiés.
– ***Charles et Camille*** (1992), de Frédéric Vitoux, Le Seuil. Ce roman d'amour entre un soldat français et la jeune préceptrice des enfants de l'ambassadeur de Venise en France nous permet de parcourir la Sérénissime abîmée de la fin du XVIIIe s, tandis qu'à quelques encablures de là, les plaines de Vénétie sont mises à feu et à sang par l'armée de Bonaparte.

– ***Dictionnaire amoureux de Venise*** (2004), de Philippe Sollers, Plon. Un ouvrage qui a la forme d'un dictionnaire sans en avoir le goût. Composé comme un assemblage de nouvelles drôles et éclairées, il chasse les clichés romantiques ou funestes qui ont cours sur la ville, pour offrir une vision vivante, gaie et féminine de la Sérénissime, avec qui l'auteur entretient une passion entière depuis plus de 40 ans.
– ***Acqua alta*** (1993), de Joseph Brodsky, Gallimard, coll. « Arcades », 1999. Souvenirs vénitiens d'un grand poète russe, mort en 1996. Une déclaration d'amour qu'on a du mal à oublier. À noter : Brodsky est enterré à San Michele, face à Venise.
– ***Les Balades de Corto Maltese*** (2004), de G. Fuga et L. Vianello, Casterman, 2005. Les auteurs, anciens collaborateurs d'Hugo Pratt, vous entraînent sur les traces de Corto à travers sept itinéraires dans la ville. Une excellente introduction pour découvrir les mystères cachés des rues de Venise. Dommage cependant que les cartes ne soient pas plus explicites et que nombre d'adresses chères au maestro aient disparu.
– ***Seule Venise*** (2004), de Claudie Gallay, Actes Sud, coll. « Babel », 2005. Une femme d'une quarantaine d'années, après avoir été quittée par son mari, échoue à Venise peu avant les fêtes de fin d'année. C'est l'envers du décor. Elle découvre la Venise des Vénitiens. Le temps est épouvantable : la pluie, le froid... Cela ne l'empêche pas d'arpenter la ville en tous sens et de découvrir une Venise que l'on connaît moins... mais pleine de charme.
– ***La Cité des anges déchus*** (2007), de John Berendt, L'Archipel. L'auteur débarque à Venise au lendemain de l'incendie de la Fenice, en 1996, et entreprend sa propre enquête pour connaître les raisons et les auteurs d'un tel crime. Un prétexte pour dresser le portrait de la ville et pénétrer les entrelacs d'une société vénitienne décidément pas comme les autres.
– ***La Longue Attente de l'ange*** (2013), de Melania G. Mazzucco, J'ai lu, n° 10953, 2015. Sous forme de monologue, le livre retrace la vie du peintre le Tintoret. On y retrouve un autre aspect, celui de la relation entretenue avec l'une de ses filles, Marietta, artiste elle aussi. Ce récit met aussi en lumière la Venise du XVIe s.

Polars en poche

– ***Mort à la Fenice*** (Points Policier n° 514, 2006), ***Noblesse oblige*** (Points Policier n° 990, 2005), ***Mort en terre étrangère*** (Points Policier n° 572, 2006) et ***Péchés mortels*** (Points Policier n° 859, 2007), pour ne citer qu'eux, mais il y en a bien d'autres, de Donna Leon (Calmann-Lévy et Points Seuil). Américaine d'origine, Donna Leon a entrepris, dans les années 1990, cette série aujourd'hui très connue en France et en Allemagne. Elle vit à Venise.
– ***Ceux qui prennent le large*** (1963), de Patricia Highsmith, LGF, coll. « Le Livre de Poche Thriller » n° 4416, 2008. Les ruelles et les canaux de Venise sont le cadre angoissant d'une poursuite : celle du père d'une jeune fille retrouvée morte après son gendre, qu'il considère responsable. Une violence sourde et absurde où chaque lieu de la ville devient un piège subtil.
– ***La Tempête*** (2000), de Juan Manuel de Prada, Le Seuil, coll. « Points », 2002. Dans une Venise vénéneuse, recouverte par la neige et la boue du mois de janvier, un critique espagnol obsédé par le célèbre tableau de Giorgione, *La Tempête,* se rend à l'Accademia... et est témoin d'un meurtre. Une intrigue intelligente qui nous plonge dans le milieu de l'art vénitien.

Bandes dessinées et illustrés

– ***Vasco, ténèbres sur Venise*** (1997), de Gilles Chaillet, éditions du Lombard. Intégrale en trois volumes. Une Venise inquiétante, faite de complots et de luttes d'influence. Un livre foisonnant d'anecdotes originales.

– ***Corto Maltese, fable de Venise*** (1998), d'Hugo Pratt, Casterman. Incontournable. Une porte ouverte sur les mystères et la magie de la Sérénissime vécus et rêvés par un Hugo Pratt plus que jamais présent dans la mémoire des Vénitiens. Casterman a eu la bonne idée de sortir, en 2007, une version commentée de *Fable de Venise,* permettant de mieux se situer dans le temps et l'espace. Un bonheur rare.

FUMETTO

Se traduisant par « petite fumée », ce mot signifie « B.D. » en italien. En effet, les bulles ressemblent à des nuages de fumée !

– ***Lefranc, le mystère Borg*** (2006), de Jacques Martin, Casterman. Un très bon classique de la B.D. belge et un scénario sans surprise qui commence dans les montagnes suisses et finit dans les palais vénitiens.
– ***Les Voyages de Jhen*** (2007), de Jacques Martin, Casterman. Une remarquable initiation, historique et géographique, sur les pas d'un autre héros de cet auteur belge, qui nous promet une aventure trépidante à Venise.
– ***Largo Winch, voir Venise... et mourir*** (1998), de Philippe Franq et Jean Van Hamme, Repérages Dupuis (deux tomes). La saga du play-boy milliardaire en jeans, cette fois piégé dans la Sérénissime par un dangereux consortium pétrolier. Gondoles, masques de carnaval, carabiniers et pulpeuses courtisanes sont au rendez-vous.
– ***Giacomo C.*** (2006), de Dufaux et Griffo, Glénat. Une saga (15 tomes parus) très librement inspirée de la vie de Casanova, qui nous plonge en pleine Venise du XVIIIe s. Secrète, inquiétante, envoûtante, la ville n'est pas qu'un décor dessiné d'après archives, mais le partenaire idéal d'un libre-penseur libertin autant qu'attachant.
– ***Venise aquarelles*** (2004), de Stéphane Denis et Tudy Sammartini, aquarelles de Fabrice Moireau, les Éditions du Pacifique. Un bel ouvrage qui nous entraîne dans les ruelles de Venise, avec la douceur de l'aquarelle, parce que Venise est une ville d'eau !

ORIENTATION

Vous serez surpris du nombre de kilomètres que vous parcourrez à pied. C'est votre moyen principal de locomotion, ménagez-le donc, sitôt après avoir quitté le *vaporetto.* Venise ne compte pas moins de 160 canaux, enjambés par 435 ponts (pour nos amis routards qui souffrent des genoux, allez-y tout doux). Le dédale de petites ruelles vous oblige souvent à faire des détours, alors pour essayer de vous en sortir sans faire trop d'allers-retours, privilégiez les axes les plus fréquentés, on y trouve souvent une flèche indiquant soit le Rialto, soit la piazza San Marco, ou encore la gare ferroviaire *(ferroviara)* ou le piazzale Roma.

Sestieri et numérotation

Venise est partagée en six *sestieri* (ou quartiers) : ***Dorsoduro, San Polo, Santa Croce, Cannaregio, San Marco*** et ***Castello.*** Les adresses sont ainsi écrites : nom de la rue puis nom du *sestiere,* suivi du numéro.
Exemple : *Hotel Casanova, calle Vivaldi, Cannaregio, 477.*
Pour s'y retrouver, il faut d'abord lire le nom du quartier puis celui de la rue accompagnée du numéro de l'adresse.
Le problème est le suivant : à Venise beaucoup d'adresse ne comportent pas le nom de la rue !
La numérotation des différents *sestieri* a été imposée le 1er juillet 1841, 44 ans après la chute de la Sérénissime. Les numéros sont peints en noir sur fond blanc

(avant, ils étaient en rouge ; il est encore possible d'en voir quelques-uns dans les différents *sestieri* de la ville).
À la suite de nombreux remaniements, démolitions et comblements de canaux, la numérotation apparaît aujourd'hui assez chaotique. Elle progresse par *sestiere* et non par rue ou par place. Une fois que vous vous trouvez dans la rue proprement dite, les numéros suivent en fait le périmètre du pâté de maisons et passent ensuite au suivant. Ça a l'air compliqué, mais on comprend rapidement le système. Allez, un petit jeu (oh, pas très dur) : essayez donc de trouver le n° 1 du quartier San Marco. Vous aurez droit à une bien belle récompense avec l'un des plus beaux monuments du palais des Doges : la *porta della Carta.*

Des rues et des ruelles : soyez « *calle* »

En fait, Venise est une ville où l'on se perd facilement mais où l'on se retrouve toujours. Pour faciliter l'orientation, la municipalité a installé des **panneaux jaunes,** indiquant les points principaux de la ville (Rialto, place Saint-Marc...), les itinéraires ou l'arrêt de *vaporetto* le plus proche.
Les **noms de rues** sont une véritable mine d'or pour connaître l'histoire du quartier. Certains renvoient à des métiers courants comme la *calle del Pestrin* (laitier) ou *del Pistor* (boulanger). La *Merceria* indique que les marchands étaient installés dans le périmètre. D'autres rappellent que des communautés religieuses avaient élu domicile *calle dei Preti* (prêtres), ou que des étrangers avaient trouvé refuge *calle degli Armeni* (Arméniens), *degli Schiavoni* (Slaves).
Pour finir avec la dénomination des rues, voici les bases de la **toponymie vénitienne.** Les petites rues sombres plutôt proches de nos ruelles s'appellent des *cale* ou *calle* (voire *ramo* pour les plus courtes). On réserve le terme de *fondamenta* aux voies bordant un canal, la *riva* étant un quai plus large. Vous trouverez peu de *rughe,* qui étaient bordées de boutiques, ou de *salizzade,* qui sont les premières rues pavées de la ville.
Un canal comblé est un *rio terà,* alors que le *rio* (au pluriel, *rii*) est un petit canal encore navigable. Toutes les places portent le nom de *campo,* ou *campiello* pour les plus petites. La *corte* est généralement un espace commun à plusieurs maisons. La *piscina* est un petit bras d'eau stagnante aujourd'hui comblé. Le *sottoportego* ou *sottoportico,* un passage couvert entre des maisons.

LA MORT À CHAQUE COIN DE RUE

Nizioleto *est un mot de dialecte vénitien qui veut dire littéralement « petit linceul », nom qu'on donne aux rectangles blancs entourés de noir peints sur les murs pour indiquer les rues. C'est aussi le nom des avis de décès affichés sur les murs, encadrés d'un liseré noir !*

Cartes

Pour faciliter vos trajets, procurez-vous une carte détaillée avec un index complet des noms de rues.
La carte proposée par l'office de tourisme dans le kit (payant, en français) ne donne que les orientations générales. Quand vous achetez une carte, assurez-vous qu'il s'agit d'une édition récente. *Attention,* les plus joliment présentées ne sont pas forcément les plus complètes. Voici quelques cartes que nous avons testées pour vous.
– Carte *Litografia Artistica Cartografica* : carte de Venise et de sa lagune.
– Carte *City Map Mondadori* : elle est plastifiée et inclut seulement le centre-ville. Existe en version française.
On peut se les procurer dans la plupart des bureaux de tabac.

PERSONNES HANDICAPÉES

Avec plus de 100 îles reliées par quelque 435 ponts, autant dire que Venise n'est à priori pas une ville facile pour les personnes à mobilité réduite. Cela dit, si beaucoup reste encore à faire, saluons les initiatives de la municipalité dans ce domaine : on peut se procurer auprès des offices de tourisme ou par Internet un kit comprenant notamment une carte avec les zones accessibles en fauteuil roulant ainsi que les stations de *vaporetto* et les toilettes. Le kit comprend également la liste des loueurs de fauteuils roulants, mais on conseille de les réserver au moins 10 jours avant l'arrivée.

Par ailleurs, 10 itinéraires sans obstacles ont été élaborés (en anglais ou italien) : *Marciana, Rialto, Santa Margherita, Frari, Santo Stefano, Santi Giovanni e Paolo, Murano, Burano/Torcello, Castello est* et *Ca' d'Oro.* Noter que la place Saint-Marc, le musée Correr et le palais des Doges sont accessibles aux personnes en fauteuil roulant.

On peut se procurer la liste des hébergements accessibles aux fauteuils : il y en a pas mal près de la place Saint-Marc.

– ***Informations et réservations « Citta per tutti » :*** *dans les offices de tourisme ou à Ca' Farsetti, San Marco, 4136 (jeu 9h-13h).* ☎ *041-274-81-44.* • *comune.venezia.it* •

Pour les malvoyants, l'office de tourisme a édité une carte en braille (à demander sur place).

Les handicapés ainsi que leur accompagnateur bénéficient d'une gratuité dans les musées municipaux sur présentation de justificatifs. Il leur est aussi fortement recommandé de téléphoner au musée avant de s'y rendre, pour savoir si l'ascenseur est en état de fonctionnement, ou tout simplement pour que le personnel puisse le mettre en service avant leur arrivée.

POSTE

Timbres

– Vers les pays européens, acheter le timbre *Posta prioritaria* (0,95 €). Pour l'Italie, 0,70 €.

– Vous pouvez acheter vos timbres *(francobolli)* à la poste centrale ou dans les bureaux de tabac signalés par un grand « T » blanc sur fond noir. Les boîtes aux lettres, de couleur rouge, sont disséminées un peu partout dans la ville.

– Il y a trois systèmes d'acheminement du courrier. Ce n'est pas simple, c'est même complexe. De quoi y perdre son latin ! Les lettres oblitérées avec les timbres *Italia* (poste officielle) sont à mettre dans les boîtes rouges. Certains timbres sont réservés uniquement aux cartes postales et il faut alors déposer celles-ci dans de petites boîtes blanches installées dans divers magasins et kiosques. Enfin, d'autres lettres timbrées avec d'autres timbres sont à mettre dans des boîtes noires *(black box).* Un troisième réseau parallèle à la poste officielle italienne s'appelle *World Post Mail.* Les boîtes aux lettres sont jaunes *(yellow box),* les cartes et les timbres s'achètent dans les boutiques de souvenirs. Dans tous les cas, que la boîte soit rouge, noire, ou jaune, **que le réseau soit étatique ou privé, le système d'acheminement du courrier déposé dans les boîtes fonctionne mal.** Une carte postale peut mettre au moins 10 jours pour arriver à destination au départ de Venise. Parfois, elle n'arrive pas du tout !

– ***Notre conseil malin :*** étant donné ce problème d'acheminement du courrier, évitez les boîtes aux lettres dans la rue ! Allez directement au bureau de poste pour déposer vos cartes postales. C'est plus sûr.

– Pour tout renseignement, n'hésitez pas à contacter le *call center (☎ 803-160).* Des opérateurs parlant aussi bien l'italien que l'anglais et le français répondent à vos questions du lundi au samedi de 8h à 20h.

Codes postaux

Voici les codes postaux des différents *sestieri* (quartiers administratifs) de Venise et des îles :
- San Marco : 30124 ;
- Dorsoduro : 30123 ;
- San Polo : 30125 ;
- Santa Croce : 30135 ;
- Cannaregio : 30121 ;
- Castello : 30122 ;
- Lido : 30126 ;
- Giudecca : 30133 ;
- Murano : 30141 ;
- Burano : 30012.

POURBOIRES ET TAXES

Les pourboires

La tradition de la *mancia* (la manche, en quelque sorte...) voulait que l'on donne un pourboire aux sacristains qui montraient les peintures des églises. Mais elle se perd peu à peu dans les brumes de la lagune. Aujourd'hui, les sacristains ont été remplacés par des tirelires électriques qui permettent d'éclairer et d'admirer les chefs-d'œuvre sans forcer la main (0,50-1 €).
Au **restaurant,** la grande majorité d'entre eux comptent le couvert et le service à part. Personne ne vous obligera à donner un pourboire. Mais les Français ont une telle réputation de radinerie (si, si !) qu'un petit geste fera peut-être changer cette image qu'ils trimbalent depuis des lustres !

L'addition

Ne vous étonnez pas de voir **votre addition majorée du *coperto,*** pratique très courante en Italie. Celui-ci peut varier entre 1,50 et 5 € par personne ; au-delà, cela devient du vol ! Il doit être signalé sur la carte, quand il y en a un. D'un autre côté, le *servizio* (anciennement à 12-14 %) est désormais compris. Ajoutez à cela une bouteille d'eau minérale (autour de 3-4 €) souvent servie d'office, et vous comprendrez pourquoi les additions grimpent si vite. Mais dans tous les cas, **n'oubliez pas de vérifier votre addition avant de payer,** une erreur est si vite arrivée...

SANTÉ

Carte européenne d'assurance maladie

Pour un séjour temporaire à Venise, pensez à vous procurer la carte européenne d'assurance maladie. Il vous suffit d'appeler votre centre de Sécurité sociale (ou de vous connecter au site internet de votre centre, encore plus rapide !), qui vous l'enverra sous une quinzaine de jours. Cette carte fonctionne avec tous les pays membres de l'Union européenne (y compris les 12 petits derniers), ainsi qu'en Islande, au Liechtenstein, en Norvège et en Suisse. C'est une carte plastifiée bleue du même format que la carte Vitale. Attention, elle est valable 1 an, gratuite et personnelle (chaque membre de la famille doit avoir la sienne, y compris les enfants). Conservez bien toutes les factures pour obtenir le remboursement au retour.

SITES INTERNET

- ***routard.com*** • Rejoignez la plus grande communauté francophone de voyageurs ! Échangez avec les routarnautes : forums, photos, avis d'hôtels. Retrouvez aussi toutes les informations actualisées pour choisir et préparer vos voyages : plus de 200 fiches pays, une centaine de dossiers pratiques et un magazine en ligne pour découvrir tous les secrets de votre destination. Enfin, comparez les offres pour organiser et réserver votre voyage au meilleur prix.
- ***turismovenezia.it*** • En italien, anglais et allemand. Le site officiel de l'office de tourisme, par secteurs sur l'ensemble de la lagune. Très complet et remis à jour régulièrement.
- ***veneziaunica.it*** • En italien et en anglais. Un site incontournable pour acheter *on line* divers *passes* : transports, parkings municipaux, musées municipaux, etc. Le tout à un tarif préférentiel selon la période de séjour (il faut s'y prendre au moins 15 jours à l'avance). En prime, la possibilité d'abonnement pour le wifi durant votre séjour, d'autres accès privilégiés et des services gratuits.
- ***actv.it*** • En anglais et en italien. Le site incontournable de la compagnie de transports à Venise : lignes, horaires, cartes d'abonnement...
- ***hellovenezia.com*** • En anglais ou italien. Infos sur les activités culturelles de Venise. Lien également avec le site de l'*ACTV* pour les horaires des moyens de transport.
- ***gondolavenezia.it*** • En anglais et en italien. Vous saurez tout sur les gondoles. Un historique des gondoles avec schémas et photos à l'appui, ainsi que les trajets possibles.
- ***e-venise.com*** • Bon site en français sur Venise ! Complet et pratique, il est actualisé par un couple de Français vivant à Venise suite à un coup de foudre pour la ville.
- ***cucina.intrage.it*** • En italien. Un site bien conçu et haut en couleur ! Des recettes à foison (de la plus traditionnelle à la plus inventive) classées par rubriques, des conseils malins à la pelle pour bien cuisiner. S'il n'en fallait qu'un...
- ***unospitedivenezia.it*** • En anglais ou italien. Le calendrier des manifestations culturelles, des expos, des visites guidées, et les horaires de musées.
- ***carnevale.venezia.it*** • En anglais ou en italien. Le site officiel du Carnaval de Venise avec le programme de l'édition à venir et les archives des éditions passées.

TABAC

En Italie, la cigarette est interdite dans TOUS les lieux publics (restos, cafés, bars et discothèques). Si les partisans du *vietato fumare* se réjouissent de pouvoir désormais dîner sans craindre l'asphyxie, les accros au tabac ont, quant à eux, la vie dure. Cette loi est scrupuleusement respectée par la population. Alors, à bon entendeur... D'autant plus qu'en cas d'infraction, une grosse amende vous attend (27 € à la moindre cigarette allumée et 275 € s'il y a des enfants ou des femmes enceintes à proximité !). Quant aux restaurateurs, ils encourent aussi une lourde peine (2 200 €) s'ils ne font pas respecter cette loi dans leur établissement.

Le soir, lorsqu'ils ferment, les *tabacchi* laissent place à un distributeur automatique. Attention, ces derniers ne rendent pas toujours la monnaie ; ils délivrent alors un ticket qu'il faut présenter au comptoir aux heures d'ouverture pour se faire rembourser. Mieux vaut donc prévoir l'appoint.

TÉLÉPHONE, TÉLÉCOMMUNICATIONS

Téléphone

Le téléphone portable en voyage

On peut utiliser son propre téléphone portable en Italie avec l'option « Europe » ou « Monde ». Renseignez-vous auprès de votre opérateur sur les conditions d'utilisation de votre portable outre-mer ainsi que sur les tarifs. Les opérateurs proposent de plus en plus de forfaits intéressants pour les DOM-TOM.

- ***Activer l'option « international » :*** pour les abonnés récents, elle est en général activée par défaut. En revanche, si vous avez souscrit à un contrat depuis plus de 3 ans, pensez à contacter votre opérateur pour souscrire à l'option (gratuite). Attention toutefois à le faire au moins 48h avant le départ.
- ***Le « roaming » :*** c'est un système d'accords internationaux entre opérateurs. Concrètement, cela signifie que lorsque vous arrivez dans un pays, au bout de quelques minutes, le nouveau réseau s'affiche automatiquement sur l'écran de votre téléphone.
- Vous recevez rapidement un sms de votre opérateur qui propose un ***pack voyageurs*** plus ou moins avantageux, incluant un forfait limité de consommations téléphoniques et de connexion à Internet. À vous de voir...
- ***Tarifs :*** ils sont propres à chaque opérateur et varient en fonction des pays (le globe est découpé en plusieurs zones tarifaires). **N'oubliez pas qu'à l'international, vous êtes facturé aussi bien pour les appels sortants que les appels entrants.** Ne papotez donc pas des heures en imaginant que c'est votre interlocuteur qui paiera !
- ***Internet mobile :*** utiliser le wifi à l'étranger et non les réseaux 3G ou 4G. Sinon on peut faire exploser les compteurs, avec au retour de voyage des factures de plusieurs centaines d'euros ! Le plus sage consiste à ***désactiver la connexion*** « données à l'étranger » (dans « Réseau cellulaire »). Il faut également penser à ***supprimer la mise à jour automatique de votre messagerie*** qui consomme elle aussi des octets sans vous avertir (option « push mail »). Opter pour le mode manuel. Cependant, des opérateurs incluent de plus en plus de *roaming data* (donc de connexion à Internet depuis l'étranger) dans leurs forfaits avec des formules parfois spécialement adaptées à l'Europe. Bien vérifier le coût de la connexion auprès de son opérateur avant de partir. Noter que l'Union européenne impose aux opérateurs un coût maximum de 0,20 €/Mo (HT) jusqu'en 2017, ce qui permet de surfer plus sereinement et à prix réduit.

Bons plans pour utiliser son téléphone à l'étranger

- ***Acheter une carte SIM/puce sur place :*** c'est une option très avantageuse pour certaines destinations. Il suffit d'acheter à l'arrivée une carte SIM locale prépayée chez l'un des nombreux opérateurs *(Vodafone, TIM, Wind)* représentés dans les boutiques de téléphonie mobile des principales villes du pays et souvent à l'aéroport. On vous attribue alors un numéro de téléphone local et un petit crédit de communication. Avant de signer le contrat et de payer, essayez donc, si possible, la carte SIM du vendeur dans votre téléphone – préalablement débloqué – afin de vérifier si celui-ci est compatible. Ensuite, les cartes permettant de recharger votre crédit de communication s'achètent facilement dans les tabacs et marchands de journaux. C'est toujours plus pratique pour trouver son chemin vers un *B & B* paumé, réserver un hôtel, un resto ou une visite guidée, et bien moins cher que si vous appeliez avec votre carte SIM personnelle.
- ***Se brancher sur les réseaux wifi*** est le meilleur moyen de se connecter au Web gratuitement ou à moindre coût. De plus en plus d'hôtels, restos et bars disposent d'un réseau, payant ou non.

– Une fois connecté grâce au wifi, à vous les joies de la ***téléphonie par Internet*** ! Le logiciel ***Skype,*** le plus répandu, vous permet d'appeler vos correspondants gratuitement s'ils sont eux aussi connectés, ou à coût très réduit si vous voulez les joindre sur leur téléphone. Autre application qui connaît un succès grandissant, ***Viber*** permet d'appeler et d'envoyer des sms, des photos et des vidéos aux quatre coins de la planète, sans frais. Il suffit de télécharger – gratuitement – l'appli sur son smartphone, celle-ci se synchronise avec votre liste de contacts et détecte automatiquement ceux qui ont *Viber.* Même principe, mais sans la possibilité de passer un coup de fil, ***Whatsapp Messenger*** est une messagerie pour smartphone qui permet de recevoir ou envoyer des messages, photos, notes vocales et vidéos.

En cas de perte ou de vol de votre téléphone portable

Suspendre aussitôt sa ligne permet d'éviter de douloureuses surprises au retour du voyage ! Voici les numéros des quatre opérateurs français, accessibles depuis la France et l'étranger :

– ***SFR :*** *depuis la France, ☎ 1023 ; depuis l'étranger, + 33-6-1000-1023.*
– ***Bouygues Télécom :*** *depuis la France comme depuis l'étranger, ☎ + 33-800-29-1000.*
– ***Orange :*** *depuis la France comme depuis l'étranger, + 33-6-07-62-64-64.*
– ***Free :*** *depuis la France, ☎ 3244 ; depuis l'étranger, ☎ + 33-1-78-56-95-60.*

Vous pouvez aussi demander la suspension de votre ligne depuis le site internet de votre opérateur.
Avant de partir, notez (ailleurs que dans votre téléphone portable !) votre numéro IMEI utile pour bloquer à distance l'accès à votre téléphone en cas de perte ou de vol. Comment avoir ce numéro ? Il suffit de taper sur votre clavier *#06# puis reportez-vous au site • *mobilevole-mobilebloque.fr* •

Appels nationaux et internationaux

– ***Renseignements :*** *☎ 12 (gratuit).*
– Pour un appel d'***urgence,*** composer le *☎ 113.*
– ***Italie → France :*** 00 + 33 + numéro à 9 chiffres de votre correspondant (c'est-à-dire le numéro à 10 chiffres sans le 0 initial).
Code des autres pays francophones : Belgique, 32 ; Luxembourg, 352 ; Suisse, 41 ; Canada, 1.
– ***France → Italie :*** 00 + 39 + indicatif de la ville (6 pour Rome) + numéro de votre correspondant (6 ou 7 chiffres). Tarification selon votre opérateur.
– ***Italie → Italie :*** il faut impérativement composer le numéro de votre correspondant précédé du 0 et de l'indicatif de la ville.

Internet, wifi

Le wifi existe désormais partout dans la plupart des hôtels et quelques cafés (voir plus haut). Nous l'indiquons autant que possible dans nos adresses. Il est parfois limité en temps et souvent payant au-delà.
– Le centre historique est en partie wifi. Il vous suffit de vous connecter à • *veneziaunica.it* • Vous rentrez un mot de passe et on vous donne un code pour avoir accès au wifi depuis votre téléphone (attention à la note en rentrant) ou votre ordinateur portable. C'est payant (mais très raisonnable et variable en fonction de la saison) : en tarif plein, compter 5 € pour 24h ; 15 € pour 72h et 20 € pour 7 jours. On peut également le faire sur place ; c'est un peu plus cher (respectivement 8, 20 et 30 €). Pour la carte des zones *hot spot* : • *cittadinanzadigitale.it/mappa-wifi* •

TOILETTES PUBLIQUES

Il existe quelques toilettes publiques très propres disséminées en ville. On les trouve clairement indiquées et certaines proposent également un espace pour langer bébé (à l'Accademia, à San Marco, au musée Correr, au Rialto, à San Bartolomeo...). L'accès coûte 1,50 € et une dame-pipi se charge de vous rendre la monnaie. Deux « entrées » gratuites avec la *Venice Card.* Mais avec tous les bars que vous rencontrerez sur votre route, entre deux visites de musées eux-mêmes bien équipés, vous pourrez certainement contourner le problème (mais pas l'édicule, messieurs, ici, ça ne se fait pas !).

URGENCES

☎ **112 :** c'est le numéro d'urgence commun à la France et à tous les pays de l'UE, à composer en cas d'accident, agression ou détresse. Il permet de se faire localiser et aider en français, tout en améliorant les délais d'intervention des services de secours.

- ***Police*** *(polizia)* **:** *☎ 113.*
- ***Pompiers*** *(vigili del fuoco)* **:** *☎ 115.*
- ***Urgences médicales*** *(pronto soccorso)* **:** *☎ 118.*
- ***Bureau de police*** *(vigili urbani)* ***pour les objets trouvés :*** *piazzale Roma. ☎ 041-522-45-76.*

VAPORETTO, GONDOLE ET TAXI-BATEAU

Le *vaporetto*

Il s'agit d'une sorte de bus public sur l'eau. Il avance lentement et permet donc de profiter du paysage (surtout sur le Grand Canal). Il y a des places sur le pont et à l'avant, très convoitées par beau temps, mais il est impératif de rester assis pour ne pas gêner les manœuvres. À certaines heures, et sur certaines lignes, il est impossible de s'asseoir en raison du nombre de passagers. Les jours de pluie ou de grand froid, vous pouvez vous réfugier à l'intérieur de la cabine en veillant à céder votre place aux personnes âgées ou handicapées. Les Vénitiens apprécieront le geste, et vous remarquerez que le personnel à bord témoigne pour elles d'un très grand respect.
– Il existe une ***quinzaine de lignes*** pour relier les différents points de la ville et les îles. La plus connue, la plus fréquentée est toujours la **ligne n° 1,** qui parcourt le Grand Canal dans toute sa longueur en s'arrêtant à toutes les stations. C'est l'idéal pour admirer les palais. La **ligne n° 2,** quant à elle, est plus rapide car elle en court-circuite une bonne partie. Elle permet d'avoir une très belle vue d'ensemble de Venise.
Quand vous consultez les **horaires** et le **plan,** notez que les lignes n°s 4.1 et 5.1 circulent dans le sens contraire des aiguilles d'une montre ; les lignes n°s 4.2 et 5.2 dans le sens horaire. Ces mêmes bateaux vous transporteront aussi dans les îles. Pour les plus lointaines, vous emprunterez une *motonave,* sorte de ferry. Leur fréquence est d'environ 15 mn (variable selon les lignes et la saison). Les horaires sont affichés au niveau de chacun des embarcadères. Pratique, un écran lumineux vous signale également l'horaire du prochain passage.
– Il existe ***deux services nocturnes, « N »,*** qui fonctionnent de 23h30 à 4h environ. L'un relie le Lido à l'île de la Giudecca en passant par le Grand Canal (San Marco, Rialto, piazzale Roma...). Le *vaporetto* glissant sur les canaux entre les palais,

vous ferez alors l'expérience inoubliable de la beauté de Venise dans le calme de la nuit. L'autre service part des fondamenta Nove pour rejoindre Murano, Burano, Treporti et Punta Sabbioni. Le service est assuré toutes les 20 mn pour le premier. Fréquence beaucoup plus faible pour le second. Renseignez-vous si vous ne voulez pas rester en rade.
– Pour finir, il n'y a pas de problèmes de sécurité. Veillez toutefois à ne pas tomber dans l'eau (on dénombre une petite dizaine de chutes par an !) et attendez la fin de la manœuvre pour rejoindre la terre ferme.
– ***Pour tout objet perdu dans un vaporetto,*** contacter ***ACTV*** *(vaporetti)* : *au pied du pont de la Constitution, côté piazzale Roma, Santa Croce.* ☎ *041-272-21-79.*

La gondole

L'art de diriger une gondole

« Sans gondole, Venise n'est pas possible... La gondole est, on le sait, la voiture de Venise, où l'on marche non à pied, mais à eau... La ville est un madrépore dont la gondole est le mollusque. » Ces remarques de Théophile Gautier sont toujours vraies aujourd'hui. Rien n'a changé, hormis la concurrence des barques à moteur et des vedettes. Sans la *gondola,* Venise ne serait pas vraiment Venise... Le nom *gondola* apparaît pour la première fois dans un décret du doge en 1094.
Amarrée à son quai, la gondole hoche la tête comme si, en signe de bienvenue, elle s'inclinait respectueusement devant les visiteurs. La gondole est une barque à fond plat, relevée à l'avant et à l'arrière. L'originalité principale réside dans le fait qu'elle est asymétrique (très frappant si vous avez l'occasion d'en voir une en cale sèche). Cette forme particulière autorise une navigation avec un seul aviron, tout en conservant une embarcation parfaitement stable et maniable.
Le coup de rame se fait en trois temps, en appui sur la *forcola,* la dame de nage en noyer ou en cerisier taillée d'un seul bloc. Le premier sert à entrer la rame dans l'eau, le deuxième assure la propulsion mais tend à faire tourner à bâbord, le troisième sort la rame de l'eau en corrigeant ce mouvement. La différence entre le premier et le troisième temps est que le mouvement du gondolier fait tourner le manche de la rame de telle sorte que le tolet (ou dame de nage) soit horizontal à la fin. Cela explique la difficulté de manœuvrer ces engins ! La position du gondolier n'est pas anodine : il en existe une pour chaque direction.
La **couleur noire des gondoles** fut décidée en 1562 par mesure d'austérité et d'égalité. En effet, les riches Vénitiens concouraient entre eux pour posséder la gondole la plus somptueusement décorée ; beaucoup se ruinèrent à ce petit jeu.
À la proue (avant de la gondole) se situe le ***ferro,*** élément décoratif en forme de « peigne métallique » qui représente les six *sestieri* (quartiers) de Venise ; le septième signe, sur le côté opposé, représenterait l'île de la Giudecca. Accessoirement, le poids du *ferro* compense celui du *gondoliere* (gondolier). Certaines gondoles ont aussi des décorations (« les chevaux de mer ») en cuivre sur les flancs.
On construit encore trois ou quatre gondoles par an dans les derniers *squeri* (ateliers spécialisés) de Venise. La fabrication prend environ 1 an et nécessite un travail que seuls quelques artisans maîtrisent encore.
– Pour ceux qui voudraient en savoir plus sur les nombreux artisans qui participent à la construction des gondoles, du forgeron au tailleur, voici les coordonnées de leur association : ***El Felze,*** *San Marco, 430.* ☎ *041-520-03-31.* • *elfelze.org* •

L'art de (se faire) mener en bateau

Historiquement, les gondoliers étaient les confidents pour les nobles vénitiens. Aujourd'hui, ils forment encore un corps très fermé où la tradition se perpétue de père en fils. Véritable symbole de Venise, ce qui est désormais une attraction pour touristes est aussi devenu une activité lucrative. Les prix pratiqués sont officiels (six personnes maximum), on les trouve notamment dans la brochure *Eventi e Manifestazioni.*

– ***Tarifs des promenades en gondole :*** les tarifs des gondoles sont fixés par la mairie de Venise et ne sont pas négociables (ou exceptionnellement). Le tarif de jour est de 80 € pour les 30 premières minutes en journée pour un maximum de six personnes. Chaque quart d'heure supplémentaire coûte 40 €, soit 120 € pour 45 mn et 160 € pour 1h de promenade. Le tarif de nuit est différent. Compter 100 € pour 35 mn, chaque quart d'heure supplémentaire coûte 50 €. Si vous voulez un chanteur, il faudra le payer en plus (à négocier).

À tout prendre, si vous êtes six personnes (capacité max de l'embarcation), ce n'est pas si cher que ça. Y aller tôt le matin, vers 9h, quand les gondoliers n'ont pas encore de clients.

– Il y a environ **430 gondoliers dans Venise** (presque autant que de ponts !), qui se partagent une dizaine de stations. Vous trouverez la liste des itinéraires sur le site de l'école des gondoliers : *• gondolavenezia.it • (en anglais) ; ☎ 041-528-50-75.* Mention spéciale à *Kuba,* un sympathique gondolier francophone, ainsi que son collègue Luca, qui ont leur gondole de modèle plus ancien (ils ne sont qu'une vingtaine à en posséder) dans le quartier du Cannaregio, à hauteur du campo del Ghetto Nuovo. Loin du flux touristique, ils vous feront découvrir une Venise secrète et insolite autour du ghetto de Venise. Pour tout renseignement et réservation (pensez à le faire avant votre arrivée à Venise) : *📱 333-422-06-31. • kubakuba@libero.it •*

Comment « gondoler » pour pas cher ?

Le *traghetto* est un service de navettes traditionnelles qui permet d'aller d'une rive à l'autre du Grand Canal. Ces gondoles publiques assurent du matin au soir la traversée pour 2 € par personne ! Une façon d'avoir droit à un petit tour en gondole sans se ruiner ! La traversée, assez courte, permet au moins de prendre une photo amusante. Il vaut mieux avoir le pied marin (évitez de vous accrocher à votre voisin, au risque de tout faire chavirer !).

On trouve ces *traghetti* à une dizaine de points différents du Grand Canal. Ils sont indiqués par des pancartes situées dans les rues proches de l'embarcadère. Du nord au sud, ces gondoles relient dans les deux sens : la gare et les *fondamenta San Simeon Piccolo* ; la gare et *San Marcuola* ; la *Ca' d'Oro* et le *campo della Pescheria* ; le *campo San Silvestro* (200 m au sud du Rialto, à la hauteur de la *calle Paradiso*) et les *fondamenta del Carbon* ; *San Tomà* et le *palazzo Mocenigo* ; la *Ca' Rezzonico* et le *campo San Samuele* ; la *chiesa della Salute* et le *campo Santa Maria Zobenico* (aussi appelé *del Giglio*).

Voici, à titre indicatif, les horaires des services de *traghetto.* Certains embarcadères sont en rénovation et donc le trajet est suspendu. Il s'agit des liaisons entre San Marcuola Fontego dei Turchi et San Samuele-Ca Rezzonico.

– San Stefano-San Toma : 7h-20h (dim 8h-19h). Ferrovia-S. Simeone : 8h-14h (fermé dim). Riva del Carbon-riva del Vin : 8h-14h (fermé dim). San Marco (Giardini Reale)-dogana da Mar : 9h-14h. Santa Maria del Giglio-Salute : 8h-18h55 (en hiver 9h-18h). San Sofia-Pescheria : 7h-20h55 (dim 7h30-18h55).

Le taxi-bateau

Attention ! Les prix pratiqués sont très élevés et le transfert depuis l'aéroport par ce moyen (une centaine d'euros) peut grever sérieusement votre budget dès le début du séjour. On raconte que tous les chauffeurs de taxi à Venise sont millionnaires et qu'ils ont toujours un bras dehors pour montrer leur dernière Rolex. Admettez toutefois que leurs bateaux, autrement appelés *motoscafi,* sont splendides, plus bas sur l'eau que les *vaporetti,* plus étroits aussi, tout en bois verni avec des chromes et des cuivres étincelants.

VÊTEMENTS ET ÉQUIPEMENT

Attacher une attention particulière à ce que l'on met dans sa valise est une condition importante du succès du séjour. On va généralement à Venise pour une très courte durée (en moyenne, 2 à 4 jours), et le voyage peut être vraiment gâché parce qu'on ne s'est pas bien préparé. Pour la durée de votre séjour, abandonnez le look et préférez le confort, l'idéal étant quand même de privilégier un certain chic décontracté plutôt qu'un véritable laisser-aller, si vous voulez passer de la visite d'une église à celle d'un resto un peu classe en passant par une marche d'une demi-journée dans une île.

Une **tenue décente** est de toute façon requise pour pénétrer dans les **églises** (les shorts et débardeurs sont à proscrire). Pour les dames, munissez-vous d'un foulard ou d'un paréo en été, que vous nouerez avant d'entrer.

Emportez de **bonnes chaussures de marche** qui ont déjà servi et dans lesquelles vous vous sentez bien, ainsi que de bonnes chaussettes (attention aux ampoules !). **En hiver, des vêtements très chauds** sont nécessaires : le vent a vite fait de vous glacer les os. Équipez-vous également d'un anorak et de gants si vous visitez les églises en plein hiver, elles sont vraiment glaciales. Même en été, le pull n'est pas de trop, car il fait vite frisquet le soir sur les *vaporetti.* Prévoyez aussi un parapluie ou un imperméable pendant la saison humide. **En période d'*acqua alta,*** les eaux inondent les places et les ruelles, on peut y circuler en portant des bottes. On trouve des bottes sur place pour une somme modique.

Enfin, n'oubliez pas qu'en **période de Carnaval,** on pourra louer de quoi se déguiser sur place (mais ce n'est pas donné !). Reportez-vous à la rubrique « Carnaval » plus loin, dans « Hommes, culture, environnement ». En fouillant dans vos vieux placards, vous trouverez sûrement une tenue adéquate. Les Français assistent au Carnaval en nombre mais rechignent à se déguiser !

Une dernière chose : n'oubliez pas qu'à Venise, les transports se font en *vaporetto* (un seul bagage autorisé) et... à pied, veillez donc à ne pas vous surcharger !

HOMMES, CULTURE, ENVIRONNEMENT

BOISSONS

Vins

On ne pouvait rêver mieux que le vin pour inaugurer cette rubrique « Hommes, culture, environnement ». Les Italiens en général, et les Vénitiens en particulier, passent pour être de grands amateurs de vin. En Italie, on boit les vins plutôt jeunes et, contrairement à la France, on n'attache qu'une importance toute relative au millésime. Ne vous posez donc pas trop de questions en poussant la porte d'un ***bacaro,*** un de ces bars à vins où l'on boit l'*ombra* accompagnée de *cicchetti* : comme les habitués qui, debout, grignotent un petit en-cas, demandez un verre d'une des cuvées proposées à l'ardoise...

TOURNÉE GÉNÉRALE !

On doit l'une des plus belles expressions vénitiennes aux vendeurs qui servaient autrefois du vin sur les places de la ville. Ceux de la place Saint-Marc auraient pris l'habitude d'installer leur étalage à l'ombre du campanile. Au fur et à mesure que la journée avançait, ils tournaient avec le soleil pour garder le vin au frais. À l'époque, on buvait donc all'ombra *(« à l'ombre »). Le langage évoluant, l'*ombra *est devenue le petit verre que l'on prend à l'apéritif. Qu'importe, à l'heure où certains commencent à faire un* giro di ombre *(« le tour des bistrots ! »), le soleil tape déjà moins fort.*

Voilà quand même, pour vous aider, surtout si vous ne parlez pas le vénitien ni même l'italien, l'ABC de la culture viticole en Vénétie.
Il existe deux qualités qui correspondent à nos appellations contrôlées : les *DOC (denominazione di origine controllata)* et les *DOCG (denominazione di origine controllata e garantita).* Ces derniers sont les meilleurs mais aussi, bien entendu, les plus chers. Les grands vins se trouvant généralement près de leur lieu d'origine, mieux vaut consommer local.
Sachez tout de même, avant de vous lancer, qu'un vin blanc doux se dit *amabile,* nouveau *novello,* aigre *aspro...* et que l'aspirine se dit *aspirina* !

Lexique de l'œnologue averti

– **A** comme ***Amarone :*** vin rouge de bonne garde, semblable, en plus sec, au *Recioto della Valpolicella.* Un vin très alcoolisé pas si lointain du porto. Remporte régulièrement les faveurs du guide *Gambero Rosso,* qui publie tous les ans un guide des vins italiens.
– **B** comme ***Bardolino :*** vin rouge léger provenant de la région du lac de Garde. Se boit jeune et frais. Accompagne très bien le risotto ou l'incontournable polenta.
... ou comme ***Bianco di Custoza :*** provenant de vignes poussant au bord du lac de Garde, c'est un vin blanc sec et rond sentant... les fleurs fraîches.

– **C** comme ***Clinton :*** vin complètement illégal qui aurait des effets semblables à l'absinthe. Aussi ne faut-il pas trop en abuser... contrairement, paraît-il, à un certain Bill, qui en reçut plusieurs caisses généreusement offertes par les producteurs, après son accession à la présidence des États-Unis.
– **D** comme ***Do Mori*** (San Polo 429 – Calle dei Do Mori) **:** une des plus belles et des plus anciennes *osterie* de Venise avec *Alla Vedova* (Cannaregio 3912 – Ramo Ca' d'Oro). Un endroit à fréquenter le soir à partir de 18h, quand une foule d'habitués se presse au zinc. Les amateurs de très bons vins pourront goûter au verre à de petites merveilles... non vénitiennes comme l'*ornellaia* (très bon vin de table de la province de Livourne), le *trignanello* (vin de table de Toscane) et autres *barolo* (du Piémont)... Suffisamment rares (et chers !) pour mériter d'être mentionnés.
– **F** comme ***Fragolino :*** ressemble comme deux gouttes d'eau au Clinton. Vin tout aussi illégal, que vous aurez, cependant, plus de chances de trouver dans les *osterie* et autres *bacari.* Un petit délice qui, au nez, évoque la fraise – d'où son nom – et que vous trouverez tantôt en rouge, tantôt en blanc (notre préféré). Se boit comme digestif, accompagné de *biscottini* comme les *bussolai, buranei* et autres *croccantini.*
– **M** comme ***Maraschino :*** liqueur à base de cerises sauvages et acidulées.
– **P** comme ***Prosecco :*** appelé tantôt *prosecco di Conegliano,* tantôt *prosecco di Valdobbiadene,* c'est un vin sec très fruité ou un vin qui appartient alors à la famille des *spumante* (mousseux). Décliné de mille façons, on le retrouve partout.
– **S** comme ***Soave :*** vin blanc de qualité variable. Aussi est-il préférable de privilégier le *Soave Classico* (sous appellation) et plus encore le *Recioto di Soave.*
– **V** comme ***Valpolicella :*** vin de Vénétie (région de Vérone). D'un rouge rubis, odorant, fruité, il est capable du pire comme du meilleur.

Apéritifs et cocktails

Depuis des centaines d'années, certains Vénitiens font la tournée des *bacari* et rentrent chez eux légèrement *rosti* (ivres morts, en fait !). C'est une tradition qui existe encore aujourd'hui, surtout à l'époque du Carnaval. Allez-y doucement quand même !
– ***Spritz :*** une véritable institution à Venise. Il tire son nom de la période d'occupation autrichienne de Venise au XIXe s. Apéritif vénitien à base de vin blanc, plutôt amer avec du Campari, doux avec de l'Aperol et de l'eau de Seltz, accompagné d'une olive ou bien d'une rondelle de citron ou d'orange. À boire en terrasse, de préférence, pour prolonger le plaisir du moment. Le meilleur se confectionne avec du *prosecco.*
– ***Bellini :*** il doit son nom au peintre vénitien Giovanni Bellini et fut inventé par le célèbre Arrigo Cipriani qui sévissait au *Harry's Bar.* Hemingway en était un fidèle amateur ! Ce qui ne signifie pas, comme vous le lirez ou entendrez dire un peu partout, que le meilleur *bellini* se boit forcément dans ce lieu mythique (vu les prix pratiqués, ce serait logique, pourtant). À base de *prosecco* et de jus de pêche blanche fraîchement pressée, selon la tradition. Quand ce n'est pas la saison, le *bellini* est servi à la fraise. Un must qu'on peut trouver en bouteille toute l'année, mais question goût, ça change.
– ***Sgroppino :*** c'est un digestif. L'essayer, c'est l'adopter. À base de sorbet au citron, de vodka et de *prosecco.* Très apprécié à la fin d'un repas copieux, car il est très rafraîchissant. Dans les mariages, on le sert entre les *primi* et les *secondi.*

HARRY'S BAR

Hemingway y composa la recette du Montgomery à 15 contre 1 : 15 mesures de gin contre une de Martini (détonant...). C'est aussi dans ce bar mythique que fut inventé le carpaccio du maître de ces lieux, en son temps, le célèbre Cipriani.

Café

Les premières graines de caféier auraient été introduites en Europe par des marchands vénitiens, et le premier *caffè* aurait ouvert ses portes dans la cité des Doges, dès 1640. Ce qui est sûr, c'est que les Italiens sont imbattables pour sa préparation. Et dans ce domaine, la médiocrité ne pardonne pas : un café est bon ou mauvais.
Rares sont les Italiens qui, au bar, demandent tout simplement un *espresso.* Certains le souhaitent *ristretto* (serré), *lungo* (allongé) ou encore *macchiato* (« taché » d'une goutte de lait froid, tiède ou chaud). Le café au lait se dit *caffè latte.* À ne pas confondre avec le fameux cappuccino, l'espresso mousseux et saupoudré de chocolat. Sublime quand il est bien préparé !
En hiver, certains se laisseront tenter par le *caffè corretto,* c'est-à-dire « corrigé » d'une petite *grappa,* une eau-de-vie de raisin que les Vénitiens réservent aux jours de grand froid. Un nom inventé par des fonctionnaires désireux de ne pas évoquer cet alcool, paraît-il (on veut bien le croire).

Uva alla grappa

Spécialité de Venise. À la fin d'un repas, on vous proposera peut-être des raisins secs gonflés dans la grappa *d'uva,* une eau-de-vie maison qui peut titrer jusqu'à 70° et qui devient alors une vraie bombe ! La grappa se décline elle aussi sur plusieurs modes, selon la distillation ou les parfums incorporés. Les plus aventureux pourront tenter la grappa *alla liquirizia* (réglisse). Dévastateur !

Chocolat

La *cioccolata calda* est, pour certains, meilleure que le cappuccino qui, dans bien des endroits touristiques, se transforme de plus en plus en un banal café au lait. Ce chocolat chaud réalisé dans les règles de l'art est extrêmement onctueux, voire très épais (la cuillère tient quasiment toute seule !). En plus, si vous le souhaitez, on vous rajoutera de la *panna montata,* de la crème Chantilly locale... Un vrai régal, à déguster à la petite cuillère.

Eau

Dans les restaurants, on vous proposera toujours de l'eau minérale. Précisez *naturale* ou *liscia* si vous souhaitez de l'eau plate ; sinon, on vous servira d'office de l'eau gazeuse *(frizzante).*

CAFÉS ET BARS

On boit plutôt le blanc pendant la journée, dans les nombreux ***bacari* (bars à vins)** de la ville, en grignotant un petit morceau *(cicchetto),* devant le comptoir. Mais on y va aussi pour boire un café, du cappuccino à l'*espresso* serré, ou bien une *spremuta,* jus de fruits frais, accompagné de petites douceurs, et ce à toute heure de la journée. Les Vénitiens sont encore très attachés à cette vieille tradition. Le plus souvent, les consommations se prennent au comptoir, car s'asseoir à l'intérieur ou en terrasse a pour fâcheuse conséquence de doubler le prix.
Mais avec la flambée des coûts des loyers qui fait fuir les jeunes, et une population dont la moyenne d'âge dépasse les 50 ans, les rues sont souvent désertes après 22h. Aux beaux jours, la ville reprend quand même vie dans certains quartiers. Il existe quelques endroits animés les vendredi et samedi soir. Les jeunes Vénitiens se retrouvent notamment autour du campo Santa Margherita dans le Dorsoduro, un des endroits les plus vivants de la ville, et dans le quartier de Cannaregio. Dans le quartier San Polo, tout se passe autour du marché de Rialto.

CARNAVAL

Grandeur et décadence

Le Carnaval commence traditionnellement **12 jours avant le Mardi gras (février).** Cette fête vient des cultes païens romains et fut récupérée par le christianisme. D'ailleurs, son étymologie est latine : *carnis levare,* qui signifie « ôter, retirer la viande », annonçant les 40 jours de jeûne avant Pâques. D'où le mot carême. Durant le Carnaval, les codes sont inversés. On vit une période de libération vis-à-vis des autorités religieuses et royales. On nomme un roi de fantaisie, souvent simple d'esprit. Un âne, symbole de Satan, est vêtu des habits épiscopaux.

ŒUFS INTERDITS

À partir du XIIIe s, les mattaccini (jeunes gens déguisés en clowns) avaient l'habitude de s'adonner au célèbre « jeu des œufs ». Il consistait à lancer avec une fronde des œufs remplis d'eau de rose à toutes les femmes qu'ils trouvaient belles. Mais celles qui ne leur plaisaient pas recevaient sur leurs costumes des œufs pourris. Ce jeu devint tellement populaire que le gouvernement – après plusieurs interventions sans effet – décida de protéger le passage des femmes sur la place Saint-Marc en étendant des filets le long des Procuratie.

On porte un masque pour préserver l'anonymat... afin d'éviter les représailles. Au temps de sa gloire au XVIIIe s, avant de disparaître provisoirement avec la chute de la République, **le Carnaval s'étalait sur 6 mois,** du 1er dimanche d'octobre au Carême. Pendant toute sa durée, les Vénitiens, quelle que soit leur condition sociale, se déplaçaient revêtus d'un ***tabarro*** (sorte de longue cape) et le visage masqué par la ***bauta*** (masque blanc pourvu d'un voile noir surmonté d'un petit tricorne).

Tout devenait permis, chacun étant l'égal de son voisin. Le petit marchand pouvait s'introduire dans la conversation des aristocrates, et vice versa. Il n'y avait plus d'autorité, plus de soumission. Progressivement, le masque ne suffit plus ; vint alors le temps du travestissement. Chacun pouvait s'inventer un personnage, en recourant aux trésors de la *commedia dell'arte.* La folie gagnait lentement la place Saint-Marc et les quartiers environnants. Toute la ville se transformait en une gigantesque scène de théâtre où l'on dansait et chantait. Venise était alors la ville de toutes les séductions.

Il existait – à son âge d'or – plusieurs sortes de déguisements bien codifiés. Le costume le plus connu était celui du ***mattaccino.*** Il se composait d'une robe simple, blanche ou colorée, et d'un chapeau à plumes.

Mais l'occupation française de Venise par les troupes de Bonaparte en 1797 (l'année de tous les malheurs pour la ville) marqua la fin des festivités. Le dernier carnaval sombra dans la débauche et les dépenses fastueuses.

Le renouveau

À la fin des années 1970, le Carnaval fut soudainement remis à l'honneur. Les premières éditions ont renoué avec la spontanéité et la magie de l'époque. Le succès fut immédiat. Mais très vite, la fête est devenue aussi un enjeu économique pour les commerçants. Le Carnaval y a perdu de son caractère et de son éclat, mais il s'affiche comme **l'un des plus populaires au monde** (avec celui de Rio de Janeiro). En fait, c'est à chacun d'apporter sa touche de magie à la fête... en se déguisant ! Il ne tient qu'à vous de participer à la réussite de ce phénomène touristique. Aux fastueux costumes magnifiquement ouvragés dans le style

XVIIIe s s'ajoutent les plus délirantes panoplies. Laissez libre cours à votre imagination, parfois un bout de carton et un peu de tissu suffisent (et ça coûte moins cher !), voire un simple loup pour les plus timides.
Les enfants tirent évidemment leur épingle du jeu ! L'après-midi et le soir, des spectacles se déroulent sur la place Saint-Marc, parfois très impressionnants, dans une ambiance folle. Mais autant l'accepter d'emblée, quitte à écorner un peu l'esprit de la fête : la fréquentation touristique atteint des records à cette période, et on vient voir le Carnaval, pas la ville ! Les prix explosent, les chambres libres se comptent sur les doigts de la main et on les paie à prix d'or. Qui plus est, l'accueil est moins attentif que d'habitude. La ville est saturée, les restaurants débordent et ne sont plus guère fréquentés par les Vénitiens. L'approvisionnement en matières premières, la gestion du personnel... tout devient compliqué, en flux tendu, avec des résultats parfois hasardeux. Bref, armez-vous de patience, d'humour et de « positive attitude » !

Où louer un costume de carnaval ?

■ ***Atelier Flavia :*** *Castello, Santa Marina, 6010.* ☎ *041-528-74-29.* • *veniceatelier.com* • Propose des costumes d'occasion.
Max Art Shop *(zoom détachable D4,* ***200****) : San Marco, Frezzeria, 1286.* ☎ *041-241-38-02.* • *ilballodeldoge.com* • Des costumes et masques de toutes les époques, dans la plus pure tradition vénitienne, et l'un des bals les plus huppés du Carnaval. Tout est dit ! Voir aussi la rubrique « Achats » du chapitre « San Marco ».
Tragicomica *(zoom détachable C4,* ***212****) : calle dei Nomboli, San Polo, 2800.* ☎ *041-72-11-02.* • *tragicomica.it* • Se reporter à la rubrique « Achats » du chapitre « San Polo et Santa Croce ».
■ Autre bel atelier à proximité : ***Atelier Pietro Longhi,*** *San Polo, 2580.* ☎ *041-71-44-78.* • *pietrolonghi.com* • Tout près de l'église des Frari.
■ Voir encore l'***Atelier Nicolao*** *(plan détachable C2,* ***22****)* : *Cannaregio, 2590.* ☎ *041-520-70-51.* • *nicolao.com* •

Ne pas oublier nos adresses de magasins de masques. Pour cela, se reporter à la rubrique « Achats » de chaque quartier.

CINÉMA

Ah ! Venise ! Ses petits ponts, ses gondoliers, ses pigeons, son carnaval, vous la connaissez déjà par cœur, pour l'avoir rêvée depuis le fond d'un fauteuil, non ? Alors, flash-back ! Palme d'or en 1952, l'***Othello*** d'Orson Welles (où il joue lui-même le rôle du Maure) dévoile quelques images de la lagune, même si elle n'en est pas le sujet principal. Deux ans plus tard (1954), Luchino Visconti tourne ***Senso,*** sur la décadence de sa propre classe, l'aristocratie. Une histoire de passion humaine et de conflits sociaux à la fin du XIXe s, alors que les Autrichiens occupent la Sérénissime. Il récidive à Venise en adaptant superbement le court roman de Thomas Mann, ***Mort à Venise,*** filmé dans l'*Hôtel des Bains,* un luxueux palace du Lido, une magnifique histoire de passion, de désir et une réflexion sur l'âge et la beauté dans une société sur le déclin, son thème de prédilection. Visconti n'a-t-il pas été traité de cinéaste « décadentiste » ? Sa décadence est magnifiquement filmée !
Dans le genre comédie dramatique, ne pas manquer ***Vacances à Venise*** (1955) de David Lean. En vacances au Lido, Katharine Hepburn, solitaire et célibataire, tombe amoureuse d'un bel antiquaire vénitien, malheureusement il est marié... Dans ***Venise, la lune et toi*** (1958), Dino Risi raconte l'histoire d'un gondolier amoureux (joué par Alberto Sordi, drôle et émouvant). En 1962, c'est au tour de Joseph Losey d'entrer dans la légende. Dans ***Eva,*** il met en scène un écrivain qui

rencontre à Venise une courtisane dont il tombe amoureux. Jeanne Moreau et Virna Lisi sont captivantes de beauté. Superbe scène tournée à la terrasse du café *Lavena* sur la place Saint-Marc. L'année suivante, changement de ton et d'époque : Gianfranco di Bosi tourne ***Le Terroriste,*** qui se passe pendant l'hiver 1943. Dans une Venise sombre, aux ruelles désertes, à l'opposé des clichés touristiques, des résistants s'opposent à propos d'otages retenus par l'occupant allemand pour faire cesser les sabotages. Plus drôle et plus léger, le couple dansant Fred Astaire-Ginger Rogers s'aime, se sépare et se retrouve dans ***Top Hat*** avec, à la fin, une Venise de carton-pâte d'un kitsch remarquable.

Pour tourner un des grands films du « maître de Cinecittà », que l'affiche présentera sous le double titre ***Casanova-Fellini,*** Donald Sutherland s'est même fait limer les dents. Personnage enlaidi, mythomane, marionnette vide et froide, il devient sous la caméra de Federico Fellini le « héros » du « sperme froid », selon les propres mots du maître ! Dans des décors reconstitués en studios à Cinecittà, un film visionnaire très impressionnant. Le célèbre coureur de jupons avait déjà fait l'objet, en 1969, d'un film réalisé par Luigi Comencini qui, tout au contraire, avait reconstitué fidèlement la vie (dissolue) en Italie au XVIIIe s. Dans son film ***Casanova, un adolescent à Venise,*** il narre en effet l'enfance du séducteur et prédit au jeune homme libertin un monde décevant et factice où tout est théâtre et comédie des apparences. En 1976, c'est Joseph Losey, avec l'opéra filmé ***Don Giovanni,*** interprété divinement par Ruggero Raimondi, qui fait une large place dans le film à la Sérénissime.

N'oublions pas, côté séducteurs en plus ou moins grande forme, ***Le Guignolo,*** dans lequel Belmondo, sous la direction de Georges Lautner, survole Venise suspendu à un hélicoptère, habillé d'un sexy caleçon à pois. Plus tard, il enjambe les balcons du *Danieli* ! Michelangelo Antonioni tourne en 1982 ***Identification d'une femme,*** une histoire de quête et de passion sur fond de Grand Canal. Au passage de la gondole, belles images du palais Gritti. En 1988, l'église Saint-Barnabé cache une crypte où est enterré un chevalier à l'occasion d'***Indiana Jones et la dernière croisade.*** Action garantie sous et sur les canaux.

VOIR BOND À VENISE... ET MOURIR !

En 1963, dans Bons baisers de Russie, *Sean Connery embrasse Daniela Bianchi sous le pont des Soupirs. Lewis Gilbert, en 1979, fait frémir la Sérénissime avec Roger Moore dans le rôle du célèbre agent 007 qui revient cheveux au vent pour* Moonraker. *Belle course-poursuite à bord d'un bateau-taxi dépassant largement la limitation des 8 km/h autorisés dans la lagune. Mais le clou, c'est quand même l'effondrement du palazzo Pisani dans* Casino Royale, *avec Daniel Craig, en 2006 !*

Dans un genre on ne peut plus différent, ***La Courtisane,*** film américain de Marshall Herskovitz tourné en 1998. Cette histoire inspirée de la vie de Veronica Franco, une célèbre courtisane, nous plonge dans la Venise du XVIe s. Un fait réel qui donne lieu à une très belle reconstitution historique. Déjà, Mauro Bolognini avait filmé cette période avec Laura Antonelli dans ***La Vénitienne*** (1986), dont quelques scènes mirent en émoi la censure italienne.

Dans la tradition des comédies anglaises, ***Blame it on the Bellboy*** (1992), où un agent immobilier, un tueur à gages et un homme s'offrant une aventure extraconjugale sont logés dans le même hôtel à Venise. Le réceptionniste, pas très doué avec les patronymes anglais, se mélange les pinceaux en leur donnant leurs messages. Quiproquo et tutti quanti s'ensuivent. Une comédie menée tambour battant par Mark Herman, surtout connu pour avoir réalisé *Les Virtuoses.* Dans ***Pain, Tulipe et Comédie,*** une petite comédie attachante, on assiste avec jubilation à l'escapade vénitienne d'une ménagère modèle qui n'arrive plus à quitter la ville...

Ne passons surtout pas à côté de ***Tout le monde dit : « I love you »,*** où la poursuite de Julia Roberts par Woody Allen dans le dédale des canaux vaut le coup d'œil à elle seule. Mais parmi les productions du nouveau millénaire, on retiendra surtout l'adaptation du ***Marchand de Venise*** par Michael Radford, avec Al Pacino, Cate Blanchett, Ian McKellen et Joseph Fiennes. Ou encore le film sur la vie du grand compositeur baroque, ***Antonio Vivaldi, un prince à Venise,*** réalisé en 2006 par Jean-Louis Guillermou avec Michel Serrault, Michel Galabru et Stefano Dionisi dans le rôle de Vivaldi. Pour les amateurs de romance, ***Dix hivers à Venise,*** sorti en 2009, nous emporte dans une histoire d'amour enneigée qui se partage entre Venise et Moscou ; son réalisateur, Valerio Mieli, ne passe plus inaperçu en Italie. Le tournage de ***The Tourist*** (sorti en 2010) avec Johnny Depp et Angelina Jolie a suscité une vive curiosité chez les Vénitiens, même si ce film ne restera pas dans les annales cinématographiques.
En 2011, le film ***La Petite Venise,*** présenté à la *Mostra* de Venise, a remporté de nombreux prix en Italie. Un joli film qui raconte la rencontre entre un pêcheur vénitien et une jeune immigrée chinoise. Outre l'histoire, la lagune est superbement filmée. Enfin, pour ceux qui préfèrent l'action, vous pouvez toujours opter pour un combat au fleuret dans ***Les Trois Mousquetaires*** de Paul W. S. Anderson.

La *Mostra* de Venise

Premier festival de cinéma international, la *Mostra* voit le jour en août 1932 sous l'impulsion combinée du comte Giuseppe Volpi di Misurata, homme politique vénitien, et de Luciano De Feo (fondateur de l'Institut international pour le cinéma éducatif). Prenant ses quartiers sur l'île du Lido, la *Mostra* connaît un fort engouement populaire grâce à la qualité des films sélectionnés. Elle permet également de révéler des talents aux yeux du grand public, comme Jean Gabin, Marlène Dietrich, Sophia Loren... Mais rapidement, ce festival passe sous le joug de l'autorité fasciste, qui impose un contrôle strict sur les choix du jury (le meilleur film italien se voit décerner la coupe *Mussolini*). Après la chute du régime fasciste et la fin de la guerre, le festival renaît de ses cendres (notamment avec l'avènement du courant néoréaliste) et s'ouvre aux cinémas du monde entier, en primant des films japonais, indiens... Tout au long de son histoire, le festival a récompensé des réalisateurs tels que Luchino Visconti, John Cassavettes, Jean-Luc Godard, Ingmar Bergman, du fameux Lion d'or désignant le meilleur film du festival. Aujourd'hui encore, cette « vieille dame » continue de fasciner. Et, signe de bonne santé, les acteurs et autres starlettes y viennent toujours se pavaner devant l'objectif énamouré des paparazzis !

LE CHOC DES PHOTOS

En 1959, Fellini sortit son chef-d'œuvre, La Dolce Vita, *avec Marcello Mastroianni. On y voyait un photographe pour vedettes, plutôt sans foi ni loi. Il s'appelait, dans le film, Paparazzo. Ce qui donne, au pluriel...* paparazzi ! *Le nom propre est devenu un nom commun, aujourd'hui bien ancré dans le langage courant.*

COMMEDIA DELL'ARTE

L'origine de la *commedia dell'arte* remonte au Moyen Âge, où les farces se jouaient dans divers dialectes italiens. Le genre n'apparaît qu'au milieu du XVIe s, dans la région de Padoue. Il s'agit de théâtre improvisé mais, pour la première fois, professionnel. Les comédiens doivent broder autour de thèmes récurrents : mariages contrariés, conflits de générations, poursuites, bastonnades, rendez-vous secrets... où l'amour finit toujours par triompher. Ils virevoltent, gambadent, dansent, se travestissent, et les scènes sont entrecoupées d'intermèdes comiques qui n'ont rien à voir avec l'intrigue (les *lazzi*). Jouées à l'origine sur les places des marchés, les pièces deviennent si populaires qu'elles ont bientôt accès à des théâtres, puis aux cours d'Europe. En effet, nul besoin de comprendre ce qui est dit ! Louis XIV finit par chasser les « comédiens italiens » parce qu'ils se seraient moqués de madame de Maintenon dans la comédie de Michel Baron, *La Coquette et la Fausse Prude.* Dès la Régence, ils font naturellement leur réapparition. Les visages, cachés par des demi-masques en cuir, hormis des rôles d'amoureux, sont simplement maquillés. Important : les femmes sont jouées par... des femmes, à une époque où elles étaient pourtant interdites sur scène. Les troupes sont généralement composées de 6 à 12 comédiens incarnant des stéréotypes.

- ***Arlequin :*** le valet rusé, roublard, coureur de jupons (parfois au langage obscène) et bon vivant. Au départ, son costume est grisâtre et rapiécé, pour devenir peu à peu l'ensemble de losanges colorés qu'on lui connaît.
- ***Brighella :*** fait aussi partie de la catégorie des *zanni,* les serviteurs. Il cherche à régenter la maison en en faisant le moins possible. Son nom viendrait de *briga* qui signifie « querelle » en italien.
- ***Pulcinella*** *(Polichinelle)* **:** a un masque noir avec un nez crochu. Il possède la gestuelle vive, caractéristique des origines napolitaines du personnage. Véritable caméléon, il ne sait pas garder un secret... de Polichinelle !
- ***Colombine :*** soubrette maligne à la langue bien pendue, intelligente, coquette, mais surtout entremetteuse de rêve, elle favorise les amours de sa maîtresse.
- ***Pantalone :*** le type même du vieux marchand vénitien (dont il parle le dialecte) ; riche et avare, il s'amourache de jeunes filles. Alors qu'il représente le pouvoir et la richesse, tous se jouent de lui, ce qui en fait un grincheux amer.
- ***Le Docteur :*** ami de Pantalone, médecin, il emploie des mots savants toujours hors de propos (et souvent en latin farfelu). Originaire de la riche Bologne, pédant, orgueilleux et obèse, il est représenté par un habit noir avec une fraise. Son masque est pourvu d'un nez charnu et d'un énorme poireau.
- ***Le Capitaine :*** vantard, alors que c'est en fait un couard et un piètre amant. Son costume est aussi entièrement noir et son masque est caractérisé par d'imposantes moustaches.

LA CULOTTE DE PANTALONE

L'imposante braguette du vieillard Pantalone, libertin et avare, avait l'ambition de provoquer les femmes. Et sa culotte avait la particularité d'être longue ! Au XVIe s, quand les Italiens sont venus jouer la comédie en France, on a vite remarqué cet habit inhabituel. Et on appela le vêtement du nom du personnage.

La *commedia dell'arte* reflétait en les exagérant les particularités locales, importantes dans une Italie très régionalisée. Les dialectes en particulier étaient objets de moquerie d'une ville à l'autre : l'accent vénitien à Florence, l'accent bolognais à Venise, l'accent de Bergame des serviteurs, etc.

Devenu vulgaire et répétitif après deux siècles, le théâtre italien fut réformé en 20 ans, à grand-peine, par **Goldoni** (1707-1793), les acteurs refusant d'apprendre du texte. En 1750, il expose sa théorie du théâtre dans *Il Teatro comico.* L'auteur vénitien (voir plus loin « Littérature ») parvint finalement à imposer des pièces avec une approche plus psychologique des personnages *(La Locandiera, Les Rustres)* et fit peu à peu tomber les masques tout en gardant une certaine légèreté (la trilogie de *La Villégiature*). C'est la fin de la *commedia dell'arte* qui influença à jamais le théâtre européen, jusqu'au cinéma d'un certain Charlie Chaplin.

CUISINE

Comment manger à l'italienne ?

La carte des restaurants se divise en cinq grands chapitres : les ***antipasti, il primo, il secondo, i contorni*** et ***i dolci.*** Il faut faire un choix en sachant que les Italiens eux-mêmes, en dehors de certains repas de fête, se contentent d'*antipasti* et d'un plat selon leur faim. Sinon, gare à la ceinture et, surtout – car on marche suffisamment à Venise pour digérer – à l'addition finale !
La grande spécialité vénitienne reste la cuisine de poisson, qui se décline des *antipasti* au *primo* et *secondo piatto.* On y ajoute une autre spécialité vénitienne : l'encre de seiche *(nero di seppia),* qui entre dans la composition des *risotti* et des pâtes.

Antipasti (hors-d'œuvre)

Charcuteries (***salumi, prosciutto, bresaola,*** etc.), légumes de saison comme les artichauts ou les asperges, poivrons, aubergines et courgettes grillés, fruits de mer et petits poissons marinés ***(sardines in saor)*** ou encore la ***granseola sott'olio*** (araignée de mer), servie avec une fine sauce huile d'olive-citron... Ces mises en bouche (qui s'avèrent parfois de véritables plats) varient selon les établissements et en fonction du marché, mais ce sont les hors-d'œuvre à base de poisson qui restent la grande spécialité de Venise.

Il primo (premier plat)

La place d'honneur revient à la *pasta.* C'est pourquoi nous lui avons consacré une rubrique spéciale (voir plus loin). Le *risotto* est plus répandu que la *pasta* dans le Nord, et vous devriez vous régaler à Venise. C'est le plat emblématique, celui dont le ratage ou la réussite fait la réputation de l'établissement. Le riz *(riso)* est cuisiné avec des fruits de mer, des petits légumes, des champignons, et agrémenté d'un peu de crème fraîche ou d'une pointe de safran qui rappelle son origine exotique, ou, mieux encore, à l'encre de seiche ***(al nero di seppia).***
Les ***minestre*** (soupes), souvent faites suivant d'anciennes recettes du terroir, sont excellentes. La plus célèbre est le *minestrone,* à base de céréales, mais on vous en proposera bien d'autres à Venise : la ***pasta e fagioli,*** reconstituante l'hiver (haricots rouges, lard et tagliatelles, entre autres), qu'on vous servira froide en été, mais aussi le bouillon de riz aux petits pois ***(risi e bisi),*** sans parler des soupes de poisson...
Les vrais ***gnocchis*** restent ceux confectionnés à base de pommes de terre ***(gnocchi di patate).*** Mais vous trouverez nombre de variantes, dont certains gnocchis occasionnels à base de fromage *(di ricotta)* et d'épinards *(verdi),* ou de semoule *(alla romana).* C'est un plat consistant, comme la *pasta.*
Le ***risi e bisi*** était le plat d'ouverture du repas du doge lors de la fête de Saint-Marc. Si vous n'êtes pas des fanas du riz, goûtez plutôt au *pasticcio* de poisson, une sorte de lasagne aux fruits de mer et crustacés !

Il secondo (second plat)

Étant donné l'importance du *primo,* le plat de viande ou de poisson ne joue pas le même rôle que dans nos menus. Le veau ***(vitello)*** apparaît sur bien des cartes et dans des préparations très variées : en paupiettes ***(involtini),*** en escalope ***(scaloppina)*** ou bouilli.
Le foie ***(fegato),*** les tripes ***(trippa),*** les côtes de porc ***(costoletta),*** le lapin ***(coniglio),*** le lièvre ***(lepre)*** figurent eux aussi souvent sur les cartes.
Le poisson reste une des principales « attractions » du marché du Rialto (sur la façade de la ***pescheria,*** une plaque mentionne toujours les longueurs minimales des poissons vendus au détail)... L'encre de seiche *(nero di seppia)* est fréquemment utilisée comme sauce pour accompagner les plats de pâtes et le poisson,

et le résultat peut être somptueux. La ***baccala mantecato,*** sp
base de morue, est une vraie institution familiale. Elle offre a
qu'il y avait autrefois de villages : tout dépendait de la duré
filets de poisson sec dans l'huile d'olive, et des petits se
famille ou de chaque cuisinier...
À Venise, comme dans toute la Vénétie, on vous servira souve
la fameuse *polenta* : autrefois plat du pauvre, elle est devenue un d
nables locaux.

I contorni (la garniture)

Les *secondi* sont toujours servis sans garniture. Il faut donc commander celle-ci à part et la payer en supplément. On vous proposera, selon la saison, des pommes de terre, des légumes ou des salades. Mais, très souvent, il s'agit de légumes grillés (poivrons, aubergines, courgettes). Quant à la *verdura cotta,* il ne s'agit pas de salade mais de légumes cuits, servis avec de l'huile d'olive et du citron ou *sott'olii* (baignant dans l'huile, en fait !).

POURQUOI « TOMATE » SE TRADUIT PAR *POMODORO* ?

Les grands navigateurs découvrirent la tomate chez les Aztèques, au Mexique. Elle avait bien la forme d'une pomme et valait le prix de l'or parce qu'elle était particulièrement difficile à conserver. Le nom est resté. Assez fade, il fallut plus d'un demi-siècle pour savoir l'utiliser en cuisine.

I dolci (desserts)

Les Italiens ne mangent pas beaucoup de sucreries en fin de repas, mais les préfèrent faites à la maison, ou alors ils les mangent dans l'après-midi. Ne manquez pas les ***buranei,*** petits sablés que l'on trempe dans le ***vin santo*** ou le ***fragolino,*** ou encore les ***pan dei Dogi*** (pain des doges). Quant au *tiramisù,* ce gâteau à base de mascarpone (crème épaisse), avec ses biscuits imbibés de café, qu'on sert saupoudré de cacao, on le donnait aux femmes de Trévise qui venaient d'accoucher pour les remettre sur pied. D'autres prétendent que les courtisanes vénitiennes en mangeaient avec leurs amants en guise de puissant aphrodisiaque (moins moral tout ça !). ***Tiramisù*** signifie « tire-moi vers le haut » ou « hisse-moi le moral », en référence, évidemment, à sa teneur en café et son haut pouvoir calorique !

Gelati (les glaces)

Pas d'Italie sans glaces... Dégustation de ***cornetto*** ou ***coppetta*** aux parfums comme ***alla straciatella,*** au ***mustazzolo, al caffe con panna, al pasticcio...*** les variations sont innombrables et font l'objet entre les *gelaterie* de publicités inventives pour attirer l'amateur. Entre amis, on se donne volontiers rendez-vous devant son glacier habituel.
On sait que la glace existait déjà en Chine et au Moyen-Orient bien avant notre ère : des glaces fruitées étaient servies aux banquets d'Alexandre le Grand. Les khalifes de Bagdad adoraient déguster des fruits mélangés à de la neige, appelant ce mélange *sharbet* qui signifie « glaçon fruité » en arabe. C'est Marco Polo qui aurait rapporté cette trouvaille en Italie, et sa consommation se serait développée à la cour des Médicis à Florence sous le nom de *sorbetti,* grâce au bien nommé Bernardo Buontalenti.
En Italie, on distingue deux types de glaces : celles de fabrication industrielle et les glaces préparées artisanalement qui traditionnellement répondent à de rigoureux critères de qualité.

e encore une multitude de petits artisans glaciers qui utilisent des ingré- s comme le lait et la crème, le sucre, les arômes naturels ou les œufs. Pas actosérum, d'émulsifiants ou de colorants artificiels. Elles se reconnaissent médiatement à leur texture exceptionnelle et à leur goût délicieux.
ous serez estomaqué par la variété inépuisable des parfums : chocolat noir, chocolat blanc, noisette, crème *fior di latte,* café, noix de coco, menthe, banane, cerise, abricot, pêche, melon, myrtille, fraise, figue, kiwi... On en trouve même à la bière, aux petits pois, à la poire et au vin, à la rose, au sureau ou à la fleur d'oranger grillée !
Les glaces au yaourt sont généralement produites avec du yaourt, du sucre, de la crème et des morceaux de fruits frais. Le sabayon, lui, servi au restaurant, est fabriqué avec des jaunes d'œufs, de la crème, du sucre, du lait, de la vanille et du marsala.

Pizza

La pizza est l'emblème même de Naples, mais Venise tire également son épingle du jeu. Née dans les quartiers pauvres de Naples, c'était jadis la nourriture principale des dockers. La pâte, agrémentée d'un petit quelque chose (huile, tomate, fromage...), que l'on roulait sur elle-même, constituait le casse-croûte de midi. Elle a fait du chemin depuis : il y aurait, d'après les spécialistes, près de 200 façons de la préparer. Les pizzerias déclinent une vingtaine de versions avec les noms des produits qui entrent dans leur composition, ce qui facilite le choix. Les meilleures pizzas sont, bien sûr, cuites au feu de bois, mais c'est rare à Venise car se faire livrer du bois coûte très cher ici.

PIZZA ROYALE !

C'est en l'honneur de la reine Marguerite de Savoie, l'épouse d'Umbert Ier (fin XIXe s), lors d'une réception à Naples, que l'on prépara une pizza spéciale. Sans ail évidemment, rapport à l'haleine ! On décida alors de rendre hommage à la nation nouvellement unifiée en évoquant le drapeau italien : tomate pour le rouge, mozzarella pour le blanc et basilic pour le vert. La margherita était née.

Pasta (les pâtes)

Sur la carte, la *pasta* est toujours considérée comme *primo piatto* (entre les *antipasti* et le second plat) mais depuis bien longtemps, elle est consommée comme plat de résistance. En tout cas, jamais comme accompagnement. *Madonna !*
On ne va pas vous énumérer toutes les sortes de pâtes (il y en a 245), ni toutes les recettes, d'autant que leurs formes et la façon de les préparer varient selon les régions. La préparation la plus simple est *al burro* (au beurre) ou *al pomodoro* (sauce tomate) ; mais il y a surtout, à Venise, les pâtes *alle vongole* (aux palourdes, un délice !), *al nero di seppia* (au noir de seiche), *con le sarde* (spécialité initialement sicilienne au fenouil, sardines fraîches et anchois)...
Dans certains restaurants, il est possible d'en goûter de plusieurs sortes en même temps. Dans ce cas, demandez un *assaggio* (dégustation). Les listes ci-après pourront vous aider dans votre choix.

Pâtes aux œufs

Tagliatelle : plat et long

Fettuccine : long et plat (!), mais en ruban et moins large que les tagliatelles

Pâtes sans œufs

Spaghetti : long et rond

Bucatini : spaghetti géant avec un tout petit trou

Tonnarelli : spaghetti carré, blanc ou vert

Lasagne : large, long, plat et en pile, blanc ou vert

Cannelloni : gros tube à farcir

Ravioli : en forme de coussin, fourré

Tortellini : en forme d'anneau, fourré

Tortelloni : la taille au-dessus, fourré

Quadrucci : voir *fettuccine*

Capellini : petits cheveux

Ziti : spaghetti géant avec un grand trou

Penne : sorte de tuyau biseauté

Rigatoni : plus gros que les *penne,* rayés et aux extrémités droites

Conchiglie : en forme de coquillage

Puntine : petits points

Farfalle : papillons

Maccheroni : macaroni

Fusilli : pâtes en forme de spirale

Comment manger à la vénitienne ?

LA MODE DE LA MORUE

Au XVe s, le navigateur vénitien Querini affréta un bateau vers la mer du Nord. Affrontant une terrible tempête, il se réfugia aux îles Lofoten en Norvège. Il fut sauvé par les pêcheurs qui lui apprirent la technique de la morue séchée. Un excellent moyen pour conserver le poisson et naviguer plus loin. Depuis, on déguste la morue à Venise alors qu'elle ne se pêche pas en Méditerranée.

La cuisine vénitienne peut s'enorgueillir d'une tradition ancestrale, et sa longue histoire est intimement liée à celle d'une cité orientée vers la mer. C'est pourquoi on retrouve dans la gastronomie vénitienne des saveurs et des goûts orientaux, que l'on rencontre rarement ailleurs en Italie. En premier lieu, il s'agit d'une cuisine de marins, nécessitant de jouer aussi bien la conservation que sur l'économie : on ne jetait rien. Bien sûr, vous pourrez manger à Venise la traditionnelle ***pasta,*** en privilégiant toutefois les ***bigoli in salsa,*** gros spaghettis accompagnés d'une sauce à base de sardines et d'oignons, les spaghettis aux palourdes chers à Hugo Pratt ou les gnocchis à la vénitienne, apportés par les envahisseurs venus d'Europe centrale. Mais il serait dommage de passer à côté des autres spécialités locales comme le ***risi e bisi,*** associant petits pois, jambon, lardons et riz, mijotés dans un consommé de poulet, ou la *pasta fagioli,* à base de gros haricots et de pâtes, sans parler de toutes ces autres soupes utilisant les légumes de saison chers aux habitués du marché du Rialto.

Car c'est au Rialto qu'ils vont chercher poissons et crustacés, fruits et légumes qui arrivent chaque matin par la mer, soit en provenance des fermes piscicoles de la lagune, les *valli da pesca,* soit des îles voisines comme Sant'Erasmo, appelée le potager de Venise.

Si vous vous demandez pourquoi les Vénitiens se ruent sur le ***radicchio trevigiano*** (qui n'a rien à voir avec la salade de Trévise que l'on connaît en France), les ***spareselle,*** asperges miniatures, ou les ***castraure,*** pousses d'artichauts printaniers, goûtez-les au restaurant et vous comprendrez !

Dans les restaurants aux alentours du marché, goûtez le ***fritto misto*** (une friture de calamars, anchois, lotte, crevettes...) ou les ***sarde in saor*** (sardines macérées avec des petits oignons, des raisins secs et des pignons). Ou encore les ***seiches farcies,*** à moins que vous aussi ne succombiez devant les ***moleche,*** ces petits crabes mous frits entiers, pour n'en faire qu'une bouchée.

Quant au ***foie à la vénitienne,*** cette spécialité qui remonte à l'Antiquité associe foie et oignon. Un plat servi avec l'incontournable polenta.

Plus subtil, le canard rôti, qui constitue le clou du dîner de la fête du *Redentore* (voir la rubrique « Fêtes et jours fériés » dans « Venise utile » en début de guide), ou le célébrissime *carpaccio* servi la plupart du temps recouvert de copeaux de parmesan.

Dans les ***bacari,*** les amateurs de vins servis au verre à l'apéritif accompagneront leur boisson favorite de ***tramezzini,*** sortes de petits triangles de pain de mie renfermant une garniture de viande, de légumes ou de fromage, et surtout de délicieux ***cicchetti,*** à déguster au comptoir. Typiques et savoureux, il y en a pour tous les goûts : charcuterie locale, *crostini di baccalà mantecato* (pain grillé avec cette fameuse crème de morue dont chaque établissement garde la recette et qui remonte à la grande époque de la navigation vénitienne, quand les bateaux revenaient chargés de... cabillauds), et bien sûr de croustillantes croquettes de thon, de riz et de viande.

QUI L'EÛT CRU ?

Parmi les restaurateurs de renom à Venise, Giuseppe Cipriani, le fondateur du Harry's Bar *et de la* Locanda Cipriani, *reste le plus connu. En 1950, pour faire plaisir à une comtesse au régime, il eut l'idée du filet de bœuf cru taillé en tranches fines, arrosé d'une sauce aussi colorée que savoureuse et saupoudré de parmesan. Il n'hésita pas à baptiser son plat du nom d'un peintre vénitien connu pour ses rouges si personnels : carpaccio.*

Petit lexique culinaire

Acciughe	Anchois
Baccalà	Morue
Brodetto	Soupe de poisson
Casalinga	Comme à la maison, « ménagère »
Contorno	Garniture
Dolci	Desserts
Fegatini di pollo	Foies de volaille
Gamberi	Crevettes
Gamberoni	Gambas
Ortaggi ou *verdure*	Légumes
Pane	Pain
Pasticceria	Pâtisserie
Pesce	Poisson
Riso	Riz
Sarde	Sardines
Scampi	Langoustines
Seppia	Seiche
Spumone	Glace légère aux blancs d'œufs
Tiramisù	Gâteau à base de mascarpone et de biscuits imbibés de café
Torta	Gâteau
Vitello	Veau
Vongole	Palourdes ou clovisses
Zuppa	Soupe

Le succès du *slow food*

De plus en plus de restaurants vénitiens affichent désormais l'autocollant *slow food* (reconnaissable à son petit escargot). Ce mouvement, né en Italie en 1986,

a décidé de défendre les valeurs de la cuisine traditionnelle, et notamment celle des petites *trattorie* de terroir.
Le retour du « bien manger » et la volonté de préserver la biodiversité ne sont pas contradictoires avec une certaine forme de modernisation, à condition qu'elle soit au service du goût.
Les restaurants estampillés *slow food* (on en a sélectionné certains dans ces pages) ne sont pas toujours bon marché, car ils privilégient justement la cuisine dite du marché. La carte est parfois absente (le patron déclame alors ce qu'il a le jour même dans ses fourneaux) et, surtout, on prend le temps de manger... et d'apprécier.
Pour plus d'informations sur ce mouvement, mieux vaut encore acheter le guide remis à jour chaque année, disponible sur Internet ou dans les librairies italiennes, ou consulter les sites • *slowfood.fr* • *slowfood.it* •

Caffè ? Trattoria ? Enoteca ? Ristorante ? Comment s'y retrouver ?

Le routard risque d'être désorienté les premiers jours devant la variété des enseignes : snack-bar, *caffè, rosticceria, tavola calda,* pizzeria, *enoteca,* trattoria, *osteria, ristorante...* Vous trouverez souvent des menus le midi en semaine, ou vous pourrez vous contenter d'un *antipasto* et d'un plat, ou bien d'un *primo* et d'un dessert.
- Le ***bar*** et le ***caffè*** : on y trouve des gâteaux, des paninis et des *tramezzini.* Parfait pour un en-cas rapide mais pas spécialement bon marché. Si vous vous installez en terrasse, prévoyez de payer un supplément !
- La ***rosticceria,*** qui correspond au traiteur français, vend des plats à emporter, mais on peut se restaurer sur place (quelques tables). Il y en a très peu à Venise.
- La ***tavola calda*** (une sorte de cantine ou self) est un endroit où l'on sert une restauration rapide, offrant un nombre assez limité de plats cuisinés à un prix très abordable.
- Dans une ***pizzeria,*** vous pourrez manger... des pizzas, voyons ! Les vraies *pizzerie* ne possèdent qu'un four à pizzas, et il n'est guère possible de consommer autre chose, hormis quelques petites fritures en entrée. On ne mange la pizza que le soir, à l'exception des grandes villes touristiques où on les trouve aussi au déjeuner. À noter aussi que l'on peut acheter des parts de pizza dans certaines boulangeries *(panetterie).*
- On trouve aussi des ***enoteche,*** des bars à vins, qui proposent également de bons produits régionaux à déguster sur place. Le cadre est souvent très soigné, et les prix sont plutôt raisonnables, sauf pour les vins.
- La ***trattoria*** est un restaurant à gestion (théoriquement) familiale. Comparable au bistrot du coin français, la trattoria propose une cuisine faite maison (*casareccia* ou *casalinga*). Tendance depuis quelques années : la trattoria chic à la déco recherchée. Attention : la carte n'offre pas un grand choix de plats.
- Tout comme l'***osteria*** qui, à l'origine, était un endroit modeste où l'on allait pour boire et qui proposait un ou deux plats pour accompagner la boisson... L'appellation a été reprise par des restaurateurs (parfois en ajoutant un *h* et en remplaçant le *e* par un *a,* « *hostaria* », pour faire plus chic) pour donner un goût d'antan tout en appliquant des tarifs plus élevés... On peut la comparer à notre brasserie.
- Enfin, le ***ristorante*** correspond au resto gastronomique. Dans cette catégorie, on trouve tout et son contraire, mais surtout une note salée en fin de repas.

ÉCONOMIE

La Vénétie fait partie des régions les plus riches d'Italie, et même d'Europe. Au moment de son expansion maximale, entre le XIIIe et le XVe s, Venise fut un carrefour marchand d'envergure internationale, grâce à son autorité sur une grande partie de la Méditerranée orientale. Le quartier du Rialto qui, à l'époque, incarnait la plaque tournante du commerce, s'est transformé depuis l'avènement du tourisme en un formidable « marché à souvenirs ». Un **secteur touristique** qui emploie aujourd'hui près de la moitié de la population – hôtellerie, restauration, agences de voyages, banques... 22 millions de touristes en moyenne par an, cela fait une source de revenus considérable pour Venise ! Si un visiteur moyen dépense 1 000 € par séjour, cela donnerait un chiffre d'affaires annuel de 20 milliards d'euros !

ORIGINE DE LA BANQUE

Au Moyen Âge, les prêteurs sur gages travaillaient sur un comptoir (il banco). *C'est l'origine de ces établissements financiers. Quand ils faisaient faillite, ils étaient obligés de casser, de rompre ce comptoir* (banco rotto). *D'où le mot « banqueroute ».*

Mais l'enrichissement de Venise n'est pas tant dû à l'argent laissé par les touristes qu'à l'appétit des spéculateurs qui n'ont de cesse d'augmenter le prix des loyers. Et, quand bien même quelques restaurateurs arrivent à tirer leur épingle du jeu, l'augmentation des prix des locations a forcé certains d'entre eux à se replier dans des quartiers moins fréquentés pour céder leur place aux inévitables grosses enseignes, les seules à pouvoir honorer les loyers exigés par les proprios...
En dehors de ce secteur, la région vit grâce à la présence du port de Marghera et des zones industrielles qui l'entourent. Pétrochimie, métallurgie, construction navale et industrie mécanique sont la base de l'économie régionale. On doit y ajouter les dentelles de Burano et la verrerie de Murano, connues dans le monde entier, qui emploient à elles seules près de 6 000 personnes.

ENVIRONNEMENT

Pollutions en tout genre

– Paradoxalement, on a laissé s'installer l'un des **plus grands complexes industriels d'Italie** dans l'un des sites les plus fragiles sur le plan écologique. Complètement aberrant : les grandes industries chimiques de Mestre-Marghera sont à l'origine d'une partie importante de la pollution aquatique de la lagune et de la dégradation des bâtiments.
– Les **pigeons** contribuent à dégrader les édifices, leurs déjections acides abîment la pierre déjà fragilisée. Attention, il est désormais interdit de les nourrir, comme il est également interdit aux marchands de graines de vendre leurs sachets place Saint-Marc. Ces derniers vendent désormais des souvenirs en tout (mauvais !) genre. Et des pigeons pour en acheter, il y en aura toujours !
– Par ailleurs, **le sel et l'humidité ambiante,** ainsi que les vagues des bateaux à moteur qui viennent mourir contre les murs agressent en permanence les façades et soubassements des palais et abîment toutes les sculptures extérieures.
D'un autre côté, on a tous entendu et lu beaucoup de choses sur l'**enfoncement de Venise** (25 cm depuis le début du XXe s) : **tectonique des plaques, appauvrissement de la nappe phréatique** située sous la lagune par excès de pompage créant un affaissement des strates, piétinement de la vingtaine de millions de touristes qui chaque année la visitent, etc.
Mais force est de constater que les énormes quantités de **rejets toxiques** dues à la proximité des zones industrielles de Mestre sont les premières incriminées. Un phénomène aggravé par le développement de la navigation à moteur (*vaporetti, lancioni* – bateaux privés grand tourisme pour transport de groupes –, mais aussi bateaux d'approvisionnement de la ville, taxis, ambulances et bateaux de la police). Pour tenter de remédier à cela, la coque des bateaux publics a même été spécialement étudiée pour la navigation dans Venise et leur vitesse limitée à 5 km/h. Mais malheureusement, détourner « gentiment » la loi est un sport national ! Dans le

passé, il y eut même des grèves dans les transports publics à cause des quantités d'amendes que les contrevenants avaient reçues pour excès de vitesse, un comble pour les acteurs d'une ville vivant exclusivement du tourisme !

Acqua alta (grandes marées)

Venise a régulièrement les pieds dans l'eau. Sous l'action conjuguée des grandes marées, de la pression atmosphérique, des courants et du vent, la mer pénètre dans la lagune et inonde certains quartiers la ville. On appelle cela une *acqua alta.* Ce phénomène, qui se produit en moyenne 100 fois par an (de manière plus ou moins prononcée) et qui se déroule généralement **de début novembre à fin avril,** est très spectaculaire (surtout place Saint-Marc, le point le plus bas de Venise). Il fait le bonheur des photographes et des voyagistes japonais, qui enregistrent leurs plus forts taux de réservation pendant cette période ! L'office de tourisme peut fournir une carte des zones inondables.

La place Saint-Marc se retrouve la première sous les eaux quand la lagune déborde. Ce qui peut paraître amusant pour les touristes l'est beaucoup moins à la longue pour les Vénitiens ! Imaginez votre rez-de-chaussée envahi par l'eau régulièrement dans l'année... Mais pas de panique en ce qui vous concerne : **l'*acqua alta* ne dure que quelques heures** (le temps d'une marée), des passerelles sont installées pour faciliter la circulation et de nombreux marchands improvisés proposent des paires de bottes.

LES CHOPINES

Rien à voir avec la bière. On appelait ainsi les chaussures hautes qui furent inventées à Venise, dès le XVIe s, afin de franchir les flaques d'eau. Ces plates-formes en bois pouvaient atteindre 60 cm. Et puis, la hauteur est devenue plus raisonnable, et, surtout, on abaissa le devant. Résultat, il ne resta qu'un talon de quelques centimètres. Louis XIV, qui ne mesurait que 1,62 m, lança la mode des chaussures à talons.

Malheureusement, l'agrandissement des trois passes de la lagune (pour laisser entrer les gros bateaux) facilite l'accès de la marée et augmente chaque année la fréquence et l'importance des *acque alte.*

Même si elles sont souhaitables pour brasser et « purifier » l'eau des canaux, elles endommagent les fondations des maisons et peuvent même paralyser la ville. Ainsi, le 4 novembre 1966, la place Saint-Marc s'est retrouvée sous plus de 1,94 m d'eau (un record !), et toute la cité a connu une panne générale d'électricité. Depuis, les Vénitiens sont avertis du danger par une sirène un peu lugubre qui retentit 6h avant les grands débordements (le nombre de sonneries indique la hauteur d'eau attendue).

Depuis des dizaines d'années, on ne compte plus les études et les projets émis par les spécialistes du monde entier pour sauver Venise. Le projet le plus raisonnable a consisté à surélever les sols des parties les plus basses de la ville et à rehausser les quais, comme à San Marco, mais ces travaux sont désormais interrompus en vue d'un projet plus ambitieux.

– En réponse aux lecteurs prévoyants qui nous demandent les coordonnées des magasins vendant des bottes appropriées pour l'*acqua alta,* voici deux adresses près du pont du Rialto : *Amorino* (chausseur qui se trouve sur le pont même) et *La Friulana* (Rialto 86), une fois passé le pont en allant vers le piazzale Roma. On y trouve toutes les pointures et même... trois hauteurs différentes !

Faut-il sauver Moïse ?

Ce projet « pharaonique », baptisé *Mose* (Moïse, bien connu pour se tirer d'affaire quand il s'agit d'eau !), consiste en rien de moins qu'ériger un barrage (constitué de 79 parois mobiles) sur les trois portes d'accès à la lagune : les passes du Lido,

de Malamocco et de Chioggia. Ces barrages ne devraient fonctionner qu'en cas de montée des eaux menaçante, disparaissant dans les profondeurs le reste du temps. Le feu vert pour la réalisation de ce projet, qui devrait faire la fortune des entreprises adjudicataires, a été donné par Berlusconi, et la poursuite des travaux reconfirmée par Romano Prodi.
Seulement, les écologistes et de nombreux Vénitiens de tous bords sont contre : selon certains, dont des scientifiques indépendants, cette solution n'est valable que sur du court terme (50 ans au plus), elle menace sérieusement tout l'écosystème de la lagune et surtout, en cas de ratage, elle mettrait définitivement en péril le site historique de Venise. Les intérêts politiques sont à l'heure actuelle plus que divergents, alors que les intérêts financiers ont pris le dessus (comme par hasard), et la polémique est loin d'être apaisée. Il y a même du rififi dans l'air ! Début 2014, des hautes personnalités de Vénétie, dont le maire de Venise, ont été interpellées pour une importante affaire de corruption : près de 20 millions d'euros auraient été détournés lors de l'attribution des marchés pour le chantier *Mose*... D'ailleurs, le maire Giorgio Orsini a démissionné en juin 2014 pour malversation financière dans ce projet, entraînant avec lui la chute des hauts fonctionnaires et magistrats de la ville.
– Pour en savoir plus sur ce projet *Mose* déjà bien entamé, vous pouvez vous rendre au ***centre d'information Punto Laguna*** : *San Marco, 2949, sur le campo Santo Stefano. Rens au ☎ 041-529-35-82 ou sur ● salve.it ●*

La gestion des déchets

C'est un problème qui dure. Au XVIIIe s déjà, les immondices étaient déposées à même le sol et enlevées par les habitants des îles voisines quand ils avaient besoin de fumier ! Aujourd'hui, les éboueurs passent tous les matins collecter les sacs-poubelle (laissés par les Vénitiens devant leur porte avant 8h), les déposent dans des chariots dont le contenu est ensuite déversé dans une barge. Les ordures sont finalement incinérées à l'extrême ouest de l'île de la Giudecca. Le coût d'une telle collecte est très élevé : de l'ordre de 4 000 € par an pour un restaurant. Si vous êtes en location, pensez à trier vos déchets, Venise connaît enfin le tri sélectif !

GÉOGRAPHIE ET URBANISME

Situation

Venise se trouve au centre d'une lagune de 50 km de long environ et de 15 km de large. La commune est un ensemble très compact : elle regroupe près de **118 îlots très rapprochés, reliés par 160 canaux.** Elle est séparée de la mer Adriatique par une bande sableuse. On y accède par trois passages : le *porto del Lido,* le *porto Malamocco* et le *porto di Chioggia.* Des chenaux profonds, naturels et artificiels, permettent la navigation. Des *bricole* (piliers de bois assemblés trois par trois) balisent le passage. En dehors de Venise et des îles avoisinantes, il existe de nombreux îlots non habités. À chaque île de la lagune correspondait une des fonctions de la cité. Cette organisation permettait ainsi d'isoler et donc de maîtriser chaque secteur d'activité : San Servolo et son hôpital psychiatrique (fermé en 1979) ; San Michele, l'île-cimetière où repose, entre autres, Igor Stravinski ; Sant'Erasmo, le « potager de Venise » ; Murano où, en 1297, s'installèrent les verriers pour éviter les incendies dans le centre-ville (en fait, une autre raison était sans doute d'isoler la production pour éviter la fuite des secrets de fabrication dans une Venise déjà très visitée à l'époque) ; Burano, haut lieu de la pêche et de la dentelle ; San Francesco del Deserto, l'île-monastère...

Les constructions sur pilotis

À l'origine, la ville s'est constituée avec la venue, sur des terres émergées, de colonies fuyant les Barbares. Puis, avec la concentration des populations, le centre de la ville s'est développé. Mais la surface marécageuse rendait les constructions difficiles. Il était donc nécessaire de consolider le terrain afin qu'il puisse supporter le poids des bâtiments. **La ville de Venise repose ainsi en partie sur ces pilotis.** La technique consistait à enfoncer dans le sol des troncs d'arbres (chêne rouvre, aulne et mélèze) pour y construire par-dessus une plate-forme, avant d'entamer les travaux du bâtiment proprement dits.

On peut voir ainsi sur le Grand Canal plusieurs fenêtres et balcons qui s'affaissent. En effet, les pieux qui les soutenaient étaient enfoncés seulement sous les murs porteurs. Au fil des travaux intérieurs, la répartition des masses s'est trouvée modifiée alors que les soubassements n'avaient pas été conçus à cet effet.

VAGUES DE PROTESTATION !

On accuse les bateaux à moteur de faire des vagues qui découvrent régulièrement les pilotis des maisons, alors qu'ils doivent normalement rester immergés pour ne pas pourrir au contact de l'air. Ce n'est pas tant le problème que les vagues découvrent les pilotis (ceux qui jalonnent les canaux ou ceux d'amarrage, pas ceux qui soutiennent les palais et qui sont fichés dans le sol des îlots), c'est plutôt que les remous vont ronger les rives des canaux et provoquer l'effondrement des briques des rives et des fondations !

Une histoire d'eau !

Historiquement, toute la vie de la cité s'organise autour de l'eau. Aujourd'hui encore, le Grand Canal reste l'artère principale. Quelque 45 petits canaux y débouchent, et toutes les embarcations le parcourent pour passer d'un point de la ville à un autre.

Venise est divisée en six *sestieri* (quartiers administratifs). Ce partage remonterait au XIIe s, pour faciliter la levée des impôts nécessaires à la guerre contre Byzance. Mais cette division n'a pas eu de véritable répercussion sur l'urbanisme. En fait, la ville s'organise autour des *campi,* ces places qui constituent les vrais centres de la vie communautaire. La fonction première du *campo* était de fournir les maisons avoisinantes en eau potable. Venise a beau être la ville la plus « aquatique » du monde, elle ne possède pas de sources naturelles. Le *campo* abritait donc une gigantesque citerne souterraine qui servait à recueillir les eaux de pluie et couvrait jusqu'à 100 m² de superficie.

Les curieux remarqueront qu'une poulie est accrochée en haut des maisons qui bordent les places : celle-ci permettait de remonter l'eau directement du puits vers la cuisine, située au dernier étage pour éviter les odeurs (il fallait y penser !). Ce système ingénieux perdit son utilité dès la fin du XIXe s, avec la mise en place des premières canalisations d'eau potable reliées à la terre ferme. Aujourd'hui, les margelles des puits (fermés hermétiquement) constituent un témoignage fidèle de l'art vénitien ; elles ressemblent à des chapiteaux de colonnes romaines. Il en existe d'autres de style gothique ou byzantin.

Et la lumière fut...

L'éclairage public fut mis en place dès 1732, mais les lanternes étaient trop espacées pour avoir une réelle utilité. Dans l'obscurité, seuls les Vénitiens trouvaient leur chemin. Aussi, un corps de guides nocturnes, munis de chandelles, avait été créé pour guider les étrangers dans la ville. Puis l'électricité a permis de rendre l'éclairage performant, mais on peut regretter le temps où Venise n'était éclairée que par des lampes à huile, quand la lumière ambrée devait ajouter au mystère de la ville.

HISTOIRE

Dès 1300 av. J.-C., les **Vénètes,** un peuple indo-européen, sont installés dans les îlots de la lagune et vivent tranquillement en petites communautés.

Après s'être repliés sur la terre ferme, peut-être pour échapper au paludisme qui sévissait à l'époque, les Vénètes sont contraints d'y revenir sous la pression des invasions barbares. Nous sommes au Ve s, l'Empire romain, christianisé depuis la conversion de Constantin en 315, commence à battre de l'aile. L'instabilité règne. Du coup, les habitants de la Vénétie trouvent tout naturellement refuge sur ces lagunes, pas spécialement hospitalières mais sur lesquelles ils se sentent à l'abri. Ils vont s'y installer progressivement. Ils choisissent deux sites stratégiques : **Torcello,** au nord, et **Malamocco,** au sud. Malamocco connaîtra l'avènement du premier doge et deviendra le siège de l'évêché deux siècles plus tard, tandis qu'à Torcello est édifiée la *catedrale Santa Maria Assunta.* Dans le même temps, les **Byzantins,** qui avaient réussi à prendre le contrôle de toute l'Italie dès 563, reconnaissent en eux des alliés de confiance. Du coup, la situation se stabilise et les églises fleurissent un peu partout. Un site appelé le Rivo Alto (le Rialto), facilement accessible, est élu comme centre d'échanges. Il préfigurera l'actuelle Venise qui, elle, verra le jour au seuil du IXe s alors que les armées de Charlemagne débouleront dans la région.

VENISE ET LA BRETAGNE PARENTES ?

Du temps de César, une tribu appelée les Vénètes vivait autour de Vannes. Ces pêcheurs du Morbihan seraient les descendants d'une colonie de pescatori de Vénétie. Comme dit Chateaubriand « Je regarde donc les Vénitiens comme des Bretons... les gondoliers et moi sommes cousins... »

À partir de cet embryon de ville, une cité marchande se développe rapidement, tirant profit de sa situation, **entre les empires franc et byzantin, entre Occident et Orient.** Habiles diplomates, les Vénitiens, bien qu'inféodés à Byzance, ne tardent pas à affirmer leur autonomie. Enrichis grâce à l'exploitation du sel des salines de Chioggia (au sud de la lagune), ils établissent des comptoirs un peu partout autour de la Méditerranée, mais aussi en Europe occidentale, et s'affirment, à l'instar des Génois et des Pisans, comme les **premiers marchands d'Europe.** Mais l'empire de Byzance commence à s'effriter, les Normands sont en pleine expansion ; peu sûre et difficile à tenir, la terre ferme n'offre aucune perspective de conquête. C'est donc tout naturellement vers la mer que se tournent les Vénitiens. Idéalement placés sur l'Adriatique, ils dopent leur flotte marchande au cours du XIIe s en créant l'Arsenal. Ce dernier alimentera la machine de guerre économique pendant plusieurs siècles.

La quatrième croisade (1201-1204)

Le passage d'une dimension régionale à la dimension mondiale (du moins à l'échelle du monde connu au Moyen Âge) se fait par un véritable hold-up : la quatrième croisade. Les Vénitiens feront des affaires en or : moyennant un paiement d'avance, ils vont louer leur flotte aux croisés afin qu'ils puissent se rendre en Terre sainte. Le seul problème, c'est que les soldats du Christ n'ont pas un sou en poche. Qu'à cela ne tienne ! Sous la gouverne d'Enrico Dandolo, un doge rusé comme un renard, Venise intime l'ordre aux croisés d'aller piller Byzance, rien que ça ! Et non sans s'être fait la main auparavant sur la ville croate de Zara (l'actuelle Zadar). Les croisés en oublieront même la Palestine, c'est tout dire... **La rupture est désormais consommée entre l'Orient et l'Occident chrétien.**

Du coup, avec ses nouvelles possessions (la côte dalmate – actuelle Croatie –, la plupart des îles grecques, dont la Crète qui sera, avec Chypre plus tard, son grenier à blé), Venise s'impose sur le commerce mondial de l'époque. Et cela va durer trois ou quatre siècles... !

Une puissance mondiale au XVe s

Oui mais voilà, devant tant d'enjeux, Venise doit adapter ses institutions. Le système complexe qui régule l'administration de la cité, avec la **place prépondérante du Grand Conseil** (émanation de l'aristocratie vénitienne), est amélioré au XIIIe s. La cause ? L'importance que prend Venise sur le plan international. La Sérénissime est devenue quasiment un empire colonial et donc militaire, même s'il n'y a pas eu de vraies colonies de peuplement. Politiquement, ce n'est pas une monarchie ni un royaume mais une **république aristocratique dotée d'un pouvoir collégial.** Le doge est élu par ses pairs (démocratie) et sa place ne s'hérite pas. Il est au service de Venise.

LE STORE VÉNITIEN

Ce sont les navigateurs vénitiens qui découvrirent cet ingénieux système... en Perse. Non seulement il protège du soleil, mais aussi préserve l'intimité. Il permet d'observer sans être vu (à l'époque, tout le monde était un peu espion). Quand l'objet arriva en France, on préféra rappeler son origine ancienne puisqu'on le nomma « persienne ».

Au XVe s, la puissance vénitienne est à son apogée. Les Vénitiens ont à la fois un empire maritime unique qui s'étend jusqu'à Chypre (annexée en 1488) et des possessions terrestres qui vont jusqu'à la basse vallée du Pô. La mer Méditerranée est leur mère ! « Cultiver la mer et laisser la terre en friche », cette devise leur a permis de s'enrichir et de gagner le premier rang parmi les nations ! L'ensemble de ses revenus annuels la place au même rang que le duché de Bourgogne ou encore les royaumes de France et d'Angleterre. On estime alors à quelque 6 000 les vaisseaux marchands en exercice pour son compte, galères mises à part. Venise est enviée et honnie par ses voisins.
Le commerce et la finance sont florissants, les Vénitiens sont les **premiers banquiers du monde** et ils attirent un grand nombre de nationalités, ce qui fait de la République un carrefour culturel. Le commerce des épices du Levant (Moyen-Orient) fait vivre 4 000 familles vénitiennes entre Damas et Alep (Syrie), Bagdad (Irak) et Le Caire (Égypte). Mais le vent va tourner. L'arrivée, en provenance de Chine, de la boussole et du gouvernail va permettre aux Portugais de révolutionner leur marine à voile. Du coup, sous l'impulsion d'Henri le navigateur, les Portugais entament leur circumnavigation de l'Afrique et finissent par ouvrir de nouveaux comptoirs en Asie. La donne change... Après la découverte par Vasco de Gama de la route des Indes, plus facile, moins onéreuse, la route terrestre des épices (ouverte au XIIIe s, du temps de Marco Polo), échappe désormais au contrôle de Venise. C'est une perte énorme ! Dans le même temps, les Espagnols découvrent le Nouveau Monde (1492), tandis que l'Empire ottoman s'empare de presque la totalité des possessions vénitiennes. Bref, ça va mal...

Le déclin dans la splendeur (XVIe et XVIIe s)

L'expansion ottomane porte un coup sévère à la grandeur de la Sérénissime qui va littéralement s'épuiser à batailler sur tous les fronts. Les marchands doivent se faire guerriers, ce n'est pas vraiment leur métier... Curieusement, la vie intellectuelle de la cité est de plus en plus brillante, les arts sont à leur sommet et son prestige culturel fascine l'Europe entière. Le XVIe s est celui des grands maîtres de la peinture vénitienne : Titien, Tintoret, Véronèse. Dans le même temps, on

redistribue les cartes en Méditerranée. Sous le règne de **Charles Quint,** l'Europe est dominée par la dynastie des Habsbourg d'Espagne. L'empereur du Saint Empire reprend le contrôle du commerce en consolidant son protectorat dans la Botte italienne. Venise doit s'allier avec la France pour se battre à Marignan en 1515 contre les impériaux. La Sérénissime a des ennemis sur terre ferme mais aussi sur mer. Elle doit affronter une force redoutable : les Turcs. Depuis la chute de Constantinople en 1452, les Ottomans n'ont pas cessé d'accroître leur empire. Ils viennent d'achever leur mainmise sur le Moyen-Orient, et étendent leur influence vers les Balkans et l'Europe centrale. La guerre est déclarée entre la chrétienté et le monde musulman. Venise se tourne alors vers le pape pour former une Sainte Ligue et s'allier aux Espagnols pour tenter d'enrayer la poussée ottomane.
Néanmoins, les dangers militaires en Méditerranée, les menaces extérieures n'empêchent pas Venise de briller de sa glorieuse flamme. Comme l'écrit le Vénitien L'Arétin en 1537 : « Plus qu'aucune autre ville, elle brille pour sa noblesse, sa magnificence, sa puissance... ses richesses... Silence, Rome ! Personne ici n'a en tête de pouvoir ou vouloir tyranniser la liberté... Je prétends que le bon Dieu y passe avec plaisir onze mois sur douze. Ici pas le moindre mal de tête, pas de pensée de la mort... La liberté s'y promène jupes relevées sans trouver personne pour lui dire "baissez-les". » C'est l'esprit vénitien dans la splendeur du XVIe s !

DU POISON SUR LE VISAGE

Dès le XVIe s, le beau monde exige d'avoir le visage pâle. On utilisait la céruse, inventée à Venise, cet onguent à base de plomb. On mit 200 ans pour se rendre compte que ce maquillage corrodait la peau et accentuait les rides, les transformant en crevasses.

La bataille de Lépante en 1571

Après le chant, le déchant ! Après les rires, les larmes. L'année 1565 sème la mort à Venise avec la peste qui fait des ravages. Un malheur n'arrive jamais seul : les Turcs prennent Nicosie et Famagouste. Chypre est bientôt perdue. Le **7 octobre 1571,** les Vénitiens et la coalition européenne affrontent les Turcs. C'est la fameuse **bataille de Lépante** (aujourd'hui Naupacte, au nord-est de Patras, en Grèce). Ce fut la bataille navale la plus sanglante et la plus meurtrière que la Méditerranée n'ait jamais connue. Avec plus de 120 000 marins engagés de part et d'autre. Venise fournit plus de la moitié des 200 galères de la coalition chrétienne, forte de 35 000 rameurs et de 40 000 soldats. Les Turcs sont battus, ils perdent 116 navires, mais, après cette défaite, ils n'en reconstruisent pas moins du double. Cependant, cette bataille de Lépante ne débouche sur aucune conquête territoriale. Et quand bien même les Ottomans consolident leurs positions, raflant à Venise quelques belles possessions comme la Crète (on l'appelait Candie), ils perdent leur suprématie sur la mer. Désormais, la porte de la Méditerranée est ouverte aux navires de commerce anglais, français et scandinaves. L'Espagne et le Portugal, quant à eux, sont définitivement tournés vers le Nouveau Monde.

XVIIIe s : la capitale galante de l'Europe

Retour de la peste à Venise en 1630-1631 avec 46 490 morts, soit le quart de la population ! Un désastre. Le 22 août 1645, les Turcs prennent La Canée (Crète) et en 1650 tous les Vénitiens de Constantinople (Istanbul) sont expulsés par le sultan. Après des années de combat en Méditerranée pour consolider ses positions, Venise finit par céder la Crète (elle fut vénitienne pendant 450 ans) à l'Empire ottoman victorieux (1668). L'orgueil des Vénitiens est atteint. La richesse de Venise n'est plus qu'une façade car la ville s'endette pour maintenir son train de vie fastueux.

Pourtant, malgré l'adversité, les vicissitudes et les malheurs, elle continue à faire la fête ! Venise insouciante et heureuse reste la capitale européenne des plaisirs. Au XVIIIe s, le Carnaval peut durer jusqu'à 6 mois ! Venise ne cesse de rayonner à travers toute l'Europe. La cité n'a jamais été aussi belle, aussi joyeuse, on n'y a jamais connu une telle douceur de vivre. Malgré la présence du tribunal de l'Inquisition, aucune cité au monde ne peut jouir d'une telle liberté. Résolument tournée vers les plaisirs, la Sérénissime affirme ses tendances pour le libertinage. À tel point que le doge doit prendre des mesures (façon de parler) pour enrayer la pratique de la sodomie, très appréciée à l'époque. Les fils des grandes familles restent célibataires et vivent avec des courtisanes. Seuls les héritiers les moins avantagés se marient et font des enfants. La démographie vénitienne est menacée par la vie facile. **Casanova** et **Goldoni** épanouissent leur génie, l'un dans le libertinage, l'autre dans la comédie, au cœur de cette Venise pétillante, galante, voluptueuse et raffinée. Mais force est de constater qu'en tournant le dos au monde de la sorte, l'aristocratie vénitienne se coupe des réalités qui l'entourent. Le monde change, elle va s'en apercevoir mais trop tard...

À BON CHAT, BON RAT !

Pourquoi cet animal est-il si souvent représenté à Venise dans les magasins de souvenirs sous forme de chat botté ou même en costume de doge ? La raison est historique et pratique. En période de peste, les chats mangeaient les rats venant des navires qui transmettaient l'épidémie... Depuis cette époque, les Vénitiens aiment beaucoup les chats.

Qui a dit que Venise n'était pas en Italie ?

Le dernier doge, 120e de la série, Ludovico Manin, démissionne quand Bonaparte déclare la guerre à Venise. Finie, l'indépendance que les Vénitiens avaient toujours connue. Le traité de Campo-Formio (1797) donne Venise à l'Autriche qui, à l'exception des années 1805-1814 (retour de Napoléon qui puise dans les trésors de la cité) et 1848-1849 (insurrection conduisant à la création éphémère de la seconde république de Venise), met la ville au pas. Celle-ci n'est plus alors que l'ombre de ce qu'elle fut.
Petit à petit, les Vénitiens se tournent, non sans difficultés, vers l'avenir : le train relie bientôt Venise au reste de l'Italie. Grâce à Napoléon III, qui organise une consultation en 1866, les Vénitiens choisissent le rattachement au nouvel État italien. Nouveau port (la *Marittima*), nouveau pont routier, travaux visant à rendre la ville plus salubre, tout est fait pour que la Sérénissime retrouve une nouvelle jeunesse. Le tourisme va réveiller la belle endormie.

Principales dates historiques

– ***450 environ :*** devant l'incursion des Barbares, les Vénètes se réfugient dans la lagune.
– ***697 :*** changement de régime, celui des maîtres de la lagune est remplacé par celui des doges. Élection du premier doge, Paoluccio Anafesto.
– ***1000 :*** Venise prend ses distances avec Byzance et commence à bâtir son propre empire. C'est vers cette époque que l'on institue la fête des noces symboliques de Venise et de la mer.
– ***1172 :*** alors que les premières croisades ont commencé, la République conforte ses institutions avec la création du Grand Conseil qui affaiblit le pouvoir du doge.
– ***1204 :*** prise et sac de Constantinople à l'occasion de la quatrième croisade. Les Vénitiens, dans le partage entre croisés, obtiennent le monopole du commerce et rapportent chez eux un trésor fabuleux.

– ***1271-1295 :*** voyage du plus célèbre des marchands vénitiens, Marco Polo, jusqu'en Asie.
– ***1348 :*** la peste noire débarque en juin. Elle exterminera près de 75 % des Vénitiens.
– ***1378-1381 :*** Chioggia (au sud de la lagune) est occupée par la flotte génoise. Venise sort victorieuse des combats et devient la plaque tournante du commerce mondial.
– ***1453 :*** prise de Constantinople par les Turcs (Mehmet II). Certaines possessions vénitiennes passent aux mains des Ottomans.
– ***1463 :*** la Sérénissime attaque les Turcs, dont l'expansion menace ses intérêts.
– ***1476 :*** devant les succès de l'ennemi, Venise décide de demander la paix au sultan turc, mais perd en contrepartie certains de ses territoires.
– ***1492 :*** découverte de l'Amérique par Christophe Colomb au service du roi d'Espagne.
– ***1500 :*** l'expédition de Vasco de Gama ouvre la route maritime des Indes. Cette période marque le début d'une dure concurrence sur le commerce des épices avec l'Orient. Le monopole des marchands vénitiens est gravement menacé.
– ***1508 :*** ligue de Cambrai ; le pape, l'Empire germanique, l'Espagne et Louis XII (pour la France) s'unissent pour diviser l'Empire vénitien. La ville parvient à préserver ses possessions mais ressort très affaiblie du complot.
– ***1537 :*** après plus de 60 ans de paix avec les Turcs, le combat reprend.
– ***1570 :*** les Turcs s'emparent de Chypre, possession vénitienne depuis près d'un siècle.
– ***7 octobre 1571 :*** victoire navale de Lépante. Une alliance conclue avec le pape et l'Espagne permet d'infliger une sévère défaite aux Turcs. À Venise, on fête cette victoire pendant 3 jours.
– ***1575-1576 :*** la peste fait près de 50 000 victimes.
– ***1606 :*** conflit avec la politique de l'Église. La République est excommuniée par le pape.
– ***1640 :*** reprise des hostilités avec l'Empire ottoman. La Crète tombe finalement aux mains des Turcs en 1669.
– ***1684 :*** Venise recouvre le Péloponnèse, qu'elle perd en 1718. L'économie de la ville reste cependant forte, soutenue par une intense activité des comptoirs de change et des banques.
– ***1789 :*** élection de Ludovico Manin, dernier des 120 doges qui se sont succédé à la tête de la Sérénissime.
– ***1797 :*** fin de la République. Le 12 mai, Bonaparte entre en vainqueur à Venise. Le dernier doge abdique. Bonaparte livre la ville à l'Autriche par le traité de Campo-Formio et partage avec elle les possessions de la Sérénissime.
– ***1805 :*** annexion de la Vénétie à l'Empire napoléonien.
– ***1815 :*** Venise repasse sous domination autrichienne.
– ***1848-1849 :*** soulèvement contre les Autrichiens. Daniele Manin tente d'instaurer une république indépendante.
– ***1866 :*** la Vénétie est rattachée par plébiscite au royaume d'Italie.
– ***1966 :*** *acqua alta* (inondation) qui plonge Venise sous presque 2 m d'eau. L'Unesco prend en charge la sauvegarde de la ville. Création d'associations dans le monde entier pour participer financièrement aux restaurations des palais et des œuvres d'art.
– ***1996 :*** le théâtre de la Fenice est ravagé par un incendie. Un drame lyrique, salué avec émotion dans le monde entier.
– ***2003 :*** c'est au tour du moulin Stucky (sur l'île de la Giudecca) d'être ravagé par les flammes alors qu'il était en pleine restauration. Inauguration officielle en revanche du nouveau théâtre de la Fenice après 8 ans de fermeture.
– ***2005 :*** élection à la mairie de Venise de Massimo Cacciari (parti démocrate) en mars (déjà en poste de 1995 à 2000).
– ***2008 :*** inauguration du pont de la Constitution, le quatrième sur le Grand Canal et surtout le plus controversé.

– ***2010 :*** élection de Giorgio Orsoni, centre gauche, à la mairie de Venise, qui prend la succession de Massimo Cacciari.
– ***2012 :*** en novembre, Venise connaît l'une de ses plus grosses *acque alte* depuis 1872. L'eau recouvre plus de 70 % de la ville.
– ***2014 :*** démission du maire Orsini pour corruption.

LITTÉRATURE

Depuis le XVIe s (et jusqu'au XVIIIe s), Venise est le plus important centre éditorial italien, en promouvant sa production en Italie tout en important de la littérature étrangère.
L'activité théâtrale reste des plus productive : ***Carlo Goldoni*** (1707-1793) transformera le théâtre (inspiré principalement de la *commedia dell'arte*) grâce à ses comédies comme ***La Locandiera*** (1753), ***Il Campiello*** (1756) et ***Baroufe à Chioggia*** (1762). À la *commedia dell'arte,* il préfère la comédie de caractère ; à la fiction, il oppose la vie. Sur scène, il fait jouer des personnages tirés de la réalité dans les décors du quotidien. Il mélange les genres, le tragique et le comique. Son souhait est de toucher à l'intimité et à la complexité de la vie. Il ne laisse pas de place à l'improvisation et proscrit le masque qui nuit à l'action. Cela lui a finalement valu l'hostilité de ses compatriotes, qui préféraient la *commedia dell'arte* ! Son œuvre est considérable (150 pièces, dont 11 en dialecte vénitien). Installé à Paris, il y meurt dans l'indifférence et l'indigence.
C'est à Venise que voit le jour une des figures qui a beaucoup marqué l'imaginaire européen : ***Giacomo Casanova (1725-1798).*** C'est à la fois un grand voyageur, un espion et l'archétype du séducteur, ce qui lui a valu, dénoncé par un mari jaloux, de séjourner dans les « Plombs » (anciennes prisons) du palais ducal. Cela dit, il est un des rares à s'en être évadés. C'est en français qu'il rédigea ses *Mémoires,* à la fois libertines et politiques, exilé en Bohême au château de Dux (Duchkov). Un James Bond avant l'heure ? Venise ne semble pas très fière de ce personnage haut en couleur, ne lui accordant qu'une petite plaque commémorative sur un mur de la *calle Mali-piero* (dans laquelle il naquit), juste à l'angle avec la *salizzada Malipiero (zoom détachable C4).* Un groupe de fervents admirateurs de son œuvre s'active à présent pour l'ouverture d'un **musée Casanova,** mais ce n'est encore qu'un projet.
Venise, c'est aussi évidemment une ville qui a attiré et inspiré de tout temps nombre d'écrivains : Montaigne, Montesquieu, Balzac, Ruskin, Lord Byron, Goethe, Châteaubriand, Dickens, Émile Zola, Proust, Hemingway... Pour mieux connaître la bibliographie liée à la Sérénissime, se reporter à la rubrique « Livres de route » dans « Venise utile ».

MÉDIAS

Votre TV en français : TV5MONDE, la première chaîne culturelle francophone mondiale

TV5MONDE est reçue partout dans le monde par câble, satellite et sur IPTV. Dépaysement assuré aux pays de la francophonie avec du cinéma, du divertissement, du sport, des informations internationales et du documentaire.
En voyage ou au retour, restez connecté ! Le site internet ● *tv5monde.com* ● et son application iPhone, sa déclinaison mobile *(● m.tv5monde.com ●),* offrent de nombreux services pratiques pour préparer son séjour, le vivre intensément et le prolonger à travers des blogs et des visites multimédia.
Demandez à votre hôtel le canal de diffusion de TV5MONDE et n'hésitez pas à nous faire part de vos remarques sur le site ● *tv5monde.com/contact* ●

Journaux et livres

Comme tout bon Vénitien, lisez le matin votre journal en terrasse, dans un café. Deux grands quotidiens nationaux se partagent le marché : *Il Corriere della Sera* et *La Repubblica.* Mais il existe une pléiade de journaux locaux, concernant aussi bien toute la grande région *(La Stampa)* que la ville elle-même. À Venise, *Il Gazzettino* et *Nuova Venezia* ont trouvé chacun leurs lecteurs. La presse spécialisée talonne de près ces journaux généralistes puisque *La Gazzetta dello sport* arrive en troisième position des ventes (sur près de 90 titres pour un lectorat qui oscille entre 5 et 6 millions), avec plus de 450 000 exemplaires.
Dans les kiosques, les librairies françaises, les centres culturels, vous trouverez une sélection des quotidiens et hebdomadaires français. Certaines librairies du centre ont un rayon d'ouvrages en français avec un bon choix de livres de poche.

Radio

Il existe plus de 1 300 stations de radio en Italie, pour la plupart locales, réparties sur tout le territoire. La radio d'État, la *RAI (Radio Audizione Italia),* est toute-puissante, mais on compte des dizaines de radios plus originales. De plus, sur les grandes ondes, selon l'endroit où l'on se trouve, on peut parfois capter certaines stations françaises telles que *RMC* (216 kHz), *Europe 1* (183 kHz) ou *France Inter* (162 kHz). La réception n'est pas fabuleuse, essayez par Internet.

Télévision

On aurait pu quasiment glisser ce chapitre au niveau pollution visuelle, vu le peu d'intérêt que présente la télévision italienne. En Italie, difficile de parler de la télé sans évoquer le groupe *Fininvest* de « monsieur Télévision », Silvio Berlusconi. Le monopole d'État ayant été levé en 1975, les chaînes privées ont envahi le petit écran. C'est en 1970 que Silvio Berlusconi a pris le contrôle de *Canale 5,* puis de *Italia 1* et de *Rete 4.* Pour la petite histoire, l'empire médiatique de Berlusconi lui a valu le surnom de *Sua Emittenza* : une combinaison du qualificatif des cardinaux catholiques, *Sua Eminenza,* et du mot italien *emittente* qui signifie « émetteur ». Quel meilleur nom pour qualifier sa puissance et son influence dans le monde des médias ?

ATTENTION À LA BERLUE !

Les veline *sont ces potiches pulpeuses qui ont envahi les plateaux de la télévision italienne sous la houlette de Berlusconi. Le décolleté échancré et la jupe courte, elles n'ont généralement pas le droit à la parole. Ce sont les reines des jeux débiles. L'une d'entre elles, qui affirmait publiquement que les gays étaient « constitutionnellement stériles », est quand même devenue ministre... de l'Égalité des chances. Il paraît qu'elle a fait marche arrière depuis !*

PATRIMOINE CULTUREL

De l'église *Santa Maria Assunta* de Torcello, dont les fondations remontent au VIIe s, aux œuvres contemporaines et futuristes exposées lors de la Biennale, Venise constitue une sorte de résumé des grandes influences artistiques à travers le temps. D'un point de vue architectural, une vraie harmonie entre les styles et peu de verrues en fin de compte, ce qui contribue grandement au charme de la ville. Au niveau des arts plastiques, outre le riche passé pictural de la ville, pour lequel on vient de loin (voir nos explications un peu plus loin), Venise a résolument mis un pied, et c'est déjà plus inattendu, dans l'art moderne et contemporain : les deux musées de la Fondation Pinault (le palazzo Grassi et la Punta della Dogana), le musée Guggenheim, la Ca' Pesaro, la Biennale d'art contemporain de Venise... sont tous des références internationales.

ARCHITECTURE

L'influence byzantine

Après la chute de Rome, la ville se peuple progressivement, et c'est l'Empire byzantin qui influence les premières constructions. Pas étonnant donc que la basilique Saint-Marc *(basilica di San Marco),* édifiée au IXe s à la gloire du saint patron de la ville, rappelle l'architecture de Sainte-Sophie à Istanbul. Les fameux chevaux de Saint-Marc ont même été volés à Constantinople ! Mais Venise ne se contente pas des influences extérieures et réinvente elle-même le style byzantin. On parle alors de la **période vénéto-byzantine** (jusqu'à la fin du XIIIe s). C'est à cette époque que sont construits les premiers palais et maisons patriciennes sur le Grand Canal. Si le fond du dessin des demeures reste byzantin, les riches marchands décorent fastueusement les façades et l'intérieur (palais *Farsetti* et *Loredan*). Ce même mélange architectural se retrouve dans d'autres édifices de l'époque comme l'église *Santa Maria e San Donato* de Murano.

Le gothique et l'ouverture au monde

La période gothique qui commence alors va mettre Venise sous influence nord-européenne. Historiquement, c'est le début du déclin de Byzance. Les églises monastiques des *Frari* et de *Santi Giovanni e Paolo* sont, avec le palais des Doges, les œuvres gothiques les plus magistrales. Les petites fenêtres à arcades cèdent la place aux rosaces, corniches et portails découpés comme de la précieuse dentelle. Les façades sont recouvertes de marbre aux teintes variées et parfois en partie d'or (d'où le nom de *Ca' d'Oro* donné à l'un des palais du Grand Canal). Toutes ces constructions illustrent l'enrichissement des marchands vénitiens, mais aussi l'ouverture et l'importance que prend Venise sur la scène internationale : ses façades ne témoignent plus d'une attitude renfermée mais, au contraire, d'une disposition presque conquérante.

Palladio et la Renaissance

La Renaissance atteint enfin la ville au milieu du XVe s. Les architectes Lombardo, Sansovino et bien sûr Palladio, à qui l'on doit les fameuses villas... palladiennes, donnent à Venise un nouveau visage, à la hauteur d'une des villes les plus peuplées du monde à l'époque. Là encore, la Sérénissime ne se contente pas d'une simple greffe architecturale et apporte sa touche au style Renaissance.

Classicisme et décadence

Enfin, au XVIIIe s se développent le baroque et le néoclassicisme. Au même moment, la République, après les siècles d'or (XVIe et XVIIe s), a de plus en plus de difficultés à préserver sa suprématie. Menacée, appauvrie par des guerres, elle décide quand même de s'embellir à nouveau. Les plus grandes familles font construire des palais grandioses et en confient la décoration à de grands artistes comme Tiepolo. L'élégance rococo s'impose au travers des églises de *San Stae,* de la *Pietà* ou des *Gesuati.* La république de Venise s'éteint en 1797, avec l'arrivée de Napoléon (*scusate,* il s'appelait encore Bonaparte à l'époque !). Les constructions postérieures ne seront plus que de malheureux pastiches des édifices anciens, sans véritable originalité. Toutefois, elles s'intègrent bien dans le décor existant.

PEINTURE

Pour les amoureux de la peinture, Venise regorge de magnifiques trésors. Si beaucoup de tableaux sont conservés dans les musées, on en trouve aussi sur leur lieu d'origine : dans les églises (chapelles, sacristies et retables) et les ***scuole.*** Ces institutions essentielles de la vie vénitienne, placées sous la protection d'un saint patron, étaient à l'origine des associations laïques de bienfaisance et d'assistance aux pauvres, créées par de riches Vénitiens qui prenaient en charge la charité. Ces *scuole* ont profondément marqué la peinture vénitienne. En effet, afin d'assurer cette charité (nourrir les pauvres, prendre en charge les orphelins et soigner les handicapés), elles recevaient des dons, et certaines sont devenues très riches.
En s'installant dans les plus beaux bâtiments de la ville, les *scuole* se sont lancées dans le mécénat d'artistes. Des peintres devenus célèbres comme Véronèse, Carpaccio ou Titien vont, grâce à leurs mécènes, exercer leur talent à Venise. Ils décorent les *scuole,* les églises et les palais. Ils vont imposer de nouvelles techniques, notamment dans l'emploi des couleurs, et devenir des références pour toute la Renaissance italienne. Venise ne comptera pas moins de 200 *scuole* au XVIe s.
La peinture vénitienne a subi une double influence : celle des mosaïques, d'une part, qui constituent une des premières formes d'art plastique ; et celle de la ville même, qui donne à la peinture sa douceur. Au XVe s, deux familles de peintres, les Vivarini et les Bellini, rompent avec le style gothique (tons contrastés et lignes décoratives) et forment le début de l'école vénitienne. On représente désormais des sujets et plus seulement des idées. La peinture vénitienne atteint son apogée au XVIe s avec trois peintres majeurs : Titien (vers 1490-1576), le Tintoret (1518-1594) et Véronèse (1528-1588), qui auront un grand nombre d'élèves. Ces peintres innovent en jouant sur les effets d'optique et sur les réductions d'objets. Désormais, le personnage et l'espace forment un tout indissociable. Au même moment se développe la technique du portrait, qui constitue un genre à part : l'homme devient un sujet d'étude, et on lui préfère une position de trois quarts plutôt que de profil. Les peintres de toute l'Europe, de Rubens à Van Dyck, du Greco à Vélasquez, de Poussin à Fragonard, seront influencés par ces maîtres vénitiens (notamment Titien et ses élèves). Alors que sa suprématie politique décline, Venise rivalise avec Florence et Rome dans le domaine des arts. Puis la plupart des peintres vénitiens du XVIIe s manquant d'inspiration, sa peinture s'affadit. Dans un dernier élan artistique, le XVIIIe s renoue avec la beauté : Tiepolo (1696-1770) peindra de magnifiques plafonds et Il Canaletto (Antonio Canal, 1697-1768) représentera admirablement les scènes de la vie quotidienne à Venise.

Quelques noms de la peinture vénitienne

On ne peut citer tous les grands noms de la peinture vénitienne, mais vous trouverez ci-après les incontournables qui nous ont particulièrement touchés. Prenez le temps de voir au moins l'essentiel, en évitant l'overdose de *Vierge à l'Enfant,* toujours possible à Venise.

Gentile Bellini (1429-1507)

Frère de Giovanni, il fut sans doute plus influencé que ce dernier par Mantegna. C'est le portraitiste et le peintre des grandes fêtes de Venise, celui des grandes peintures-récits, commandées par les *scuole,* qui rivalisaient entre elles pour obtenir le meilleur artiste capable de retracer la vie de leurs saints patrons. Il est aussi le plus orientaliste des peintres de l'école vénitienne, ayant travaillé à Constantinople.

Giovanni Bellini (1430-1516)

Ayant subi la double influence de Mantegna (son beau-frère) et d'Antonello de Messine, Giovanni Bellini est célèbre pour ses nombreuses *Vierge à l'Enfant* et pour ses *Pietà* qui transmettent un réel sentiment de mélancolie. Ami de Dürer, fondateur, avec son frère Gentile, de la peinture vénitienne du XVIe s, par un nouveau langage centré sur la couleur et la lumière, il dirigea un atelier d'où sortirent deux peintres parmi les plus célèbres du *cinquecento* : Giorgione et Titien. Giovanni Bellini introduit la tradition des grands formats, les *teleri,* qui vont à Venise remplacer les grandes fresques. Il est enterré au cimetière des moines de San Giovanni e Paolo (Castello).

Vittore Carpaccio (vers 1465-1525)

C'est un de nos peintres préférés, celui que les ouvrages de référence sur Venise ont souvent occulté. Il est, plus sérieusement, renommé pour ses grandes représentations de Venise, où le jeu des couleurs et la liberté l'emportent sur le souci du détail de Gentile Bellini. Son œuvre la plus célèbre reste le cycle de *La Légende de sainte Ursule* (musée de l'Accademia), composé de neuf toiles, qui connut et connaît toujours un très grand succès. Il est le premier peintre à juxtaposer des épisodes d'une légende sacrée à la vie quotidienne du peuple de Venise. Il exécutera de nombreuses toiles pour les *scuole,* les plus fameuses étant toujours visibles à la Scuola San Giorgio degli Schiavoni (Castello).

UN PLAT D'ARTISTE

Le nom « carpaccio » aurait été donné en 1950 à un fameux plat, composé de très fines tranches de bœuf cru assaisonné. Pourquoi ? Certains disent que cela viendrait des tons rouge vif souvent présents dans les peintures de Vittore Carpaccio.

Giorgione (vers 1477-1510)

Même si l'on dispose de très peu de documents sur sa vie, ce peintre, né à Castelfranco Veneto, a toujours été encensé, malgré le petit nombre d'œuvres que l'on peut lui attribuer avec certitude (il mourut très jeune de la peste, et une trentaine de tableaux seulement ont pu être authentifiés). Les historiens d'art considèrent qu'aucun autre artiste de sa génération n'eut une telle influence. Il fut, comme Titien, un élève de Giovanni Bellini. Quelles sont les caractéristiques de son œuvre ? Une tendance réaliste transmise par les écoles allemande et flamande, celle-ci étant très prisée au début du XVIe s (le passage de Dürer à Venise vers 1494 a beaucoup marqué les peintres de l'époque) ; un intérêt prononcé pour la nature, les paysages qui ne sont plus un arrière-plan mais font intrinsèquement partie de la peinture ; enfin, une nouvelle approche de la couleur. Elle devient, avec ce peintre, un moyen d'expression fondamental. Ses glacis à la luminosité mystérieuse lui ont valu le surnom de « Vermeer de la Renaissance ».
La Tempête, un des chefs-d'œuvre de l'art vénitien, attire à l'Accademia tous les amoureux de Giorgione, une de ses peintures les plus énigmatiques. Aucun critique d'art n'a vraiment réussi à en trouver la signification... Triste fin de vie : l'artiste meurt à 34 ans de la peste que sa femme lui avait transmise.

Titien (vers 1490-1576)

Contrairement à Giorgione, Titien a vécu très âgé, ce qui lui permit de réaliser une œuvre importante et de parvenir à une gloire qui égala presque celle de Michel-Ange. Il honora les commandes des plus grands, du pape Paul III, qui le reçut à Rome, à François Ier et à Charles Quint.
Né en Vénétie, à Pieve di Cadore, au pied des Alpes, Tiziano Vecellio, connu sous le nom de Titien, fut l'élève de Giovanni Bellini. Sa peinture des fresques (hélas disparue) du *Fondaco dei Tedeschi,* exécutée avec Giorgione, le rendit célèbre. Il imposa ensuite sa marque en substituant au fondu de Giorgione des masses équilibrées, en alliant sens du concret et somptuosité : à l'atmosphère rêveuse du premier, il oppose une interprétation plus directe de la réalité.

Vient ensuite la série des chefs-d'œuvre religieux : l'*Assomption* (église des Frari), la *Présentation de la Vierge au Temple* (Accademia), la *Madonna di Ca' Pesaro* (Frari)... Déjà, dans ce dernier tableau, il se permet d'ignorer les règles traditionnelles de la composition : la Vierge n'est plus au centre, comme c'était toujours le cas, mais sur le côté, et les deux saints intercesseurs ne sont pas placés de façon symétrique ; par ailleurs, la Vierge et les saints ont les mêmes proportions que les membres de la famille Pesaro. L'homme a une si haute conscience de lui-même qu'il ose côtoyer les figures divines sans craindre de profaner la représentation sacrée. De cette disposition originale naît un ensemble particulièrement vivant.
Peu à peu, au milieu du siècle, Titien est gagné par le maniérisme, le goût des couleurs fortes et des formes étirées. Il privilégiera la couleur à la forme. À la fin de sa vie, Titien s'oriente vers une exaltation intérieure que l'on ressent grâce à des couleurs assourdies. Devant ses dernières œuvres, comme l'*Annonciation* (église San Salvatore), le *Martyre de saint Laurent* (aux Gésuiti) et surtout la *Déposition* (à l'Accademia), à laquelle il songeait pour sa sépulture et qui fut terminée par Palma le Jeune, on est saisi par une gravité plus profonde. L'imposant décor architectural de cette œuvre ultime apporte une sérénité solide, un peu hors du temps. Titien exerça une influence sur les plus grands peintres, de Véronèse à Rubens et à Vélasquez... Goethe écrira de lui : « À la fin de sa vie, il s'était mis à peindre symboliquement ce qu'il peignait autrefois concrètement, il ne représentait plus le velours, mais l'idée du velours. » Sa sépulture se trouve dans l'église de Santa Maria dei Frari (San Polo) en face de celle du sculpteur Canova.

Le Tintoret (1518-1594)

Fils d'un teinturier vénitien, d'où son surnom, il est probable qu'il fut quelque temps l'élève de Titien. Après avoir reçu la révélation de Michel-Ange et des maniéristes, il orientera définitivement son art vers l'expression dramatique et les grands effets lumineux. Toute sa carrière se déroule à Venise. Pendant 23 ans, il va peindre pour la *Scuola Grande di San Rocco,* où fougue et lyrisme trouvent leur apothéose dans la *Crucifixion* (voir le chapitre « San Paolo et Santa Croce »). Autre ensemble de chefs-d'œuvre : au palais des Doges, où il décore la salle du Sénat, la salle du Grand Conseil. *La Gloire du Paradis* est sa dernière œuvre la plus importante, où il s'est lui-même représenté, vieillard au regard angoissé.
Le Tintoret, qui peignait avec une rapidité étonnante, si bien que l'on est tenté parfois de croire certaines toiles inachevées, utilise les apports du maniérisme et affectionne les figures sinueuses et tourmentées. Le visage est toujours clair sur un fond toujours sombre. Le Tintoret influença de nombreux peintres, en particulier le Greco qui adoptera sa façon d'allonger les lignes. Il est enterré dans la belle église Madonna dell'Orto au Cannaregio, ce quartier où il est né, où il a vécu et où il est mort. Destinée sédentaire mais géniale !

Paolo Véronèse (1528-1588)

Paolo Caliari, dit Véronèse, se forme dans un milieu fidèle à la tradition de Bellini tout en étant sensible à la peinture du Corrège. Il quitte Vérone et s'installe à Venise en 1555, où il travaille d'abord pour le palais ducal. Il décore ensuite l'église San Sebastiano qui est pour lui l'équivalent de la *Scuola San Rocco* pour le Tintoret. Après s'être attelé aux plafonds de la bibliothèque Saint-Marc, Véronèse séjourne à Rome où il découvre Raphaël.
Véronèse montre une prédilection pour les grandes compositions religieuses, non par conviction chrétienne, mais parce qu'elles permettent de disposer des foules bigarrées avec des compositions étonnantes, abondantes et fastueuses par le rythme des colonnades et des vastes portiques. Ainsi se place-t-il lui-même dans les *Noces de Cana* (actuellement au Louvre) dans un *concertino* avec ses confrères : Titien (à la contrebasse), le Tintoret (au violoncelle) et Bassano (à la flûte). Pour la commande *Le Repas chez Levi,* qui représente une Cène, tableau central de toute visite à l'Accademia, il place également son autoportrait au milieu

de chiens, de bouffons et d'Allemands faisant partie de la suite de Jésus. Une telle inconvenance provoquera d'ailleurs sa comparution devant le tribunal de l'Inquisition pour outrage. À la mort de Titien, Véronèse devient le peintre officiel de la République, ce qui lui permet de donner libre cours à de grandes scénographies. Il travaille de nouveau pour le palais des Doges ; sa virtuosité brillante excelle dans l'*Apothéose de Venise,* œuvre pleine d'imagination et de lumière. Véronèse n'est pas un peintre dramatique mais un contemplatif dont les œuvres dégagent une impression de luminosité et d'harmonie. On a dit qu'il fut le premier peintre « pur », c'est-à-dire indifférent à la réalité de ce qu'il peint. C'est le dernier peintre de la Venise du XVIe s, somptueuse et encore glorieuse. On peut voir sa tombe dans l'église San Sebastiano (Dorsoduro).

Giambattista Piazzetta (1682-1754)

Caractéristique de sa peinture : son intérêt pour la vie populaire et le retour au clair-obscur dont il sait aussi s'affranchir pour retrouver la transparence des couleurs vives. Son chef-d'œuvre est sans doute *La Gloire de saint Dominique* à l'église *Santi Giovanni e Paolo.* L'élan extatique de ses personnages est mis en valeur par une heureuse orchestration des couleurs. Il fut nommé directeur de l'école de nu de l'Académie vénitienne.

Giambattista Tiepolo (1696-1770)

Contemporain de Vivaldi, il a peint le ciel comme aucun autre artiste de son temps. Ses plafonds peints sont les plus beaux qui soient. Tiepolo a une âme d'ange ailé. Il fut le chef de file de la peinture italienne du XVIIIe s, maître du baroque. Il a subi l'influence de Piazzetta (à qui il doit la structuration de ses compositions), de Véronèse et de Sebastiano Ricci. Il était lui aussi doté d'un sens formidable de la couleur, peignant avec une facilité extraordinaire. Il réalisa d'importants travaux à Milan, Würzburg en Bavière (sa plus grande fresque connue) et Madrid, où le roi Charles III fit de lui son peintre attitré. C'est sans doute le dernier survivant des grandes écoles italiennes. Il décora également de nombreux palais, dont la villa Pisani à Stra, au bord du canal du Brenta, et orna plafonds et murs d'allégories parfois assez délirantes, où évoluent divinités, anges et amours. La vitalité ornementale et chromatique de la tradition vénitienne atteint ici son apogée. La peinture de Tiepolo est remplie de volupté et de joie de vivre. Ainsi, le *Martyre de saint Barthélemy,* réalisé vers 1720 pour l'église San Stae, ressemble, en dépit des préparatifs sinistres, à une scène de ballet...
La maîtrise de la lumière est la composante de toute son œuvre. Elle se traduit par des ciels clairs, parcourus de nuages blancs... Cette caractéristique n'est pas sans rappeler Véronèse, mais ici le dessin est plus nerveux, léger comme l'air. Tiepolo est mort à Madrid.

Canaletto (1697-1768)

Ah ! Les *vedute* (littéralement, les « vues de Venise ») de Canaletto, qui restituent si bien l'atmosphère de la ville au XVIIIe s, véritable témoignage historique de la cité à cette époque, par leur souci du détail, la minutie de leurs compositions ! Ses peintures sont d'une grande minutie et d'un réalisme précis. On dirait des photos de l'époque. Sa particularité : il vécut 10 ans en Angleterre avant de revenir à Venise en 1755. Il faut dire que les Anglais affectionnaient beaucoup ses peintures, qu'ils achetaient en grand nombre (ce qui explique le peu de tableaux de Canaletto conservés à Venise). La plupart de ses œuvres se trouvent dans les grands musées de Londres. On pense que sa tombe serait dans l'église San Lio (Castello).

Francesco Guardi (1712-1793)

C'était le beau-frère de Tiepolo. Considéré comme l'élève de Canaletto, Guardi est le précurseur de l'impressionnisme, qui utilise toutes les variations de la lumière.

Son *Départ du Bucentaure pour le Lido de Venise* (1766) a été très souvent reproduit comme s'il s'agissait d'un Canaletto. Il nous charme aussi par ses *Caprices*, véritable interprétation de la vie vénitienne, où les gondoliers ne sont suggérés que par des touches colorées. Un charme aérien, une légèreté incomparable se dégagent de ses peintures.

SCULPTURE

Antonio Canova (1757-1822)

Même si sa carrière a atteint son apogée dans la ville de Rome, le sculpteur est originaire de la Vénétie, et c'est à Venise qu'il s'éteint. De son enfant prodige de la sculpture, Venise ne garde que quelques œuvres, dont le *Dédale et Icare* au musée Correr et l'*Hector* au palais Treves. Le sculpteur a été une des plus importantes figures du néoclassicisme italien et étranger (pour l'anecdote, il était le favori de Napoléon...). Le tombeau de Canova, dans l'église Santa Maria dei Frari, est la sépulture la plus insolite de Venise. Elle a la forme d'une pyramide.

Andrea Verrochio (1435-1488)

Pas un Vénitien, certes, mais il est célèbre à Venise pour une statue qui amuse toujours autant les vieux habitants. Son maître en sculpture fut Donatello. Sous la protection, plus tard, de Laurent de Médicis, il réalisa de nombreux travaux, dont le mausolée de Jean et Pierre de Médicis, à San Lorenzo. Il est surtout célèbre pour sa statue de Colleoni, à côté de l'église de *Santi Giovanni e Paolo.* Et il fut, ce qui est non négligeable, le maître de Léonard de Vinci !

PETITE CHRONOLOGIE ARTISTIQUE

– ***828 apr. J.-C. :*** première phase de construction de la basilique Saint-Marc, les Vénitiens y déplacent le corps du saint, d'Alexandrie en Égypte.
– ***976 apr. J.-C. :*** destruction de l'église Saint-Marc lors d'un grand incendie qui s'étend du palais des Doges à l'église.
– ***1063 :*** reconstruction de la basilique Saint-Marc.
– ***De 1172 à 1178 :*** construction du palais des Doges.
– ***1430 :*** naissance de Giovanni Bellini.
– ***Vers 1465 :*** naissance de Carpaccio.
– ***1488 :*** le *Triptyque* de Bellini à l'église Santa Maria dei Frari.
– ***Vers 1490 :*** naissance de Titien à Pieve di Candore.
– ***1516 :*** mort de Giovanni Bellini.
– ***1518 :*** *L'Assomption de la Vierge* de Titien, à l'église Santa Maria Gloriosa dei Frari.
– ***1518 :*** naissance de Jacopo Robusti, dit (le) Tintoret.
– ***1539 :*** la *Présentation de la Vierge au Temple* de Titien à l'Accademia.
– ***1555 :*** Véronèse arrive à Venise.
– ***1562 :*** l'*Annonciation* de Titien à l'église San Salvatore.
– ***1562-1563 :*** toile des *Noces de Cana* (Véronèse) commanditée pour le réfectoire du couvent bénédictin de San Giorgio Maggiore.
– ***1565 :*** la *Crucifixion* du Tintoret à l'école de San Rocco.
– ***1576 :*** mort de Titien.
– ***1577 :*** un incendie détruit une partie du palais des Doges et de ses peintures (de Bellini, Pordenone, Titien...).
– ***1588 :*** mort de Véronèse.
– ***1594 :*** mort du Tintoret.
– ***1649 :*** la famille Bon commande la construction de la Ca' Rezzonico à l'architecte baroque Baldassare Longhena.
– ***1682 :*** naissance de Giambattista Piazzetta.
– ***1696 :*** naissance de Giambattista Tiepolo.

- ***1697 :*** naissance d'Antonio Canal (dit Il Canaletto).
- ***1712 :*** naissance de Francisco Guardi.
- ***1722 :*** le *Martyre de saint Barthélemy* de Tiepolo exposé à l'église de San Stae.
- ***1751 :*** Giambattista Rezzonico rachète la Ca' Rezzonico et charge Giorgio Massari de la fin des travaux.
- ***1754 :*** mort de Giambattista Piazzetta.
- ***1756 :*** les travaux du palais Ca' Rezzonico se terminent.
- ***1757 :*** naissance d'Antonio Canova à Passago.
- ***1768 :*** mort de Canaletto.
- ***1770 :*** mort de Tiepolo à Madrid.
- ***1792 :*** mort de Francisco Guardi.
- ***1793 :*** *Amour et Psyché* de Canova, actuellement au Louvre.
- ***1812 :*** Canova imagine Pauline Borghese en *Vénus sortant du bain.*
- ***1822 :*** mort de Canova à Venise.
- ***1895 :*** création de la Biennale de Venise.
- ***14 juillet 1902 :*** le campanile de la place Saint-Marc s'écroule.
- ***1949 :*** acquisition du *palazzo Venier dei Leoni* par Peggy Guggenheim pour accueillir sa collection de peintures modernes.
- ***2006 :*** ouverture du *palazzo Grassi,* qui expose la collection d'art contemporain de François Pinault, par roulement.
- ***2008 :*** inauguration du *pont de la Constitution,* le quatrième sur le Grand Canal.
- ***2009 :*** ouverture de la *Punta della Dogana,* second lieu d'exposition de la collection privée de François Pinault.

VENISE RESTAURÉE

Face aux périls qui menacent Venise, de nombreuses associations se sont créées dans le monde entier afin de financer la préservation de ce patrimoine universel. Grâce à elles, plusieurs dizaines de palais et d'églises ont déjà été « sauvés des eaux » et des centaines de tableaux ont été restaurés. Parmi ces institutions figure le Comité français pour la sauvegarde de Venise. Malgré cela, la ville continue de se dégrader. À Venise, il y a toujours des musées ou des églises fermés pour cause de restauration. Le problème, c'est que seules les grandes entreprises sont à même de financer de tels investissements. D'où cette mode récente des échafaudages géants recouverts de pubs. Imaginez l'impact visuel sur la place Saint-Marc, photographiée par des centaines, voire des milliers de visiteurs à chaque seconde. Une véritable poule aux œufs d'or pour les publicitaires ! C'est malheureusement le prix à payer pour sauver des monuments. Il nous est impossible d'indiquer les restaurations en cours (sauf quand elles durent très longtemps). Soyez indulgent.

PERSONNAGES CÉLÈBRES

- ***Saint Marc ou san Marco*** *(Ier s)* **:** un des quatre évangélistes. Il a fondé l'Église d'Alexandrie. Sa dépouille aurait été transportée au IXe s à Venise, dont il est devenu le saint patron.
- ***Marco Polo*** *(1254-1324)* **:** membre d'une riche famille de négociants, il part à 17 ans en Chine, où il sert pendant plus de 15 ans l'empereur mongol Kubilay. Fait prisonnier pendant 3 ans, lors de la guerre de Gênes, il rassemble ses souvenirs dans le *Livre des merveilles du monde* ou *Il Milione.* Le récit a été dicté en français à son compère de prison. Pas de maison, pas de tombe, presque rien de lui ne subsiste à Venise sauf la cour *(corte)* del Milione, ancien emplacement de sa demeure vénitienne.
- ***L'Arétin*** *(1492-1556)* **:** né en Toscane, cet écrivain turbulent (on l'a surnommé le « Fléau des princes ») se réfugie à Venise en 1527 ; la Sérénissime est bonne fille et le protège, même quand il continue à se déchaîner dans ses écrits ou à vivre en libertin. Il n'aime que Venise : « Toutes les autres contrées me paraissent des fours, cabanes et grottes, au lieu de la noble, illustre et adorable Venise... » On lui doit des sonnets

luxurieux, des pièces, des dialogues qualifiés de licencieux (dans *I Ragionamenti,* il s'étend longuement sur la profession de courtisane) mais aussi des hagiographies...

– ***Claudio Monteverdi*** *(1567-1643)* **:** ce musicien n'est pas vénitien d'origine, mais il fut le maître de la chapelle Saint-Marc à partir de 1613 et pendant 30 ans. Il composa pour les fêtes de la ville et finit par entrer dans les ordres. Il est enterré dans l'église des Frari.

– ***Casanova*** *(1725-1798)* **:** né à Venise, mort à Dux en Bohême (Duchkov, aujourd'hui), Casanova est avant tout célèbre pour ses nombreuses conquêtes féminines. Archétype du séducteur, il est l'incarnation vivante de don Juan (don Giovanni). Il commença sa carrière comme ecclésiastique puis agent secret. Diplomate, à une période de sa vie, il était plutôt escroc et imposteur. On l'a même accusé d'inceste envers sa fille. Sa réputation sympathique vient surtout du fait qu'il écrivit lui-même en français ses *Mémoires* à sa propre gloire.

– ***Antonio Vivaldi*** *(1678-1741)* **:** ce Vénitien, tout d'abord destiné à une carrière religieuse (il fut dispensé de ses obligations ecclésiastiques pour raisons de santé), fut professeur de violon à l'*ospedale della Pietà* (hôpital de la Pitié), puis violoniste à la basilique Saint-Marc. Il fixa la forme du concerto. *Les Quatre Saisons,* son œuvre la plus célèbre, ne représentent qu'une infime partie de sa production musicale très abondante (par exemple, 456 *concerti* pour divers instruments, dont la moitié pour violon). On l'appelait « le Prêtre roux », et sa technique au violon faisait dire de lui qu'il avait passé un pacte avec le diable... Il quitte Venise pour Vienne en 1740 où l'empereur lui a proposé un poste. Arrivé à Vienne, il apprend la mort de son protecteur. Vivaldi sombre dans le désespoir et la solitude. Il meurt dans la pauvreté à Vienne un 28 juillet, comme Bach (un de ses admirateurs). Le cimetière du Burgerspital où il est enterré a disparu. Oubliée au XIXe s, son œuvre ne sera redécouverte qu'au début du XXe s.

– ***Hugo Pratt*** *(1927-1995)* **:** le « maestro » de la bande dessinée italienne a passé son enfance à Venise. Comme Corto Maltese, son héros de papier le plus célèbre, il revint toujours, entre deux voyages à travers le monde. De 1970 à 1994, il loua le dernier étage d'une maison située au Lido, au bout du village de Malamocco.

– ***Giuseppe Sinopoli*** *(1946-2001)* **:** chef d'orchestre mondialement réputé, il fut aussi un compositeur spécialiste de la musique contemporaine. Foudroyé sur scène par une crise cardiaque durant le troisième acte d'*Aïda,* l'auditorium *Parco della Musica* à Rome lui a dédié une salle.

– ***Massimo Cacciari*** *(né en 1944)* **:** philosophe et maire de la ville de 1993 à 2000, puis de 2005 à 2010. Il perpétua une tradition qui veut que Venise, contre tout le reste de la Vénétie, soit un bastion de la gauche. Ce professeur d'esthétique, ancien soixante-huitard, est célèbre pour ses formules lapidaires, se disant par exemple prêt à jouer « n'importe quel rôle, concierge ou maire » pour défendre Venise, ou bien refusant de rejoindre un parti : « Non merci, je suis déjà riche par ma famille. » Il a été élu député européen en 1999 sur la liste de Romano Prodi. Il dirige aujourd'hui la faculté de philosophie de Milan.

– ***Guerrino Lovato*** **:** il est l'artiste vénitien par excellence quand il s'agit de masques. Inspiré par les masques traditionnels de la *commedia dell'arte,* il a aussi beaucoup créé pour le théâtre, l'opéra et le cinéma, et même pour les villes (il a participé à la réalisation de l'hôtel *Venetian* à Las Vegas). Contraint de fermer sa boutique, affaiblie pas la concurrence asiatique, il a transféré son atelier-musée à Malo, à 1h de Venise.

POPULATION

L'agglomération vénitienne englobe le centre historique, Murano, Burano, Torcello, le Lido et les faubourgs de Mestre et de Marghera. On compte environ 269 000 habitants au total : 58 600 pour Venise elle-même, 32 000 pour les îles et 177 000 pour la terre ferme. C'est beaucoup et peu à la fois. Il faut savoir, en effet, que **Venise se dépeuple au profit de la terre ferme** (facilités de

transport, prix du logement, etc.) et que la tendance ne semble pas s'inverser. Dans les années 1950, on comptait le double d'habitants dans le centre ancien.
Aujourd'hui, la population de Venise est l'une des plus âgées d'Italie et compte en gros un tiers de plus de 65 ans, un tiers d'étudiants et un tiers d'actifs. Plusieurs raisons expliquent ce phénomène. Pollution, manque de structures, spéculation immobilière impliquant une flambée du prix des loyers et manque de travail dans les domaines autres que ceux liés au tourisme font que les jeunes et les familles désertent. Désormais, Venise est une ville de petits vieux et de célibataires. Qui plus est, l'afflux massif de touristes contribue, peu à peu, à transformer Venise – non pas en une ville-musée comme le craignaient certains –, mais en une sorte de *Veniceland*. Les Vénitiens qui habitent encore dans le centre paient la moindre intervention sur leur logement un prix exorbitant, tandis que les autorisations de travaux sont délivrées au compte-gouttes...
Au final, la population est constituée essentiellement de saisonniers, d'étudiants ou de Vénitiens d'adoption qui vivent ici quelques mois dans l'année seulement. Environ 70 % des personnes qui travaillent à Venise n'y habitent pas, 20 000 viennent y travailler chaque jour. La transhumance quotidienne est telle que l'on déconseille de se trouver autour du piazzale Roma vers 8h30 ou vers 18h, et même d'emprunter les *vaporetti* pendant ces heures de pointe, à moins d'avoir la nostalgie du métro parisien.

SAVOIR-VIVRE

Pas question ici de jouer aux donneurs de leçons. On a juste eu envie de rappeler quelques principes de base de la vie en société, qui prennent à Venise toute leur dimension. Dans les ruelles où l'on ne circule qu'à la queue leu leu, ayez, par exemple, la gentillesse de respecter le code de bonne conduite en laissant les personnes âgées passer les premières. Par mauvais temps, attention aux parapluies tenus trop bas. Etc., etc. C'est tout bête mais ça facilite grandement le séjour.
Quelques conseils pêle-mêle :
- Sachez qu'il est officiellement interdit de pique-niquer aux abords des monuments, et comme il y en a partout dans Venise, on ne vous fait pas de dessin...
- Évitez de vous asseoir sur les ponts ou de bloquer le trafic en vous arrêtant en plein milieu d'une rue le nez sur votre carte.
- Dans les *vaporetti,* essayez de ne pas bloquer la sortie, de chaque côté, et laissez descendre les passagers avant de monter à bord.
- Ne jetez pas vos ordures par terre ou (pire encore !) dans l'eau, vous risqueriez une sévère contredanse.
- Si vous louez un appartement, pensez à sortir vos ordures le jour J en respectant le tri sélectif (généralement, avant 8h du matin) et évitez de le faire la veille au soir.

SITES INSCRITS AU PATRIMOINE MONDIAL DE L'UNESCO

Organisation des Nations Unies pour l'éducation, la science et la culture

En coopération avec le centre du patrimoine mondial de l'UNESCO

Pour figurer sur la liste du Patrimoine mondial, les sites doivent avoir une valeur universelle exceptionnelle et satisfaire à au moins un des 10 critères de sélection. La protection, la gestion, l'authenticité et l'intégrité des biens sont également des considérations importantes.

Nos patrimoines culturel et naturel sont deux sources irremplaçables de vie et d'inspiration. Ces sites appartiennent à tout le monde, sans distinction de territoire. *Infos :* ● *whc.unesco.org* ● Extraordinaire chef-d'œuvre architectural dans son ensemble, ***Venise et sa lagune*** sont classées depuis 1987.

L'ITALIE, CHAMPIONNE DU MONDE !

Sur près de 1 000 sites répertoriés par l'Unesco au Patrimoine de l'humanité, l'Italie remporte la première place avec 49 monuments ou lieux. La France n'est pas si mal placée avec 38 au compteur.

SPECTACLES (THÉÂTRE, MUSIQUE ET BIENNALE)

Venise possède une activité culturelle foisonnante, et un séjour dans la ville de Vivaldi peut être l'occasion d'assister à un concert, par exemple. Pour connaître le programme, vous trouverez dans les hôtels (de plus de 3 étoiles) le fascicule gratuit ***Un Ospite di Venezia*** (ou bien consultez le site ● *unospitedivenezia.it* ●), très bien fait (en anglais et en italien). On peut aussi se procurer auprès de l'office de tourisme et des hôtels le trimestriel ***Eventi e Manifestazioni,*** un guide très complet mais payant.

La musique classique

La musique occupe à Venise une place de choix. On a d'ailleurs l'habitude de dire qu'elle est ici chez elle.
Voici un petit rappel de quelques musiciens vénitiens célèbres : **Giovanni Gabrielli** (1557-1612), compositeur de musique Renaissance et baroque, **Claudio Monteverdi** (1567-1643), né à Crémone, mort à Venise après y avoir vécu et travaillé, et bien sûr le plus grand de tous, **Antonio Vivaldi** (1678-1741), né à Venise mais mort à Vienne. N'oublions pas non plus **Lorenzo da Ponte** (1749-1838), fils d'un cordonnier juif de Vénétie, devenu le librettiste de Mozart. Da Ponte le Vénitien a écrit les livrets des *Noces de Figaro,* de *Don Giovanni* et de *Cosi fan Tutte.* Anecdote misérable : les nazis voulaient réécrire les livrets de ces opéras parce que son auteur était juif... N'est-ce pas toujours le souffle de Venise qui frémit dans ces œuvres de Mozart ? Le personnage de don Giovanni n'est-il pas au fond plus vénitien qu'italien ?
Au XVIIIe s, il y avait quatre conservatoires annexés aux grands hospices de Venise, avec chacun sa spécialité. La Pietà était renommée pour la musique symphonique, les Mendicanti pour la qualité des voix. En dehors des salles publiques, la rue constituait une scène immense où s'installaient de nombreux orchestres improvisés. À Venise aujourd'hui, il y a presque tous les soirs un concert de musique classique dans les théâtres, dans les églises (*San Vidal* notamment), les Frari (belle acoustique, mais pas de concerts réguliers) ou encore dans les *scuole* ou à l'Ateneo. On peut y entendre de l'opéra, de la musique symphonique, de la musique de chambre (en particulier Vivaldi), du chant et même du jazz ou des comédies musicales.
Si on passe en général un moment plaisant, la qualité des prestations est évidemment variable, surtout dans les églises, allant des élèves de conservatoire arrondissant leurs fins de mois aux véritables professionnels. Essayez de vous renseigner avant, tout en comparant les tarifs. Pour vous aider dans votre choix, voici quelques salles de concerts que nous recommandons plus particulièrement :

Teatro la Fenice *(zoom détachable C-D4)* **:** *campo San Fantin, San Marco, 1965. ☎ 041-78-65-11. • teatrolafenice.it • Ouv 45 mn avt chaque représentation. Pour les résas : par Internet • turismoeventi@velaspa.com • music-opera.com • ; par tél,* call center *vénitien ☎ 041-24-24, tlj 9h-18h, majoration de 10 % ; ou directement sur place. Différents points de vente de billets : sur place (tlj 10h-17h) ; piazzale Roma (tlj 8h30-18h30) ; Tronchetto (tlj 8h30-18h) ; Lido, piazzale S. Maria Elisabetta (tlj 8h30-18h30) ; et Mestre, via Verdi, 14/d (lun-ven 8h30-18h30 ; sam 8h30-13h30).* Pour les amateurs, assister à une représentation à la Fenice ajoute au bonheur du séjour, à condition d'avoir réservé sa place à l'avance. La Fenice fait partie des plus beaux opéra italiens avec le San Carlo à Naples et la Scala de Milan. C'est un lieu incontournable ! On peut aussi tenter sa chance sur place, quelques jours avant pour certains concerts, mais sans garantie d'obtenir une place correcte. Attention, les moins chères sont situées tout là-haut et sans vue ! Incontournable en tout cas pour tout ce qui est concert symphonique, musique de chambre, opéra et ballet. L'acoustique est unique, car toute l'infrastructure est en bois, et le public vénitien un spectacle en soi car spontané. En effet, contrairement à l'usage en France, les spectateurs n'hésitent pas à acclamer et à bisser les artistes en pleine représentation. Les chanteurs et musiciens se prêtent de bonne grâce à ces fantaisies, n'hésitant pas à rejouer un air ou un morceau avant de poursuivre. Attention tout de même, ils n'auront pas du tout cette attitude devant Mozart ou Wagner. Le tout dans un cadre de rêve, de dorures et d'angelots... Voir aussi nos pages sur la visite de la Fenice au chapitre « San Marco ».

Interpreti Veneziani *(chiesa San Vidal ; zoom détachable C4)* **:** *San Marco, 2862 B. ☎ 041-277-05-61. • interpretiveneziani.com • Concert à 20h30 en hiver, 21h en été. Résa conseillée le w-e. Compter 27 €/pers ; 22 € pour les étudiants.* L'église San Vidal organise et accueille 300 concerts par an. L'orchestre est composé d'une petite dizaine d'instrumentistes à chaque fois, tous virtuoses et solistes par roulement. Le concert, bien rodé et rondement mené, de très bon niveau, comprend toujours une partie Vivaldi ; le reste change, baroque ou non. Les *Quatre Saisons* sont programmées les mardi et samedi. Seul bémol : l'acoustique pas optimale car l'église est très haute de plafond. Mais l'interprétation se fait uniquement sur des instruments d'époque (XVIIe et XVIIIe s), sous le regard de San Vidal, immortalisé par Carpaccio.

Musica a palazzo *(palazzo Barbarigo-Minotto ; zoom détachable C5)* **:** *fondamenta Duodo o Barbarigo, San Marco, 2504. Infos aux offices de tourisme, au 📱 340-971-72-72 ou sur • musicapalazzo@yahoo.com • musicapalazzo.com • Compter 70 € la place.* Le palais Barbarigo-Minotto, situé au bord du Grand Canal, ouvre ses portes le soir à des représentations d'opéras célèbres, dans son décor du XVIIIe s resté en l'état. Programme en alternance : *Le Barbier de Séville* de Rossini, *La Traviata* et *Rigoletto* de Verdi, ou encore une sélection de duos d'amour. Il s'agit de versions arrangées : une poignée d'instrumentistes et solistes professionnels qui interprètent les airs les plus célèbres. Mais tout est dans l'ambiance, les représentations sont intimes, et les chandeliers vous accueillent dès l'entrée. Une centaine de spectateurs seulement, assis parmi les artistes. On devient vite acteur de l'opéra (à défaut de chanteur !) et on change de pièce à chaque acte, passant du salon au bureau ou à la chambre à coucher. De la musique de chambre dans tous les sens du terme ! Une heureuse initiative et une expérience qui ravira les amateurs d'opéra, à un tarif certes élevé mais proche de ce que l'on paie habituellement pour une représentation classique d'opéra.

Palazzetto Bru Zane *(centre de musique romantique française ; zoom détachable B3)* **:** *San Polo, 2368. ☎ 041-521-10-05. • bru-zane.com • Programme sur le site, auprès de l'office de tourisme ou à la billetterie lun-ven, 14h30-17h30 et 1h avt le début des spectacles. À partir de 15 €*

la place ; 5 € pour les étudiants. Ouvert en 2009, le palazzetto Bru Zane, d'une surface de 800 m², a été entièrement rénové dans l'esprit du XVIIe s, date de sa construction. Situé dans le quartier San Stin (non loin de Scuola Grande di San Giovanni Evangelista), il est entièrement consacré à la musique romantique française du XIXe s. Il fallait oser en Italie ! Le palais possède désormais une élégante salle de concerts de 75 places et une unité de recherche de musicologie. Nombreux concerts au cours de 2 festivals annuels : en février, au printemps et à l'automne, qui se déroulent parfois en partenariat avec d'autres lieux prestigieux de la ville, comme la Scuola Grande di San Rocco. Une programmation de qualité pour un public averti, mais ouverte à tous.

Le théâtre

On comptait, au XVIIIe s, sept salles spacieuses et fréquentées, quand Paris n'en possédait que trois. Quatre de ces théâtres étaient consacrés à l'opéra, les trois autres à la comédie. Mais il fallait encore ajouter les salles privées et les théâtres ambulants.
Venise a connu tout d'abord le triomphe de la *commedia dell'arte* jusqu'au XVIIIe s (voir plus haut la rubrique du même nom). Elle était créée à partir d'un canevas sommaire. Les interprètes recevaient de brèves instructions sur leur rôle, puis improvisaient. Les acteurs, le visage masqué, étaient à la fois mimes, acrobates, danseurs, musiciens, poètes et comédiens. Le peuple vénitien fuyait la tragédie et pouvait ainsi satisfaire son penchant naturel pour la drôlerie. Mais le genre s'essouffla. Les personnages devinrent trop artificiels, les situations usées et les acteurs médiocres. C'est alors qu'est apparu Goldoni, qui a momentanément réconcilié les Vénitiens avec le théâtre écrit (voir plus haut la rubrique « Littérature »).

***Teatro Goldoni** (zoom détachable D4) : calle Goldoni, San Marco, 4650 B. ☎ 041-240-20-11/14. ● teatrostabileveneto.it* ● Répertoire vénitien classique et quelques créations.

***Teatro Fondamenta Nove** (plan détachable D-E2) : fondamenta Nove, Sestiere Cannaregio, 5013. ☎ 041-522-44-98. ● teatrofondamentanuove.it ● Près de l'église des jésuites.*

***Atelier Malibran** (zoom détachable D3) : campiello Malibran, 5873, Cannaregio, 30131. ☎ 041-78-66-03 ou 041-78-65-11. ● teatrolafenice.it ● (même gestion que la Fenice). Pas très loin du Rialto.* Date du XVIIe s. Programme varié, y compris de musique classique, ballet et opéra.

La Biennale de Venise

– ***Rens et infos :** ☎ 041-521-87-11. ● labiennale.org* ● Cet événement culturel de grande envergure est consacré en alternance soit à l'architecture, soit à l'art visuel (en juin). Visites guidées (y compris de lieux habituellement fermés au public, comme le théâtre de l'Arsenal), spectacles, expos... Programme dans les offices de tourisme ou dans les bureaux de la Biennale, répartis dans la ville. Chaque biennale est également accompagnée d'un volet *DMT* (danse, musique, théâtre), de mi-juin à mi-juillet.
Cet événement contemporain rythme les rues de Venise **tous les 2 ans** pour le plus grand bonheur des amateurs d'art contemporain. Internationale et prestigieuse, la Biennale de Venise est un « laboratoire de recherche » où se côtoient les plus osées et extravagantes créations. Créée en 1893 pour célébrer les noces d'argent du roi Umberto Ier et de Marguerite de Savoie, c'est en fait en 1895 qu'a lieu la toute première édition, unique en son genre et déjà très en vue. Le « prix du public » fut décerné à Giacomo Grosso pour son *Ultimo Convergno,* la peinture d'un cadavre entouré de femmes nues. Le ton était donné !
En 2013, on a compté près de 500 000 visiteurs, 161 artistes, 38 pays et 88 participations nationales répartis entre les différents lieux d'exposition, les Giardini, l'Arsenale et le Lido !

SPORTS

Vouloir faire du sport à Venise est en soi un sacré sport !

– Dans le centre historique de Venise, vous pourrez faire votre ***jogging.*** Le plus agréable est de courir le long des *Zattere* (Dorsoduro), sur la Giudecca ou encore dans les *giardini pubblici* du Castello.

– Les fanas d'***aviron*** seront comblés. C'est le sport le plus populaire. Toute l'année, les équipages s'entraînent pour la *Vogalonga,* la régate historique. *Le club se situe sur les fondamenta Nove, près de la calle delle Cappuccine, au 6576 A, en face de l'île San Michele (☎ 041-522-20-39).* • *canottieriquerini.it* •

– Depuis 2014, le ***kayaking*** est interdit sur les canaux par la mairie de Venise.

– Pour ***se baigner,*** il existe bien la piscine du *Cipriani* sur la Giudecca (pour routards de luxe !), mais on n'oserait vous la conseiller. Préférez la piscine *Sant'Alvise (Cannaregio 3161)* ; vous pouvez acheter un billet pour la journée ; c'est déjà très cher. Mieux vaut aller au **Lido** (ou encore sur l'île de Sacca Fisola, île assez moche, il faut le reconnaître, mais avec une belle piscine). En été, difficile d'étendre sa serviette sur les plages publiques du Lido à moins d'aller aux extrémités de l'île, où il y a plus d'espace. Cependant, ***louer un vélo*** dès votre sortie du *vaporetto* vous permettra de faire le tour de l'île en découvrant des coins plus tranquilles. Il y a de plus un ***golf*** de 18 trous au sud de l'île, un club d'***équitation*** et des courts de ***tennis.*** Voir le chapitre « Les îles du Sud » pour plus de renseignements.

– ***Le marathon de Venise :*** chaque année en octobre. Il part de Stra, sur la terre ferme, traverse le pont de la Liberté et mène les plus valeureux jusqu'à l'église de la Salute. • *venicemarathon.it* •

– ***Su e zo*** (*su e giu,* « haut et bas » en dialecte vénitien), plus informel puisque sans classement, part de la place Saint-Marc et traverse la ville, les places, les ponts (d'où son nom !). • *suezoperiponti.it* •

INFORMATIONS ET ADRESSES UTILES

Arrivée à Venise

EN AVION

✈ ***Aeroporto Marco-Polo :*** *à l'est de Mestre, un peu après Mestre-Tessera, à 13 km de Venise.* ☎ *041-260-92-60 (infos générales, tlj 8h-20h).* • *veniceairport.it* • *Fermé en pleine nuit.*
Pour ceux qui souhaiteraient visiter la Vénétie en voiture, plusieurs agences de location dans le hall : *Budget, Europcar, Hertz, Avis, Sixt, Maggiore...* Distributeurs automatiques *Bancomat.* Selfs au niveau des départs. Office de tourisme dans le hall des arrivées *(en principe tlj 9h-20h ; accueil en français :* ☎ *041-529-87-11).* Consigne à bagages *(ouv 5h-21h ;* ☎ *041-260-50-43).* Objets trouvés *(7h-minuit ;* ☎ *041-260-92-60).* Pour les téméraires qui arriveraient à Venise sans réservation, il y a un bureau de l'*Associazione Turistica Albergatori Veneziana* dans le hall des arrivées de l'aéroport, qui peut vous aider à trouver une chambre en fonction de votre budget *(tlj 8h-23h ;* ☎ *041-522-80-04 ;* • *avanews.it* • *ou* ☎ *041-522-22-64 ;* • *veneziasi.it* •*).*

Pour rejoindre Venise depuis l'aéroport Marco-Polo

Plusieurs possibilités, à choisir surtout en fonction de votre lieu de destination, du prix et du temps dont vous disposez :

➢ ***En bus :*** 2 solutions pour se rendre directement à Venise, au terminus, piazzale Roma, près de la gare *(plan détachable A3).*

– La ***navette bleue*** (**ATVO,** ligne n° 35), confortable, avec une soute pour les bagages, est rapide. Compter env 6 € le trajet et 11 € A/R valable 7 j. Les bagages sont compris dans le prix. Départ ttes les 30 mn, 7h50-0h20. Trajet : 20 mn. *Rens sur* • *atvo.it* • *ou au* ☎ *042-138-36-72.*

– Le ***bus régulier*** (**ACTV,** ligne n° 5). Le trajet coûte également 6 € (A/R 11 € sans limite de jours). On doit prendre ses bagages avec soi dans le bus. Départ ttes les 30 mn, 5h10-23h10, puis à 0h10, 1h10 et 4h08. *Rens :* ☎ *041-24-24.* On peut acheter ou retirer (si la résa a été préalablement faite sur Internet) son billet au guichet de l'office de tourisme situé dans le hall des arrivées ou en sortant au départ des bus pour piazzale Roma à Venise mais également en ligne sur • *veneziaunica.it* • ; horaires sur • *actv.it* •

– Il est également possible de se rendre à Mestre en bus bleu (*ATVO,* ligne n° 2, 6h06-0h20 ; terminus : gare ferroviaire, compter env 6 € et 20 mn) ou *ACTV,* ligne n° 15 (5h45-20h15), compter 6 € et 40 mn. En revanche, si vous souhaitez aller directement dans l'un des campings de Mestre, prendre le bus n° 5 *(ACTV)* qui s'arrête à proximité de ces établissements.

Pour les 2 compagnies, les billets s'achètent dans le hall des arrivées de l'aéroport, aux bureaux *ACTV* et *ATVO,* ou au guichet de l'OT mais il y a aussi des distributeurs automatiques près des emplacements réservés aux bus. On trouve les horaires affichés sur les bornes d'arrêt.

➢ ***En bateau ou waterbus (Alilaguna Lines) :*** ☎ *041-240-17-01.* • *alilaguna.it* • *Billets en vente dans le hall des arrivées, à l'office de tourisme ou* *au kiosque à côté des* waterbus. Sortir de l'aéroport, prendre à gauche sous le passage couvert, marcher une petite dizaine de minutes environ jusqu'à la *darsena* (la darse, quoi !), où l'on trouve l'embarcadère *Alilaguna* et les arrêts de taxis-bateaux.

Compter 15 € le trajet, 27 € l'A/R ; 6h10-0h15, sur la ligne bleue ; ttes les 30 mn sur la ligne orange, 8h-23h15. Attention, ne vous trompez pas avec les *water taxis* (beaucoup sont en bois verni mais pas tous), qui coûtent cher (env 100 € le trajet) ! Étant l'un à côté de l'autre, cela peut prêter à confusion et les conducteurs de taxis en profitent.

- Pour San Marco, la ***linea arancio*** (orange) relie la place en 1h15 via Fondamenta Nove et Rialto (sur le Grand Canal) et c'est la plus rapide. La ***linea blu*** (bleue), qui va à San Marco et passe par Murano, est un peu moins rapide (1h35) et s'arrête plus souvent. De mi-avr à fin oct, la ***linea rosso*** (rouge) se rend au Lido via Murano et Certosa.
- Pour le Cannaregio, prendre la *linea arancio* et descendre soit à Madonna dell'Orto, soit à Guglie. Aussi la ligne bleue, arrêt Fondamenta Nove.
- Pour le quartier de la gare Santa Lucia et Santa Croce, *linea arancio,* arrêt Guglie ou San Stae.
- Pour Castello, *linea blu,* arrêt Ospedale ou Bacini (même si vous logez dans le sud de ce quartier).
- Pour Dorsoduro, mieux vaut opter pour l'*arancio* et descendre à Ca' Rezzonico.
- Et si vous êtes hébergé sur la Giudecca, prenez la ligne bleue, arrêt Zitelle ou Molino Stucky. Précisez bien votre arrêt au capitaine.

Retour à l'aéroport Marco-Polo

Pour le retour à l'aéroport, c'est facile : les bus orange et les bleus partent du même endroit que celui où ils vous déposent (piazzale Roma). Ticket pour les bus bleus (directs) à aller chercher au bureau *ATVO* tout proche (pancarte bien visible). Au piazzale Roma, vous trouverez aussi le bus qui dessert l'aéroport de Trévise.

✈ ***Aeroporto di Treviso :*** *via Noalese, 31100 Treviso. ☎ 041-260-92-60 (vols). • trevisoairport.com • Situé au nord-ouest de Venise, à env 25 km.* L'aéroport de Trévise accueille les vols de la compagnie *low-cost Ryanair,* entre autres. Plusieurs agences de location de voitures sur place. Pour rejoindre Venise (piazzale Roma), bus de la compagnie *ATVO (• atvo.it •)* dont les horaires sont ajustés sur ceux des vols. Aller : 10 € ; A/R : 18 € (valable 7 j.). Trajet : env 1h15 en fonction du trafic.

EN TRAIN

Le terminus du train est ***Venezia-Santa Lucia*** *(plan détachable A3)* qui est la gare principale et non Venezia-Mestre sur le continent, l'arrêt juste avant. *☎ 89-20-21 (nº national).*

Dans la gare, on trouve un *Bancomat* et un bureau de change.

À l'arrivée, dépaysement assuré, car la gare donne sur le Grand Canal : on est tout de suite dans l'ambiance ! En sortant, juste devant, les embarcadères des *vaporetti.* Arrêt *Ferrovia Santa Lucia* ou *Ferrovia Scalzi* selon le *vaporetto* à prendre. Pour info, la gare et la salle d'attente sont fermées la nuit.

- ***Attention :*** la plupart des billets de train émis en France ne permettent pas de modifier la date de retour à la gare de Venise. Il vous faudra alors acheter un nouveau billet sur place. Bon à savoir avant de réserver !

i ***Office de tourisme (IAT*** *; plan détachable A3,* ***1) :*** *le long du quai 1, à côté de la consigne. ☎ 041-529-87-11. Tlj 8h30-19h. Également sur le parvis de la gare, à gauche en sortant. Tlj 9h-14h30.* Vente de forfaits *ACTV* et autres renseignements sur les musées et la ville en général. Accueil multilangue.

■ ***Consigne à bagages manuelle (deposito bagagli) :*** *le long du quai 1, à côté du bureau d'infos touristiques. ☎ 041-78-55-31. Tlj 6h-23h50. Compter 6 €/bagage pour les 5 premières heures, puis dégressif de la 6e à la 12e heure.* Une autre consigne, tout aussi pratique et moins chère *(6 €/j.),* à la gare routière *(☎ 041-523-11-07),* piazzale Roma *(6h-21h).* Il suffit de traverser le pont de la Constitution. Pour les petits bras, une société spécialisée assure le transport de vos bagages entre l'aéroport ou la gare et votre hôtel. *Rens : • trasbagagli.it •*

■ ***Toilettes :*** *situées entre la consigne et l'office de tourisme : 1 €. Ouv 6h-minuit.* Propres et biens tenues.

■ ***Objets trouvés dans les trains :*** *☎ 041-78-52-38.*

EN BUS

Les bus ont comme terminus le piazzale Roma *(plan détachable A3),* où l'on trouve une annexe de l'office de tourisme et une consigne à bagages. Point de chute idéal donc pour tous ceux qui ont trouvé à se loger à San Polo ou Santa Croce et même plus loin, car il y a 2 embarcadères de *vaporetti* presque en face de l'arrêt de bus. Pas besoin donc de prendre un taxi-bateau pour vous déposer dans la ville (sauf si vous voulez déjà entamer sérieusement votre budget). Gare aux nombreux rabatteurs qui rôdent.

Gare routière *(plan détachable A3)* **:** *piazzale Roma, terminal des bus. ☎ 041-24-24. • actv.it • Tlj 6h-22h.* Plans, tarifs et horaires des bateaux ou des bus à votre disposition.

EN VOITURE

La route qui relie Venise à la terre ferme (pont de la Liberté, *ponte della Libertà*) est bien souvent encombrée en saison. Les parkings sont par ailleurs très chers à Venise. Si vous possédez une réservation, sachez que de nombreux hôtels possèdent des accords avec la compagnie qui gère les parkings et qu'ils délivrent des bons de réduction (de 10 à 20 % environ selon la saison). Faire bien attention néanmoins que cette réduction soit effectivement appliquée. Pour ceux qui n'ont pas de réservation, il y a plusieurs possibilités. Infos et plans des parkings sur *• asmvenezia.it •*

Principaux parkings

Le Tronchetto à Venise

P Pour ceux qui ne voudraient pas laisser leur voiture (pas leur camping-car) trop loin de Venise, se rendre au *parking du Tronchetto* : *☎ 041-520-75-55. • veniceparking.it • Compter 3 €/h, 21 € à partir de la 6e heure et jusqu'à minuit.* En empruntant le pont de la Liberté, juste avant d'arriver à Venise, suivre les flèches à droite « Tronchetto ». Ce grand parking est gardé (pas de risques de vols). *Juste à côté, garage à étages gardé et payant, mais compter au moins 30 € par tranche de 24h.*

– Le monorail ***Il People Mover di Venezia*** permet pour les piétons de relier le parking Tronchetto au piazzale Roma en 5 mn. *Départ 7h-23h ttes les 10 mn (horaires restreints dim et j. fériés), prix 1 €.*

P Il y a également plusieurs parkings couverts sur le piazzale Roma *(plan détachable A3),* pas loin de la gare ferroviaire. Malheureusement, toujours complets en saison, quand bien même ils sont les plus chers : compter environ 30 € les 24h (parfois, possibilité de ticket pour 12h). Le parking communal, derrière l'office de tourisme, ouvert 24h/24 *(résas possibles au ☎ 041-272-73-08),* revient à près de 25 € par tranche de 24h (et c'est le même prix si vous restez moins longtemps, inutile d'insister !). Pour les handicapés (GIC ou GIG), l'accès au parking est gratuit pour les 6 premières heures (mais il faut réserver).

À Mestre

P Le parking le moins cher est celui situé à droite en sortant de la ***gare de Mestre.*** Le plan le plus avantageux quand on est en voiture. Faire seulement très attention à ne pas se tromper de direction après le péage, en sortant de l'autoroute : au rond-point, la gare de Mestre *(ferrovia)* est très mal indiquée (tout petit logo représentant une locomotive) ; on a vite fait de suivre l'autre panneau indiquant Mestre et de se retrouver embarqué pour un tour de ville avant de pouvoir revenir sur la gare. Pour 1 journée, jusqu'à minuit, compter jusqu'à 12 € selon la taille de la voiture, mais attention, les horodateurs sont réinitialisés tous les jours à minuit si bien que le compteur repart de plus belle à partir de cette heure. Parking clos. Ensuite prendre le bus nº 2 ou un train pour rejoindre le piazzale Roma (la gare routière) ou la ferrovia Santa Lucia (la gare ferroviaire) à Venise.

Départ ttes les 10 mn dans les 2 cas, pas bien cher.

🅿 Un autre parking tout près de la gare de Mestre, le *parking Candiani,* est à 2,5 km de la piazza Ferretto. ☎ *041-98-56-16. Compter 12 € jusqu'à minuit.*

🅿 Autre solution, toujours à Mestre : les *parcheggi scambiatori* qui sont gratuits. *Tlj 6h-22h.* Inconvénients : ils se trouvent en périphérie, les horaires d'ouverture sont restreints, et on met plus de temps à rejoindre Venise (par le bus ou le train).

Aux aéroports Marco-Polo et Trévise

Infos au ☎ 041-260-30-60. • marcopolopark.it • Compter à partir de 22 € les 24h selon emplacement du parking (le P4 est le parking longue durée). Des aéroports, accès facile et bon marché en bus pour les 2 ou en bateau depuis Marco-Polo (voir plus haut).

Au terminal Fusina

Infos au ☎ 041-547-01-60. • terminalfusina.it • Env 15 € les 24h (réduc hors saison), plus le coût de la traversée en bateau pour Venise (13 €/pers l'A/R) ; réduc de 20 % en réservant par Internet. Un peu loin de tout, à 5 km au sud de la Malcontenta (prendre la route de Padoue et la quitter quand la villa Malcontenta est annoncée) mais pratique car pas très loin de l'A4. Vedettes ttes les heures en été pour Venise (ligne bleue Fusina-Zattere), 8h-22h env (départs moins nombreux et moins tardifs hors saison). Compter 25 mn la traversée.

À San Giuliano

Infos au ☎ 041-532-26-32. Ouv 8h-20h. Env 12 € la journée. À proximité des campings de Mestre. *Vaporetto* pour le piazzale Roma. Parking ouvert, où les camping-cars sont admis.

Adresses utiles

Offices de tourisme *(IAT)*

– **Standard commun :** ☎ *041-529-87-11 (infos par tél 8h30-14h30). • info@turismovenezia.it • turismovenezia.it •* Les bureaux des offices de tourisme sont faciles à trouver, pratiques et proposent un kit « guide facile » en français comprenant un plan de ville (certes, approximatif) et les horaires des musées et des monuments. Prix : 2,50 €. Également des informations sur les expos temporaires et les manifestations particulières, une liste d'hôtels (mais pas de réservation), des excursions dans le centre historique (San Marco, Cannaregio...). Vente de billets *ACTV* pour les *vaporetti, ATVO* (navette aéroport) et billets du bateau-bus *Alilaguna.* Également les cartes *Venice Card, Rolling Venice,* des billets pour les concerts et les visites guidées des monuments. Également la liste officielle des guides conférenciers de la ville ou regardez sur Internet *• guidevenezia.it •*

Dans Venise

ℹ ***Parking Tronchetto :*** *mai-début nov, tlj 9h-14h30.*

ℹ ***Gare ferroviaire Santa Lucia*** *(plan détachable A3,* ***1****)* ***:*** *Cannaregio, quai 1. Tlj 13h30-19h. Devant la gare, légèrement à gauche, kiosque de l'office de tourisme aux horaires complémentaires : 9h-14h30.*

ℹ ***Piazzale Roma*** *(plan détachable A3,* ***2****)* ***:*** *au rdc du grand bâtiment du garage ASM, juste à l'arrivée à la gare routière. Tlj 9h-14h30.*

ℹ ***Piazza San Marco*** *(zoom détachable D4,* ***4****)* ***:*** *pl. Saint-Marc, San Marco 71 F. Tlj 8h30-19h.* Bureau très bien situé, sous les arcades de la place. On y parle le français.

Dans les environs de Venise

ℹ ***Aéroport Marco-Polo :*** *Tessera, 30030. Dans le hall des arrivées. Tlj 9h-20h.*

ℹ ***Cavallino Treporti :*** *à Punta Sabbioni, 30013. Tlj 9h-14h30.*

Informations pratiques

Se reporter au chapitre « Venise utile » pour connaître tous les forfaits et cartes donnant accès à certains monuments avec réduction.

– ***Un Ospite di Venezia :*** fascicule en anglais et en italien. Distribution gratuite dans certains hôtels, dans certains restaurants ou sur • *unospitedivenezia.it* • Infos intéressantes sur les manifestations du moment, les horaires d'ouverture (quoique, même eux ont du mal à s'y retrouver), les tarifs officiels pour un tour en gondole et les taxis, les horaires des avions, des bus et des *vaporetti* les horaires des offices religieux, les pharmacies de garde... Pour le reste, faites la part des choses, car les hôtels et les restos cités ont mis la main au portefeuille pour y figurer. Faites plutôt confiance à votre guide préféré !

– ***Eventi e Manifestazioni*** est un agenda officiel et très pratique que vous pouvez vous procurer dans les offices de tourisme ainsi que dans certains hôtels. Tous les horaires des principaux musées, des églises et le programme des expos temporaires, des concerts, etc. Un bon complément à la lecture du *Routard.*

Visites guidées en français

Avouez-le, vous avez beau regarder d'un œil amusé les bataillons de touristes courir derrière leur mentor d'un jour, il vous est certainement arrivé d'avoir envie d'un guide rien que pour vous pour partir à la découverte d'un musée, d'un quartier ou d'un artiste. Alors pourquoi ne feriez-vous pas appel à un guide officiel ? C'est une ville bien vivante, à la fois insolite et instructive, gourmande et rassurante que vous découvrirez. Méfiez-vous toutefois des guides abusifs qui profitent sans vergogne des touristes peu informés.

– *Contact :* ***Christine Adam,*** ☎ *0039-041-520-41-87.* • *christine.venise@gmail.com* • L'idéal est de réserver à l'avance (surtout en pleine saison) en lui téléphonant ou en lui envoyant un courriel. Compter 140 € pour une visite de 2h (que vous soyez 2, 5 ou 7 personnes). Programme à déterminer à l'avance avec elle.

Postes

✉ ***Poste principale*** *(zoom détachable D4)* **:** *San Marco, 5016.* ☎ *041-271-71-11 ou 803-160 pour les infos sur le fonctionnement de la poste. Tlj sf dim 8h30-18h30.* Attention, des lecteurs nous ont informés que des vendeurs mal intentionnés proposent des timbres vendus avec leurs cartes postales. Le seul hic, c'est qu'elles ne sont jamais arrivées à destination. Préférez la poste traditionnelle.

✉ ***Postes annexes :*** *ouv pour la plupart lun-ven 8h30-14h, sam 8h30-13h.* En voici quelques-unes, disséminées dans le centre de Venise :

– Calle dell'Ascensione, juste derrière la piazza San Marco *(zoom détachable D4).*

– Piazzale Roma, Santa Croce, 510 *(plan détachable A3). Ouv jusqu'à 19h10.*

– Barbaria delle Tole, Castello, 6674 *(plan détachable E3).*

– Fondamenta Zattere, Dorsoduro, 1507 *(plan détachable B5).*

– Campo San Polo, San Polo, 2022 *(zoom détachable C3).*

– Lista di Spagna, Cannaregio, 233 B *(plan détachable B2).* Au fond d'une petite ruelle, sur la droite en venant de la gare, juste avant le campo Geremia.

– Fondamenta Sant'Eufemia, 430 *(plan détachable C6),* sur l'île de la Giudecca.

Consulats

■ ***Agence consulaire de France*** *(plan détachable E3,* **6***)* **:** *près du campo Santa Maria Formosa, palazzo Morosini, ramo del Pestrin, Castello, 6140.* ☎ *041-522-43-19.* • *cfvenise@yahoo.fr* • *Prendre la calle Longa depuis le campo Santa Maria Formosa et la 1re à gauche, puis tt au bout sur la gauche ; au 2e étage. Ouv lun et jeu 14h-16h, mar, mer et ven 9h-12h, sur rdv.* Le consulat honoraire peut vous aider dans des cas d'extrême urgence, mais tout ce qui est administratif relève du consulat général de France à Milan.

■ ***Consulat de Suisse*** *(plan détachable C5)* **:** *Dorsoduro, 810, campo San Agnese.* ☎ *041-522-59-96.* • *venezia@honrep.ch* • Consul honoraire.

Internet, wifi

On trouve peu de cybercafés à Venise. À noter que la plupart des hébergements sont équipés en wifi. Noter par ailleurs que Venise est un *hot spot,* et que l'on peut se connecter à peu près partout dans la ville. La connexion est gratuite à proximité des stations de *vaporetti*. Voir la rubrique « Téléphone, télécommunications » dans « Venise utile ». Pour tous les détails concernant le wifi à Venise : • *veneziaunica.it* •

Banques

Généralement ouvertes du lundi au vendredi de 8h30 à 13h30 et de 14h45 à 15h45. Certaines n'ouvrent que le matin. La grande majorité ont un distributeur automatique.

■ ***Distributeurs les plus proches de la place Saint-Marc :*** *sur la calle larga (zoom détachable E4) ou dans Merceria dell'Orologio, sur la gauche, 30 m après être passé sous la tour de l'Horloge depuis la pl. Saint-Marc.* Puis d'autres ***distributeurs*** de part et d'autre du pont Rialto, notamment sur : *la ruga Orefici (zoom détachable D3), le long de calle larga XXII Marzo, San Marco (zoom détachable D4), ou encore le long de la strada Nova, Cannaregio (zoom détachable D2-3).*

Librairies

■ ***Librairie Filippi*** *(zoom détachable E3,* ***12****) : calle del Paradiso, Casselleria, Castello, 5763 (autre librairie tenue par le fils à l'extrémité de la calle de la Casseleria, Castello, 5284). Tt près de Santa Maria Formosa. Lun-sam 9h-19h, dim 9h30-17h.* La plus ancienne librairie de Venise en est aussi le seul éditeur, ils se font rares de nos jours ! Tout sur l'histoire de la Sérénissime, beaucoup de livres d'art et des cartes postales noir et blanc. Franco Filippi a écrit plusieurs ouvrages sur la ville. On trouve dans sa boutique quelques reproductions de lithos bon marché ainsi que d'anciennes cartes postales.

■ ***Librairie Studium*** *(zoom détachable E4,* ***13****) : calle de la Canonica, San Marco. Lun-sam 9h-19h30, dim 13h.* Tout près de la place Saint-Marc, tout ce qu'il faut pour la littérature touristique et un choix complet de beaux livres, B.D. et poches en français relatifs à Venise.

■ ***Librairie française*** *(plan détachable E3,* ***14****) : Barbaria delle Tole, Castello, 6358. En face de l'église Santa Maria dei Derelitti. Tlj sf dim et lun mat, 9h-12h30, 15h30-19h.* Nombreux livres illustrés sur Venise, bouquins d'art et de musique, livres rares... Le libraire a lui-même écrit un livre sur Venise. Parmi les auteurs, Corto Maltese se trouve en bonne place.

■ ***Librairie La Toletta*** *(zoom détachable B5,* ***15****) : calle Toletta, Dorsoduro, 1213. Lun-sam 9h30-19h30, plus dim ap-m en saison.* Située de part et d'autre de la rue, cette librairie bien fournie et fréquentée par les étudiants propose 2 parties bien distinctes : les ouvrages d'art et... le reste (romans, tourisme, jeunesse).

Santé

En cas de gros pépin de santé, on conseille de faire jouer son assurance pour être rapatrié.

✚ ***Ospedale civile*** *(hôpital civil ; plan détachable E3) : campo Santi Giovanni e Paolo, Castello. ☎ 041-529-43-11.* Possède un service d'urgences (*pronto soccorso*). Il comprend aussi une unité de pédiatrie.

✚ ***Ospedale dell'Angelo à Mestre :*** *☎ 041-965-71-11.*

■ ***Pharmacies :*** *ouv 9h-12h30, 15h30-19h30 (souvent 20h en été), avec de petites variations.* Attention, dès le samedi après-midi, il faut s'adresser aux pharmacies de garde (en italien : *farmacie di turno*). Regarder sur la vitrine (ou dans la brochure *Un Ospite di Venezia*) la liste des pharmacies de garde.

LE GRAND CANAL

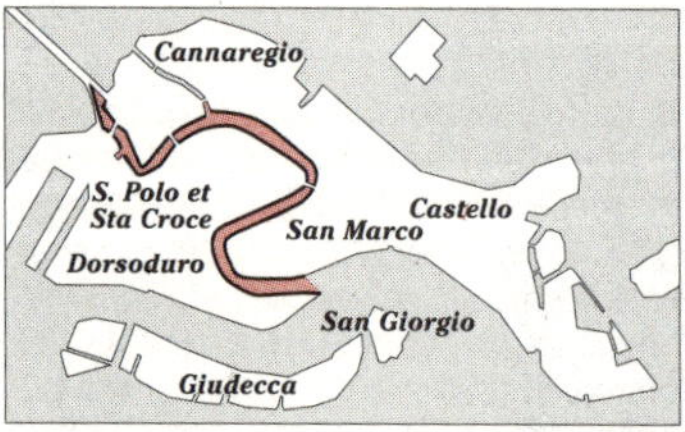

Avec près de 4 km de long et 50 m de large, le Grand Canal ne laisse personne indifférent. Il est certainement « le boulevard » le plus original du monde. Les Vénitiens l'appellent le *canalazzo.* Autrefois, les bateaux de marchandises l'empruntaient pour se rendre au Rialto, le quartier des marchands. Aujourd'hui, ce grand « S » inversé, bordé de *palazzi* et de splendides demeures, est enjambé par quatre ponts. À la hauteur de la gare, le pont de l'architecte Calatrava (appelé communément pont de la Constitution), tant attendu et tant critiqué, déverse quotidiennement depuis 2008 visiteurs et travailleurs en provenance de Mestre et des environs. Trois autres ponts l'enjambent (degli Scalzi, Rialto, dell'Accademia), qui relient les deux parties de la ville, elles-mêmes divisées en trois *sestieri* (quartiers). Autrefois, on appelait les responsables de ces quartiers en fonction de leur situation par rapport au Grand Canal : les *ultra* s'occupaient des quartiers de la rive droite et les *citra* de ceux de la rive gauche.

LES « CENT » PALAIS

Les familles les plus fortunées se devaient d'avoir un palais sur le Grand Canal. Un tel emplacement offrait en effet toutes les facilités pour le commerce. Le palais servait à la fois de siège social et d'habitation. Certaines demeures ont ainsi perdu la dénomination de palais pour celle de *Casa, Ca'* en abrégé (d'où, par exemple, la contraction « Ca' d'Oro »). Très vite, les Vénitiens ont compris l'importance que pouvait revêtir l'aspect extérieur du bâtiment auprès de la clientèle. Les quelque 100 palais qui bordent le Grand Canal ont été construits sur une période de 500 ans. Ainsi retrouve-t-on l'histoire de la cité grâce aux demeures qui intègrent tous les styles et toutes les influences.
L'agencement intérieur des palais est conçu sur le même modèle. Le rez-de-chaussée ne constitue qu'un hall d'entrée qui occupe toute la surface du bâtiment. On peut y pénétrer aussi bien par une *calle* (rue) que par le Grand Canal. Un ponton, signalé par des *paline* (jalons) colorées et frappées du blason familial, en assure l'accès tout en permettant d'amarrer son embarcation. Le plus souvent, la façade se compose d'un portique qui servait à décharger les navires et d'une ou deux *torricelle* (petites tours). Le *Fondaco* (mot qui dérive de l'arabe *fondouk,* qui signifie à la fois « entrepôt » et « hôtel ») *dei Turchi* en est la meilleure illustration. Juste au-dessus, à l'entresol, on trouve des petits bureaux ou des salons. Le 1er étage, appelé *piano nobile,* est le véritable lieu de vie.

L'ensemble des pièces est organisé autour d'un hall richement décoré, le ***portego,*** qui servait à décharger les marchandises. En regardant les façades, vous remarquerez que certains palais possèdent un deuxième ***piano nobile*** situé au-dessus du premier. Au centre, les larges fenêtres du *portego* sont encadrées par des fenêtres plus petites, qui correspondent aux autres pièces. Au total, la surface des baies (fenêtres et ouvertures) est supérieure à celle des murs pleins, ce qui, outre l'effet lumineux que cela engendre, a pour but d'alléger la construction. Le plus souvent, le palais a une double face : l'une décorée à l'aide d'un placage, côté Grand Canal ; l'autre plus sobre, côté rue.

L'ENVERS DU DÉCOR

La plupart des palais ont été construits en brique. Un matériau bon marché, plus facile à véhiculer et, surtout, plus léger (voir la rubrique « Géographie et urbanisme » dans « Hommes, culture, environnement »). Toute l'ingéniosité des architectes vénitiens de l'époque a permis d'édifier des palais qui sont encore debout, pour certains, près de 700 ans après ! Alors, pourquoi pas 700 de plus ? Cependant, si le luxe et le faste d'antan ont disparu des intérieurs, les façades subsistent. En dépit du froid et de l'humidité qui y règnent, quelques particuliers les habitent encore, mais il leur est très difficile – pour ne pas dire impossible – d'en assurer financièrement l'entretien. Plusieurs de ces palais sont occupés par l'administration ou ont été rachetés par des fondations. Tous ne connaîtront pas la chance d'une nouvelle vie, voire d'une nouvelle gloire, comme c'est le cas aujourd'hui du *palazzo Grassi* (ou, devrait-on dire, comme certains qui le cherchent désespérément, le « palais Pinault » ?).

PROMENADE SUR LE GRAND CANAL EN *VAPORETTO*

Une promenade en *vaporetto* sur le Grand Canal ressemble à un fabuleux spectacle où les visiteurs défilent devant les images, et non l'inverse. Le mieux est de s'installer à l'avant des *vaporetti* n°s 1 et 2. Mais attention, un seul passage ne suffira pas. N'hésitez pas à recommencer. Prenez une carte pour circuler librement (reportez-vous à la rubrique « *Vaporetto,* gondole et taxi-bateau » dans « Venise utile »). Pour commencer à comprendre Venise, depuis l'arrêt de la gare Santa Lucia, prenez le *vaporetto* n° 2, celui qui fait le tour de la ville, puis revenez à votre point de départ et embarquez-vous dans le n° 1, cette fois. Celui-ci s'arrête partout et vous permettra d'approcher les musées et les églises dont nous allons vous parler dans les pages qui suivent.
En pleine journée, la promenade avec le *vaporetto* n° 1 dure près de 1h. Mais c'est la nuit, quand vous serez peu nombreux à bord, que vous pourrez goûter vraiment de l'atmosphère envoûtante de Venise. Plusieurs palais sont éclairés à l'intérieur (des appartements, des hôtels), et les ombres qui s'en détachent alimentent le mystère.
Pour vous aider dans votre visite, nous reproduisons une carte du Grand Canal, en mentionnant l'emplacement des différents palais. La description qui s'y rattache (de la gare Santa Lucia à la place Saint-Marc) commence par la rive gauche et finit par la rive droite. Seuls les palais les plus spectaculaires sont évoqués. Certains sont aujourd'hui des musées. Ils sont décrits dans la rubrique « À voir » de chaque quartier.

RIVE GAUCHE

Palazzo Labia : *au pied du campanile de l'église San Geremia, à l'angle du Grand Canal et du canal de Cannaregio.* XVIIIe s. Le salon est décoré de fresques par Giambattista Tiepolo. C'est l'actuel siège de la *RAI,* la TV publique italienne (voir « Cannaregio », « Le quartier de la gare »).

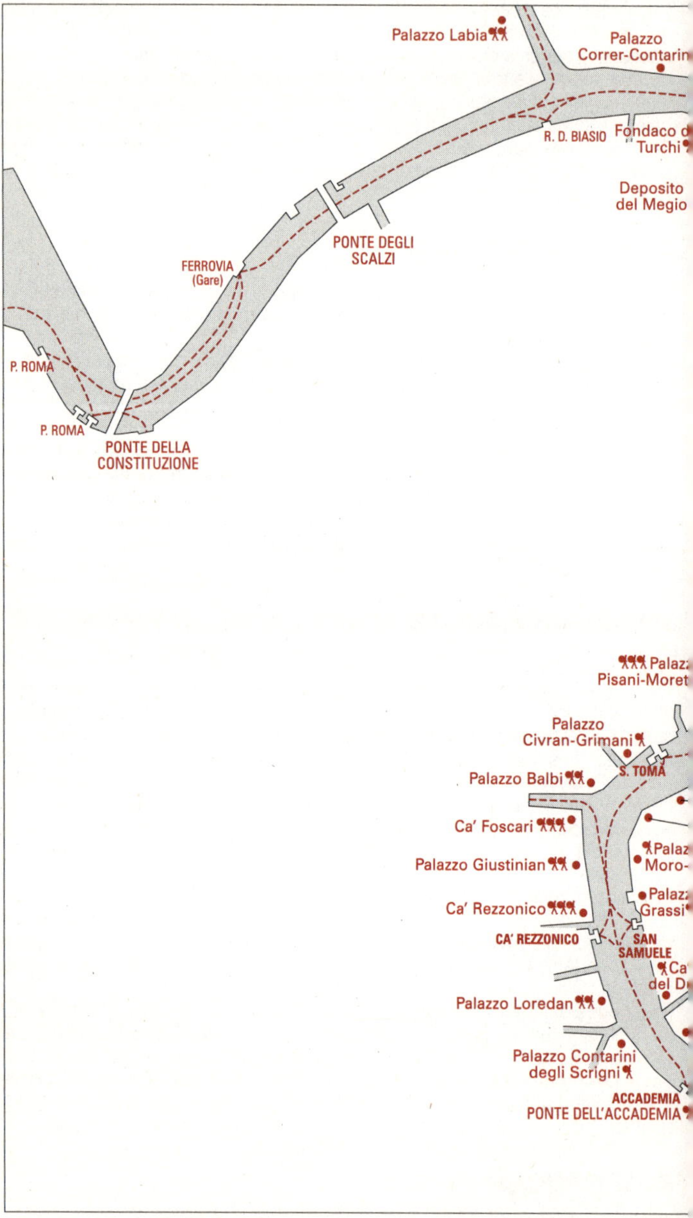
Palazzo Labia
Palazzo
Correr-Contarin
R. D. BIASIO
Fondaco d
Turchi
Deposito
del Megio
PONTE DEGLI
SCALZI
FERROVIA
(Gare)
P. ROMA
P. ROMA
PONTE DELLA
CONSTITUZIONE
Palaz
Pisani-Moret
Palazzo
Civran-Grimani
S. TOMÀ
Palazzo Balbi
Ca' Foscari
Palaz
Moro-
Palazzo Giustinian
Palaz
Grassi
Ca' Rezzonico
CA' REZZONICO
SAN
SAMUELE
Ca
del D
Palazzo Loredan
Palazzo Contarini
degli Scrigni
ACCADEMIA
PONTE DELL'ACCADEMIA

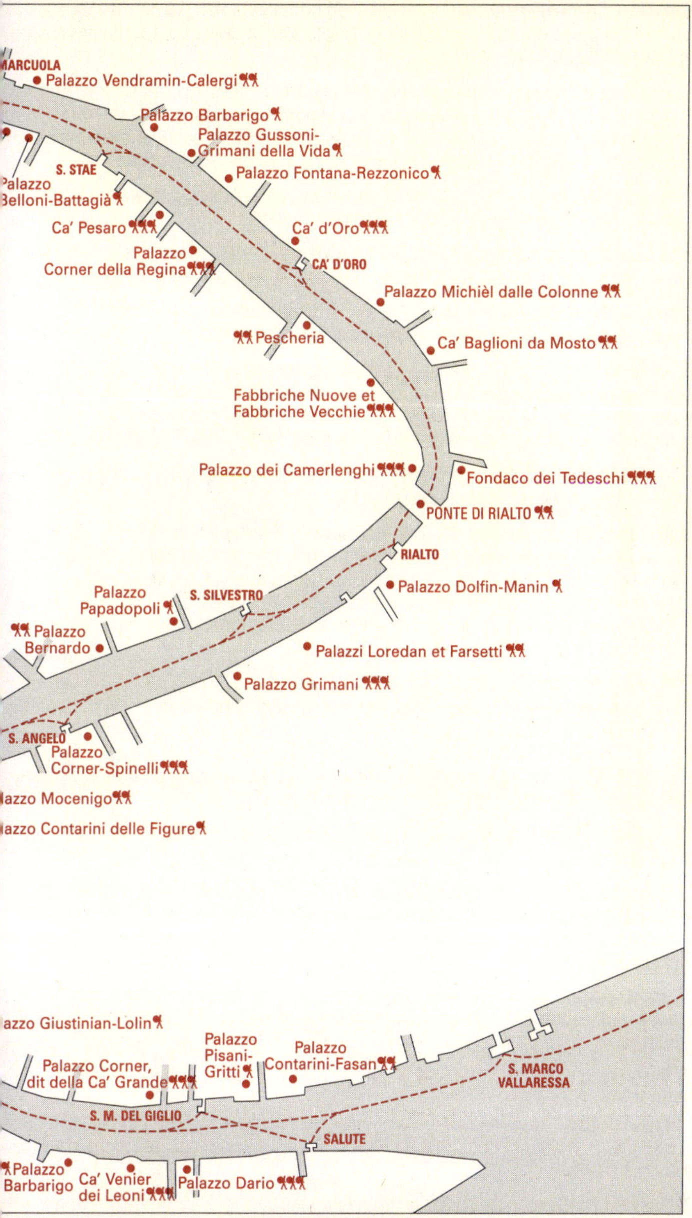

LE GRAND CANAL

Palazzo Correr-Contarini : crépi rosé, on ne parle jamais ici de rose décrépi. Demeure du patricien vénitien Teodoro Correr, dont la collection de peinture est visible en partie au *musée Correr.*

Palazzo Vendramin-Calergi : l'un des joyaux Renaissance de Venise. Abrite aujourd'hui le *casino* (voir « Cannaregio », « Du ponte delle Guglie à la Ca' d'Oro »). Richard Wagner y habita et y mourut en 1883. Une partie de sa suite a été conservée (il louait 18 pièces) et transformée en musée. Il se visite sur rendez-vous.

Palazzo Barbarigo : XVIe s. L'une des rares façades conservant les décorations de fresques. Du moins quelques fragments bien visibles.

Palazzo Gussoni-Grimani della Vida : XVIe s. Au croisement du Grand Canal et du *rio di Noale.* La façade était autrefois recouverte de fresques du Tintoret.

Palazzo Fontana-Rezzonico : XVIe s. Construit par une riche famille de marchands. Le comte Carlo Rezzonico, qui y est né, devint le pape Clément XIII.

Ca' d'Oro : XVe s. À gauche de l'embarcadère du même nom. L'un des exemples les plus raffinés du style gothique vénitien. Il doit son nom aux dorures qui décoraient sa façade (voir « Cannaregio », « Du ponte delle Guglie à la Ca' d'Oro »). Le dernier propriétaire, le baron Franchetti, le légua à la Ville en 1916.

Palazzo Michièl dalle Colonne : fin XVIIe s. Caractéristique par son portique du rez-de-chaussée tout le long de la façade.

Ca' Baglioni da Mosto : XVIIe s. Au milieu d'un groupe d'édifices, bordée par deux canaux, l'une des plus anciennes demeures du Grand Canal, propriété de la famille du navigateur Alvise Ca' da Mosto, qui découvrit les îles du Cap-Vert. Le palais abritait au XVIIe s la plus célèbre auberge de Venise, où rois et princes venaient loger. Il conserve encore des éléments caractéristiques de la maison-entrepôt (portique, arcs byzantins du 1er étage).

Fondaco dei Tedeschi : *situé juste après le rio du même nom.* Date du XVIe s. Imposant édifice, loué à l'époque par la République à des commerçants allemands pour y entreposer des marchandises. Le plus grand banquier (il finança aussi l'empereur Charles Quint) et marchand allemand du XVIe s Jacob Fugger (d'Augsbourg) y avait ses bureaux. Cette ancienne poste centrale attend aujourd'hui d'être réhabilitée (le chantier devrait durer jusqu'en 2016).

Ponte di Rialto : voir « San Polo et Santa Croce », « Du pont du Rialto à la Ca' Pesaro ».

Palazzo Dolfin-Manin : *situé juste avt le rio San Salvador (1er rio après le Rialto).* XVIe s. Élégant portique à six arcades au rez-de-chaussée. Le dernier doge de Venise, Ludovico Manin, y habitait. Cet édifice, entièrement restauré, abrite aujourd'hui la *Banque d'Italie.*

Palazzi Loredan et Farsetti : XIIe-XIIIe s. Caractéristiques par leurs fenêtres à arcades tout le long du 1er étage. La *mairie* est aujourd'hui installée dans ces deux bâtiments.

Palazzo Grimani : *à l'angle du Grand Canal et du rio di San Luca (à ne pas confondre avec le palais du même nom situé dans Castello).* XVIe s. Construit sur la *riva del Carbon,* où avait lieu le commerce du charbon. Réalisé par Sanmicheli. Un des palais les plus imposants du Grand Canal. Il abrite actuellement le siège de la *cour d'appel.*

Palazzo Corner-Spinelli : *juste avt l'embarcadère Sant'Angelo.* Fin XVe s. Construit par Codussi qui introduit là le nouveau style de la Renaissance à Venise. Base en pierre. La façade a inspiré la construction de nombreux autres palais, notamment le palais Vendramin-Calergi (le casino). C'est aujourd'hui le siège des célèbres *tissus Rubelli* (soie, velours, etc.).

Palazzo Mocenigo : la famille Mocenigo a donné sept doges à Venise. L'édifice, composé de trois bâtiments des XVIe, XVIIe et XVIIIe s, situé en face de l'embarcadère San Tomà (à ne pas confondre avec le palais du même nom situé à San Polo). Les deux maisons du centre sont réunies dans un même ensemble. Les façades sont décorées de lions en relief. Une plaque rappelle que Lord Byron y séjourna de 1818 à 1819.

Palazzo Contarini delle Figure : XVIe s. Il tire son nom des deux statues placées au-dessus de la porte d'entrée. Attribué à Scarpagnino. Intéressant pour sa fenêtre du 1er étage, en forme de temple.

Palazzo Moro-Lin : XVIIe s. Construction massive, surnommée le *palais aux 13 fenêtres* (13 par étage). Rez-de-chaussée en brique percé par sept arcades.

Palazzo Grassi : *en face de la Ca' Rezzonico, juste avt l'embarcadère San Samuele.* XVIIIe s. Voir « San Marco », « Autour de la Fenice ». Palais abritant des expos temporaires de peintures et sculptures contemporaines, appartenant à François Pinault, le riche industriel-mécène français.

Ca' del Duca : *à l'angle du Grand Canal et du rio del Duca.* XVe s. Construction inachevée. L'ensemble a été remanié au XIXe s. Sur le côté droit, on peut encore voir une partie des colonnes et de la base en pierre de ce qui devait être un palais digne du Grand Canal. Titien y avait un atelier en 1514.

Palazzo Giustinian-Lolin : *juste avt le rio San Vidal.* XVIIe s. Premier palais réalisé par Longhena. Caractéristique par ses deux obélisques. Il abrite la Fondation Ugo et Olga Levi, chargée de développer l'étude de la musique.

Ponte dell'Accademia : voir « Dorsoduro », « Le quartier de l'Accademia ».

Palazzo Corner, dit della Ca' Grande : *juste après le jardin de la Casina delle Rose, avt l'embarcadère Santa Maria del Giglio.* XVIIIe s. Il tire son nom de ses dimensions importantes. Construit pour une puissante famille fortunée qui n'avait pas hésité à s'opposer à l'achèvement du palais qui abrite aujourd'hui la Fondation Guggenheim, de peur d'avoir la vue obstruée. C'est aujourd'hui le siège du *conseil de la province de Venise.*

Palazzo Pisani-Gritti : XVe s. Il abrite l'actuel *hôtel Gritti,* l'un des palaces somptueux de Venise. Derrière la fenêtre quintuple d'une façade plutôt austère, on trouve quelques-unes des plus belles suites de l'hôtel. « Le meilleur hôtel dans une ville de grands hôtels », disait du *Gritti* l'écrivain Ernest Hemingway qui en fut un client régulier. Plusieurs hôtes célèbres y logèrent : Charles Dickens, Somerset Maugham, Jean Cocteau, Graham Greene, André Malraux...

Palazzo Contarini-Fasan : *4e façade après le rio dell'Albero, en face de la Salute.* XVe s. Appelé aussi *demeure de Desdémone,* noble Vénitienne victime de la jalousie de son mari et héroïne de la tragédie de Shakespeare *Othello.*

RIVE DROITE

Fondaco dei Turchi : XIIIe s. Voir « San Polo et Santa Croce », « De la Ca' Pesaro vers le piazzale Roma ». Le bâtiment, de style vénéto-byzantin, a été abusivement restauré à la fin du XIXe s. Il abrite le *musée d'Histoire naturelle.*

Deposito del Megio : *juste après le Fondaco dei Turchi.* XVe s. Construction en brique apparente. La République y entreposait grains et farine pour les périodes de disette. Le lion de Saint-Marc est une reproduction de l'original, détruit en 1797.

Palazzo Belloni-Battagià : *juste avt le rio Tron.* XVIIe s. Construction de Longhena. La façade est décorée d'éléments plutôt lourds, conformément à la mode de l'époque. Caractéristique par les deux obélisques qui le surmontent (ce serait le signe que le palais abritait un amiral de la République).

Ca' Pesaro : *après l'embarcadère San Stae.* XVIIe-XVIIIe s. Voir « San Polo et Santa Croce », « De la Ca' Pesaro vers le piazzale Roma ». L'un des plus beaux palais du baroque vénitien, aujourd'hui siège du musée d'Art moderne et du musée d'Art oriental.

Palazzo Corner della Regina : *palais situé après la Ca' Pesaro.* XVIIIe s. Il tient son nom de Caterina Cornaro, reine de Chypre, née en 1454 dans l'édifice construit précédemment au même endroit.

Pescheria : *après le rio della Beccaria.* XXe s. Une des constructions les plus récentes du Grand Canal (1907). Sous les arcades et le *campo* voisin est installé le marché au poisson. Voir aussi « San Polo et Santa Croce », « Du pont du Rialto à la Ca' Pesaro. Mercati di Rialto ».

Fabbriche Nuove et Fabbriche Vecchie : *après le rio della Pescheria.* XVIe s. Ces deux imposants bâtiments se distinguent par leurs longs portiques au niveau inférieur. Ils avaient été construits pour abriter l'administration du commerce et les bureaux du tribunal. Aujourd'hui on y trouve un marché coloré de fruits et légumes. La *cour d'assises* est installée dans les *Fabbriche Nuove* (le premier des deux édifices).

Palazzo dei Camerlenghi : *situé juste avt le pont du Rialto.* XVIe s. Construit en suivant la courbe du Grand Canal. Il devait abriter l'administration du Trésor au temps de la République vénitienne.

Palazzo Papadopoli : *au-delà du Rialto, après le rio dei Meloni.* XVIe s. Construction classique surmontée de deux obélisques.

Palazzo Bernardo : *juste après le rio della Madonnetta.* XVe s. Une des plus belles constructions gothiques du Grand Canal, très bien conservée. Façade proche de celle de la *Ca' d'Oro.*

Palazzo Pisani-Moretta : *près du rio San Polo.* XVe s. Habitation privée. Magnifique salle de réception décorée par Tiepolo et Véronèse, où des bals ont encore lieu. À noter, un 2e étage plus élevé que le 1er et deux très belles loggias (grandes fenêtres).

Palazzo Civran-Grimani : *devant l'embarcadère San Tomà.* XVIIe s. Intéressant pour ses hautes fenêtres à arcades tout au long de la façade.

Palazzo Balbi : *situé à l'angle du Grand Canal et du rio Foscari, aussi appelé le tournant du Grand Canal.* XVIe s. Construction blanche dans le style Renaissance. L'abondante décoration annonce l'influence baroque. Récemment restauré, il abrite le siège du *conseil régional de Vénétie.*

Ca' Foscari : *juste après le palais Balbi.* XVe s. Belle et grande demeure vénitienne où est installée aujourd'hui l'*université d'économie et de commerce* de Venise. Henri III y a séjourné en 1574, au début de son règne.

Palazzo Giustinian : *dans la continuité de la façade de la Ca' Foscari, ce qui forme un imposant alignement.* XVe s. Wagner y a vécu pour composer une partie (acte II) de *Tristan et Iseult.*

Ca' Rezzonico : XVIIe-XVIIIe s. Voir « Dorsoduro », « Le quartier de la Ca' Rezzonico ».

Palazzo Loredan : *deuxième palais après le rio Malpaga, en face de la Ca' del Duca.* XVe s. Appelé aussi « palais de l'ambassadeur » *(dell'Ambasciatore)*, car il fut le siège de l'ambassade du Saint Empire romain germanique (capitale de l'époque Vienne) au XVe s.

Palazzo Contarini degli Scrigni : *à l'angle du rio San Trovaso et du Grand Canal.* XIVe-XVIe s. Ensemble formé de deux palais. La famille Contarini, propriétaire de nombreux palais, possédait aussi celui-ci. La fabuleuse collection de tableaux a été léguée en 1838 au *musée de l'Accademia.* À noter : l'observatoire astronomique sur le toit.

Palazzo Barbarigo : *après le rio San Vio, sur le campo du même nom.* XIXe s. Décoré de mosaïques, il abrite le magasin d'exposition d'une verrerie.

Ca' Venier dei Leoni : XVIIIe s. Interrompu dans sa construction, on n'en voit encore aujourd'hui que le rez-de-chaussée. Siège de la *collection Peggy Guggenheim.* Lire dans le chapitre « Dorsoduro » « Le quartier de la Salute ».

Palazzo Dario : *à l'angle du Grand Canal et du rio delle Torreselle.* XVe s. Jolie façade asymétrique, incrustée de marbres polychromes. Cheminées caractéristiques de l'architecture vénitienne.

UN PALAIS PURE PEUR

Ne vous fiez pas trop à l'apparente beauté du palazzo Dario, car depuis 1487, il serait maudit ! De maladies étranges en faillites, de meurtres en suicides ou accidents non moins bizarres, les murs de cette somptueuse bâtisse porteraient malheur à ses occupants. Le dernier en date, un milliardaire impliqué dans des affaires de corruption, a mis fin à ses jours en 1993. De quoi devenir superstitieux ! Woody Allen – un amoureux de Venise – avait envisagé de l'acheter. Mais il a bien vite renoncé à son projet !

SAN MARCO

Code postal : 30124

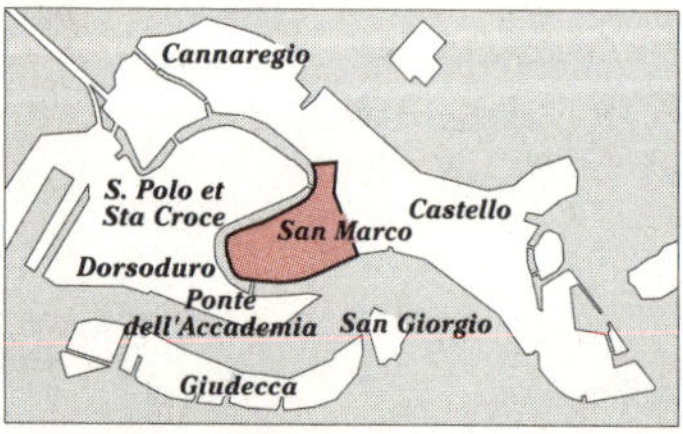

Le cœur de Venise a battu ici pendant des siècles. Il en résulte un ensemble architectural unique au monde. On le voit tout de suite, la grande histoire a parlé avec vigueur. Ici splendeur, richesse, noblesse et force de Venise ont dessiné à tout jamais la mémoire et la personnalité de la cité ! La basilique, le palais des Doges et la célébrissime place Saint-Marc, sertie par ce formidable élan de rigueur et d'unité que constituent les Procuratie, définissent un quartier très touristique. C'est sur cette place que chaque jour s'immortalisent des milliers de visiteurs. On les comprend. Car arpenter la piazza San Marco, c'est prendre le pouls de la Sérénissime, non pas se contenter de son image, admirablement restituée par des peintres de génie comme Canaletto, Turner, Corot, Manet, Monet ou Renoir. Aussi vus et revus qu'ils puissent vous sembler, le quartier San Marco et ses monuments ont traversé les siècles avec une endurance qui tient du miracle, malgré les turpitudes et les avanies de l'Histoire. C'est peut-être ce qu'il faut admirer en premier lieu : cette continuité historique du cœur de Venise.
Et la nuit ? Le quartier reste l'un des endroits les plus enchanteurs qui soient. Au hasard d'un détour, on entendra la musique monter d'une église où un petit concert est donné, on verra des ombres se projeter sur les murs d'une ruelle tortueuse, on goûtera au charme discret des balades où le moindre bruit met les sens en éveil. Bref, vous l'avez compris, ce bonheur-là, il faut vraiment l'avoir vécu une fois dans sa vie.

Où dormir ?

Institution religieuse

Domus Ciliota *(zoom détachable C4,* ***42****) : calle delle Múneghe, San Marco, 2976. ☎ 041-520-48-88. • info@ciliota.it • ciliota.it • Vaporetto n° 1, arrêt Sant'Angelo. Doubles avec sdb 80-170 € selon saison, petit déj compris. Réduc de 10 % sur le prix de la chambre sur présentation de ce guide (non cumulable avec d'autres offres internet).* Dans un ancien couvent de la fin du XVe s, cet hôtel abrite une soixantaine de chambres très bien arrangées, propres et fonctionnelles. Certaines possèdent des lits doubles, et même un lit *king size,* c'est assez rare dans ce type d'établissements. Très bon accueil. 2 salles communes au rez-de-chaussée et une magnifique cour intérieure joliment fleurie dans laquelle on prend son petit déj en été.

De prix moyens à chic

Albergo San Samuele *(zoom détachable C4, **72**) : salizzada San Samuele, San Marco, 3358. ☎ 041-520-51-65. • info@hotelsansamuele.com • hotelsansamuele.com • Vaporetto n° 1, arrêt Sant'Angelo. Fermé en janv. Doubles 50-170 € avec sdb, sans petit déj. Réduc de 10 % sur présentation de ce guide à condition de réserver en direct.* Dans un quartier calme et commerçant (boutiques de créateurs), non loin du palazzo Grassi. Cet hôtel tenu par une Française compte une dizaine de chambres situées au 1er étage, confortables et aménagées avec soin. 3 se partagent une salle de bains et 2 autres familiales. Attention, en saison, on risque de vous demander de réserver pour un minimum de 4 nuits, ce qu'on appelle ici un « grand week-end ».

Hotel Ai Do Mori *(zoom détachable D4, **74**) : calle larga, San Marco, 658. ☎ 041-520-48-17 ou 041-528-92-93. • reception@hotelaidomori.com • hotelaidomori.com • Vaporetti nos 1, 2, arrêt San Marco Vallaresso. Doubles 60-120 € selon saison et confort ; également chambres pour 3-5 pers ; pas de petit déj. TV, AC.* Un hôtel d'une douzaine de chambres, pratique et central, mais il faudra compter avec le bruit dans la journée malgré le double vitrage. Au 3e étage se cache un petit bijou : la *camera del pintor*, une petite chambre double avec terrasse privée et vue sur les dômes de la basilique Saint-Marc. Réservez à l'avance ! Les nos2, 6 et 9 ont une vue sur le campanile. D'autres chambres aussi dans l'annexe, calmes et charmantes : poutres apparentes, parquet et belles couleurs. Accueil chaleureux et expansif d'Antonella, la propriétaire.

Casa Artè *(zoom détachable C4, **76**) : calle del Frutariol, San Marco, 2901. ☎ 041-520-08-82. • locandaarte.com • Vaporetto n° 1, arrêt Sant'Angelo ou Accademia ; ou n° 2, arrêt San Samuele ou Accademia. Doubles 60-180 € selon saison, petit déj inclus.* Une maison d'hôtes dans un quartier calme de San Marco. Les 6 chambres portent des noms de peintres célèbres. Toutes belles et spacieuses, décorées dans un style vénitien classique avec des tapisseries rouges ou jaunes aux murs. La n° 10 *(junior suite)* sous les combles peut héberger 5 personnes. C'est la chambre la plus lumineuse. Également une annexe 150 m plus loin, par contre, les chambres sont très classiques. Évitez aussi celles au rez-de-chaussée près de la réception.

Locanda ai Bareteri *(zoom détachable D3-4, **45**) : calle di Mezzo, San Marco, 4966. ☎ 041-523-22-33. • info@bareteri.com • bareteri.com • En venant du Rialto, par la calle Merceria San Salvador, gagner le ponte dei Bareteri (laisser à droite la* trattoria *Sampione) et prendre le passage couvert le long du canal, puis 1re ruelle à gauche. Doubles 90-250 € selon saison, petit déj inclus.* À l'écart de l'agitation, dans une petite rue parallèle à l'axe principal des *Mercerie*, cet hôtel propose une douzaine de chambres, dont 2 quadruples. Elles sont spacieuses, bien arrangées (carrelage au sol) et confortables. Préférez les chambres à l'étage (plus claires) à celles plus sombres donnant sur la ruelle.

De chic à très chic

Novecento *(zoom détachable C4, **57**) : calle del Dose, San Marco, 2683. ☎ 041-521-21-45. • novecento.biz • Vaporetti nos 1 ou 2, arrêt Giglio. Doubles 140-300 € selon saison.* Idéalement situé, dans une ruelle calme, cet hôtel de charme se distingue par son style orientaliste, un rappel de l'époque où Venise était l'étape européenne de la route des épices. Statues de Ganesh, bambous, meubles en teck, la décoration raffinée et exotique donne toute sa personnalité aux 9 chambres. Notre préférée est la n° 2. La petite cour intérieure, calme et fleurie aux beaux jours, est idéale pour le petit déj. Service discret et plein d'attentions de Marisa, qui parle un français parfait. Une adresse hautement recommandable.

Ca' Leon d'Oro *(zoom détachable D3,* ***64****)* **:** *sottoportego del Pirieta, San Marco, 5303. ☎ 041-241-38-95. • venezia.leondoro@libero.it • venezialeondoro.it • Vaporetti nos 1 ou 2, arrêt Rialto. Emprunter l'un des passages depuis la pl. San Bartolomeo. Doubles 70-280 € selon saison et confort, petit déj inclus.* Petit immeuble à 100 m du pont du Rialto, un peu en retrait de la foule. La décoration est classique, sans rien de particulier, hormis les meubles vénitiens qui relèvent l'ensemble. L'une des chambres (nº 5), plus belle que les autres, dispose d'une terrasse privée, avec vue sur les toits de la basilique. Réservez-la très longtemps à l'avance !

Ca' del Campo *(zoom détachable D4,* ***38****)* **:** *campo della Guerra, San Marco, 511. ☎ 041-241-16-60. • info@cadelcampo.it • cadelcampo.it • Vaporetti nos 1 et 2, arrêt San Marco Vallaresso. Doubles 108-250 € selon saison, petit déj inclus. Réduc de 10 % tte l'année sur présentation de ce guide à condition de réserver en direct.* Entrée par une placette tranquille. Un palais du XVIe s entièrement réhabilité, avec une petite vingtaine de chambres très confortables, dont 3 avec vue sur le canal. Décoration soignée : tapis persans à la réception, armoires en loupe d'orme, toiles tendues sur les murs sol moquetté, salles de bains en marbre... Les chambres du 4e étage sont mansardées. Les triples offrent la possibilité d'une séparation, ça rend la chambre plus intime. Accueil francophone très aimable (demandez Nicolas).

Hotel Montecarlo *(zoom détachable D4,* ***44****)* **:** *calle dei Specchieri, San Marco, 463. ☎ 041-520-71-44. • mail@venicehotelmontecarlo.com • venicehotelmontecarlo.com • Vaporetti nos 1 et 2, arrêt San Zaccaria. Doubles avec sdb 116-320 € selon saison, petit déj inclus.* Un hôtel (labellisé *Best Western*) fort bien situé, aux chambres impeccables, alliance réussie du confort d'une chaîne et du style vénitien. Elles donnent sur la ruelle. Les plus claires sont au 4e étage. Accueil pro.

De très chic à beaucoup plus chic

Hotel Flora *(zoom détachable D4,* ***84****)* **:** *calle Bergamaschi, San Marco, 2283 A. ☎ 041-520-58-44. • info@hotelflora.it • hotelflora.it • À 2 mn de la pl. Saint-Marc. Vaporetti nos 1 ou 2, arrêt Vallaresso. Accès par la calle larga XXII Marzo, entre Bulgari et la galleria Contini. Doubles 130-550 € selon confort et saison.* Hôtel de luxe installé dans un palais vénitien du XVIIIe s. Il appartient à la famille Romanelli depuis 2 générations. Cadre idyllique pour un séjour « romantique ». Meubles et objets de bon goût, décoration raffinée, tentures murales couleur pastel... chambres confortables de style ancien, arrangées avec beaucoup de soin. Celles qui donnent sur le jardin sont au même prix que les autres. Adorable petit jardin fleuri avec fontaine glougloutante. Accueil professionnel et tous services de conciergerie : transferts, résas, billetterie pour concerts, etc.

Où manger ?

Peu d'adresses exceptionnelles autour de la place Saint-Marc, où se concentrent principalement des adresses avec menus touristiques multilingues, rabatteurs et nappes en papier... Préférez les restos du quartier du Castello, ou de San Polo dans les rues qui partent du marché de Rialto.

Sur le pouce

L'offre en pizzas à emporter ne manque pas, mais toutes ne se valent pas. 2 adresses sortent du lot :

Pizzeria Sansovino *(zoom détachable C4,* ***104****)* **:** *calle Zaguri,*

San Marco, 2628. ☎ *041-528-61-41. Tlj 11h-20h (plus tard en saison). Part généreuse à partir de 3 €.* Minipizzeria ouverte sur le va-et-vient du dehors ; ça croustille et c'est bon. Pas de salle, juste une cuisine et un éventaire ouvert sur la ruelle.

Pizzeria L'Angelo *(zoom détachable C-D4,* ***118****) : calle della Mandola, San Marco, 3711.* ☎ *041-277-11-26. Tlj 11h30-22h (16h lun). À partir de 3 € la part.* Des pizzas à emporter qui chantent sous la dent. Également des paninis.

De bon marché à prix moyens

Rosticceria Gislon *(zoom détachable D3,* ***100****) : calle della Bissa, San Marco, 5424 A.* ☎ *041-522-35-69. • san.bartolomeo@hotmail.it • Tlj 9h-21h30. Fermé 1er janv et 25 déc. Compter 20 € pour un vrai repas, autrement on s'en sort pour une dizaine d'euros.* À deux pas du Rialto, une *tavola calda* où les locaux se pressent à l'heure du déjeuner. Bel assortiment de spécialités locales et siciliennes présentées derrière la vitrine d'un grand comptoir : *mozzarelle in carrozza* (un en-cas frit constitué de 2 tranches de pain, mozzarella et jambon ou anchois, au choix), aussi des *arancini* (boulettes de riz farcies au *ragù*). Au rez-de-chaussée, on mange habituellement debout devant le comptoir. Pour s'asseoir, monter au resto à l'étage (le *San Bartolomeo*), mais c'est plus cher.

Osteria al Bacareto *(zoom détachable C4,* ***103****) : angle Croceraramo de la Piscina, San Marco, 3447.* ☎ *041-528-93-36. Tlj sf dim. Carte 30-35 €.* Située à l'extrémité de la *salizzada San Samuele,* voici une *osteria* discrète avec quelques tables sur la rue et des salles claires à la déco sobre et sans chichis. Carte vénitienne classique (soupe de haricots et pâtes, sardines, poissons...). Les produits sont frais, pas de produits surgelés. L'assortiment de *cicchetti* à partager en entrée est délicieux. Service professionnel et attentionné.

De prix moyens à chic

Trattoria Da Fiore *(zoom détachable C4,* ***101****) : calle delle Botteghe, San Marco, 3461.* ☎ *041-523-53-10. • da.fiore@hotmail.com • Tlj sf mar. Compter 30-35 € pour un repas.* Une petite adresse toute simple avec une belle carte de spécialités vénitiennes. D'ailleurs, beaucoup de locaux y viennent déguster un plat de *bigoli in salsa* (spaghettis aux sardines et aux oignons) ou une *castradina*. À l'heure de l'*aperitivo,* les habitués prennent leurs aises en discutant dehors tout en sirotant le *spritz* du soir. C'est bon, c'est frais et ambiance bon enfant.

Osteria Alla Botte (Antico Calice ; *zoom détachable D3,* ***102****) : calle dei Stagneri, San Marco, 5229.* ☎ *041-520-97-75. En venant du Rialto, prendre la calle de Stagneri, puis tourner à droite dans la 1re ruelle, c'est à 50 m plus loin à l'angle avec une autre ruelle. Tlj sf mer soir. Carte 35-50 €.* Un resto-institution bien connu des Vénitiens. La déco n'est pas faite pour un repas intime entre amoureux, mais c'est propre et bien tenu. On y parle fort en italien, le service tient plus de la brasserie que du resto chic mais il est efficace. Cuisine sincère et classique : pâtes à la lotte, aux palourdes, aux coquilles Saint-Jacques, morue à la polenta...

Où boire un verre ? Où manger sur le pouce ? Où sortir ?

Enoteca Al Volto *(zoom détachable D4,* ***161****) : calle Cavalli, San Marco, 4081.* ☎ *041-522-89-45. Du côté du Rialto. Tlj sf dim 9h30-15h, 17h30-22h. Carte 20-30 €.* Comme en témoigne la quantité d'étiquettes collées en vitrine et sur les murs, c'est une œnothèque. On déguste ici, parmi une clientèle d'habitués, d'excellents vins et de délicieux *cicchetti.* Bien aussi pour un plat de pâtes le midi. Le cadre est intime et souvent très animé.

Quelques tables dans la rue à l'ombre, aux beaux jours.

🍷🥪 **Osteria all'Alba** (zoom détachable D3, **169**) : *ramo dei Tedeschi, San Marco, 5370. Tlj 9h-minuit, voire plus tard.* En venant de San Polo, franchir le pont du Rialto, puis prendre la première ruelle à gauche et repérer le joyeux attroupement devant la façade couverte de graffitis laissés par les clients. Un bar vivant et patiné par le temps, où l'on sert des *cicchetti* et *tramezzini* bien appétissants. Un bar riquiqui, une télé qui diffuse des concerts de blues, rock, pop... et une ambiance surchauffée certains soirs de week-end.

🍷🥪 **Devil's Forest Pub** (zoom détachable D3, **168**) : *calle Stagneri, San Marco, 5185. ☎ 041-520-06-23. • info@devilsforestpub.com • À 150 m du pont du Rialto. Tlj jusqu'à 0h30.* Un pub de style irlandais, qui fait dans le rouge plutôt que dans le vert. *Guinness* à la pompe, mais pas vraiment l'ambiance dublinoise, sauf quand le *calcio* envahit les écrans de TV. Allergiques au foot, il vous reste les fléchettes ou le backgammon. Le midi, vous pouvez y avaler un plat chaud ou un sandwich.

Où boire un chocolat ou un café dans un cadre historique ?

SAN MARCO

☕ **Caffè Florian** (zoom détachable D4, **250**) : *piazza San Marco, San Marco, 57. ☎ 041-520-56-41. • info@caffeflorian.com • Lun-sam 10h-minuit (23h ven-sam) ; ferme tlj à 21h en hiver. Autour de 12 € le chocolat chaud en salle et env 7 € le café, auxquels vous ajouterez 6 €/pers quand l'orchestre joue (en général en fin de journée).* Sous les vénérables arcades de la place Saint-Marc, le *Florian* est le café vénitien le plus célèbre et le plus ancien de la ville. Fondé en 1720, il porte le nom de son premier propriétaire, Floriano Francesconi. Il étire sa terrasse en plein air dès que le printemps arrive. Allez-y très tôt le matin ou tard le soir, quand il y a moins de monde. Des musiciens jouent du classique sur une estrade extérieure, mais c'est l'intérieur qui vaut le coup d'œil, avec ses petits salons XVIIIe s et ses œuvres d'art contemporain ornant les murs. Café littéraire par excellence, il fut fréquenté par Goldoni, Jean-Jacques Rousseau, Dickens, Lord Byron, Goethe... Balzac disait que « le *Florian* est tout à la fois une Bourse, un foyer de théâtre, un cabinet de lecture, un club, un confessionnal... ». Marcel Proust avait l'habitude de s'asseoir sous la statue du Chinois.

☕ **Gran Caffè Quadri** (zoom détachable D4, **251**) : *galleria San Marco, 120-123. ☎ 041-522-21-05. Piazza San Marco, juste en face du* Florian. *Tlj 9h-minuit (20h l'hiver). Espresso à la table 7,50 €. Cocktail env 20 €.* C'était le café des Autrichiens (du temps de l'occupation autrichienne), alors que le *Florian* accueillait les nationalistes italiens. Intérieur raffiné, d'une beauté théâtrale en ce qui concerne la salle de l'étage, mais dîner ici vous en coûtera une petite fortune.

☕ **Caffè Lavena** (zoom détachable D4, **252**) : *piazza San Marco, San Marco, 133/134. ☎ 041-522-40-70. Tlj sf mar en basse saison, 9h30-0h30 (22h en basse saison).* Encore un autre café chic donnant sur la place San Marco. Là encore, hauts plafonds, stucs et lustres... Très cher si vous optez pour une table en terrasse (et encore plus si un orchestre joue quelques notes !). Préférez le comptoir. Excellent chocolat chaud.

☕ 🍽 Les amateurs de James Bond ne manqueront pas de prendre un café au mythique ***palazzo Danieli*** *(plan détachable E4 ; riva degli Schiavoni, 4196)*, ou de siroter au ***Harry's Bar*** *(situé au niveau de l'embarcadère Vallaresso)*, café mythique, un Montgomery, breuvage cher à Hemingway. C'est seulement le budget qui pourrait manquer... On y croise désormais beaucoup de curieux ! Voir « Castello », « Le quartier de la riva degli Schiavoni ».

Où déguster une glace ?

Gelateria Paolin *(zoom détachable C4,* ***259****)* ***:*** *campo Santo Stefano, San Marco, 2962.* ☎ *041-522-55-76. Tlj 10h-22h.* Adresse chic qui a pignon sur rue depuis des générations. Glaces à emporter ou sur place, crémeuses à souhait ! Une valeur sûre.

Achats

Max Art Shop *(zoom détachable D4,* ***200****)* ***:*** *frezzeria San Marco, San Marco, 1232.* ☎ *041-523-38-51. • ilballodeldoge.com • Tlj en principe 10h-20h.* Des masques, des théâtres miniatures et de superbes chats bottés articulés, dans la plus pure tradition vénitienne. Un autre magasin dans la même rue, proposant aussi des costumes somptueux. La maîtresse des lieux, Antonia Sautter, organise l'un des plus beaux bals du Carnaval, le *ballo del Doge.* Elle a fourni les costumes du film *Vivaldi, un prince à Venise* (2007) de Jean-Louis Guillermou, avec Michel Serrault et Michel Galabru. L'atelier d'Antonia se visite uniquement sur rendez-vous ; renseignements à la boutique.

Il Tempio della Musica *(zoom détachable D3,* ***203****)* ***:*** *ramo del Fondaco dei Tedeschi, San Marco, 5368.* ☎ *041-523-45-52. Tt proche du pont du Rialto. Fermé dim.* Comme son nom l'indique, magasin spécialisé dans la musique : classique, opéra, jazz... mais aussi des chanteurs italiens bien d'aujourd'hui. Toujours des promos et de bons conseils.

Livio De Marchi Scultore *(zoom détachable C4,* ***205****)* ***:*** *salizzada San Samuele, San Marco, 3157 A.* ☎ *041-528-56-94. • liviodemarchi.com • Sur la calle qui mène au palazzo Grassi. Tlj sf dim 9h-12h30, 13h30-16h.* Parmi les boutiques de créateurs qui bordent cette rue, celle-ci a retenu notre attention. Sculpteur surréaliste sur bois et sur verre, Livio de Marchi est un artiste inclassable et hors normes. Ses œuvres sont chères mais rien que pour les yeux, ça vaut le détour. Possède un autre magasin dans Dorsoduro *(campo Santa Margherita, 2903).* Et peut-être apercevrez-vous Livio, au volant de sa Ferrari... en bois et amphibie, sur l'un des canaux de Venise !

La bottega di Giuliana Longo *(zoom détachable D3,* ***226****)* ***:*** *calle del Lovo, San Marco, 4813.* ☎ *041-522-64-54. • giulianalongo.com • Fermé dim.* Ne pas confondre avec *Borsalino* en face. N'hésitez pas à pousser la porte de cette chapelière *(modisteria)* comme il n'en existe plus guère. La boutique existe depuis 1902. Même Louis Vuitton lui a rendu hommage ! On y donne des conseils avisés pour trouver le couvre-chef dont vous rêvez... Il y en a de toutes les formes et tous les styles, en tissu, en toile, en paille, toujours élégants. Chapeaux de carnaval, de gondolier, panama... Ils ne sont pas « made in China » mais made in Venezia !

Rigattieri *(zoom détachable C4,* ***207****)* ***:*** *calle dei Frati, San Marco, 3535.* ☎ *041-277-12-23. Tlj sf dim 9h30-13h, 15h-19h30.* Connaissiez-vous les céramiques de Bassano del Grappa, ce petit village de Vénétie ? Une profusion de vaisselle décorée de fruits et légumes colorés, des soupières en forme de chou... Ça plaît ou non mais ça vaut le coup d'œil. Également des lampes en verre de Murano.

À voir

LA PIAZZA SAN MARCO

Vaporetti nos 1 et 2, arrêt San Marco Vallaresso, ou no 4.1, 4.2, 5.1 ou 5.2, arrêt San Zaccaria.

Avec ses deux espaces formant une équerre, c'est l'une des plus célèbres au monde. Vous noterez d'ailleurs que c'est la seule *piazza* de Venise. Toutes les autres places sont appelées *campo*. C'est par ici que l'on débarquait à Venise jusqu'au XIXe s, avant que soit construit le raccordement par la route avec la terre ferme. Le caractère unique de la place provient de la beauté des édifices qui la bordent. Basilique Saint-Marc *(basilica di San Marco)*, palais des Doges *(palazzo Ducale)*, tour de l'Horloge *(torre dell'Orologio)* et un campanile sont autant de merveilles architecturales que vous visiterez dans une atmosphère de faste ou de recueillement... C'est aussi le théâtre permanent de toute la vie publique. Il faut y venir tôt le matin ou le soir, après le départ des touristes d'un jour, pour en apprécier toute la majesté.

SI ÇA VOUS BOTTE...

Point le plus bas de Venise, la place Saint-Marc se retrouve la première sous les eaux quand la lagune déborde, surtout de novembre à avril. Elle a été, et devrait être encore, progressivement surélevée pour échapper aux inondations. Vous pouvez toujours emporter vos bottes, mais ça prend de la place, et les Vénitiens, véritables marchands du temple, en ont toujours des paires à vendre (fluo ou à l'effigie de Venise !) aux touristes non étanches.

*** ***Basilica di San Marco*** *(plan détachable et zoom détachable D-E4)* **:** *sur la pl. Saint-Marc. ☎ 041-270-83-11. • basilicasanmarco.it • Lun-sam 9h45-17h ; dim et j. fériés 14h-17h (16h nov-Pâques).* ***Attention, avt même de faire la queue pour entrer, pensez à laisser vos sacs à dos à la consigne, dans une petite rue sur la gauche, comme un panneau l'indique.*** *Tlj 9h30-17h (pas de dépôt possible après 16h45). Gratuit et sûr (de tte manière, il n'y a pas le choix !). Photos strictement interdites. Accès aux loggias au-dessus de la façade et au musée di San Marco : 6 €.*
Avr-oct, visite guidée liturgique gratuite en italien ou dans d'autres langues selon calendrier, lun-sam vers 11h. Rdv devant le petit kiosque dans le grand vestibule d'entrée de la basilique.
Un conseil, préférez la visite quand la lumière artificielle vient éclairer les mosaïques recouvertes d'or, spectacle époustouflant. Éclairage en sem 11h30-12h30, w-e tte la journée.

La façade

La basilique Saint-Marc fut édifiée au XIe s en remplacement d'une autre, construite pour abriter les reliques de saint Marc. On voit clairement dans l'architecture même de la basilique les liens qui unissaient Venise et Constantinople. D'abord par sa forme en croix grecque, sur le modèle des églises orientales. Puis par les ajouts, à partir du XIIe s, de plaques de marbre et de matériaux précieux pillés lors des expéditions de la Sérénissime. L'édifice, au départ en brique, s'est enrichi au fil des siècles pour devenir un des plus beaux mélanges de styles au monde (byzantin, gothique, Renaissance...). Sur la façade principale, on trouve **cinq portails ornés de mosaïques** retraçant un épisode de la vie de saint Marc : l'arrivée de son corps à Venise.

Le **portail le plus intéressant** est celui de gauche, dédié à saint Alipius. Il abrite la seule mosaïque originale de la façade, représentant « la Translation du corps de saint Marc » (l'arrivée du corps à Venise, autrement dit !), et permet de voir la basilique telle qu'elle se présentait au XIIIe s avant l'ajout d'éléments gothiques. Les quatre autres portails comportent des mosaïques du XVIIe s pour les plus anciennes (à l'exception de celles de l'entrée principale, refaites au XIXe s). Les bas-reliefs des trois arcs qui forment ce portail central méritent un peu d'attention. Y sont représentés : les mois, les signes du zodiaque, les 13 corps de métiers traditionnels et d'autres détails que nous vous laissons découvrir. Ce superbe livre d'images a été gravé dans la pierre au milieu du XIIIe s par des artistes anonymes.

On dit que le vieillard avec ses béquilles représenté sur la gauche serait l'architecte de la basilique.
L'**étage supérieur de la façade** est constitué d'une terrasse d'où le doge assistait aux cérémonies et aux fêtes données sur la place. Au centre, quatre célèbres **chevaux de bronze** (les originaux sont conservés à l'intérieur de la basilique, au musée Marciano, pour éviter la corrosion) ; ils furent volés à l'hippodrome de Constantinople lors de la quatrième croisade en 1203. En 1797, Bonaparte les emporta à Paris pour orner l'arc de triomphe du Carrousel. Ils retrouvèrent leur place en 1815, mais la légende affirme que leurs yeux en rubis auraient disparu (encore une autre copie qui se retrouve cette fois-ci au-dessus du Carrousel).
N'oubliez pas d'aller voir, piazzetta dei Leoncini, la façade nord, remarquable par sa ***porta dei Fiori*** surmontée d'une *Nativité*.
La **façade sud,** quant à elle, ouvre sur la *piazzetta* et sur la lagune. Sur le côté droit de la basilique se dressent deux pilastres de marbre, chefs-d'œuvre de l'art syrien du VIe s. Ces pilastres dits *de Saint-Jean-d'Acre,* provenant en réalité de Constantinople, ont été pris après la victoire des Vénitiens sur les Génois en 1256. La « pierre du ban », servait de piédestal pour proclamer les décrets et les lois. De Byzance provient probablement aussi le **groupe des Tétrarques,** sculpté au IVe s dans un bloc de porphyre rouge.

Le narthex (le grand vestibule d'entrée)
Toutes les mosaïques qui couvrent les parois ont trait à l'Ancien Testament, alors que celles de l'intérieur de la basilique racontent des épisodes du Nouveau Testament. Sur la droite, la coupole de la Création est représentée comme une bande dessinée à lire dans le sens inverse des aiguilles d'une montre. Suit l'histoire du Déluge avec l'arche de Noé. Avec l'arc dit « du Paradis », dû à des cartons du Tintoret et de Titien, nous quittons temporairement l'Ancien Testament. Nous le retrouvons avec la tour de Babel, sur l'arche suivante, l'histoire d'Abraham et celle de Joseph, qui se poursuit après le comptoir de vente. La dernière coupole est consacrée à l'histoire de Moïse.
– Dans le narthex, sur la droite, se trouve l'escalier qui conduit à la galerie supérieure et au ***museo di San Marco.*** Vous y admirerez de près les quatre fameux « chevaux voyageurs ». Extraordinaire aussi pour admirer de très près les mosaïques de la basilique ainsi que pour voir d'en haut l'intérieur de la basilique. De la terrasse, beau panorama sur la place Saint-Marc et le grand bassin de Saint-Marc.

L'ART DE LA DÉROBADE

En l'an 828, deux marchands vénitiens, envoyés en mission à Alexandrie, en Égypte, par le doge de l'époque, dérobèrent le corps momifié de saint Marc, objet d'une très grande vénération. Ils ne trouvèrent rien de mieux, pour le soustraire à la vigilance des gardiens, que de couvrir la dépouille de l'évangéliste alexandrin de morceaux de porc salé. Les musulmans laissèrent filer la très vénérable momie vers Venise sans prendre le risque de manipuler la viande impure.

L'intérieur de la basilique
L'affluence fait parfois perdre à ce lieu, en pleine journée, son côté mystérieux. On doit suivre la foule des visiteurs le long du chemin balisé par des tapis qui préservent le pavement ancien. Ne boudons pas pour autant notre plaisir, ce que l'on voit est extraordinaire.
Les fastueuses mosaïques (plus de 8 500 m^2) et les marbres les plus rares habillent l'ensemble des volumes intérieurs. Ces mosaïques sur fond d'or (d'où le surnom d'« église d'Or ») furent exécutées fidèlement d'après la tradition orientale codifiée au mont Athos. Une de ces mosaïques (près de la chapelle de Saint-Isidore) représente un rhinocéros, dont la date est disputée (XIIIe s ?). Derrière l'impressionnante iconostase en marbre et l'autel, le *retable d'Or* (la ***pala d'Oro***) est un extraordinaire ouvrage d'orfèvrerie *(visite payante : 2 € ; lun-sam 9h45-17h, 14h en hiver ; dim et*

j. fériés 14h-17h). Commandé en 976 apr. J.-C. et réalisé par des artistes byzantins, il s'agit d'un très grand (3,45 m sur 1,40 m) retable en or (plaques d'or massif) incrusté de centaines de pierres précieuses et de 80 émaux représentant la vie de Jésus et de saint Marc. Au fil des siècles, les doges l'ont enrichi en y ajoutant de nouveaux émaux. Par chance, il n'a pas été volé par Bonaparte en 1797...
– Les amateurs d'orfèvrerie religieuse ne manqueront pas la visite *(3 €)* du ***trésor*** de la basilique Saint-Marc : calices, reliquaires, brûle-parfum, coffrets, etc., finement ciselés et ornés de pierres précieuses. Objets rapportés principalement de Constantinople à l'issue de la quatrième croisade en 1203. Parmi les reliques les plus étonnantes du trésor, on trouve le pouce de saint Marc, des morceaux de la Vraie Croix du Christ, une fiole du sang du Christ, un doigt de Marie-Madeleine, des cheveux de la Vierge...
– ***Autres curiosités de la basilique :*** certains historiens prétendent que les colonnes encadrant les deux anges en mosaïque (sur les côtés de l'autel principal) viendraient de la maison de Ponce Pilate. D'autres disent que les colonnes noires et blanches de l'atrium (entrée principale) proviendraient du temple de Salomon à Jérusalem.

Les Procuratie *(zoom détachable D4)* **:** ce sont les bâtiments reposant sur une série d'arcades qui bordent la place Saint-Marc. Ils furent construits pour installer les appartements et les bureaux des procurateurs, les dignitaires de la République qui secondaient le doge et s'occupaient de l'administration de la ville. Les *Procuratie Vecchie* (au nord de la place) furent édifiées au XVIe s et comptent une cinquantaine d'arcades qui s'étendent sur 150 m. Les *Procuratie Nove* (au sud) furent construites au début du XVIIe s, en reprenant le même schéma que l'autre façade. En temps de carnaval les Procuratie se transformaient naguère en lieu de débauche et de prostitution. Le président de Brosses, un voyageur français du XVIIIe s, le constate : « ... il y a sous les arcades des Procuratie autant de femmes couchées que debout... Dernièrement, on a arrêté 500 courtiers d'amour »... Difficile à imaginer aujourd'hui...
Au fond de la place, à l'ouest, on trouve les *Fabbriche Nove,* où Napoléon Ier, alors roi d'Italie, installa son palais royal (qui s'étendait d'ailleurs de l'aile ouest à toutes les *Procuratie Nove,* occupant l'actuel *musée Correr*). Pour bénéficier d'une grande salle de bal avec vue sur la place, il n'hésita pas à faire détruire l'église San Gimignano ! Actuellement, les Procuratie abritent toujours des bureaux et divers musées (voir plus loin). Sous les arcades, vous trouverez de nombreuses boutiques et quelques prestigieux cafés (le *Caffé Florian* notamment) devant lesquels de petits orchestres de chambre jouent à la belle saison.

Torre dell'Orologio *(tour de l'Horloge ; zoom détachable D4)* **:** *c'est l'édifice qui se dresse au bout des Procuratie Vecchie. • torreorologio.visitmuve.it • Résa obligatoire : ☎ 848-082-000. Visite guidée en français lun-mer à 14h et 15h ; jeu-dim à 10h et 11h. Fermé 1er janv et 25 déc. Attention : cette visite n'est pas incluse dans le billet commun des monuments de la pl. Saint-Marc. Entrée : 12,50 € ; réduc (offrant l'accès gratuit au musée Correr, au Musée archéologique et à la bibliothèque Marciana). Sur résa. Billet en vente au musée Correr. Interdit aux moins de 6 ans et déconseillé en cas de problèmes cardiaques ou de claustrophobie. Porter de bonnes chaussures pour la grimpette. Photos autorisées.*
La construction de la tour commença en 1496 et fut complétée par l'adjonction de deux parties latérales en 1506. La terrasse qui surmonte le tout ne fut ajoutée que bien plus tard, en 1755. Juste au-dessus de l'arc qui ouvre vers les *Mercerie* se trouve la grande horloge. Elle indique les heures, les phases de la Lune, la course du Soleil par rapport aux signes du zodiaque et les saisons. On raconte que le Sénat fit crever les yeux des deux horlogers qui avaient mis son mouvement au point, afin qu'ils n'en divulguent pas le secret de fabrication. Une chose, dans tous les cas, crève les yeux : la même légende court partout en Europe à propos d'horloges semblables.

La **particularité de cette horloge** est de compter 24h marquées de I à XXIV. La première heure du jour commence à 4h du matin (et non comme aujourd'hui juste après minuit). Ce système d'heure dite « **heure italique** » fonctionna jusqu'à l'invasion de Venise par Bonaparte en 1797. Celui-ci la remplaça par l'heure française avec une journée divisée en deux fois 12h.
Pour les cinéphiles, sachez que cette fameuse horloge est fracassée par James Bond dans le deuxième film de la série, tourné à Venise.
Au sommet de la tour, on retrouve le lion, emblème de Venise, puis, de part et d'autre de la cloche, les célèbres Maures (*Mori* en italien), les jacquemarts qui frappent les heures à l'aide de maillets. Le nom *Mori* viendrait du fait que le bronze utilisé pour le coulage de ces deux statues est particulièrement foncé.

Le campanile *(zoom détachable D-E4) : ☎ 041-522-40-64. Pâques-juin et oct, tlj 9h-19h ; juil-sept, tlj 9h-21h ; nov-Pâques, tlj 9h30-15h45. Attention, horaires indicatifs, ils peuvent changer : ouv souvent plus tard l'été, et en fonction des conditions météo. Fermé 20 j. en janv pour travaux de maintenance. L'accès (8 €) se fait par un ascenseur. Audioguide : 3 €. Évitez le w-e, car l'attente peut être fort longue. Petite info si vous souhaitez ou non être aux premières loges : les cloches sonnent à 9h, 12h, 14h et 18h30. Attention, pensez à prendre une petite laine : il fait parfois plus frais en haut.*
« Le gigantesque campanile porte dans le ciel et annonce de loin aux voyageurs de la mer la vieille royauté de Venise » (Taine). La première construction de la tour remonte au IXe s. Elle prit sa forme actuelle au XVIe s. Galilée y présentera sa lunette astronomique le 21 août 1609. Haut de 98 m, l'ensemble fut entièrement reconstitué en l'état après son effondrement sur lui-même le 14 juillet 1902 (probablement par solidarité avec la Bastille !). Comme l'événement avait été anticipé, le monument ne fit qu'une seule victime en s'écroulant : le chat du gardien.
Chacune de ses cinq cloches avait, au temps de la République, une fonction particulière. Elles pouvaient aussi bien indiquer le début et la fin des réunions du gouvernement qu'annoncer une exécution capitale.
Au sommet, splendide panorama sur les îles environnantes. Noter également le paysage toujours changeant des toits vénitiens dont vous découvrirez vite une des composantes : les célèbres *fumaioli*, ces cheminées évasées vers le haut qui évitaient les retombées de scories incandescentes. On les voit à profusion dans les tableaux de Carpaccio.
Au pied du campanile, sur le côté droit, remarquer le système qui mesure le niveau de la marée. Quand le voyant rouge s'allume, l'alerte est donnée ; chacun doit alors prendre ses dispositions !

BLOND VÉNITIEN, MODE D'EMPLOI !

Du haut du campanile, on aperçoit des petites terrasses légères, les altane. Pour donner à leurs cheveux cette légendaire nuance « blond vénitien » (un blond cuivré), les Vénitiennes avaient l'habitude d'exposer leur chevelure aux ardents rayons du soleil depuis ces terrasses, tout en les enduisant d'une mixture faite d'urine de chat ou de cheval. Les dérivés d'ammoniaque contenus dans l'urine favorisaient l'éclaircissement des cheveux.

Piazzetta San Marco *(zoom détachable E4)* **:** « le vestibule de la place Saint-Marc » est la placette accolée perpendiculairement à la *piazza San Marco.* Si elle n'est pas aussi majestueuse que sa grande sœur, elle offre néanmoins une vue magnifique sur l'île de San Giorgio Maggiore et la *punta della Dogana* (pointe de la Douane). D'un côté, elle est bordée par le *palais des Doges* et de l'autre par la bibliothèque *Marciana.* Au bord du *Molo* s'élèvent deux colonnes monolithiques rapportées d'Orient en 1125. Une troisième était prévue, mais elle est tombée dans la lagune lors de son transbordement ! Ces deux colonnes portent les emblèmes des patrons de la ville : saint Théodore terrassant un dragon, et le lion ailé de saint Marc. Les Italiens superstitieux ne passent jamais entre ces deux colonnes, car c'est là qu'on exécutait les condamnés à mort ! Sur le quai, à droite en quittant la *piazzetta,* se tient la *Zecca,* l'ancien palais de la Monnaie. Il est important de rappeler que les pièces frappées à Venise circulaient dans toute l'Europe et qu'elles contribuaient au rayonnement de la cité. Aujourd'hui, on y a installé les salles de lecture de la bibliothèque.

Les autres monuments de la place Saint-Marc

– ***Quelques infos utiles avant de partir à la découverte des autres monuments de la place Saint-Marc (billet commun) :*** palais des Doges, musée Correr, Musée archéologique et salles monumentales de la bibliothèque nationale Marciana. *Pour ces 4 musées, il n'existe qu'un seul billet commun. Si vous souhaitez visiter slt l'un d'entre eux, vous paierez donc le même prix : 17 € ; réduc. Carte* Rolling Venice *acceptée (et fortement conseillée pour les moins de 29 ans). Accès également avec le* Museum Pass *(voir la rubrique « Cartes ou forfaits de visites et transports » dans « Venise utile » en début de guide). Fermés le Jour de l'an et à Noël.* De manière générale, ne faites pas la queue si vous avez déjà le billet. Autre chose : sachez qu'il n'est possible de faire qu'une seule visite par monument (donc attention à l'heure et n'espérez pas revenir le lendemain si vous n'avez pas eu le temps de tout voir). Ce billet est valable 3 mois.
– *Conseil de routard :* achetez votre billet au musée Correr plutôt qu'au palais des Doges (où la queue est souvent moins importante !). Les billets pour la visite guidée de la tour de l'Horloge s'achètent ici aussi.

SAN MARCO

🎭🎭 ***Museo Correr*** *(zoom détachable D4) : San Marco, 52, au fond de la place, à l'opposé de la basilique Saint-Marc. ☎ 041-240-52-11 ou 848-082-000. • correr.visitmuve.it • Avr-oct, tlj 10h-19h ; nov-mars, tlj 10h-17h. Fermeture des guichets 1h avt. Une cafétéria au décor très agréable, un vestiaire et une librairie sont à la disposition des visiteurs. Fiches explicatives sur les œuvres dans chaque salle. Bon à savoir :*
– l'accès au Musée archéologique se fait par le musée Correr (par la salle 18) et la bibliothèque Marciana se trouve dans la continuité du Musée archéologique.
Le musée Correr constitue une excellente introduction à l'histoire de la ville. En tout, près de 50 salles variées, sur la Sérénissime et l'art vous attendent. Les œuvres qu'il renferme ont été léguées en 1830 par Teodoro Correr, qui appartenait à l'une des plus anciennes familles vénitiennes.

1er étage
La visite commence par les **salles impériales** du palais royal. Quand bien même on conserve ici quelques meubles d'époque napoléonienne, la déco remonte à la période des Habsbourg. Ce sont les fameux appartements d'Élisabeth de Wittelsbach, plus connue sous le nom de Sissi. La belle, incarnée à l'écran par Romy Schneider, y séjournera quelques mois seulement, tandis que son « Franzy », le jeune souverain François-Joseph, lui rendra visite une bonne dizaine de fois. On découvre la salle à manger, la salle des audiences, puis des lieux plus intimes (cabinet d'études, boudoir) : beaux meubles de style Empire ou néobaroque, de splendides lustres de Murano (concurrencé par le cristal de Bohême à l'époque) ainsi qu'une tapisserie rouge et or refaite à l'identique.
– On accède à une série de salles (somptueuse bibliothèque en noyer du XVIIe s, salle 8) qui exposent successivement quelques œuvres majeures du sculpteur Canova, toutes sortes de documents concernant les doges et l'histoire de la navigation vénitienne : magnifiques mappemondes anciennes (réalisées par Coronelli), maquettes de bateaux, etc. Admirez les énormes lanternes qui ornaient la proue des galères et les globes terrestres du XVIIe s. Les numismates trouveront également leur bonheur avec une belle collection de monnaies (dont les plus vieilles

datent de Lodovico II Pio, empereur et roi d'Italie (810-840 apr. J.-C). Dans les salles du fond, intéressante exposition d'armes et d'armures.
Retour en arrière pour découvrir un ensemble de salles consacrées aux petits bronzes et à la civilisation vénitienne avec différents objets de la vie quotidienne, notamment des jeux de société (à ne pas manquer !).
– ***Les neuf salles de la Wunderkammer :*** elles abritent une riche collection provenant du dépôt du musée. Peintures de doges, tableaux à thèmes religieux, coffrets en ivoire, statues, reliquaires, bijoux et camées de la Renaissance. Ne pas manquer la salle IX avec cette grande carte de Venise réalisée vers 1500 : « Venise à vol d'oiseau ». Son auteur Jacopo de' Barbari utilisa une matrice en bois de poivrier pour imprimer la carte. C'est cette matrice finement sculptée qui est exposée ici, c'est unique en Europe !

2e étage
Il est occupé par une **pinacothèque** *(quadreria)* rassemblant des œuvres majeures de la **peinture vénitienne depuis la fin du XIIIe s** jusqu'au XVIe s. Il faut au moins s'arrêter devant les œuvres les plus marquantes. Salle 25, Paolo Veneziano (très actif au début du XIVe s) marie avec élégance les schèmes iconographiques du byzantin (profusion des couleurs, visages allongés) à la finesse du détail et l'élégance des mouvements introduits par le gothique. Quelques œuvres de style gothique flamboyant plus loin, et on trouve, incarnant le *quattrocento,* Cosmè Tura. Très inspiré par la volumétrie magistrale de Piero de la Francesca, il nous livre une effrayante *Pietà.*
Plus loin, la peinture flamande n'est pas en reste avec Bruegel le Jeune (l'*Adoration des Mages*), qui jouxte quelques *Madone à l'Enfant* de Bartolomeo Vivarini. Pour terminer, encore une *Pietà,* mais d'Antonello da Messina, cette fois. Son arrivée à Venise à l'hiver 1474 fut déterminante pour le développement de la peinture vénitienne de la Renaissance. Et pour conclure, Giovanni Bellini qui, attentif au message transmis par da Messina, prendra la tête d'un atelier extrêmement actif dans la seconde moitié du XVe s.
On peut également admirer un **petit chef-d'œuvre de Carpaccio** connu sous le nom de *Deux Dames vénitiennes* (salle 38). On a pensé pendant longtemps que ce tableau représentait deux courtisanes attendant le client. Profonde méprise : on sait aujourd'hui qu'il s'agit de deux sœurs de très bonne famille (leur blason figure sur le vase) attendant le retour de leurs époux partis à la chasse. Mais les couples ne sont pas près d'être réunis : les maris se trouvent au musée Getty, à Malibu, sur la côte californienne (on a donné l'alerte, mais personne n'a réagi !).

Museo Archeologico *(Musée archéologique ; zoom détachable D4)* **:** *piazza San Marco, 52. Entrée par le musée Correr (inutile donc de revenir à la caisse). Même billet, mêmes horaires que le musée Correr.* La visite du musée Correr vous poussera naturellement vers ces différentes salles. On peut admirer de très belles statues de la période hellénistique ou romaine. Également quelques amulettes et objets votifs égyptiens, des bas-reliefs et deux sarcophages, des cratères de la période étrusque, une petite collection de bijoux en or allant du Ier s av. J.-C. au Ier s après, sans oublier quelques bronzes. Les plafonds et murs sont décorés par les grands peintres de l'époque.
– ***Capsella di Samagher :*** derrière son rideau noir, cette petite salle conserve une pièce rare, un reliquaire du Ve s, en ivoire et corne, provenant de Pula en Croatie (la Dalmatie était naguère sous mainmise vénitienne).

Biblioteca nazionale Marciana *(appelée aussi Biblioteca Vecchia ; zoom détachable D4)* **:** *piazza San Marco, 52. Entrée dans la continuité du Musée archéologique (même billet, mêmes horaires que le musée Correr).*
Construit par Sansovino au XVIe s (le plus grand architecte de son temps), ce monument abrite une bibliothèque dont on ne visite que les salles dites « monumentales ». Dès l'origine, le bâtiment abrita une collection de livres de la République (environ un millier de manuscrits grecs des plus précieux). Ses plafonds,

ornés de grotesques sur fond d'or (petites scènes peintes à la mode à l'époque), ont été réalisés par Véronèse mais également par Bernardo Strozzi. Les murs ont été peints par Tintoret et d'autres artistes. De part et d'autre de la porte monumentale qui mène au vestibule, deux autres Véronèse !
Le vestibule est également à ne pas manquer. On y découvre la **mappemonde de Fra Mauro** (1450). Il s'agit non pas d'un globe terrestre (comme ceux de Coronelli) mais d'une représentation du monde du XVe s. L'ensemble a été peint et dessiné à plat dans un grand cercle vertical, par un moine qui n'était jamais sorti de San Michele de Murano. Cette mappemonde date d'avant la découverte du Nouveau Monde (1492). L'Afrique est encore très incertaine, les Portugais commençant à peine leur exploration des côtes de ce continent. Notez bien qu'à l'époque, Jérusalem était placée au centre du monde.

*** ***Palazzo Ducale*** *(palais des Doges ; plan détachable et zoom détachable E4) : ☎ 041-271-59-11 ou 0848-082-000. • palazzoducale.visitmuve.it • Avr-oct, tlj 8h30-19h ; nov-mars, tlj 8h30-17h30 ; dernière entrée 1h avt fermeture. Fermé 1er janv et 25 déc. Une astuce : acheter le billet au musée Correr plutôt qu'ici, cela évite de faire la queue pour entrer. Audioguide : 6 €. Pour les visites en français, téléphonez ou demandez à l'entrée, car les horaires changent souvent. Dans chaque salle, des panneaux explicatifs en français détaillent les œuvres. Cafétéria et librairie.*

La résidence des doges et de l'État
« Tout le génie de la cité en son plus bel âge s'est rassemblé ici... » Chef-d'œuvre du gothique vénitien. Le volume imposant de la résidence des doges échappe à l'impression de lourdeur grâce à un habile procédé architectural : l'inversion des masses. Cette technique place aux niveaux supérieurs les volumes pleins, tandis que les galeries inférieures bénéficient d'une grande finesse de décor. Cela augmente la légèreté de l'ensemble, qui a l'air de reposer comme par miracle sur de fines colonnettes. D'énormes pieux de mélèze assurent la cohésion de l'îlot de sable sur lequel il est bâti.

DANS LA GUEULE DU LION

Au 1er étage du palais des Doges, on peut observer une inquiétante gueule de lion (bocca di leone), *encastrée dans un mur. Elle servait de boîte aux lettres pour recueillir les dénonciations anonymes (il y en a d'autres en ville). Mais, du coup, bon nombre d'innocents étaient pris dans les griffes de la justice et condamnés à tort. Pour remédier aux abus, à partir du XIVe s, on exigea deux signatures. Et ceux qui dénonçaient à tort risquaient la peine de mort. Le nombre de lettres diminua alors considérablement...*

Le palais n'était pas seulement la résidence du doge. En fait, ses appartements (au 1er étage) ne représentaient qu'une infime partie du bâtiment. Les trois quarts étaient occupés par les organes politiques et judiciaires de l'État (le conseil des Dix, les Quarante, le Sénat, le Grand Conseil...). La police secrète y avait également ses bureaux. Quant au célèbre pont des Soupirs, il mène directement aux prisons.

Visite
La visite du palais s'organise autour de ces trois grands espaces : les **appartements,** les **salles institutionnelles** et la **prison.**
– On pénètre dans le palais par la *porte del Frumento,* en face du bassin de Saint-Marc *(bacino San Marco).* Cour intérieure magnifique avec son élégante aile Renaissance réalisée par Pietro Lombardo et ses deux fils, la façade de l'Horloge et les puits aux margelles de bronze.
– Pour accéder aux salles, emprunter le premier escalier à droite. On arrive sur les loges, magnifique dentelle de pillers qui donne sur la cour intérieure. C'est ici que s'ouvre l'inquiétante gueule de lion *(bocca di leone)* encastrée dans le mur. À côté,

SAN MARCO

la *scala d'Oro* (escalier d'Or) aux plafonds généreusement stuqués mène aux appartements du doge, première étape de la visite. Les feuilles d'or de l'escalier sont en vrai métal de 24 carats.

Les appartements du doge

– À mi-hauteur de l'escalier sur la droite, on accède aux premières salles des appartements Ces derniers n'avaient rien de très privé, puisque s'y déroulait aussi la vie publique du doge. Les appartements plus intimes se trouvent un peu plus loin. Le doge n'y pénétrait qu'après avoir déposé les insignes du pouvoir. Les salles n'ayant que peu de mobilier, il faut faire un effort d'imagination pour reconstituer la vie du doge. Voici les plus remarquables :

➢ **La salle des Scarlatti :** notez le plafond sculpté et une *Vierge à l'Enfant* de Titien.

➢ **La salle du Blason :** c'est ici que le doge recevait ses hôtes. On exhibait le blason du doge en charge. Cette vaste salle a la forme traditionnelle des demeures vénitiennes les plus anciennes. Les cartes peintes sur les murs visaient à impressionner les visiteurs à l'époque de la toute-puissance de la Sérénissime.

➢ **La salle Grimani :** une salle dominée par la figure du lion de Saint-Marc, que l'on retrouve sous le pinceau de Vittore Carpaccio *(Le Lion marchant).* Le lion ailé étant bien sûr le symbole de Marc l'évangéliste.

➢ **La salle des stucs :** à la différence des autres, elle est décorée de stucs. Ne soyez pas surpris de découvrir un portrait du roi de France Henri III attribué au Tintoret. Il faisait alors une petite pause à Venise en 1574 avant de se rendre en France pour son couronnement.

➢ **La salle des philosophes :** une de nos préférées. Prenez la petite porte sur le mur qui mène à l'escalier privé du doge. Montez quelques marches et retournez-vous. Émerveillement ! *Saint Christophe* peint par Titien. L'originalité vient du fait que le saint traverse la lagune de Venise à pied, image insolite et interprétation très personnelle du peintre.

➢ **La salle Corner :** remarquez la frise sur la cheminée, les anges ailés chevauchant des dauphins aux mâchoires carnassières. Gigantesque arbre généalogique de la famille Foscarini en tableau.

➢ **La salle des portraits :** une très touchante *Pietà* de Bellini, le Christ mort soutenu par Marie, saint Jean et d'autres saints.

PAS DE TROMPERIE SUR LA MARCHANDISE !

À la cour du roi Charles IX (1560-1574), il était seyant de porter une robe dite « d'espoitrinement valois à la vénitienne », l'ancêtre de notre topless actuel. Ce costume, qui permettait aux courtisanes de mettre en valeur certains de leurs atouts, avait été imposé aux prostituées par le doge de Venise pour que les clients de ces dernières puissent les différencier des travestis qui les concurrençaient sévèrement à l'époque.

Les salles institutionnelles

Reprendre la *scala d'Oro* (escalier d'Or) jusqu'en haut. Dans le vestibule, plafond du Tintoret *(La Justice offrant balance et épée au doge).* Les visiteurs y faisaient antichambre avant d'être reçus.

➢ **La salle des Quatre Portes :** salle avec de belles fresques du Tintoret au plafond, ainsi qu'une toile de Tiepolo. C'est dans cette salle que patientaient les personnes qui étaient convoquées par le Conseil. Une peinture représente l'accueil du roi de France Henri III à Venise en 1574.

➢ **La salle de l'anticollège :** c'est la troisième salle d'attente (on pouvait attendre plusieurs jours avant d'être reçu par le doge !). Elle renferme la célèbre œuvre de Véronèse, *L'Enlèvement d'Europe* (remarquable luminosité). Du Tintoret toujours, série de scènes mythologiques *(La Forge de Vulcain, Mercure et les Trois Grâces, Ariane retrouvée...).*

➢ ***La salle du collège :*** organe suprême de la République, composé du doge et de ses six conseillers (les sages), du président du conseil des Dix et du grand chancelier. On y recevait les ambassadeurs. Admirez la grande toile de Véronèse, *La Victoire de Lépante contre les Turcs,* cette bataille meurtrière se déroula en octobre 1571 sur les côtes de l'actuelle Grèce (Naupacte aujourd'hui). Elle imposa la suprématie maritime de Venise en Méditerranée et freina l'avancée ottomane vers le sud de l'Europe. Plafond sculpté et doré avec peintures allégoriques du même artiste *(Mars et Neptune, Venise trônant avec Justice et Paix...).*

➢ ***La salle du Sénat :*** le Sénat, composé de 120 sénateurs élus, détenait le pouvoir législatif. Dans cette salle, on assiste au triomphe du baroque. Plafond sculpté et doré, imbattable dans le genre pompeux et chargé. Ça en devient beau dans la démesure décorative. Afin de limiter la longueur des interventions, les deux horloges servaient à rappeler aux participants des débats le temps qui passait inexorablement. À partir de là, on entre dans la partie « pénale » du palais (symbolisée par la statue au-dessus de la porte).

➢ ***La salle du conseil des Dix :*** de l'autre côté de la salle des Quatre Portes. Le conseil des Dix (ils étaient 17 !), sorte de service secret doté de pouvoirs judiciaires, avait été créé pour déceler les nombreux complots tramés ici et là. Il avait la faculté de révoquer le gouvernement et même le doge en personne. Toiles de Véronèse et de Zelotti.

➢ ***L'armurerie (armeria) :*** impressionnante collection d'armes anciennes. Curieuses épées avec arme à feu incorporée et ancêtre de la mitrailleuse à 10 canons. Ne manquez pas les hallebardes ottomanes (Turcs) et l'armure du roi Henri IV offerte par la France à Venise. Voir aussi la superbe ceinture de chasteté en fer, recto et verso (!). Redescendre maintenant vers la salle du Grand Conseil.

➢ ***La salle du Grand Conseil***

Voici **la plus vaste salle du palais** (plus de 50 m de long et 25 m de large). On s'y sent d'ailleurs tout petit ! Le Grand Conseil, sorte de parlement, a compté plus de 1 000 membres au XVIe s. Les plus fameux artistes (le Tintoret, Palma le Jeune, Véronèse, Bassano) réalisèrent les toiles du plafond. Mais ce qui retient le visiteur ici, c'est avant tout la gigantesque toile du fond, *Le Paradis,* réalisée par le Tintoret en 1590. Probablement **la plus grande huile sur toile du monde** (22 m sur 7 m !), avec un nombre incroyable de personnages. Au plafond, dans l'ovale, *Le Triomphe de Venise* par Véronèse. Remarquez les grosses vis dans les encadrements, elles servent à tendre les toiles. Sous le plafond, une frise où figurent les portraits des 120 doges.

C'est dans cette salle du Grand Conseil qu'en juillet 1574 le roi de France Henri III fut convié au plus extravagant des banquets : « **un banquet en sucre** ». Les 3 000 invités se rassemblèrent autour d'un buffet géant atteignant la hauteur du plafond. Tout était en sucre : les mets, les plats, les couverts, les statues, les trophées... y compris les serviettes de table. Quand le roi de France voulut déplier la sienne, elle s'effrita entre ses mains...

UN DOGE SANS TÊTE

Parmi les portraits des 120 doges représentés dans la salle du Grand Conseil, notez celui de Marino Falier, voilé de noir. En 1354, quelques mois après son élection, il fut destitué et décapité sur les marches de l'escalier qui avait servi de décor à son couronnement. Son crime : avoir conspiré pour conclure une paix infamante avec Gênes et voulu renverser les institutions républicaines pour les remplacer par un gouvernement personnel et autocratique. Enfin, c'est ce que ses détracteurs ont bien voulu faire croire...

Les Prigioni Nuove

La visite se conclut par la découverte des *Prigioni Nuove* (les prisons nouvelles) que l'on atteint en traversant le célèbre pont des Soupirs *(ponte dei Sospiri)* par son couloir intérieur. Les « prisons nouvelles » vinrent suppléer aux « plombs » (l'ancienne prison, appelée ainsi car elle était sous les toits couverts de plomb) et aux « puits » (la même chose en sous-sol, encore moins confortables à cause de l'humidité), lorsque ces derniers se révélèrent insuffisants. **Giacomo Casanova** fut détenu au dernier étage des plombs, d'où il s'évada le 31 octobre 1755.

La fin de la visite vous projette sans ménagement dans l'univers mercantile de la librairie puis de la cafétéria, installée dans des salles voûtées. On peut y déguster chocolat chaud ou café.

La sortie

En sortant, vous apercevrez l'**escalier des Géants,** flanqué de Mars (dieu de la Guerre) et de Neptune (dieu de la Mer) illustrant les origines de la richesse de Venise, placée sous la protection particulière du lion de l'évangéliste. L'intronisation des doges se déroulait sur cet escalier. On termine par la ***porta della Carta,*** parée des statues des vertus. Sur les montants du portail étaient affichés décrets gouvernementaux et ordres d'exécution. Au-dessus, sculpture du doge Foscari à genoux devant le lion ailé de saint Marc, dans un décor ciselé représentatif du gothique flamboyant.

➢ ***Les secrets du palais des Doges :*** *résas plusieurs j. à l'avance au ☎ 041-271-59-11 ou 848-082-000, ou par Internet : • palazzoducale.visitmuve.it • Visite guidée tlj en français à 10h20 et 12h (aussi en italien et anglais à d'autres heures). Entrée : 20 € ; réduc. Carte Rolling Venice acceptée. Le billet donne droit à la visite classique du palais des Doges, mais celle-ci est à faire dans la foulée. Attention : ce billet ne donne pas accès aux autres monuments de la pl. Saint-Marc. Compter 1h15 pour la partie des secrets. Il faut être au min 2.* Si vous parvenez à la réserver, cette visite guidée en petit groupe permet de découvrir les passages secrets et les dessous de l'administration de la cité. Non seulement vous visiterez des lieux qui ne font pas partie du parcours classique (bureaux des fonctionnaires, archives secrètes, salles de justice, cachots, salle de torture, locaux de la police secrète du conseil des Dix, combles), mais vous apprendrez des tas de choses passionnantes sur l'histoire de la Sérénissime, État de droit à la modernité étonnante.

UNE PRISON DORÉE

Malgré leur puissance, les doges étaient assignés à résidence. Pendant longtemps, Venise craignait les pirates barbaresques, de fieffés pilleurs de bateaux qui, par-dessus le marché, n'hésitaient pas à vous vendre comme esclave en Afrique. Certains doges n'avaient même pas le droit de sortir de leur palais, sauf en étant masqués. Un boulot pas si rigolo, tout compte fait.

Ponte dei Sospiri *(pont des Soupirs ; zoom détachable E4)* **:** construit vers 1602, le pont des Soupirs est sans doute le pont le plus célèbre de Venise (avec le Rialto). Il reliait les locaux des juges d'instruction du palais des Doges aux « prisons nouvelles ». Ce n'est qu'au XIXe s, sous l'influence du romantisme, que le nom « des Soupirs » fut attribué au pont. Beaucoup oublièrent les soupirs des prisonniers d'antan franchissant le *rio* et contemplant une dernière fois Venise à travers le treillis des fenêtres. On adopta la version sentimentale du soupir : soupirs des amoureux ou soupirs des nostalgiques de la grandeur passée de la Sérénissime.

– Vous pouvez l'admirer depuis le pont *della Paglia.* Mais vous ne serez sûrement pas tout seul... En attendant de grappiller un peu d'espace pour prendre une photo, vous pourrez tenir compagnie à Noé dans son ivresse. Le patriarche titubant y est en effet représenté, soutenu par ses fils, à l'angle du palais des Doges.

DE LA PIAZZA SAN MARCO AU RIALTO

Museo Diocesano *(Musée diocésain ; zoom détachable E4)* **:** *fondamenta Sant'Apollonia, Castello, 4312. ☎ 041-522-91-66. • veneziaupt.org • Avr-oct,* *tlj sf mer 10h-18h (dernière entrée 30 mn avt fermeture) ; nov-mars, ferme à 18h. Entrée : 5 € (avec le cloître) ; réduc. Pour les expos temporaires, consulter leur site internet.* À l'écart de l'agitation de la place Saint-Marc, le musée est installé au 1er étage du charmant petit cloître roman de Saint-Apollon. Il abrite une collection de tableaux empruntés à des églises aujourd'hui fermées, dont un Tintoret. Également des objets liturgiques comprenant de belles pièces en orfèvrerie et des sculptures en bois des XIVe s et XVIe s, dont deux impressionnants Jésus crucifiés.

Les Mercerie : cette enfilade de rues compose l'artère commerçante la plus active de Venise et relie la place Saint-Marc au pont du Rialto. À l'époque des doges, on vendait de tout dans les *Mercerie.* C'était d'ailleurs le seul endroit de Venise où les commerces n'étaient pas groupés par spécialités. C'était, en un sens, le « bazar » de la ville. Les *Mercerie* portent trois noms différents. À partir de la place Saint-Marc, elles prennent le nom de *Merceria dell'Orologio* (la rue commence sous le porche de la tour de l'Horloge). Plus loin, on débouche sur le *campo San Zulian,* qui donne son nom au deuxième tronçon de la rue. En continuant, on atteint enfin le *campo San Salvador.* Malheureusement, les magasins originaux n'ont pas pu résister à la pression des grandes enseignes (et des boutiques tenues par des Chinois). Ceux qui restent vendent des articles beaucoup plus chers qu'ailleurs.

Chiesa Santa Maria della Fava *(zoom détachable D3)* **:** *calle della Fava, Castello. ☎ 041-522-46-01. Lun-sam 9h30-11h30, 16h30-19h ; dim l'ap-m slt. GRATUIT.* On raconte qu'une pâtisserie du quartier fabriquait des petites douceurs en forme de fève. Cette église du XVIIIe s aurait pris par la suite le nom du gâteau ! À part cela, l'église est sans grand intérêt. Signalons tout de même *L'Éducation de la Vierge* de Giambattista Tiepolo (première chapelle à droite) et *L'Apparition de la Vierge à saint Philippe Néri* de Piazzetta (deuxième chapelle à gauche).
– En sortant, rejoindre le *campo San Bartolomeo,* juste à côté du pont du Rialto, où se dresse la statue en bronze de Carlo Goldoni, le grand homme de théâtre vénitien, réalisée en 1883 par Antonio Del Zotto.

SAN MARCO

AUTOUR DE LA FENICE

En quittant la place Saint-Marc pour aller vers le théâtre de la Fenice *(teatro la Fenice),* on traverse **le quartier le plus chic de Venise.** Finis, les petites échoppes et les petits artisans. Ici, c'est l'empire du business, avec ses boutiques de fringues de marque, ses magasins d'antiquités, ses banques, ses cafés huppés et ses restos B.C.B.G. Emprunter notamment la calle larga XXII Marzo, qui illustre parfaitement l'ambiance du quartier.

Chiesa San Moisè *(zoom détachable D4)* **:** *campo San Moisè, San Marco. ☎ 041-528-58-40. Lun-sam 9h30-12h30, 15h-18h30 ; dim 9h30-11h, 15h-18h30.* Elle est consacrée à saint Moïse, le prophète de l'Ancien Testament (les Tables de la Loi c'est lui !). Édifiée en 1632, sa façade baroque de 1668 est richement sculptée. Il faut savoir que sa décoration était toute dévolue aux Fini, famille de nouveaux riches tardivement anoblis contre versement d'une somme rondelette. On peut voir le buste de Vincenzo Fini sur un obélisque au-dessus du portail. Le campanile date du XIIIe s. À l'intérieur, belles peintures : *Cène* de Palma le Jeune et *Lavement des pieds* du Tintoret (toutes deux dans la chapelle de gauche). Autel là encore très chargé. Une curiosité dans l'allée centrale : la plaque tombale de l'économiste **John Law** (1671-1729). Ce banquier écossais fut ministre des Finances du royaume de France sous Louis XV, et inventeur du système de Law. Chassé de France, Law termina sa vie à Venise, vivant d'expédients et de jeu. Il y croisa Montesquieu en 1728.

Teatro la Fenice *(zoom détachable C-D4)* **:** *campo San Fantin, San Marco. ☎ 041-78-66-72 (billetterie). • teatrolafenice.it • Vaporetti nos 1 ou 2, arrêt San Marco Vallaresso ; ou vaporetto no 1, arrêt Santa Maria del Giglio ou Sant'Angelo.*

Tlj 9h30-18h. Visite avec audioguide : 9 € ; réduc ; réduc pour les familles (1 couple + 1, 2 ou 3 enfants) : 21-27 € le billet global. Se renseigner avt pour connaître les horaires de visite car ils changent tlj suivant les répétitions.

Le célèbre théâtre de la Fenice donne sur un adorable petit *campo* bordé également par une église à la très belle façade Renaissance. Il tire son nom du Phoenix, oiseau légendaire et immortel, capable de renaître de ses cendres. Ironie de l'histoire, le théâtre a brûlé deux fois, et il ressuscita deux fois de ses cendres, comme le Phoenix...

Au cours de la visite, vous découvrirez une des plus étonnantes « bonbonnières » créées pour le plaisir des yeux et des oreilles.

L'une des plus belles scènes du monde

Avec son décor bleu clair argent, ce haut lieu du spectacle était considéré comme l'une des plus belles salles du monde. Détruit par un incendie qui dura 3 jours en décembre 1835, il fut reconstruit dans le style rococo avec 174 loges et plus de 1 100 places assises. La plupart des grands noms de l'opéra italien ont vu leurs œuvres jouées pour la première fois sur cette scène : Rossini, Bellini, Donizetti ou bien sûr Verdi... Les plus grandes voix s'y produisirent. Parmi elles, Maria Malibran qui, dans les années 1830, se rendait aux représentations dans une gondole décorée d'or et de rouge (à sa mort, à 28 ans, l'un des théâtres vénitiens prit son nom). La cantatrice Maria Callas y interpréta en tout huit opéras, de 1947 à 1954, sans compter Pavarotti ou encore Montserrat Caballé, pour ne citer que les plus connus. Enfin, depuis 1930, la Fenice accueille un festival de musique contemporaine de haute volée où brillèrent Stravinski, Prokofiev ou Britten...

UNE RÉSISTANCE ORCHESTRÉE

Au XIXe s, durant l'occupation autrichienne, les Vénitiens profitaient des œuvres de Verdi qui étaient jouées à la Fenice pour faire vibrer leur élan patriotique. Leurs enthousiastes « Viva Verdi » *cachaient en fait un message codé destiné à leur souverain, VERDI signifiant en fait « Vittorio Emanuele Re d'Italia » (Victor Emmanuel roi d'Italie).*

1996, le deuxième incendie

Le 29 janvier 1996, pour la deuxième fois de son histoire, un incendie – criminel, cette fois – ravagea à nouveau la Fenice. Pour éviter des pénalités de retard, une entreprise du bâtiment qui effectuait des travaux préféra mettre le feu à l'édifice. Les Vénitiens mettront 8 ans pour la reconstruire, *com'era, dov'era* (« tel qu'il était, où il était »).

Les archives visuelles ont permis de reconstituer avec minutie les couleurs, les matières et la décoration. Lors de son inauguration officielle le 14 décembre 2003, le public eut la chance de découvrir les améliorations scéniques et techniques, à défaut d'apprécier toujours la mise en scène de *La Traviata*, trop moderne pour Venise. Car, il faut bien l'avouer, la Fenice reste l'Opéra avec un grand « O » d'une petite ville où les commerçants sont rois et où l'on vient plutôt pour se montrer.

UNE RECONSTRUCTION *STRICTO SENSU*

Suite à l'incendie de la Fenice en 1996, les archives de 1836 (date de la première reconstruction) se révélèrent vite insuffisantes pour rebâtir l'édifice à l'identique. Les architectes eurent alors recours au cinéma ! Ils utilisèrent en particulier les premières scènes du film Senso *de Visconti, tournées en 1954 et qui se déroulent à l'intérieur de la salle... Ils s'appuyèrent également sur les scènes coupées, mais heureusement conservées, du troisième film sur* Sissi.

La visite

La visite retrace les grandes étapes de son histoire, ponctuée d'anecdotes musicales, architecturales ou historiques. Elle donne surtout accès à l'intimité de cette salle fastueuse, aux dimensions somme toute plutôt modestes. Un million d'heures furent nécessaires pour sa reconstruction ! On apprend comment l'utilisation du papier mâché et l'installation d'une fausse coupole ont permis d'alléger la structure. Un coup d'œil à la maquette originale de l'édifice (1790), un passage par la loge impériale (fastueuse avec les velours rouges, les angelots et les miroirs à l'infini !). À noter que du temps des doges, il n'y avait pas de loge royale car le doge n'était pas un roi. La loge impériale fut créée par Bonaparte en 1807 puis détruite et reconstruite par les Autrichiens. On visite aussi cinq magnifiques salles dites apolliniennes, où l'on aperçoit encore les traces de l'incendie de 1996. Une visite intéressante qui permet de mieux saisir l'émotion que ce dernier incendie, vécu comme une tragédie, suscita chez les Vénitiens.

Scala Contarini del Bovolo *(escalier du Bovolo ; zoom détachable D4)* **:** *San Marco, 4299. ☎ 041-271-90-12. • scalabovolo.org • Accès par la calle de la Vida o delle Locande, à partir du campo Manin (indiqué).* Dans la cour du *palais Contarini del Bovolo,* désormais démembré, on trouve le célèbre escalier du Bovolo, dont les arcades et la balustrade rappellent un peu la tour de Pise. Son nom vient du vénitien et signifie « escalier de l'Escargot », en raison de sa forme en spirale. Il fut construit en 1499 et est enfermé dans une jolie tour à loggias. Fermé pour restauration, il devait rouvrir en 2014, mais à l'heure actuelle, il est toujours fermé au public !

Chiesa Santa Maria del Giglio ou Santa Maria Zobenigo *(zoom détachable C-D4)* **:** *campo Santa Maria Zobenigo, San Marco. ☎ 041-275-04-62. • chorusvenezia.org • À deux pas du théâtre de la Fenice. Lun-sam 10h-17h (dernière entrée 16h45). Entrée : 3 €. Accès avec le* Chorus Pass.

Cette église à la riche façade baroque (1683) fut édifiée initialement au Xe s. Dominant le portail principal, une statue d'Antonio Barbaro, « *capitano da mar* » (amiral de la mer), rappelle que ce généreux donateur contribua financièrement aux travaux de construction. Voir aussi, à la base des colonnes de la façade, les sculptures en relief représentant les villes, où la famille Barbaro servit les intérêts de la République.

À l'intérieur sur la droite, dans la chapelle Molin, une *Vierge à l'Enfant* et *Saint Jean-Baptiste enfant,* la seule peinture de Rubens (peintre flamand d'Anvers) conservée à Venise. Cette toile exceptionnelle est parfaitement mise en valeur par un bel éclairage. Jeter aussi un coup d'œil aux deux tableaux du Tintoret qui se cachent derrière l'autel, représentant les Évangélistes.

➢ En allant vers le Grand Canal se trouve, à gauche, l'entrée de l'***hôtel Gritti Palace.*** Celui-ci fait partie des hôtels les plus célèbres du monde.

Campo San Maurizio *(zoom détachable C4)* **:** un *campo* calme, à l'image de l'ambiance générale du quartier. Il est bordé par une église du IXe s, reconstruite en 1806, dont la façade est assez surprenante : son fronton ressemble à celui d'un temple grec. Une brocante *(mercatino dell'antiquariato)* s'y tient plusieurs fois par an (à Pâques, à la Toussaint et juste avant Noël). À gauche de l'église se dresse le ***palazzo Bellavite de Baffo*** qui fut la demeure de Giorgio Zorzi Baffo (1694-1768). Issu d'une famille patricienne,

CHEVALIERS SERVANTS

De nombreux nobles veufs épousaient en secondes ou troisièmes noces des femmes beaucoup plus jeunes. Celles-ci trouvaient du plaisir ailleurs que chez leur vieil époux. Elles prenaient un amant appelé cavaliero servanti (chevalier servant). Au XVIIIe s, cette pratique était courante et reconnue.

Baffo fut magistrat chargé des Affaires criminelles de Venise. Il est surtout connu pour ses œuvres licencieuses. Sur le mur, une plaque porte une épitaphe de Guillaume Apollinaire, faisant l'éloge de ce poète licencieux.

Chiesa San Maurizio (museo della Musica ; *zoom détachable C4)* **:** *sur la place du même nom, avec son campanile penché (tte ressemblance avec un monument connu existant...). Tlj 9h30-19h30.* À l'intérieur, intéressante exposition sur la lutherie et quelques explications sur Vivaldi. Les instruments italiens sont joliment mis en scène dans des vitrines. Voir notamment les violes de gambe (ancêtres du violoncelle) et la reconstitution d'un atelier du XVIIIe s (âge d'or de la lutherie italienne). Contrebasse du grand maître Amati (1670) au milieu de l'autel et des instruments de la famille des bois : flûtes traversières, hautbois, clarinettes... Une visite effectuée au son de la musique de Vivaldi.

Campo Santo Stefano *(zoom détachable C4)* **:** l'une des plus jolies places de Venise, avec les *palais Loredan* et *Morosini.* Ne pas manquer la visite de l'*église Santo Stefano* (voir ci-après). De l'autre côté de la place, l'***église San Vidal*** (chiesa San Vidal) où sont donnés tous les soirs des concerts de très bon niveau (voir en début de guide la rubrique « Spectacles : théâtre, musique et Biennale » dans « Hommes, culture, environnement ») : beau portail de Bartolomeo Bon. En sortant de l'église, en face du *palais Loredan,* s'ouvre le *campiello Pisani.* L'édifice gigantesque qui le délimite abrite l'actuel conservatoire de musique, d'où s'échappent parfois quelques notes.
À partir de ce *campo,* l'itinéraire vous porte naturellement vers le *pont de l'Accademia.*

Chiesa Santo Stefano *(zoom détachable C4)* **:** *☎ 041-522-50-61. • chorus venezia.org • Lun-sam 10h-17h. Entrée : 3 €. Accès avec le Chorus Pass.* C'est l'église qui borde la place au nord. Dans le plus pur style gothique, cette vaste église, dont la construction remonte à 1294, fut plusieurs fois modifiée. Ce qui donne un mélange d'éléments architecturaux plutôt heureux. Au XVe s, elle fut agrandie et elle enjambe encore aujourd'hui le rio del Santissimo di Santo Stefano. Très beau portail de Bartolomeo Bon. À l'intérieur, remarquable plafond en forme de carène de navire renversée, peint et décoré de médaillons en damier. De nombreuses peintures à admirer, les plus remarquables étant dans la sacristie. Quelques belles œuvres du Tintoret et de Vivarini.

Palazzo Grassi *(palais Grassi ; zoom détachable C4)* **:** *campo San Samuele, San Marco, 3231. Rens et résas : ☎ 041-271-90-31. • palazzograssi.it • Face à la Ca' Rezzonico. Vaporetto n° 2, arrêt San Samuele ; ou vaporetto n° 1, arrêts Sant'Angelo, Accademia ou Ca' Rezzonico (puis traghetto). Tlj sf mar et 24-25 déc 10h-19h en principe, mais horaires variables selon expos. Billet combiné avec la Punta della Dogana (valable 3 j.) 20 € ; pour un seul site 15 € ; réduc ; gratuit jusqu'à 11 ans. Audioguide : 6 €, 8 € pour les 2 musées (palazzo Grassi et Punta della Dogana). Attention, fermeture totale lors de l'installation des expos, pdt plusieurs sem.*
Racheté (en usufruit pour 30 ans) en avril 2005 par François Pinault au groupe Agnelli, le palais Grassi a pour vocation de présenter uniquement des expositions temporaires, à partir de la collection d'art de l'homme d'affaires français (consulter le site internet pour connaître le programme) : morceaux choisis de la collection, expos d'art moderne et contemporain, ou encore grandes expos dites de « civilisations ». On n'y verra donc rien de permanent, autant le savoir.

Historique
Faute d'avoir pu installer sa Fondation sur l'île Seguin, à la place des anciennes usines Renault, à Boulogne, c'est à Venise, au bord du Grand Canal, que le célèbre homme d'affaires a choisi d'exposer l'une des 10 premières collections d'art moderne et contemporain au monde ! Le palais, qui, sous l'égide de la famille

Agnelli, avait été aménagé par Gae Aulenti, a été rénové par l'architecte japonais Tadao Ando dans un parti pris de sobriété. Murs blanc cassé, sols gris, éclairage par spots intégrés dans des poutrelles métalliques côtoient des plafonds ornés de fresques du XVIIIe s. On aime ou on n'aime pas, comme toujours avec le contemporain. Les salles s'ordonnent autour d'une cour centrale qui permet d'apercevoir les œuvres d'une pièce à l'autre.

La collection Pinault

La collection comprend plus de 7 000 œuvres (exposées par roulement) et qui rendent compte de la création artistique de 1945 à nos jours dans des domaines très variés allant de la peinture à la sculpture en passant par la photo et la vidéo.
Parmi les œuvres privilégiées de Pinault (encore une fois, ne vous attendez pas à les voir toutes !), les maîtres désormais classiques du XXe s comme Picasso, Mondrian et Sérusier, mais aussi Rothko, De Kooning, le courant minimaliste (Pinault est aujourd'hui le plus grand collectionneur de Judd au monde), Andy Warhol, Jeff Koons, Damien Hirst ou encore les photographies de Cindy Sherman qui peuvent être ludiques, provocantes, voire dérangeantes. D'ailleurs, certains tableaux peuvent parfois choquer les plus jeunes.
Mais le projet artistique de la Fondation Pinault ne s'arrête pas uniquement au *palazzo Grassi*. La Fondation a également fait l'acquisition de la *Punta della Dogana* (à la pointe du Dorsoduro), qui permet d'exposer les œuvres de très grands formats, impossibles à présenter à *Grassi*.
Bar au 1er étage *(10h-18h30)*, pour rester dans l'ambiance, et un restaurant gastronomique.
– Après les réhabilitations du palazzo Grassi et de la Punta della Dogana, François Pinault a rénové le ***Teatrino*** en 2013 situé juste derrière le palazzo Grassi. Toujours en collaboration avec l'architecte japonais Tadao Ando, les travaux ont permis de conserver presque intact l'aspect extérieur de ce bâtiment rectangulaire, datant de 1961. Le Teatrino est un lieu d'échange et de rencontre culturelle. Cet espace de 1 000 m² propose des expos temporaires, des ateliers (les enfants sont les bienvenus), des projections audiovisuelles (l'acoustique de la salle est parfaite !) ainsi que des ballets et des pièces de théâtre.

Museo Fortuny *(zoom détachable C4)* **:** *palazzo Pesaro degli Orfei, campo San Beneto (appelé aussi San Benedetto), San Marco, 3780. ☎ 041-520-09-95. • fortuny.visitmuve.it • Tlj sf mar 10h-18h (dernier billet à 17h). Ouv pdt les expos temporaires slt. Fermé 1er janv et 25 déc. Entrée : 10 € ; réduc.* Mariano Fortuny (1871-1949), andalou d'origine, était un artiste de talent et polyvalent : à ses heures photographe, peintre, sculpteur mais aussi couturier, décorateur et inventeur (notamment du fameux *dôme Fortuny* pour éclairer les scènes de théâtre), il fut particulièrement célèbre pour son atelier d'étoffes. Installé au 1er étage du palais Pesaro (style gothique du XVe s), le musée présente les différentes facettes de ce touche-à-tout de génie. L'esthétique et la mise en scène ont été privilégiées, entre tentures, objets hétéroclites, robes... Et pourtant, l'émotion est loin d'être au rendez-vous. Nudité voulue de certaines pièces et surtout manque criant d'indications pour les autres, on passe ici à côté de la complexité d'un homme qui méritait mieux que ce palais au final confus. C'est d'autant plus dommage quand on réalise que presque toutes les pièces exposées, quelles qu'elles soient, sont de Fortuny ou de son père ! Boutique bien mise en valeur, en revanche, c'est déjà ça...

Campo Manin *(zoom détachable D4)* **:** c'est devant la *Cassa di Risparmio di Venezia*, l'une des rares verrues contemporaines de Venise (une honte aux yeux des Vénitiens, qui s'efforcent de la contourner au mieux !), que se trouve la statue de l'avocat Daniele Manin. Cet activiste nationaliste proclama la République vénitienne en 1849.

DORSODURO

Code postal : 30123

Face à l'île de la Giudecca, dont il épouse à merveille les contours, Dorsoduro (« le Dos dur »), qui tire son nom du sol sur lequel il est bâti, est l'un des quartiers les plus agréables de Venise. On y prend un grand bol d'air, surtout quand on laisse derrière soi l'atmosphère saturée et les foules oppressantes de San Marco. Les rues et les canaux sont ici plus larges qu'ailleurs, mais ils donnent à cette partie de la ville un petit côté intimiste. C'est également l'un des *sestiere* les plus riches sur le plan culturel. On y trouve de prestigieux musées d'art : l'Accademia, la collection Peggy Guggenheim, la Punta della Dogana (collection contemporaine de François Pinault)... Pas étonnant alors que les artistes et autres créateurs y aient élu domicile. Qui plus est, avec le petit côté riviera que lui confèrent les *Zattere* – ses quais orientés plein sud – et ses terrasses ensoleillées prises d'assaut dès que le printemps pointe le bout de son nez, il a depuis longtemps séduit étudiants et touristes. Le soir, le quartier de Santa Margarita est sans doute l'endroit le plus animé de Venise.

Où dormir ?

Institutions religieuses

☗ ***Istituto Canossiano San Trovaso*** *(plan détachable B5,* ***39****)* ***:*** *fondamenta de le Romite, Dorsoduro, 1323. ☎ 041-240-97-11. • info@collegiocanossave.it • collegiocanossave.it • Vaporetti n° 1, arrêt Ca' Rezzonico, ou n° 2, arrêt Zattere. Couvre-feu vers minuit. Pour 1 pers 70 € ; double 110 € ; pas de petit déj.* 💻 📶 Ce couvent joliment restauré abrite une soixantaine de chambres d'une propreté irréprochable et très calmes. Organisées autour de 2 cours, toutes disposent d'une salle de bains et d'une écritoire (ambiance studieuse !). Cuisine à disposition. Certaines, au 1er étage, bénéficient d'un petit balcon. Mais les règles de vie sont un peu contraignantes et l'adresse pas donnée. Bon accueil en revanche.

☗ ***Centro culturale Don Orione Artigianelli*** *(plan détachable C5,* ***40****)* ***:*** *campo di Sant'Agnese, Dorsoduro, 909 A. ☎ 041-522-40-77. • info@donorione-venezia.it • donorione-venezia.it • Le long des Zattere, juste à côté de l'église des Gesuati. Vaporetto n° 2, arrêt Zattere. Couvre-feu à 1h. Doubles 120-170 € avec petit déj. Strictement non-fumeurs.* 📶 Maison religieuse d'hospitalité. 2 cloîtres datant du XVe s sont le principal attrait de ce centre d'hébergement où tout est neuf et très bien tenu. Chambres de 1 à 4 lits avec salle de bains et air climatisé, salle de petit déj style réfectoire. Très bon accueil et belle situation.

De prix moyens à chic

Locanda Ca' Foscari *(zoom détachable B4,* ***50****) : calle della Frescada, Dorsoduro, 3887 B. ☎ 041-71-04-01. • locandacafoscari@hotmail.it • locandacafoscari.com • Vaporetti n°s 1 ou 2, arrêt San Tomà. Couvre-feu à 1h. Doubles avec lavabo 60-100 € ; avec sdb 130 € (plus spacieuses) ; petit déj 4 €/pers.* Dans un quartier d'étudiants, cet hôtel d'une douzaine de chambres dont 5 seulement possèdent toutes les commodités. Le patron reçoit avec sa femme, dans une ambiance familiale et joviale. Les chambres sont propres mais la déco est plutôt ordinaire. Les plus grandes d'entre elles, pour 3 ou 4 personnes, sont environ 35 % plus chères.

B & B Fujiyama *(plan détachable B4-5,* ***93****) : calle lunga San Barnaba, Dorsoduro, 2727 A. ☎ 041-724-10-42. • info@bedandbreakfast-fujiyama.it • bedandbreakfast-fujiyama.it • Vaporetto n° 1, arrêt Ca' Rezzonico. Doubles 72-160 € selon saison, petit déj compris.* Une charmante adresse à côté du campo San Barnaba, dans une ruelle tranquille. Quelques belles chambres très propres, aménagées dans un style europé-asiatique, donnant toutes sur le jardin. Belle terrasse, agréable aux beaux jours pour son petit déj. Fait également salon de thé, *Tea Room Beatrice (tlj sf dim).*

De chic à très chic

Hotel Galleria *(zoom détachable C5,* ***51****) : rio terà Antonio Foscarini, Dorsoduro, 878 A. ☎ 041-523-24-89. • info@hotelgalleria.it • hotelgalleria.it • Vaporetti n°s 1 ou 2, arrêt Accademia. Juste à gauche en quittant le débarcadère. Réception au 1er étage. Fermé en janv. Doubles avec sdb 170-220 € (sans w-c, compter 130-145 €). Promos sur Internet.* Une maison du XVIIe s très bien située et calme. Une petite dizaine de chambres confortables et bien arrangées (tapisseries à grosses fleurs, tapis et parquet, plafonds d'origine). Celles donnant sur le Grand Canal sont nos préférées (d'autant que le petit déj est servi dans les chambres). Bien sûr, la vue se paie. Ambiance familiale. Un peu cher pour les chambres sans toilettes.

De très chic à beaucoup plus chic

La Calcina *(plan détachable C5,* ***54****) : Zattere ai Gesuati, Dorsoduro, 780. ☎ 041-520-64-66. • info@lacalcina.com • lacalcina.com • Vaporetti n°s 2, 5.1 ou 5.2, arrêt Zattere. Doubles avec sdb 110-330 €, petit déj-buffet inclus. Également suites et apparts dans l'annexe.* Ce fut la maison de John Ruskin, critique d'art et écrivain anglais. Il rédigea ici ses *Pierres de Venise.* L'hôtel a été repris par un sympathique couple de Français originaires de Megève. Les chambres sont bien décorées, avec parquet, meubles d'époque et quelques lithos aux murs, pour une déco qui, sans verser dans l'anecdotique, leur confère un petit côté british fort plaisant. Sur la petite trentaine de chambres doubles ou individuelles, la moitié donnent sur le canal ou possèdent une vue sur celui-ci, mais c'est un peu plus cher. Très belle terrasse sur les toits. Accueil en français et propreté irréprochable. Fait également restaurant (savoureuse cuisine à prix raisonnables, excellente salade *caprese*). Propose aussi des appartements superbes et vastes, dans un bâtiment à l'arrière (Residenza Affitacamere ; 80-350 €/nuit selon saison).

Pensione Accademia (Villa Maravege *; zoom détachable C4-5,* ***82****) : fondamenta Bollani, Dorsoduro, 1058. ☎ 041-521-01-88. • info@pensioneaccademia.it • pensioneaccademia.it • Vaporetti n°s 1 ou 2, arrêt Accademia. Doubles 150-350 € selon saison et standing.* Une lune de miel en perspective ? Choisissez donc une chambre parmi la petite trentaine de que compte cette superbe villa du

DORSODURO

XVIIe s située au confluent de 2 canaux. Vous pourrez même vous faire déposer en bateau dans le petit jardin privé qui s'ouvre juste devant l'entrée. Les chambres, confortables et lumineuses, où le bois domine, sont parfois triples ou quadruples. Bar chaleureux et agréable. Accueil professionnel.

Hotel Agli Alboretti *(zoom détachable C5, **81**) : rio terà Antonio Foscarini, Dorsoduro, 884. ☎ 041-523-00-58. • info@aglialboretti.com • aglialboretti.com • Vaporetti n°s 1 ou 2, arrêt Accademia. Doubles 130-210 € selon confort, petit déj inclus. Promos sur Internet.* Familial, accueillant et idéalement situé à deux pas du musée de l'Accademia. Dans une belle demeure vénitienne, une vingtaine de chambres climatisées, pas très grandes mais avec un charme classique. Les *junior suites* bénéficient d'un balcon, certaines d'une vue sur des jardins. Belles affiches d'expos en déco. On peut prendre son petit déj dans un patio, protégé du soleil par une tonnelle.

Hotel Locanda San Barnaba *(plan détachable B4, **90**) : calle del Traghetto, Dorsoduro, 2786. ☎ 041-241-12-33. • info@locanda-sanbarnaba.com • locanda-sanbarnaba.com • Vaporetto n° 1, arrêt Ca' Rezzonico. Doubles classiques 120-175 € (junior suites 160-215 €), petit déj inclus.* Un palais de style gothique du XVIe s, dans une petite rue bien tranquille qui part du campo San Barnaba vers l'embarcadère. L'adresse ne manque pas de caractère. Une douzaine de chambres (dont 2 en rez-de-chaussée), toutes différentes, meublées avec goût. Elles s'ordonnent autour de l'ancienne salle de bal du palais et certaines donnent sur petit canal. Les chambres supérieures ont conservé des fresques du XVIIIe s au plafond et l'une des *junior suites* dispose d'une belle mezzanine. Élégante salle à manger. Petit jardin aux beaux jours. Accueil très affable dans un beau hall d'entrée.

Très chic et coup de folie

Ca' Pisani Hotel *(plan détachable C5, **86**) : rio terà Antonio Foscarini, Dorsoduro, 979 A. ☎ 041-240-14-11. • info@capisanihotel.it • capisanihotel.it • Doubles standard 196-500 € ; junior suites 234-600 €. En réservant en ligne, on peut avoir des prix.* Grand palais vénitien du XVIe s aux murs rose pastel. Ici, tout a été savamment étudié pour un résultat remarquable. Quelques tableaux du mouvement futuriste italien sont accrochés sur les murs. La déco des chambres mélange les matériaux les plus variées : lignes métalliques du mobilier et chaleur des lits en bois foncé, marbres bruns pailletés très originaux dans les salles de bains et lumière tamisée. Certaines d'entre elles sont en duplex et beaucoup communiquent, c'est très convivial. La n° 29 a une vue sur le Grand Canal. Jacuzzi dans presque toutes les chambres et hammam au dernier étage. Terrasse vénitienne sur le toit mais malheureusement sans vue. Une œuvre d'art en lui-même, cet hôtel !

DD. 724, Charming House *(plan détachable C5, **94**) : ramola Mula, Dorsoduro, 724. ☎ 041-277-02-62. • info@dd724.com • thecharminghouse.com • Doubles standard 155-400 € ; suites (4 pers max) 325-600 € ; petit déj inclus. Offres sur le site internet.* Au niveau du ponte del Formager, dans une ruelle cachée aux abords du musée Guggenheim. Ici, la jeune propriétaire semble vouloir s'affranchir des codes et standards vénitiens. Son « palais » est reconverti en *boutique hotel,* comme disent les Américains, où toute référence avec les traditions a été gommée. Déco résolument moderne, tableaux contemporains, mobilier épuré en bois foncé habillent les chambres chic aux teintes beige-gris. Petit déj dans une salle mansardée. Accueil simple et généreux.

Ca' Maria Adele *(zoom détachable D5, **96**) : Dorsoduro, 111. ☎ 041-520-30-78. • info@camariaadele.it • camariaadele.it • Vaporetto n° 1, arrêt Salute. Doubles sans ou avec vue 340-530 € ; chambres à thème 450-715 € ; petit déj inclus (ouf !).* À l'ombre de la basilique Santa Maria della Salute, une maison noble du XVIe s, entièrement réaménagée et décorée par ses nouveaux propriétaires. Héritiers d'une grande famille vénitienne, ils lui ont donné le prénom de leurs grands-mères. Des chambres classiques et confortables, pour les moins chères, mais aussi des chambres à thème, pour un séjour « luxe, calme et volupté » garanti. Chambre du Doge ou du Maure, chambre nuptiale ou orientale, à chacun son rêve... mais à quel prix !

Où manger ?

Les restos et bars sont légion ici dans le quartier, surtout du côté du campo San Barnaba et Santa Margherita. Attention cependant aux arnaques ! Certains restaurants se réclament du *Routard* et affichent sans vergogne des photocopies de plaques ou des plaques datées (on peut en voir encore de 1997 !) qui ont été retirées depuis bien longtemps du guide. Fuyez ! De nombreux lecteurs nous ont écrit pour dénoncer ces pratiques peu scrupuleuses (exemple de l'*Osteria San Barnaba*) : service horrible et piètre nourriture sont au rendez-vous...

Sur le pouce

Pizza Al Volo *(plan détachable B4,* ***107****) : campo Santa Margherita, Dorsoduro, 2944 A. ☎ 041-522-54-30. Tlj 11h30-16h, 17h-2h. Pizzas normales env 4-8 €, familiales 8-13 €.* D'excellentes pizzas à emporter et à grignoter assis sur un banc du *campo*. Pratique et économique. Pour votre ligne... n'oubliez pas qu'il y a un petit marché aux fruits et légumes tous les matins (sauf le dimanche) sur le *campo*.

Bon marché

Bar alla Toletta *(zoom détachable B5,* ***121****) : calle Toletta, Dorsoduro, 1181. Tlj 7h-20h. Compter 10 € pour un plat, 4,50 € pour un* panino. Comptoir ouvert sur l'animation de la rue, petite salle toute simple, radio qui chante... *Pasta* et *San Daniele* (jambon cru) sont les deux mamelles de ce petit snack ouvert sur la rue. Excellents *tramezzini*. Les becs sucrés se régaleront dans la *pasticceria* d'à côté.

Osteria ai Pugni *(plan détachable B4,* ***154****) : Dorsoduro, 2859. ☎ 041-523-98-31. Tlj sf dim 6h30-0h30. En venant du campo Santa Margarita, en direction du campo San Barnaba, passer le petit ponte dei Pugni, c'est juste après celui-ci.* Un bar comme on les aime, avec une vraie ambiance de quartier. On peut aussi se sustenter de petits plats classiques sans pour autant vider son porte-monnaie. Excellents *cicchetti* et *taglieri* de charcutaille pour accompagner le traditionnel *spritz* du soir. Accueil affable.

Prix moyens

Osteria alla Bifora *(plan détachable B4,* ***133****) : campo Santa Margherita, Dorsoduro, 2930. ☎ 041-523-61-19. Tlj 12h-15h, 17h-2h. Plats env 13-25 €. CB refusées.* Ambiance taverne animée, avec de grosses tables en bois rustiques éclairées par des lustres en verre de Murano. On y vient surtout pour les délicieuses sélections de charcuterie et de fromages. Le *piattino di affettato* permet de grignoter une de chaque. Plutôt que la sélection en assiette, on préfère les *taglieri*, qui reviennent moins cher à 2 : une copieuse variété à partager, présentée sur une planche de bois. Bons verres de vin pour accompagner le tout. Une adresse très appréciée de nos lecteurs.

Impronta Cafè *(plan détachable B4,* ***108****) : crossera San Pantalón, Dorsoduro, 3815. ☎ 041-275-03-86. • improntacafe@gmail.com • Tlj sf dim 7h-2h. Fermé en août et fin déc. Compter 20-25 € le repas. Apéritif maison offert sur présentation de ce guide.* Du bois brut, de l'Inox et du verre dépoli pour ce bar-resto-lounge où les jeunes (et moins jeunes) aiment se retrouver. Dans l'assiette, plats traditionnels vénitiens gentiment revisités. Goûtez au tiramisù, il est très bon. Le soir, ça se prolonge avec musique lounge en fond sonore. Accueil jeune.

Taverna San Trovaso *(zoom détachable C5,* ***136****) : fondamenta Priuli, Dorsoduro, 1016. ☎ 041-520-37-03. Tlj midi et soir jusqu'à 21h45. Compter* *env 20-25 €.* Au bord d'un petit canal. Petite auberge vénitienne discrète, classique dans la déco comme dans la cuisine bien mijotée. Plats traditionnels vénitiens servis avec attention par une équipe bien rôdée de serveurs en tenue classique. Les prix restent sages pour une qualité constante. Mieux vaut réserver pour le soir.

Osteria 4 Ferri *(plan détachable B4,* ***132****) : calle lunga San Barnaba, Dorsoduro, 2754. ☎ 041-520-69-78. À gauche du resto* La Bitta. *Tlj sf dim. Compter 25-30 € le repas. CB refusées.* Plébiscité par les Vénitiens et les touristes, ce restaurant décoré comme un bistrot propose une cuisine locale typique et soignée, avec une carte qui change tous les jours en fonction du marché. Les pâtes et les *antipasti* sont faits maison. Intéressante sélection de vins. Convivialité et simplicité sont les atouts de cette petite cantine de quartier même si parfois on se demande si elle n'est pas victime de son succès.

La Bitta *(plan détachable B4-5,* ***135****) : calle lunga San Barnaba, Dorsoduro, 2753 A. ☎ 041-523-05-31. Tlj sf dim 18h30-23h. Résa plus que conseillée, surtout le w-e. Autour de 30 € le repas. CB refusées.* Adresse labellisée *slow food,* grande comme un mouchoir de poche, avec une carte courte composée uniquement de produits frais et locaux. Elle change quotidiennement. Comme son nom l'indique, prévoyez de l'attente ! L'été, on joue les prolongations dans la petite cour intérieure. Vins au verre.

Casin dei Nobili *(plan détachable B4,* ***125****) : San Barnaba, Dorsoduro, 2765. ☎ 041-241-18-41. Tlj sf jeu. Plats 12-15 € ; pizzas 8-10 €, carte 30-50 €.* Du campo San Barnaba, prendre un petit passage couvert (Sotopergo). On mange dans une petite cour agréable en été, ou dans une salle décorée de copies de grands peintres. À la carte, des plats vénitiens, mais aussi un bon choix de poissons. Le menu touristique est moins banal qu'à l'habitude et permet de goûter aux spécialités de la maison. Pizzas le soir. Service diligent. Ne pas confondre avec le resto du même nom, pas très loin, sur les Zatterre, ce sont 2 gestions différentes.

Où boire un verre ? Où manger sur le pouce ?

Il Caffè Rosso *(plan détachable B4,* ***170****) : campo Santa Margherita, Dorsoduro, 2963. Tlj sf dim 7h-1h.* On l'appelle « Le Café Rouge » à cause de sa petite devanture reconnaissable de loin. C'est LE *bacaro* (bar à vins) par excellence des étudiants et des artistes. Entre deux verres, on grignote toasts aux crevettes, omelettes, salades, *tramezzini,* etc. Bon cappuccino provenant d'un authentique percolateur Art déco et, bien sûr, toute une gamme de vins. L'été, en soirée, autant viser une table en terrasse, car se frayer un chemin à l'intérieur relève de l'exploit ! Sinon, faites comme les autres : papotez et grignotez le verre à la main !

Cantine del Vino-Schiavi *(zoom détachable B-C5,* ***173****) : San Trovaso, Dorsoduro, 992. ☎ 041-523-00-34. Tlj sf dim 8h-20h30.* Pittoresque *bacaro* au bord du rio San Trovaso. Vous y trouverez les gens du quartier, sirotant tranquillement une *ombra* autour de *cicchetti,* accoudés aux murets de pierre. Une bonne adresse pour acheter quelques bouteilles de *fragolino,* ce vin au goût de fraise que l'on déguste avec des petits gâteaux secs, en guise de dessert. Prix démocratiques et authenticité assurée.

Où boire un verre ? Où sortir ?

Autour du campo Santa Margherita, de nombreux bars font le plein d'étudiants. Vous les repérerez facilement aux petits attroupements qui socialisent gentiment en prenant le frais un verre à la main.

Corner Pub *(plan détachable C5,* ***174****) : calle della Chiesa, Dorsoduro, 684. À l'angle avec le ponte del Formager et le ramo da Mala. Tlj sf mar 8h-22h30.* Petit pub patiné où règne une bonne ambiance. Grand choix de bières et bons vins. Sandwichs variés proposés en salle ou au bar. Accueil jeune et agréable.

Café Noir *(plan détachable B4,* **262***) : crosera San Pantalón, Dorsoduro, 3805. ☎ 041-171-09-25. Tlj jusqu'à 2h.* Impossible de le rater. La devanture est... toute noire ! Haut lieu de la branchitude vénitienne, clientèle jeune qui vient papoter à l'heure de l'apéro autour d'un *spritz.*

Où boire un chocolat ou un café ? Où déguster une bonne pâtisserie ?

Pasticceria Tonolo *(plan détachable B4,* **262***) : San Pantalón, Dorsoduro, 3764. Tlj 7h45-20h et dim jusqu'à 13h.* Armez-vous de patience et faites la queue si vous comptez vous approcher de la vitrine réfrigérée de cette adresse de légende (1886). C'est, aux dires des Vénitiens, la meilleure de leur ville. *Tonolo* est réputée pour vendre à chaque fête la spécialité du moment, comme, à Pâques, la *fugassa veneziana,* par exemple.

Imagina Café *(plan détachable B4,* **264***) : rio terrà Canal, Dorsoduro, 3126. ☎ 041-241-06-25. • imagina_cafe@yahoo.it • Lun-sam 7h-21h (1h ven-sam). Fermé dim.* Dans un tout autre registre, c'est un café à la déco dépouillée-moderne, qui offre ses murs aux artistes locaux. Les fatigués et les amoureux prendront une place dans les épais canapés blancs de la salle du fond. On y boit des cafés très bons, aux recettes inventives et savantes, à des prix sages.

Majer *(plan détachable B4,* **266***) : rio terrà Canal, Dorsoduro, 3108 B. ☎ 041-528-90-14. En face du précédent. Majer* est une chaîne de snack-pâtisseries très présente à Venise. Qualité, variété et prix doux sont ici des valeurs sûres. Paninis, *foccacie* et salades dans cette boulangerie-pâtisserie-sandwicherie bien appétissante. Mais aussi *tramezzini* frais et qui n'attendent que vous. Également des tartelettes et des *frittole* en période de Carnaval, sortes de beignets nature ou fourrés.

Où déguster une glace ?

Il Doge *(plan détachable B4,* **253***) : campo Santa Margherita, Dorsoduro, 3058 A. Tlj 11h-minuit (ferme plus tôt en nov et pdt le Carnaval).* Bon glacier proposant une quarantaine de parfums différents. Ici, tout est garanti fait maison et reste à des prix tout doux.

Gelateria Squero *(plan détachable B5,* **261***) : Dorsoduro, 989/990. 347-269-79-21.* Un glacier qui ne paie pas de mine, mais une chose est sûre, c'est que tous les gamins viennent y lécher un cornet à la sortie de l'école (juste à côté) ! Glaces 100 % maison réalisées par Simone. Elles sont fameuses.

Gelateria Nico *(plan détachable B5,* **255***) : fondamenta Zattere ai Gesuati, Dorsoduro, 922. ☎ 041-522-52-93. Tlj sf jeu 7h-22h. Fermé quelques sem en déc-janv.* Bar-glacier animé aux beaux jours, avec une grande terrasse donnant sur le canal de la Giudecca. Bonnes *gelati* que l'on peut emporter ou manger sur place (prix majorés). Spécialité : le *gianduiotto,* pavé de glace au chocolat praliné nappé de chantilly maison, à prix raisonnable.

Gelateria Al Sole *(plan détachable B5,* **254***) : fondamente Zattere Ponto Longo, 1472. Tlj 11h-23h (horaires restreints en basse saison).* Voici un autre glacier qui constitue une bonne étape dans cette balade le long des Zaterre ! Plusieurs parfums aux fruits de saison et un excellent chocolat noir. La pistache n'est pas mal non plus. Accueil gentil tout plein.

Achats

Signor Blum *(plan détachable B4,* **209***) : campo San Barnaba, Dorsoduro, 2840. ☎ 041-522-63-67. Tlj 9h30-14h et 14h30-19h30.* Petite boutique qui offre un bel éventail de petits jouets en contreplaqué, des mobiles aux tableaux-puzzles représentant les palais et les ponts vénitiens. Une artiste pleine d'imagination et de dextérité !

Danghyra *(plan détachable B4, **229**)* **:** *Dorsoduro, 3220. ☎ 041-52-24-195. Mar-dim 10h-13h, 15h-19h.* Une adresse qui se distingue des habituels magasins de verrerie et de masques. Superbe vaisselle au design contemporain et même quelques bijoux en céramique à prix abordables. Accueil affable.

Ca' Macana *(plan détachable B4, **216**)* **:** *Dorsoduro, 3215. ☎ 041-277-61-42. Face au campo San Barnaba, en traversant le canal. Tlj 10h-18h.* Impossible de manquer cet atelier qui renferme une étonnante collection de masques. Pour la petite histoire, la maison a fourni une partie des masques dans le film *Eyes Wide Shut* de Stanley Kubrick avec Nicole Kidman et Tom Cruise. Autre atelier un peu plus loin, juste en face de *Danghyra (plan détachable B4, **229**)*, où l'on peut venir soi-même peindre ses masques.

Cose Vecchie e Nuove *(plan détachable B4, **217**)* **:** *calle lunga San Barnaba, Dorsoduro, 2748. Tlj sf sam ap-m et dim.* On ne trouve plus guère de boutiques de vraie dentelle de Venise. En voici une charmante et rétro, estampillée « *artigianato veneziano* », un gage de qualité. Certes, les modes évoluent, mais pourquoi ne pas craquer pour un chemin de table, des nappes ou des serviettes brodés d'un autre temps ?

Marina e Susanna Sent *(zoom détachable C5, **232**)* **:** *campo San Vio, Dorsoduro, 669. ☎ 041-520-81-36.* Un beau magasin consacré à la verrerie (et une de plus !). Les deux sœurs ont choisi d'associer la tradition du verre et la création contemporaine. Les objets sont résolument originaux comme les vases colorés ou les colliers sublimés par le verre de Murano. Pour s'offrir une petite folie, c'est ici ! Conseils avisés et accueil agréable. Une autre adresse située dans San Marco au niveau du *ponte San Moisè.*

À voir

LE QUARTIER DE LA SALUTE

Avis aux amoureux et aux autres, on peut faire le ***tour de la punta della Dogana (pointe de la Douane),*** tout au bout du Dorsoduro, pour profiter à la fois du Grand Canal, de la place Saint-Marc, de San Giorgio Maggiore et de la Giudecca. Encore mieux au coucher de soleil : la vue est sublimissime le soir.

Punta della Dogana *(Pointe de la Douane ; zoom détachable D5)* **:** *à droite en sortant de l'église de la Salute, au bout du quai. ☎ 041-271-90-31. • palazzo grassi.it • Tlj sf mar 10h-19h (billetterie jusqu'à 18h). Fermé 24-25 déc. Billet groupé (valable 3 j.) avec le palazzo Grassi : 20 € ; pour 1 seul site 15 € ; réduc ; gratuit jusqu'à 11 ans. Audioguide : 6 € (8 € pour le supplément palazzo Grassi). Café au rdc, 10h-19h. Possibilité de visite guidée consacrée slt au bâtiment (en français). Attention à la fermeture totale mais temporaire lors de l'installation des expos, pdt plusieurs sem.*

– ***Petit rappel historique :*** située à la pointe de Dorsoduro, la douane de mer offre un point de vue dégagé sur le bassin de Saint-Marc *(bacino San Marco).*

DE LA BOXE AU BÉTON...

Tadao Ando, autodictate, a commencé à l'âge de 14 ans par agrandir la maison de sa grand-mère, puis, pour se faire un peu d'argent, débuta sa vie professionnelle comme... boxeur. Que de chemin parcouru pour cet architecte japonais de renom dont le maître incontesté est Le Corbusier ! Il est réputé pour avoir fait du béton une matière reconnue comme œuvre d'art...

Autrefois, les embarcations qui arrivaient à Venise devaient y dédouaner leurs marchandises avant de rejoindre le quartier du Rialto. On raconte même qu'une chaîne était tendue entre la tour et la rive opposée afin d'arrêter les navires... L'édifice a été construit en 1677. Il est surmonté d'un globe doré soutenu par deux atlantes en bronze et sur lequel une statue de la Fortune fait office de girouette. Situés derrière, les anciens entrepôts servaient à stocker le sel qui, à l'époque, était le seul moyen de conserver les aliments.
– ***Visite :*** c'est le deuxième lieu consacré à l'art contemporain rêvé et réalisé par François Pinault. Une vitrine encore plus large pour sa collection d'art moderne et contemporain, car ce lieu mythique, désaffecté depuis 40 ans et dans un état déplorable, était le dernier espace capable de contenir les œuvres de grande dimension, les sculptures et les installations que le *palazzo Grassi* ne pouvait accueillir (voir le chapitre « San Marco »). François Pinault est concessionnaire de ce site pour 30 ans. Il a pris en charge la totalité des travaux de réhabilitation (au total, 30 millions d'euros). Les six nefs des deux étages forment un centre d'art de 4 300 m², dont 3 000 m² d'exposition. Le projet a été confié à Tadao Ando (comme pour le *palazzo Grassi*). Le cœur du musée est constitué d'un cube, enchâssé dans le triangle du site, l'une des marques de fabrique de l'architecte japonais. Tout est d'origine, sauf le sol prévu pour se prémunir de l'*acqua alta.* Ici sont présentées temporairement une centaine d'œuvres (sur les 3 000 que l'homme d'affaires français a rassemblées). Le rythme d'expo est plus long qu'au *palazzo Grassi* (2 ans).

Santa Maria della Salute *(plan et zoom détachables D5) : à l'entrée du Grand Canal, presque en face de la piazzetta San Marco. ☎ 041-522-55-58. Vaporetto nº 1, arrêt Salute. Tlj 9h-12h, 15h-17h30.*
La restauration de cette monumentale église fut financée par l'Association française pour la sauvegarde de Venise. L'église, construite de 1631 à 1687 après la fin de la terrible épidémie de peste qui décima près d'un tiers de la population, s'inscrit dans le paysage avec un bonheur qui tient du miracle. L'édifice repose sur un terrain consolidé par plus de 1 million de pilotis (imaginez la forêt morte que cela représente !). Longhena, l'architecte, l'a conçue de forme octogonale pour évoquer une couronne dédiée à la Vierge. Il y consacra 50 ans de sa vie et mourut quelques années avant l'inauguration. Son originalité architecturale réside dans l'emploi des *orecchioni* (grandes oreilles), sortes de volutes en spirale coiffées de statues qui assurent la transition entre les façades et le dôme. L'architecture intérieure, quant à elle, est belle mais austère. À noter, l'icône Madonna della Salute, sur le maître-autel, qui aurait été réalisée par l'évangéliste saint Luc (selon la légende).
– Le plus intéressant se trouve dans la sacristie *(accès payant : 3 €).* On peut y admirer, entre autres, *Les Noces de Cana* du Tintoret (à ne pas confondre avec celles de Véronèse qui se trouvent au Louvre), célèbre pour ses tentatives de perspective. Des miroirs sont mis à disposition afin de mieux observer les œuvres.

Collezione Peggy Guggenheim *(plan et zoom détachables C5) : palazzo Venier dei Leoni, Dorsoduro, 701. ☎ 041-240-54-40/19. • guggenheim-venice.it • Vaporetti nº 1, arrêt Salute ou Accademia, ou nº 2, arrêt Accademia. Tlj sf mar et 25 déc 10h-18h. Entrée : 15 € ; réduc ; gratuit pour les enfants jusqu'à 10 ans. Consigne gratuite et obligatoire. Audioguide en français : 7 € ; miniguide papier : 5 €. Présentation gratuite de la vie de Peggy Guggenheim à 12h et 16h ; présentation de l'expo temporaire à 15h30. Présentation d'un tableau (10 mn) tlj à 11h et 17h. Sur résa slt (• atodesco@guggenheim-venice.it • ou ☎ 041-240-54-40/19) : ts les dim à 15h, visite guidée et ateliers créatifs gratuits pour les 4-10 ans.*

Un palais inachevé
Du Grand Canal, on voit que le palais où vécut Peggy Guggenheim, une remuante milliardaire, est resté inachevé. Il ne comporte qu'un seul étage. Les Vénitiens l'appellent d'ailleurs *il palazzo incompiuto.* La famille Venier, qui avait commencé les travaux, avait envisagé de construire un palais aussi haut que celui des Corner

(sur l'autre rive). Est-ce le manque d'argent ou des pressions de la part de la puissante famille Corner, mécontente de voir un rival lui boucher la vue ? Les Venier durent abandonner le projet initial.

La muse des surréalistes

Peggy Guggenheim hérita très jeune (son père eut la mauvaise idée de s'offrir un billet sur le *Titanic*). Elle mena une vie mouvementée, collectionnant beaucoup de peintures et d'amants ainsi que quelques maris. En 1921, à l'âge de 23 ans, elle quitte New York pour venir habiter à Paris. Après un premier mariage raté, elle ouvre un musée à Londres en 1938. En 1939 et 1940, elle consacre son temps à acquérir de nouvelles œuvres, avec l'intention d'acheter un tableau par jour ! Elle constitue à cette époque la base de la collection que l'on peut admirer aujourd'hui. Elle se marie avec Max Ernst, rencontré entre-temps, et repart à New York pour y installer un musée-galerie. Elle soutient financièrement des artistes (notamment Pollock pendant plus de 5 ans) et organise des expositions temporaires. En 1948, la Biennale de Venise l'invite pour présenter sa collection, en fait l'exposition du modernisme la plus cohérente qui n'ait jamais été présentée en Italie, et c'est la consécration. Et, suite logique, c'est en 1949 que Peggy Guggenheim rachète le palais pour y installer les peintures qu'elle a rassemblées.

En 1962, elle reçoit le statut de citoyenne honoraire de Venise (c'était la moindre des choses !) pour avoir offert à la Ville ses collections d'art moderne. Elle passera le reste de sa vie à Venise, mais son refus du pop art et le prix croissant de l'art contemporain lui firent interrompre sa collection au début des années 1960. En 1979, à sa mort, la Fondation créée par son oncle assuma la direction et la responsabilité de la collection.

Le musée est unique malgré une quantité d'œuvres somme toute modeste. Les plus grands et importants peintres du XXe s y sont tous représentés, permettant une approche quasi complète et donc très instructive de tous les courants.

Le jardin

Avant d'entrer dans le musée proprement dit, prenez le temps de flâner quelques instants dans le jardin. Les cendres de la muse des surréalistes y sont enterrées (vers le fond), à côté de ses chiens adorés (ses *beloved babies*). Le jardin abrite également un arbre de vœux planté par Yoko Ono (2003) et de belles expos de sculpture, dont une œuvre en granit noir (*Untitled,* 2007) du plasticien anglo-indien Anish Kapoor, spécialiste du travail sur le reflet. Aller jusqu'au quai donnant sur le Grand Canal, pour la vue, évidemment, et pour la provocante statue équestre de Marino Marini intitulée *L'Ange de la ville.* Pour clore la question du sexe des anges, le cavalier possède un pénis... démontable ! Dans ses mémoires, Rubinstein raconte que l'attribut masculin était retiré lors de la venue d'ecclésiastiques importants.

La collection

Le cubisme est représenté par des tableaux de Picasso, Albert Gleizes, Metzinger, Braque, Duchamp. Mais aussi deux pièces d'art africain, dont une sculpture dogon. D'autres pièces sont consacrées au futurisme et à l'abstraction, avec notamment un célèbre Mondrian *(Composition)* et un Chagall *(La Pluie).*

Quant à la section des surréalistes, elle rassemble de splendides Delvaux *(L'Aurore),* Dalí *(Naissance des désirs liquides),* Max Ernst (la célèbre *Toilette de la mariée,* ainsi que *L'Antipape*). Notez cet inquiétant « couple zoomorphe ». Miró n'est pas oublié non plus. Deux coups de cœur à ne pas manquer, et qui comptent parmi les plus célèbres œuvres du musée : *L'Empire des lumières,* de Magritte, et *La Tour rouge,* de De Chirico. Le même De Chirico qui inspira et éveilla à la peinture surréaliste Yves Tanguy, qu'on retrouve ici avec *Le Soleil dans son écrin.*

Une salle rassemble plusieurs œuvres de Jackson Pollock, à observer de près pour le relief de sa pâte, presque de la sculpture *(Alchimie, Yeux dans la chaleur).*

La fille de Peggy, Pegeen Vail, était artiste. Ses tableaux sont exposés dans une petite salle à côté de la chambre de sa mère. Remarquer les teintes fleuries et la

légèreté qui traduisent une certaine naïveté. Et dans la chambre, ne manquez pas l'exceptionnelle tête de lit tout en argent réalisée par Calder.
Dans le long couloir, plusieurs œuvres représentatives de « l'art entre les deux guerres » : Kupka, Juan Gris, Klee, Tanguy encore... mais aussi les constructivistes et les membres de l'école De Stijl avec Van Doesburg.

JACKPOT AVEC JACKSON

En 1943, Jackson Pollock se retrouve au chômage pour alcoolisme. Peggy Guggenheim le prendra sous son aile en lui faisant signer un contrat qui le rémunère 150 $ par mois en échange de 60 % sur les ventes de tableaux. Quelques années plus tard, sa toile n° 5 sera vendue... 140 millions de dollars.

Intéressante collection Gianni Mattioli, exposée dans une aile du musée (prêt de longue durée à la fondation Guggenheim) : futurisme italien, Morandi et un portrait de Modigliani.
Cafétéria plaisante et agréable (elle donne sur le jardin), accessible uniquement pour les visiteurs du musée.
Deux boutiques d'objets design attendent elles aussi votre visite, l'une au-dessus de la cafétéria et l'autre un peu plus grande le long du petit canal, à droite après l'entrée.

LE QUARTIER DE L'ACCADEMIA

Sur le chemin de l'*Accademia,* en venant de la collection Peggy Guggenheim, vous pouvez vous attarder sur le *campo San Vio,* l'unique *campo* qui s'ouvre sur le Grand Canal (la place Saint-Marc est une *piazza*). L'ensemble des constructions de la place côté canal avait été détruit pour permettre au cortège du doge de débarquer plus facilement lors des cérémonies de commémoration des victoires vénitiennes. Il offre aujourd'hui un point de vue dégagé sur le Grand Canal.

Galleria dell'Accademia *(musée de l'Accademia ; plan et zoom détachables C5)* **:** *campo della Carità, Dorsoduro, 1050. ☎ 041-520-03-45. • gallerieaccademia.org • Vaporetti nos 1 ou 2, arrêt Accademia. Lun 8h15-14h ; mar-dim 8h15-19h15 ; derniers tickets 45 mn avt fermeture. En hte saison, résa conseillée (la sécurité imposant un max de 300 visiteurs à la fois). Sinon, venir tôt le mat ! Fermé 1er janv, 1er mai et 25 déc. Entrée : 9 €, très souvent majorée d'env 50 % avec l'expo temporaire (qui s'avère très souvent une expo longue durée) ; réduc ; gratuit pour les moins de 25 ans ressortissants de l'UE. Audioguide : 5 € (7 € pour 2). Planches explicatives en anglais et en italien dans ttes les salles.*
Les travaux de restauration avancent doucement (les murs étaient fissurés), on ne connaît pas la date de fin du chantier. Pendant ce temps, la galerie se visite quand même. Elle regorge de merveilles. À terme, l'espace muséographique passera de 5 000 à 12 000 m², avec salle de conférences, cafétéria, labo didactique, musée pédagogique... Certaines salles ferment par roulement, et leurs œuvres ne sont plus visibles. Certains tableaux voyageant de salle en salle.
– ***Visite :*** compter 2h minimum pour la visite de ce musée qui demeure l'une des plus belles pinacothèques de Venise et l'une des plus riches au monde.
Il rassemble des chefs-d'œuvre allant du XIVe s au XVIIIe s. L'*Accademia* occupe les lieux de l'ancienne église, de la Scuola de la Carità et de l'ancien couvent des chanoines de Latran. Il fut transformé en musée à la chute de l'Empire napoléonien pour recevoir les œuvres des peintres vénitiens. On ne va pas détailler toutes les œuvres (il y en a près de 400 !), mais en voici quelques-unes qu'il ne faut pas rater si vous avez la chance de les trouver lors de votre passage. Précisons encore une fois que l'accrochage peut être bouleversé en raison des travaux.

Salle 1

Elle est entièrement consacrée à la peinture du XIVe s. Dès l'entrée, on est attiré par le superbe plafond à caissons datant du XVe s. Admirer le *Polyptyque de Santa Chiara,* superbe tempera sur bois de Paolo Veneziano, ou encore quelques *Couronnement de la Vierge,* dont celui de Ercole Del Fiore, œuvre commandée par l'évêque de la cité, Antonio Correr, au XVe s. Modeste, l'évêque s'est fait représenter dans la toile, en bas à droite, mais à genoux ! Beaucoup d'invités à la fête, on dirait presque une pièce montée. Au fond de la salle, magnifique polyptyque de Lorenzo Veneziano avec le Père éternel en haut bénissant les ermites.

Salles 2 à 7

Attention, certaines des œuvres décrites ci-après ont été transférées – le temps des travaux – dans l'église de la Charité, il n'est pas sûr qu'elles aient ttes regagné leur accroche.

Là, les amateurs de *Vierge à l'Enfant* vont pouvoir se régaler et démarrer par deux œuvres majeures *(salle 2)* : la *Madone à l'oranger (Madonna dell'Arancio)* de Cima da Conegliano, et la *Madonna in trono col Bambino e santi (Vierge en majesté sur le trône parmi les saints)* de Giovanni Bellini. Sur ce dernier tableau, remarquez la blancheur du visage de la Vierge et du corps de l'Enfant. Sur les côtés, les tons de la chair se réchauffent progressivement. Le tableau suscita un vif étonnement dès sa création. Il utilise une technique totalement novatrice pour l'époque : composition pyramidale et effets de contraste donnent du champ, créent de la profondeur et mettent ainsi en valeur le sujet principal. Il constitua un modèle pour les contemporains de Bellini et les successifs retables d'autel. La présence de saint Sébastien, dit « apotropaïque » (qui conjure le mauvais sort, voilà une bonne occasion d'enrichir votre vocabulaire), indique que ce tableau fut réalisé à l'occasion de l'épidémie de peste qui frappa la ville en 1478.

– Dans la ***salle 3,*** noter la superbe *Pietà* sur la gauche de l'entrée, par Giambattista da Conegliano, le Christ soutenu par Marie. L'absence totale de paysage rend cette scène encore plus émouvante, l'expressivité et la détresse des visages sautent aux yeux.

– Les ***salles 4* et *5*** sont un **concentré de chefs-d'œuvre** : sublime représentation de saint Georges en héros mythique cuirassé de Mantegna et une Madone entre deux saintes de Bellini, dont les visages et les accoutrements font plutôt penser à des patriciennes romaines qu'à des créatures célestes. Ce traitement n'est pas étonnant pour la période ; en effet, la Renaissance a entraîné un regain d'intérêt pour l'Antiquité grecque et latine.

– Rendez-vous ensuite dans la ***salle 5*** pour contempler *La Tempête* de Giorgione. Remarquer l'atmosphère spéciale qui entoure les personnages (le jeune homme et la Tsigane), totalement insolites dans le tableau et étrangers l'un à l'autre. Sur fond d'orage, de calme avant la tempête, pour la première fois dans l'histoire de la peinture, c'est un paysage qui est mis en avant. Avant de poursuivre, un petit coup d'œil à *La Vieille* de Giorgione et aux trois *Vierge à l'Enfant* de Bellini dont une très étonnante aux angelots rouges.

– ***Salle 6 :*** la spiritualité du Tintoret s'exprime dans la surprenante *Création des animaux* avec une figure divine en plein envol. Jetez un œil à son *Caïn et Abel* aux deux corps combattant dans un mouvement qui semble perpétuel.

Plusieurs tableaux de Véronèse également, aux formes harmonieuses, dont un *Couronnement de la Vierge* plus chaotique que les autres.

– Dans la ***salle 7,*** remarquer surtout le fascinant *Portrait d'un jeune homme* par Lorenzo Lotto, de facture très moderne ; la présence du lézard à côté de l'homme qui lit demeure un mystère, même si certains historiens de l'art voient là une recherche spirituelle, une quête de la lumière divine.

Salle 10

Le Repas chez Lévi de Véronèse (1573) mérite toute votre attention, **sans doute une des œuvres les plus fascinantes** de la galerie. Ce tableau a fait scandale à l'époque car la scène représentée était trop profane aux yeux des censeurs de

Saint Office (le bureau de l'Inquisition). Il s'agissait au départ d'une *Cène*, réalisée pour le réfectoire d'un couvent de dominicains, mais traitée comme un repas en multipliant le nombre de convives. Notez comme tous les invités sont liés entre eux par un geste ou un regard. De loin, le tableau semble plongé dans des tons homogènes, mais, dès qu'on s'approche, on aperçoit les couleurs vives et les détails. On dit que l'homme en vert près de Lévi (en rouge) serait Véronèse lui-même. Le Christ occupe toujours la place centrale, mais déjà il passe à l'arrière-plan au profit du peintre qui prend le devant de la scène. Vous avez dit anticonformiste ?

CÈNE DE MÉNAGE

L'originalité du Repas chez Lévi *de Véronèse vient de sa mise en scène un peu théâtrale, qui fait intervenir aussi bien des personnages mondains que des créatures grotesques autour d'un banquet. On soupçonna l'artiste d'hérésie, cette Cène étant jugée irrespectueuse envers le Christ. Devant l'outrage, les inquisiteurs lui demandèrent de modifier le tableau, en rajoutant sur les balustrades inférieures l'inscription : « Fit au messire Lévi un grand festin » (en latin) ! Mieux valait changer le titre que tout le tableau.*

Toujours dans les scènes à forte charge dramatique, deux Tintoret étonnants par l'usage de la couleur et du mouvement hors cadre : *Saint Marc libérant l'esclave* et, dans un registre plus fantastique, *La Translation du corps de saint Marc.* Véronèse, le plus grand coloriste du XVIe s, éclate encore avec *Le Mariage de sainte Catherine* en saturant l'espace de personnages, ainsi qu'avec la plus discrète mais extraordinaire *Allégorie de la bataille navale de Lépante* (où l'issue du combat semble se jouer au ciel).

Salle 11

Tout aussi imposante que la précédente, et des formes de tableaux encore plus atypiques. D'immenses Tiepolo : une *Élévation de Croix* (mouvement vers le ciel assez vertigineux, personnages semblant comme aspirés), des tableaux incurvés (appartenant à une fresque en partie détruite par un bombardement en 1915) et le remarquable *Châtiment des serpents* (même si très abîmé). Dans la même salle, les fresques incurvées des angles sont particulièrement impressionnantes car on dirait des miroirs déformants. Plusieurs toiles du Tintoret également.

Salles 16 à 20

– *Salle 16 :* Tiepolo, l'un des plus grands peintres vénitiens du XVIIIe s, nous offre *Diane et Actéon, Enlèvement d'Europe* (superbe œuvre de jeunesse), *Diane et Callisto...* Deux toiles aux sujets légers dans la *salle 16a* : *La Devineresse* de Piazzetta et *Le Chatouillement* de Giuseppe Angeli.
– *Salle 17 :* un des rares Guardi subsistant à Venise, *Incendie à San Marcuola,* inspiré d'un fait réel de 1789.
– *Salle 20 :* plusieurs coups de cœur. Vues de Venise avec ses habitants et ses gondoles, notamment la *Procession sur la place Saint-Marc* de Gentile Bellini, d'une précision mathématique. Et puis, grand moment d'émotion avec la découverte du magnifique *Miracle de la relique de la Sainte Croix* (1494) de Vittore Carpaccio, qui nous restitue merveilleusement l'atmosphère du quartier et du pont du Rialto avant qu'il ne soit reconstruit en pierre. Presque une narration avec trois moments distincts : la procession sur le pont, l'entrée du patriarche et le miracle dans la loggia.

Salle 21, le cycle de sainte Ursule

Accès discret par le fond de la salle 19. **C'est l'un des points d'orgue de la visite,** avec plusieurs *teleri* (toiles de grandes dimensions) de Vittore Carpaccio (fin XVe s) racontant le cycle de sainte Ursule inspiré de la *Légende dorée.* Une histoire qui serait aujourd'hui quasiment insupportable sans le talent du peintre à restituer le quotidien de la vie de son époque. Préciosité méticuleuse, vie incroyable, un rêve

passe... C'est peu dire que cette salle fait partie de celles que l'on adore dans ce musée. Elle entretient le mystère Carpaccio, un peintre sur lequel on connaît si peu de chose, au fond.
Bon, revenons à l'histoire qui nous est contée en images. La princesse chrétienne de Bretagne accepte les noces avec le prince d'Angleterre à condition qu'il se baptise et se rende avec elle à Rome. Non, ne tournez pas la page, c'est là que ça devient intéressant...
Dans *L'Arrivée des ambassadeurs,* le peintre décale le point de fuite vers la gauche afin de commencer le récit au moment où les ambassadeurs anglais débarquent pour se présenter au roi de Bretagne. Dans une pièce à côté, Ursule discute les conditions du mariage avec son père, tandis que sa nourrice attend au pied de l'escalier. La suite est racontée dans *L'Adieu des fiancés* avec, en fond, l'Angleterre du Moyen Âge (à gauche) et la Bretagne de la Renaissance (à droite). Bref, ces peintures somptueuses racontent une histoire très ancienne que le peintre place dans un décor typiquement vénitien de la fin du XVe s (architecture, costumes, scènes). Ce décalage dans le temps n'est pas choquant. N'hésitez pas à vous attarder et à scruter le moindre morceau de toile ! Vous frémirez ainsi à la présence inquiétante du singe et de la dinde au pied du trône dans *Le Retour des ambassadeurs.* Peinture à l'atmosphère d'apparence sereine, mais ces deux-là symbolisent l'imminence d'une guerre qui se prépare.

Salle 23
Superbe grande chapelle (ancienne église Santa Maria della Carità). Fin de la visite en grande pompe avec des toiles du « clan » Vivarini (Antonio, Alvise et Bartolomeo) et des triptyques des Bellini (Jacopo, Gentile et Giovanni) situés dans l'abside.

DORSODURO

★★ *Ponte dell'Accademia* *(zoom détachable C5)* **:** *en face du musée de l'Accademia.* Le premier pont construit à cet endroit par les Autrichiens, au XIXe s, était en fer. Dans les années 1930, une structure provisoire a été érigée pour remplacer le précédent pont détruit. Cet ouvrage en bois, restauré en 1985, est devenu au fil du temps définitif. Il offre un point de vue imprenable sur le Grand Canal. Des milliers de touristes immortalisent cette perspective, qui se modifie selon la lumière.

LE LONG DES ZATTERE

Sur ces larges quais, face à l'île de la Giudecca, vous trouverez quelques bars et glaciers. C'est un beau lieu de promenade. Le matin, les sportifs y font leur jogging, quoique l'endroit se prête plus au farniente. Il ne faut pas non plus manquer d'y venir en fin d'après-midi ; l'atmosphère y est alors sereine.

★ *Chiesa dei Gesuati* *ou* ***Santa Maria del Rosario*** *(plan détachable C5)* **:** *fondamenta Zattere ai Gesuati, Dorsoduro. ☎ 041-275-04-62. • chorusvenezia.org • Lun-sam 10h-17h (dernière entrée 16h45). Entrée : 3 €. Accès avec le Chorus Pass.* Les dominicains avaient acheté l'emplacement après que l'ordre des Gesuati avait été dissous, au XVIIe s, en raison de mœurs un peu légères... Seul le nom a été conservé. L'architecte Massari a construit l'église actuelle au XVIIIe s. La façade rappelle fortement celle des églises du Redentore et de San Giorgio Maggiore. Ici, l'œuvre à ne pas manquer, c'est le plafond rococo de Tiepolo (malheureusement un peu haut, un miroir est placé stratégiquement pour détailler l'ensemble). Il y retrace partiellement la vie de saint Dominique à travers *L'Institution du Rosaire, Gloire de saint Dominique* et *L'Apparition de la Vierge à saint Dominique.* Avec Michel-Ange, autre génie, peu d'artistes ont été aussi éblouissants dans l'art de peindre les plafonds ! La chapelle à gauche de l'autel abrite un retable du Tintoret représentant une Crucifixion.

★ *Squero San Trovaso* *(plan détachable B5)* **:** *campo San Trovaso, Dorsoduro.* Mignon petit *squero* qui vaut le détour. Les *squeri* (pluriel de *squero*) étaient autrefois les ateliers qui servaient à la fabrication et à la réparation des embarcations marchandes. Petit à petit, cette activité s'est concentrée dans l'Arsenal (quartier du Castello). Aujourd'hui, il n'y en a quasiment plus, et les derniers se consacrent presque exclusivement aux gondoles. Le squero San Trovaso date du XVIIe s. Pour voir celui-ci de face, rendez-vous sur les fondamente Nani (de l'autre côté du petit canal) et tournez le dos au nº 944. Devant vous s'étend une rampe qui permet aux gondoles d'accoster directement à partir du rio San Trovaso. À droite, trois jolies maisons en bois. Deux servent à loger les ouvriers, la troisième est un atelier de réparation des pièces abîmées.

Chiesa San Trovaso *(plan détachable B5)* **:** *sur le campo San Trovaso. ☎ 041-522-21-33. Lun-sam 8h-11h, 14h30-17h30.* Détruite par un incendie, cette église a été reconstruite en 1590 dans un style classique. Elle abrite quelques œuvres importantes de Giambono dans le plus pur style gothique international, de Palma le Jeune et du Tintoret.

LE QUARTIER DE LA CA' REZZONICO

Campo San Barnaba *(plan détachable B4)* **:** *situé en bordure du rio San Barnaba.* C'est un *campo* caractéristique de Venise : rectangulaire, au bord de l'eau et fermé par une église. Le long du *rio* se tient chaque jour (sauf le dimanche) un petit *marché flottant de fruits et de légumes* qui ravira les amateurs de photos (ou de fruits !).

Chiesa San Barnaba : construite entre 1749 et 1776, elle est surmontée d'un campanile en pierre, doté d'une flèche du XIVe s. On n'y célèbre plus d'offices. Expos temporaires.

UNE PLACE DE CINÉMA

*Pleine de charme, la place San Barnaba a inspiré de nombreux réalisateurs de cinéma. Les cinéphiles auront peut-être reconnu le décor d'une scène cruciale d'*Indiana Jones et la dernière croisade *de Spielberg : celle de la « bibliothèque » où Indi va trouver, en creusant, le tombeau du croisé ! Le site avait déjà été utilisé en 1955 par David Lean pour* Vacances à Venise *avec Katharine Hepburn.*

Ca' Rezzonico e museo del Settecento Veneziano *(plan détachable B4)* **:** *calle San Barnaba, Dorsoduro. ☎ 041-241-01-00. • carezzonico.visitmuve.it • Vaporetto nº 1, arrêt Ca' Rezzonico. Si le pont en bois est fermé, faire le tour du pâté de maisons jusqu'au campo San Barnaba. Tlj sf mar 10h-18h (17h nov-mars) ; dernière entrée 1h avt fermeture. Fermé 1er janv, 1er mai et 25 déc. Entrée : 10 € ; réduc. Audioguide : 4 €. Accès avec le* Museum Pass. *Carte* Rolling Venice *acceptée. Audioguide en français. Notice détaillée sur les œuvres en plusieurs langues dans chaque salle (à remettre après consultation).*
Ce palais, dont vous pouvez admirer la façade depuis le Grand Canal, a été commencé par Longhena (l'architecte de la Salute) en 1667. Mais la ruine de la famille Bon, qui avait commandé ces travaux, a laissé l'édifice inachevé. En 1712, la riche famille Rezzonico, fraîchement anoblie (pour 100 000 ducats !), le rachète et demande à Massari de finir les travaux. Sa visite donne une idée de ce que pouvaient être le faste et le luxe de la Sérénissime au XVIIIe s. On peut y admirer notamment de nombreuses œuvres de Tiepolo (père et fils), Guardi, Piazzetta, Longhi, mais aussi de Canaletto, dont les tableaux ne sont pas très nombreux à Venise.
– Après avoir gravi les marches du monumental escalier en pierre, on accède directement à la *salle de bal,* absolument magnifique. Noter les fresques en trompe-l'œil, qui donnent beaucoup d'espace et de volume. Les deux lustres à motifs floraux sont d'origine. Magnifiques statues de Maures en ébène et buis,

œuvre de l'ébéniste Andrea Brustolon. Détail amusant : les chaînes des esclaves sur les porte-vases sont aussi en bois.
- La fresque de la ***salle de l'Allégorie nuptiale*** est signée Giambattista Tiepolo. Jetez un œil à la petite chapelle rococo tout en rondeurs. Cette salle abrite des portraits de Rosalba Carriera (peintre vénitienne qui enseigna la technique à ses homologues français), dont un étonnant *Gentilhomme en habit rouge.* Remarquez les couleurs gris perle, bleutées et roses à la mode au XVIIIe s. Les tables sont en onyx. Très beau lustre de Murano.
- Après la ***salle des pastels*** vient la ***salle des tapisseries,*** avec sa porte laquée aux couleurs acidulées jaune-vert couverte de motifs chinois, et la *salle du trône* avec ses fenêtres donnant sur le *Canal Grande,* sa cheminée et ses vases chinois. Les appliques au mur sont composées de miroirs biseautés sur lesquels on a dessiné des figures à la pointe de diamant. Elles diffusent une lumière tout à fait suggestive.
- Le ***portego*** (corridor), décoré de bustes de marbre, conduit à la ***salle Tiepolo*** magnifiquement meublée. La fresque au plafond représente les figures de la noblesse et de la vertu. Dans une pièce attenante au corridor trône une table de jeu ; le paradoxe de la Venise du *settecento,* un vrai Las Vegas mais toujours dévot (l'Amérique, au fond !).
- Après une halte dans la *bibliothèque,* aux impressionnantes armoires du XVIIe s remplies non pas de livres mais d'objets d'art du XVIIIe s, on pénètre dans la ***salle de Lazzarini*** (magnifique écritoire avec des incrustations en ivoire confectionnée à Turin par Pietro Pifetti, l'un des artisans les plus représentatifs de la Maison de Savoie) et la *salle consacrée à Brustolon* : fauteuils, chaises hautes, consoles porte-vases représentant des guerriers éthiopiens, meubles à petits tiroirs pour les collectionneurs en tout genre et un étonnant lustre polychrome de Murano. Admirer également une incroyable console soutenant des pots, représentant dans sa partie inférieure une allégorie de la Force, personnifiée par Hercule (avec, à ses côtés, Cerbère et l'Hydre de Lerne).
- ***Les salles du 2e étage :*** on passe par le *portego* pour y accéder. On peut y voir des peintures de Guardi et de Canaletto représentant Venise au XVIIIe s. Sur une des peintures de Guardi *(Le Parloir des nonnes),* les religieuses ressemblent plus à des courtisanes qu'à des moniales... La chambre en alcôve (salle 21) et son boudoir sont délicieux (on y trouve même un berceau dans les tons assortis au reste de la pièce) ; juste à côté, belle salle aux laques turquoise (en fait, elles sont vraiment vertes), avec mobilier d'inspiration chinoise et statuettes en papier mâché. Dans une autre salle (salle 14), ne manquez surtout pas les très belles fresques de la villa Zianigo, exécutées par le fils de Tiepolo et qui sont restées, grâce au travail de ceux qui ont su les sauvegarder, d'un modernisme surprenant. Sur son tableau *Il Mondo Novo,* le peintre a représenté les spectateurs d'une séance de projection de lanterne magique vus de dos. On ne voit que peu de visages et surtout pas la lanterne.
- Au ***3e étage,*** **remarquable pinacothèque** (la plus importante donation à Venise depuis le début du XXe s, par le collectionneur Egidio Martini). À conseiller à tous ceux qui n'ont pas eu encore leur compte de *Madone à l'Enfant* et de scènes bibliques ou mythologiques. Elle retrace de manière complète l'art vénitien du XVe au XIXe s, avec entre autres des œuvres de Vivarini, Tintoret, Bassano, Palma le Jeune, les Tiepolo, Longhi, Schiavoni... une magnifique collection ! Également une belle pharmacie intelligemment reconstituée.
- La visite s'achève par deux salles situées en face de la sortie du musée et qui exposent des œuvres de la collection Ferruccio Mestrovich (thème religieux).
- Jardin agréable en accès libre, idéal pour faire une pause. Cafétéria.

Scuola Grande dei Carmini *(plan détachable B4) : sur le campo dei Carmini, Dorsoduro, 2617. ☎ 041-528-94-20. Tlj 11h-16h. Entrée : 5 € ; réduc. Carte Rolling Venice acceptée. Demandez la brochure explicative en français (à rendre en fin de visite).* Construit au XVIIe s, le bâtiment abritait la confrérie des Carmélites. La Scuola fut la dernière école à se voir attribuer l'appellation de *Scuola Grande* par la République, en 1767 (il y en a moins d'une dizaine en tout à Venise). Au rez-de-chaussée, vous pouvez voir 19 monochromes de Bambini. Superbes plafonds stuqués dans les couloirs et les escaliers. Au 1er étage (salle du Chapitre), admirez l'extraordinaire plafond de Tiepolo, composé de neuf toiles : *La Vierge donnant le scapulaire au bienheureux Simon Stock* (le scapulaire étant un morceau d'étoffe avec deux rubans que les carmes portaient). Dans la salle des archives, superbes boiseries en noyer datant du XVIIIe s.

Chiesa dei Carmini ou **Santa Maria del Carmelo** *(plan détachable B4)* **:** *à deux pas de la Scuola Grande et en bordure du rio di Santa Margherita. ☎ 041-522-65-53. Lun-sam 7h-12h, 14h30-19h ; dim, juste un peu avt et après les offices.*
Les carmes s'y réunissaient avant la construction de la Scuola. Le cloître et le couvent abritent aujourd'hui un institut d'art. La façade de brique a été ajoutée au XVIe s. Poussez la porte et vous entrerez dans une église où la nef est formée par 24 colonnes aux arcades dorées et sculptées. On peut y admirer différentes œuvres retraçant la vie de l'ordre des Carmélites, notamment un très beau Véronèse dans la chapelle de droite et une nativité de Cima da Conegliano, qui fut parmi les premiers à introduire des paysages dans ses œuvres. Sinon, en galeries, collection assez complète de peintres du XVIIe s, mais considérés comme assez secondaires à Venise, comparés à leurs prédécesseurs.
– Du parvis, prendre à gauche et aller jeter un petit coup d'œil sur les **palais *Zenobio*** (un pensionnat très beau mais privé), au nº 2596, ou encore *Ariani* (de l'autre côté du canal), au nº 2376 de la *fondamenta Briati,* à gauche en traversant le rio dei Carmini. On ne peut malheureusement pas les visiter, mais leurs façades valent vraiment le détour. Le *palais Ariani* est remarquable pour ses fenêtres à ogive.
Face au parvis de l'église, de l'autre côté du pont, se dresse le **palais *Foscarini*** (consulat de Belgique). Avec ses 200 pièces, ce palais était l'un des plus riches de Venise, rempli de trésors. Les Foscarini y reçurent le roi du Danemark au XVIIIe s. Il fut ébloui !

Campo Santa Margherita *(plan détachable B4)* **:** le campo Santa Margherita forme une grande place, populaire et animée, en plein quartier universitaire. Il tire son nom de l'église Santa Margherita, à l'opposé des Carmini, aujourd'hui déconsacrée (repérer le campanile tronqué). Les habitations qui l'entourent sont certes sans prétention, mais on aime d'autant plus leurs façades colorées. Le matin (sauf le dimanche) s'y tient un petit marché au poisson avec quelques étals de fruits et légumes. L'après-midi, il fait bon s'y reposer à la terrasse des cafés. Le soir ? Eh bien, la vie continue, dans une joyeuse effervescence estudiantine. On papote, on chante, on rit, avec toujours un petit verre à la main... ce qui ne fait pas forcément l'affaire des riverains, qui regrettent bien la tranquillité d'autrefois. Un décret a d'ailleurs été adopté pour limiter les heures de tapage nocturne. Cela reste l'un des lieux les plus agréables, avec son ambiance de place de village.

DES ZATTERE AU QUARTIER SANTA MARTA

Chiesa San Sebastiano *(plan détachable A5)* **:** *campo San Sebastiano. ☎ 041-275-04-62. • chorusvenezia.org • Lun-sam 10h-17h (dernière entrée 16h45). Entrée : 3 €. Accès avec le Chorus Pass.* Édifiée au XVe s puis reconstruite au début du XVIe s, cette église rassemble principalement des œuvres de Véronèse. Certaines ont été réalisées alors qu'il n'avait qu'une vingtaine d'années ! L'artiste est inhumé dans l'église (à gauche du chœur). Admirez le plafond de la sacristie (par la porte située sous les orgues) représentant le Couronnement de la Vierge entourée des quatre évangélistes. Les trois grandes toiles encastrées au plafond de la nef (si les travaux permettent de les admirer) représentent la vie d'Esther (dans la Bible, jeune juive ayant sauvé ses frères d'un pogrom). Dans la toile centrale, la plus belle, magnifiques drapés vert et bleu, perles et armure luisantes. Voir également les panneaux peints de l'orgue.

Le quartier de Santa Marta *(hors plan détachable par A5)* **:** on est ici loin de l'agitation touristique. Autrefois, le lendemain de son élection, un délégué des marins du quartier, désigné par ses habitants, se rendait en audience au palais ducal, revêtu d'une toge rouge et accompagné d'un grand nombre de ses pairs. Il était reçu par le doge en personne, qui lui accordait un baiser confraternel, reconnaissant par cet acte l'importance de sa communauté de petites gens dans les structures de la République.

Chiesa San Nicolò dei Mendicoli *(plan détachable A5)* **:** *campo San Nicolò, Dorsoduro, 1907. ☎ 041-275-03-82. Tlj 10h-12h, 16h-18h.* L'église San Nicolò dei Mendicoli (Saint-Nicolas-des-Mendiants) est l'une des plus anciennes églises de la ville. À côté se dresse un campanile carré datant de la fin du XIIe s, dépourvu de cloches. À l'intérieur, le sol, 1 m en dessous du niveau de l'eau des canaux, a été entièrement refait. Cette église a la particularité de mélanger les époques. Décorée sobrement grâce aux modestes dons des pêcheurs, elle présente des éléments décoratifs allant du VIIe au XVIe s. La nef contient de nombreuses œuvres illustrant la vie du Christ. Dans le maître-autel, une statue du bon saint Nicolas (san Nicolò) qui bénit ses ouailles. Sur ses genoux, trois boules d'or qu'il aurait offertes à trois jeunes filles sans dot pour leur éviter de sombrer dans la prostitution.

SAN POLO ET SANTA CROCE

Codes postaux : 30125 et 30135

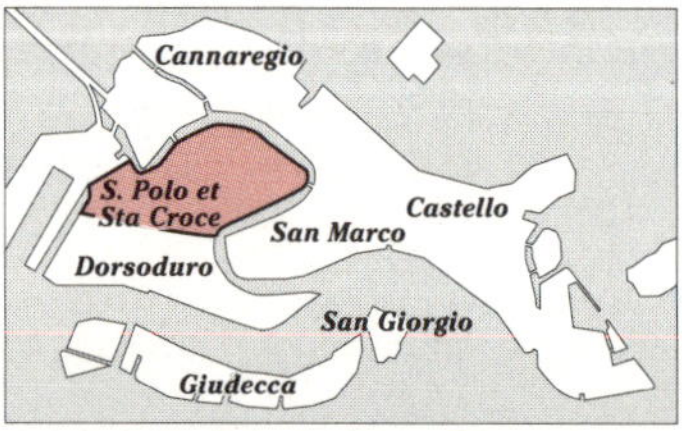

Exception faite du marché du Rialto et de ses *bacari* (bars à vins), bondés le soir à l'heure de l'apéro, San Polo et Santa Croce forment un quartier plutôt calme. À croire que les touristes le boudent. Pourtant, c'est ici, sur le campo San Polo, qu'est né le Carnaval. Cette place revêt d'ailleurs une grande importance pour tous les Vénitiens. L'hiver, on y installe une patinoire, l'été un cinéma en plein air. Mais ce sont plutôt les églises de ce vaste *sestiere* qui poussent les amateurs de belles choses à venir le découvrir : *Santa Maria dei Frari, San Giacomo dell'Orio,* et autres monuments comme la *Scuola Grande di San Rocco...*

Santa Croce, lui, est plus intimiste, avec ses ruelles imbriquées et ses grandes maisons qui se penchent au-dessus comme pour s'embrasser. Des petits commerces de proximité y trouvent encore clientèle, tandis que sur le Grand Canal, les entrepôts d'antan abritent désormais des musées ou des lieux d'expo. Le *Fondaco dei Turchi* s'est transformé en musée d'histoire naturelle, il plaira aux enfants ; le palazzo Mocenigo, nouvellement rouvert après travaux, expose aujourd'hui costumes et parfums ; quant à la Ca' Pesaro, palais baroque du XVIIe s, elle enchantera tous les amoureux d'art moderne et d'art oriental.

Où dormir ?

Auberge de jeunesse

🏠 ***Domus Civica*** *(plan détachable B3,* ***36****)* **:** *San Polo, 3082. ☎ 041-72-11-03. • info@domuscivica.com • domus civica.com • À pied depuis la gare. À l'angle de la calle de le Chiovere et de la calle Cimesin. Fermé oct-mai. Couvre-feu 0h30-7h. Compter env 25-35 €/pers ; réduc avec les cartes Rolling Venice et ISIC.* 📶 Immeuble cossu et austère, à deux pas de l'église des Frari. Il abrite une cité étudiante, sorte de grande auberge de jeunesse, gérée par un institut catholique. On ne peut y loger qu'en été *(juin-sept),* en dehors de l'année universitaire. Plus de 120 lits répartis par chambres simples ou doubles sur 4 étages (ascenseur), certaines donnant sur le jardin. Sanitaires communs. Très propre. Petit déj au bistrot du coin de la rue, juste en face. Excellent accueil, une des hôtesses parle le français.

De prix moyens à chic

Albergo Marin *(plan détachable B3,* ***46****) : ramo delle Chioverete, Santa Croce, 670/B. ☎ 041-71-80-22. • info@albergomarin.it • albergomarin.it • ♿ À pied depuis la gare. Doubles 60-160 €, petit déj compris ; quelques triples.* Ne vous fiez pas à la façade fanée de cet hôtel ; passez la porte, vous découvrirez une petite vingtaine de chambres fort bien aménagées, et suffisamment confortables. Les « supérieures » sont vraiment agréables, ton sur ton, et leurs salles d'eau, avec aromathérapie et douche écossaise, sont particulièrement réussies. La salle du petit déj est pimpante et l'accueil de Michela et de son fils Giacomo avenant. Une bonne adresse.

Hotel ai Tolentini *(plan détachable B3,* ***53****) : calle Amai, Santa Croce, 197/G. ☎ 041-275-91-40. • info@albergoaitolentini.it • albergoaitolentini.it • À pied depuis la gare. Doubles 60-150 € selon confort, petit déj compris.* Caché derrière la *chiesa San Nicolà da Tolentino,* cet hôtel entièrement restauré dispose de 7 chambres, toutes très bien équipées et lumineuses, avec télé, frigo, coffre-fort. 4 possèdent un lit rabattant pour l'invité de dernière minute. Un détail, le petit déj est à prendre au café du coin, ce qui n'est pas un gros inconvénient. Accueil charmant.

Albergo Casa Peron *(plan détachable B4,* ***55****) : salizzada San Pantalón, Santa Croce, 84. ☎ 041-71-00-21. • casaperon@libero.it • casaperon.com • Vaporetti n°s 1 ou 2, arrêt San Tomà. Doubles 50-120 €, avec ou sans sdb, selon saison et confort (avec ou sans clim), petit déj inclus. Réduc de 10 % sur le prix de la chambre (paiement comptant) sur présentation de ce guide.* Un hôtel pour routards. Côté chambres, c'est sommaire, style années 1970, avec quelques tableaux peints par Gianrico, le propriétaire. Cela dit, l'ensemble est propre, et le double vitrage apporte un petit plus dans ce quartier qui peut être animé en soirée. Les sanitaires communs sont au diapason du reste, constituant finalement un rapport qualité-prix fort convenable. Bon accueil de Pierre, le perroquet d'Amazonie, et de son maître, évidemment...

Hotel Iris *(zoom détachable B4,* ***31****) : calle del Cristo, 2910 Santa Croce. ☎ 041-522-28-82. • hotelirisvenice@gmail.com • Vaporetti n°s 1 ou 2, arrêt San Tomà. Doubles 50-140 € selon saison.* Petit hôtel discret à l'angle d'une ruelle et d'un quai tranquille, près du campo San Tomà. Ne pas s'attendre à un romantique hôtel de charme. Les chambres sont propres et la déco classique (standard), le tout à des prix sages pour Venise. Certaines donnent sur le rio della Frescada. Bon rapport simplicité-prix-emplacement !

De chic à très chic

Ca' Bonvicini *(zoom détachable C3,* ***60****) : calle Ca' Bonvicini, Santa Croce, 2160. ☎ 041-275-01-06. • info@cabonvicini.com • cabonvicini.com • Vaporetto n° 1, arrêt Rialto mercato. Près du ponte de l'Agnella, à 5 mn à pied du Rialto. Fermé quelques j. en déc et janv. Doubles 70-190 € selon confort et saison, petit déj compris (servi en chambre).* Un *B & B* aménagé dans une maison de caractère, avec une déco soignée dans le style XIXe s. Sur 2 niveaux, une demi-douzaine de chambres lumineuses (dont 2 triples) : parquet en hêtre blanc, voilages et dorures, beaux lustres et murs clairs où quelques œuvres contemporaines viennent contrarier la touche romantique. Salles de bains bien conçues, avec matériaux sombres ou crème selon l'étage. Certaines chambres avec vue sur un canal. Un accueil gentil complète l'envie de faire son nid ici.

Ca' San Giorgio *(zoom détachable C2,* ***66****) : salizzada del Fontego dei Turchi, Santa Croce, 1725. ☎ 041-275-91-77. • info@casasangiorgio.com • casasangiorgio.com • Vaporetto n° 2, arrêt San Marcuola. Près du musée d'Histoire naturelle. Doubles 90-240 € selon confort et saison, petit déj compris.* Un hôtel de charme dans un palais de style gothique, entièrement réaménagé avec goût. Adorable courette à l'entrée. Les 8 chambres réparties sur 3 niveaux sont résolument cosy, sans luxe ostentatoire.

Est-ce la moquette ? Les rideaux et les tentures ? Si certaines doubles du rez-de-chaussée peuvent être petites, les supérieures, avec leur coin lecture et leur lit *king size,* sont franchement bien. Nous, on a un faible pour la *junior suite* mansardée, très romantique avec sa petite terrasse privée. Une belle adresse pour épater sa Colombine.

Pensione Guerrato *(zoom détachable D3,* ***58****) : calle drio la Scimia, San Polo, 240 A. ☎ 041-528-59-27. • pensioneguerrato.it • info@pensioneguerrato.it • Vaporetto n° 1, arrêt Rialto mercato. À 2 mn du Rialto, juste à côté du marché aux légumes. Réception au 1er étage. Congés : janv. Doubles 100-145 €, petit déj inclus. Réduc de 20 % sur la chambre en basse saison sur présentation de ce guide, sf à Noël et durant le Carnaval.* Encore un hôtel de charme à taille humaine dans un petit palais vénitien. Mobilier et livres anciens décorent les chambres (une vingtaine), toutes climatisées, celles du 4e étage profitant d'une belle vue sur les toits. Pas de TV ! Petit déj servi dans une belle salle baignée de musique lyrique. Roby et son beau-frère Piero vous réservent un accueil chaleureux, dans un français chantant.

Albergo Doge *(plan détachable B3,* ***59****) : Lista Vecchia dei Bari, Santa Croce, 1222. ☎ 041-244-87-52. • hoteldoge@libero.it • albergodoge.com • Vaporetto n° 1, arrêt Riva di Biasio. Doubles 90-260 € selon saison, petit déj inclus (servi en chambre).* On retiendra de cette adresse son bon rapport qualité-prix en basse saison et sa situation à proximité de la gare. L'hôtel compte une dizaine de chambres tout confort et bien aménagées. Évidemment, quand on réhabilite ce genre de vieille maison, certaines chambres sont plus petites que les autres.

Hotel Falier *(plan détachable B4,* ***78****) : salizzada San Pantalón, Santa Croce, 126-130. ☎ 041-71-08-82. • reception@hotelfalier.com • hotelfalier.com • Vaporetti nos 1 ou 2, arrêt Piazzale Roma ou San Tomà. Doubles avec sdb 70-250 € selon saison. Réduc de 10 % sur présentation de ce guide slt si résa en direct.* Bien situé, pas très loin de la gare ferroviaire, un hôtel modeste et bien tenu, avec une vingtaine de chambres. Celles du rez-de-chaussée sont tout de même un peu sombres. Au dernier étage, petite chambre (n° 41) avec terrasse pour prendre le petit déj sur les toits. Agréable jardin sous la glycine. Accueil aimable et en français.

Beaucoup plus chic

Hotel San Cassiano (Ca' Favretto *; zoom détachable C3,* ***85****) : calle della Rosa, Santa Croce, 2232. ☎ 041-524-17-68. • info@sancassiano.it • sancassiano.it • ♿ (3 chambres au rdc). Vaporetto n° 1, arrêt San Stae. Fléché depuis la calle della Regina. Doubles 100-1 000 € selon taille et saison, petit déj inclus. 1h de wifi gratuite sur présentation de ce guide.* Cet hôtel, situé juste à côté de l'immeuble de la Fondation Prada, propose une quarantaine de chambres, toutes décorées à la vénitienne, dans un style tirant sur le rococo. Certaines ont vue sur le Grand Canal mais elles sont franchement très chères. Il faut dire que cet ancien palais, conservé presque comme à l'origine, avec tableaux, lustres et meubles d'époque, joue à fond la carte du style « rétro chic ».

Où manger ?

Entre le pont du Rialto et le très authentique *campo della Pescheria* (le marché au poisson), les anciens bâtiments du commerce de gros ont été joliment réhabilités, accueillant quelques restos très bien intégrés, leurs terrasses jetant les convives sur le Grand Canal. Offrez-vous avant un *aperitivo* dans l'un des excellents *bacari* du quartier. Les autres adresses dans le reste de San Polo sont plus classiques. Sinon, de ce côté-ci du Grand Canal, pas mal de bonnes petites pizzerias, proches du Rialto mais souvent hors des circuits touristiques.

Sur le pouce

Acqua e Mais *(zoom détachable C3,* ***165****) : campiello dei Meloni, San Polo 1411/1412. 393-691-91-57. • acquaemais@gmail.com • Tlj 9h30-20h. En hiver (nov-mars), fermé lun. Compter 5 € le cornet.* Voilà une idée originale et pratique d'un Vénitien adorable et souriant ! On vous concocte un petit cornet *(scartosso)* de friture avec de la polenta qu'on mange avec les doigts. Préférez ceux avec la morue *(bacala)*. C'est un régal et on ne perd pas de temps !

Bon marché

Novecento Jazz Club *(zoom détachable C3,* ***105****) : campiello del Sansoni, San Polo, 900. ☎ 041-522-65-65. Tlj sf lun 11h30-16h, 19h-2h. Pizzas 7-11 € ; repas autour de 20-25 €.* Dans ce piano-bar-pizzeria, on n'est pas sectaire : sur les murs ou en fond sonore, Verdi cohabite avec Miles Davis, tandis que la carte des pizzas (généreuses) offre un éventail étonnant de couleurs et de saveurs. Ambiance jazzy, dans un très beau cadre rustique : vieux instruments de tous les styles et de toutes les formes.

Muro San Stae (Murovenezia *; zoom détachable C3,* ***112****) : campiello delle Spezier, Santa Croce, 2048. ☎ 041-524-16-28. Tlj sf lun 12h-15h, 18h-23h. Pizzas 9-13 €, grande friture de poisson 20 €.* Cette pizzeria moderne a investi une placette tranquille, à l'écart des foules. Une quarantaine de pizzas goûteuses et bien faites. Ambiance contemporaine sobre et grande terrasse très agréable aux beaux jours. *Cette enseigne a fait des petits : un bar sur le campo bella Vienna, près du Rialto et un ristorante-pizzeria, rio dei Frari, 2604, San Polo.*

De bon marché à prix moyens

Pizzeria-trattoria Ae Oche *(zoom détachable C3,* ***116****) : calle del Tentor, Santa Croce, 1552 A/B. ☎ 041-524-11-61. Derrière le campo San Agostino. Tlj. Pizzas 8-12 € ; carte 15-30 € ; service 12 %.* Rien de gastronomique (c'est une chaîne), mais l'endroit est très apprécié en raison de la qualité de ses pizzas et de leur taille. La déco rappelle un peu un ranch rustique de la Vénétie avec des poutres en gros bois brut. Aux beaux jours, quelques tables dans la rue. Service plutôt agréable malgré l'affluence ! 2 autres adresses dans Venise.

Pizzeria All'Anfora *(plan détachable B3,* ***59****) : Lista Vecchia dei Bari, 1223. ☎ 041-524-03-25. • info@pizzeriaallanfora.com • Tlj sf mer 12h-22h30. Pizzas 7-12 €, carte 20-25 €.* Cette pizzeria, qui n'a pas bougé d'un iota depuis des lustres, conserve son excellente réputation à Venise. 2 salles bien animées à l'heure de la fournée et surtout des pizzas croustillantes qui débordent de l'assiette. Pour varier, petite cuisine vénitienne, mais rien d'exceptionnel. En été, on apprécie la petite cour sur l'arrière. Une affaire qui roule, très appréciée des gens du quartier.

Il Refolo *(zoom détachable B3,* ***139****) : campo San Giacomo dell'Orio, Santa Croce, 1459. ☎ 041-524-00-16. Tlj sf midi lun et mar. Plats 10-20 €. Pizzas 7-12 €.* Sur une adorable petite place près de l'église San Giacomo dell'Orio, cette modeste trattoria-pizzeria nous a bien plu pour sa terrasse, un endroit délicieux quand il fait beau. La salle intérieure est quelconque. On y déguste de très bonnes pizzas (variées et savoureuses) ainsi que des plats vénitiens traditionnels, mijotés comme il faut.

Taverna da Baffo *(zoom détachable C3,* ***137****) : campiello Sant'Agostin, calle della Chiesa, 2346, Santa Croce. ☎ 041-524-20-61. Tlj midi et soir jusqu'à 23h. 25-30 €.* Giorgio Alvise Zorzi « Baffo » était un sénateur et un poète libertin du XVIIe s apprécié de Stendhal et d'Apollinaire. Le resto porte son nom. Rien de luxueux, pas de poudre aux yeux, une cuisine sincère et fraîche, des prix sages, et un décor d'auberge de quartier, discrète et bien tenue. On recommande les *tagliatelle all'astice* (langoustines), la *grigliata di pesce* (4 variétés de poisson) et l'*antipasto di pesce*, spécialités du chef.

|●| ***Al Ponte Del Megio*** *(zoom détachable C3,* ***110****)* **:** *calle Larga, Santa Croce, 1666.* ☎ *041-71-97-77.* ● *gabeve@hotmail.it* ● *Tlj sf dim. Plats 10-20 €. Carte 30 €.* *Digestif offert sur présentation de ce guide.* Taverne populaire proposant une cuisine classique sans prétention mais quand même sincère et bien faite. La déco rustique n'invite pas à la rêverie romantique mais l'accueil est jovial, et l'addition reste raisonnable. Plats du jour et spécialités de la maison sont inscrits sur l'ardoise.

|●| ***Birraria La Corte*** *(zoom détachable C3,* ***117****)* **:** *campo San Polo, San Polo, 2168.* ☎ *041-275-05-70.* ● *info@birrarialacorte.it* ● *Tlj 12h-15h, 18h-22h30. Fermé 1 sem en nov. Menu touristique 12 € ; carte 20-25 €. Digestif offert sur présentation de ce guide pour tt repas complet (25 € min).* La grande salle, bruyante et tout en longueur, ne permet pas de grandes fantaisies dans la disposition des tables. La première qualité de ce resto est son emplacement sur le vaste et paisible campo San Polo. Quand il fait beau, on s'installe en terrasse et on goûte toute la saveur du mot « farniente ». Cuisine sincère et tout en naturel. Bonnes pizzas, pâtes et tiramisù. Pour ceux que cela intéresse, les produits sans gluten sont légèrement majorés.

|●| ***Trattoria La Rosa dei Venti*** *(plan détachable B4,* ***126****)* **:** *fondamenta Minotto, Santa Croce, 164.* ☎ *041-244-00-83.* ♿ *Tlj. Plats 10-18 €, carte 30-40 €. Apéritif maison offert sur présentation de ce guide.* Un décor de resto-bistrot, des tables en bois, cette trattoria au bord d'un canal sert une cuisine honnête et solide. Menu d'un rapport qualité-prix intéressant pour déjeuner. Sinon, on recommande l'*antipasto di pesce* *(30 €)* qui permet de goûter à toutes les spécialités de poisson.

De prix moyens à chic

|●| ***Osteria La Zucca*** *(zoom détachable C3,* ***122****)* **:** *ponte del Megio, Santa Croce, 1762.* ☎ *041-524-15-70. Tlj sf dim, midi et soir jusqu'à 22h30 (attention, soyez dans les clous, la cuisine ferme tôt). Congés : 1 sem mi-août et fêtes de fin d'année.* ***Résa indispensable, 1 ou 2 j. au moins à l'avance.*** *Menu 35 € ; carte 35-40 €.* *Zucca* veut dire « citrouille ». Excellent resto (le meilleur de San Polo) où le chef inspiré concocte une cuisine imaginative et savoureuse, magnifiée par les épices les plus belles et les plus goûteuses. La carte change toutes les semaines, ou presque. Elle est courte et c'est un bon signe ! Beaucoup de plats de légumes avec des suggestions orientales. Attention, venez à l'heure prévue, sinon vous risquez de vous retrouver, en fin de repas, poussé gentiment mais fermement vers la porte par les serveurs. Service aimable et organisé. Une adresse incontournable.

|●| ***Al Sacro e Profano*** *(zoom détachable D3,* ***119****)* **:** *San Polo, 502.* ☎ *041-523-79-24.* ● *alsacroeprofano@libero.it* ● *Passer sous les arcades au débouché du Rialto et s'engouffrer dans une ruelle à gauche. Tlj sf mer 11h30-15h, 18h-minuit. Congés : juil et déc (ouv après Noël). Carte env 45 €. CB refusées. Café offert sur présentation de ce guide.* Le profane, c'est l'apéro accompagné de *cicchetti* et de délicieuses *bruschette,* nul besoin de s'asseoir. Le sacré, c'est l'art d'accommoder pour le mieux les mets vénitiens comme notamment les sardines *a soar* et les inévitables *biscotti* trempés dans du vin blanc. Ambiance jazz et... petites bougies, forcément. On apprécie le soin apporté aux plats et l'accueil. Tout cela à des prix plus qu'honnêtes, au pied du très touristique Rialto. Ça tient du miracle !

|●| ***Osteria al Vecio Pozzo*** *(plan détachable B3,* ***123****)* **:** *corte Canal, Santa Croce, 656.* ☎ *041-524-27-60.* ● *info@veciopozzo.it* ● *Tlj sf mer 12h30-14h30, 18h30-1h30. Résa conseillée. Pizzas 8-14 € ; carte 40-50 €.* Situé entre le campo de la Lana et le rio Marin, à l'écart des foules, ce resto est connu des Vénitiens pour ses pizzas (il y en a plus de 200 !). On ne vient pas ici pour le style de la déco mais pour la cuisine. Le maître des lieux vous proposera quelques *affetati* (charcuterie) maison (à partager), il vous aidera à découvrir sa *cucina veneziana* où les classiques figurent en

bonne place. L'occasion d'essayer un risotto aux artichauts et langoustines, par exemple.

Naranzaria *(zoom détachable D3, **156**) : campo San Giacometto, San Polo, 136. ☎ 041-724-10-35. Tlj sf lun 12h30-15h, 19h30-22h30 (on peut y boire jusqu'à minuit). Carte 40-50 €. Verre de vin maison à partir de 5 €.* Bar à vins qui fait aussi resto. Aménagé dans des vieux bâtiments où le patron a mis une touche design sur des murs patinés par le temps, et un fond musical moderne qui ne choque pas. La carte est une union libre et originale entre l'Italie et le Japon, des *pasta faggioli* aux sushis. Belle petite terrasse.

Ristorante Ribot *(plan détachable B4, **114**) : fondamenta Minotto, Santa Croce, 158. ☎ 041-524-24-86. • info@ristoranteribot.com • Tlj sf sam midi et dim. Congés : 2 sem en janv. Menus 15-22 € ; carte 35-45 €.* Voici un restaurant au nom original (celui d'un cheval qui a gagné de nombreuses courses sur les hippodromes français !). C'est une bonne adresse, à l'écart du brouhaha touristique. Le menu et la carte réduite donnent un bon aperçu de la cuisine inventive et légère du chef, qui marie la mer et la terre. Belle cour ensoleillée aux beaux jours.

Où boire un verre accompagné de *cicchetti* ?

C'est le moment ou jamais de vous lancer dans la tournée des bars à vins *(bacari)*, les adresses ayant tendance à se multiplier autour du marché, pour le plus grand bonheur des habitués. Certaines n'ont pas de nom ni même de téléphone, on les repère aux attroupements qui se forment, devant le comptoir caché à l'intérieur, autour des *fabbriche nuove* notamment. Certains *bacari* font aussi resto, d'autres ouvrent selon l'humeur du propriétaire.

Osteria Bancogiro *(zoom détachable D3, **160**) : campo San Giacometto, San Polo, 142. ☎ 041-523-20-61. • osteriabancogiro@hotmail.it • Tlj sf lun 9h-minuit. Congés : 3 sem en janv. Formule 1 verre de vin et* cicchetti *env 12 €, compter 45 € pour un repas complet.* Quel bel emplacement ! L'endroit est si agréable à l'heure du *spritz*. La terrasse, la vue sur le canal, le va-et-vient des *vaporetti*, tout est indiqué pour en faire une halte agréable au cours de votre promenade à San Polo. Des *antipasti* pour patienter, avec un verre de vin maison, une assiette de *pasta* ou un plat du jour. Pourquoi se presser... quand on a la vue !

All'Arco *(zoom détachable D3, **178**) : calle Arco, San Polo, 436. ☎ 041-520-56-66. Emprunter la rue face à l'église San Giovanni Elemosinario, en passant sous un porche. Lun-sam 8h-19h30. Fermé en août et j. fériés. Verres de vin à partir de 2 €,* cicchetti *à partir de 1,50 €.* Parmi les meilleurs *cicchetti* de la ville, à prendre d'assaut avant que les habitués y déboulent. Ici, on ne devise qu'en vénitien, avec un zeste d'italien ; le mieux est donc de s'approcher du comptoir en marbre et de pointer du doigt ce qui vous fait envie. À choisir, selon l'arrivage, les *moscardini*, les *castraure* (pousses d'artichaut) de Sant'Erasmo servis tièdes ou le copieux *fritolin* (friture de poisson) avec un verre de vin de pays. Bons *tramezzini*. Quelques tables dans la rue, vite investies.

Al Mercá *(zoom détachable D3, **171**) : campo Bella Vienna, San Polo, 213 (repérez la Casa del Parmigiano, c'est à côté). 393-992-47-81. Tlj sf dim 9h30-14h30, 18h-21h30.* Un de nos bistrots à vins préférés près du marché, avec ses vins au verre, ses *cicchetti* au comptoir. Goûtez ceux au lard de Colonnata, un délice. Le lieu où tout le monde se retrouve, à un moment ou à un autre, pour le verre de *spritz* de l'amitié. Le genre d'adresse qui donne une raison de plus d'aimer Venise.

Cantina Do Mori *(zoom détachable D3, **164**) : San Polo, 429 ; ou ramo primo de la Galiazza, 401 (2 entrées). ☎ 041-522-54-01. Emprunter la rue face à l'église San Giovanni Elemosinario, en passant sous un porche. Tlj sf dim 8h30-20h.* La taverne existe depuis 1462, soit 30 ans avant la découverte de l'Amérique par Colomb... et ça se voit : bonbonnes de cuivre pour le vin, collection de marmites au plafond, anciens journaux sur les murs, des bouteilles partout... glorieuse patine des siècles ! Aussi célèbre que conviviale, cette *cantina* est surtout fréquentée par les Vénitiens, mais pas seulement. Bons *cicchetti* et vins de qualité pour faire du surplace jusqu'à plus soif. Bonnes fritures de poisson. Accueil variable et addition un peu salée, mais qui le vaut bien.

Caffè dei Frari *(zoom détachable B3,* ***180****) : fondamenta dei Frari, San Polo, 2564. ☎ 041-524-18-77. Situé en face de l'église Santa Maria dei Frari. Lun 8h30-16h, mar-dim 8h30-21h30.* Petit café tenu par des jeunes, dans un décor qui rappelle un peu la Belle Époque (banquettes confortables, peintures du Venise d'antan). À l'étage, une mezzanine de style plus contemporain (jolie vue sur la place et l'église). Tenu par des jeunes, avec musique d'ambiance... Bon rapport qualité-prix.

Où boire un chocolat ou un café ?
Où déguster une bonne pâtisserie ?

Pasticceria-bar Rizzardini *(zoom détachable C3,* ***256****) : campiello dei Meloni, San Polo, 1415. Tlj sf mar 7h-20h.* Les amateurs de gâteaux seront attirés par la vitrine. À l'intérieur, ils seront comblés. Assortiment de douceurs vénitiennes : *mandorle, pavana, essi...* Si vous voulez rapporter au pays les biscuits secs que l'on trempe dans un verre de *fragolino,* nous vous conseillons de les acheter ici, ils sont délicieux. Possibilité de prendre un café ou un thé, debout au comptoir... à condition de trouver de la place !

Caffè del Doge *(zoom détachable D3,* ***257****) : calle dei Cinque, San Polo, 608. ☎ 041-522-38-35. Ouv 7h-19h.* Ruelle étroite, quelques tables dehors, et une vitrine placée sous le signe du café ! Cette boutique colorée, à la fois chic et rétro, ravira les amateurs. La salle est parfumée par une délicieuse et alléchante odeur de café, lequel est torréfié sur place. Cafés de Colombie, du Brésil, de Cuba, et même de l'île de Sainte-Hélène (rareté). Par curiosité, testez le *Giacometto,* savoureux mélange de café et chocolat, ou le *Marocchino.* Également quelques petits snacks, des pâtisseries et des jus de fruits pressés. Belle sélection de cafés torréfiés maison à emporter.

Où déguster une glace ?

Grom *(zoom détachable B4,* ***268****) : campo dei Frari, San Polo, 3006. ☎ 041-522-71-94. Avr-sept, ouv 11h-minuit (1h w-e) ; oct-mars, 11h-21h (22h30 w-e).* Le célèbre glacier turinois fait des petits dans la Sérénissime. C'est toujours aussi bon, dans un esprit nature et bio. *Autres adresses : strada Nuova, Cannaregio, 3844 et campo San Barnaba, Dorsoduro, 2761 campo dei Frari, San Polo, 3006.*

Millevoglie Da Tarcisio *(plan détachable B4,* ***258****) : salizzada San Rocco, San Polo, 3033.* Juste derrière l'église des Frari. Deux comptoirs : un pour les glaces, avec un grand choix de parfums et portions généreuses. L'autre comptoir sert des calzone.

Achats

Artisanat vénitien

Tabarro San Marco (Monica Daniele *; zoom détachable C3,* ***201****) : calle Scaleter, San Polo, 2235. ☎ 041-524-62-42. Tlj sf dim.* Parmi les chapeaux exposés en vitrine, on aperçoit parfois une image de Corto Maltese... Monica Daniele, la maîtresse des lieux, confectionne des chapeaux de toutes les formes, de tous les styles, y compris les tricornes du XVIIIe s et le couvre-chef du poète Ezra Pound. Elle vend aussi les fameuses capes noires *(tabarro)* vénitiennes. Son mari, le jovial Albert Gardin, parle un français impeccable. Il s'active pour l'ouverture d'un musée dédié à Casanova : une plaque sur le mur rappelle que ce fut autrefois ici un café où passa l'illustre et galant Vénitien.

Benor *(plan détachable B3,* ***210****) : Lista Vecia dei Bari, Santa Croce, 1164. ☎ 041-71-78-98. Tlj sf mar 10h-13h, 14h30-19h. Fermé en déc.* Les masques que l'on fabrique ici ne sont pas les plus beaux ni les plus rares, mais ils sont assez originaux, très bien confectionnés et pas très chers (belles compositions). Demandez à visiter l'atelier. On y parle le français.

Tragicomica *(zoom détachable C4,* ***212****) : calle dei Nomboli, San Polo, 2800. ☎ 041-72-11-02. • tragicomica.it • Juste en face de la casa Goldoni. Tlj 8h-19h.* Superbe magasin où l'on se croirait dans les coulisses d'un théâtre baroque du XVIIIe s. On y trouve des masques faits main (essentiellement en papier mâché) de 20 € à près de 2 400 € et des marionnettes uniques faites main. Possibilité de louer de somptueux costumes. Cher, mais c'est l'un des plus beaux du genre à Venise. Vaut vraiment une petite visite.

Amadi Bruno *(zoom détachable C4,* ***213****) : calle dei Saonéri, San Polo, 2747. ☎ 041-523-80-89. Mar-sam 9h-17h.* Cet atelier est spécialisé dans la fabrication d'objets miniatures. La boutique est elle-même minuscule ! L'artisan travaille devant vous. Il faut presque une loupe pour voir certains objets. Très cher mais idéal pour les collectionneurs d'animaux et de figurines en tout genre (chouettes, éléphants, papillons...). Quand on aime, on ne compte pas !

Casanova *(zoom détachable C3,* ***208****) : calle del Cristo, San Polo, 2210. 📱 335-843-94-62. Lun-sam 10h-18h, fermé dim ap-m.* L'un des nombreux artisans vénitiens à perpétuer la tradition du masque en papier mâché. Ici pas de made in China, rien que du vrai et du local. Grand choix à tous les prix *(à partir de 10 €)*. Accueil gentil.

La Scialuppa – Gilberto Penzo *(zoom détachable C3,* ***214****) : calle seconda dei Saonéri, San Polo, 2681. 📱 347-514-15-37. Tlj sf dim 8h30-12h30, 15h-18h.* Un magasin unique en son genre qui vend des maquettes de gondoles en bois superbes, y compris en kit, ainsi que des *forcole* sculptées (dames de nage des gondoles). Tout est fait à la main, et l'atelier se trouve un peu plus loin *(au n° 2702 de la calle Malvasia : 2e à gauche en se dirigeant vers la calle Saoneri)*.

Piedàterre *(zoom détachable D3,* ***228****) : San Polo, 60. Sous les arcades. Tlj sf dim 10h-12h30, 14h30-19h30.* Mal aux pieds après une longue journée de marche dans la cité des Doges ? Vous trouverez ici les *friulane,* ces chaussons originaires du Frioul et adoptés par les gondoliers, la semelle de gomme évitant d'abîmer la peinture de la gondole. Pas donné mais typique *(comptez env 40 € la paire)*.

Cartes et papier

Legatoria Polliero *(zoom détachable B3-4,* ***227****) : campo dei Frari, San Polo, 2995. ☎ 041-528-51-30. Lun-sam 9h30-19h.* Une idée de cadeau ? C'est ici qu'il faut venir ! Boutique familiale de papier marbré typiquement vénitien. Atelier sur place (odeur de colle en prime) et toute une panoplie de carnets, albums photos, marque-pages...

Mare di Carta *(plan détachable A-B3,* ***206****) : fondamenta dei Tolentini, Santa Croce, 222. ☎ 041-71-63-04. Tlj sf dim 9h-13h, 15h30-19h30.* Une véritable mer de cartes nautiques et de la ville, auxquelles s'ajoute une littérature conséquente sur la lagune et la grande bleue. Cristina, parfaite francophone, collabore également avec le musée d'Histoire navale.

Fromages

Casa del Parmigiano *(zoom détachable D3,* ***171****) : campo Bella Vienna, Rialto, 214/215. ☎ 041-520-65-25. Lun-mer 8h-14h, jeu-sam 8h-19h30.*

Belle adresse en plein marché du Rialto. Pour ceux qui ont une furieuse envie de fromages italiens, il y en a de tous les affinages et à tous les prix : *pecorino* (brebis), *parmigiano* (parmesan), gorgonzola, *provolone* (vache)...

À voir

AUTOUR DU CAMPO DEI FRARI

Chiesa San Pantalón (plan détachable B4) : *campo San Pantalón, Dorsoduro. ☎ 041-523-58-93. Lun-sam 10h-12h, 13h-15h (ferme plus tard certains j.).* Rebâtie sur d'anciennes fondations par Comini entre 1668 et 1686, cette église se distingue par son étonnante illustration du martyre de San Pantalón (au plafond), peinte par Fumiani. Les colonnes qui soutiennent l'ensemble s'y prolongent dans un effet de perspective assez époustouflant. En levant la tête, on se sent littéralement aspiré par le décor. Le travail de montage de ces 40 toiles sur châssis prit près de 25 ans. Dans la chapelle du Sacré-Cœur, ne ratez pas le triptyque de Paolo Veneziano (entrez et retournez-vous, il est au-dessus de la porte). Mais le clou, c'est la chapelle du Saint-Clou *(cappella del Santo Chiodo)*, à droite du chœur *(entrée 1 €)*. Elle abrita pendant des siècles un clou sacré qui aurait été un des clous de la Croix du Christ. Il avait été offert à Venise en 1270 par Saint Louis, roi de France. Malheureusement, cette relique a été volée au début des années 2010...

Chiesa San Rocco (plan détachable B3-4) : *campo San Rocco, San Polo. Avr-oct, 7h-12h, 15h-17h ; nov-mars, lun-ven slt le mat, w-e 8h-12h30, 14h-16h.* Bartolomeo Bon eut à charge la construction de cette église, à partir de 1489. Mais une grande partie de l'édifice ainsi que la façade (agrémentée d'un bas-relief) furent reconstruites au XVIIIe s. À l'intérieur, belles toiles du Tintoret retraçant la vie de saint Roch (notamment les quatre de part et d'autre du chœur), dont *Saint Roch guérissant les pestiférés* et *Saint Roch dans le désert* (toutes deux à droite). L'église abrite aussi les reliques du saint dans une urne surmontée d'une statue (dans le chœur).

Scuola Grande di San Rocco (plan détachable B4) : *campo San Rocco, San Polo, 3052. ☎ 041-523-48-64. • scuolagrandesanrocco.it • Vaporetti n°s 1 ou 2, arrêt San Tomà. Tlj 9h30-17h30 (dernière entrée 17h). Fermé 1er janv, à Pâques et 25 déc. Entrée : 10 € ; réduc ; pour les familles, entrée gratuite pour les moins de 18 ans. Carte* Rolling Venice *acceptée. Audioguide.*
La plus riche des *scuole* vénitiennes. L'intérieur est vraiment magnifique, d'un faste pudiquement dévoilé par une lumière douce et presque intime. La Scuola constitue en fait un véritable temple dédié aux **œuvres du Tintoret** (près d'une cinquantaine de tableaux !). Après tout, rien de plus normal... il en était lui-même membre. Elle fut édifiée au début du XVIe s et en partie financée par de riches banquiers vénitiens soucieux de se concilier le ciel afin de se protéger de la peste (belle façade à colonnes corinthiennes).
– Au *rez-de-chaussée*, nombreuses œuvres du peintre illustrant l'histoire de Marie, mère du Christ *(La Fuite en Égypte, L'Adoration des Mages...)*.
– Au *1er étage* (somptueux escalier d'accès) s'ouvre une immense salle, où **le plafond et les murs sont entièrement décorés par le Tintoret** (épisodes de l'Ancien Testament au plafond et du Nouveau sur les murs). Des miroirs sont mis à la disposition des visiteurs pour mieux admirer les plafonds sans se tordre le cou. N'oubliez pas de faire le tour de la salle pour découvrir l'extraordinaire boiserie composée de sculptures représentant les vices et les vertus humaines. Côté opposé au grand escalier, une bibliothèque, plus vraie que nature, avec la plume d'oie et les lunettes, encadrée (ces vices-là, on ne peut s'empêcher de vous les livrer) de « la fureur » et de « l'espion ». Vous découvrirez aussi une admirable

Annonciation de Titien et *Les Anges rendant visite à Abraham,* œuvre de jeunesse de Tiepolo, dont les nuances de rouge sont très belles.
- Il ne faut pas rater le **vaste tableau *La Crucifixion,*** l'un des chefs-d'œuvre du Tintoret, qui se cache dans la *salle de l'Albergo* (au fond à gauche). Noter les effets géniaux de perspective et de troisième dimension. Dans la même salle, dans la *Montée au Calvaire,* remarquer le rythme de la composition (lignes en dents de scie). Au contraire, dans le *Christ devant Pilate,* tout semble figé.

★★★ ***Chiesa Santa Maria dei Frari*** *(plan et zoom détachables B3-4)* **:** *campo dei Frari, San Polo. ☎ 041-272-86-11 ou 041-275-04-62. • chorusvenezia.org • Vaporetti n°s 1 ou 2, arrêt San Tomà. Lun-sam 9h-18h, dim 13h-18h (dernière entrée 17h30). Entrée : 3 €. Accès avec le* Chorus Pass. *Audioguide en supplément (2 €).*
L'église des Frères Mineurs (les franciscains) a été édifiée à partir de 1231 et reconstruite plusieurs fois en brique rouge dans le style gothique tardif, avec des ornements en pierre blanche d'Istrie. Son campanile carré de 70 m de haut est le plus élevé de Venise après le campanile de San Marco. À l'extérieur, vous admirerez le chevet, la partie la plus ancienne de l'église. Le portail, un peu austère, est flanqué de deux piliers ouvragés. À l'intérieur, le vaisseau à trois nefs, immense (pas de bancs), scandé de 12 colonnes massives et coiffé d'un entrelacs de poutres, contient une **nécropole des grands noms vénitiens** et, tout simplement, les **plus grands chefs-d'œuvre de Venise.** Le premier d'entre eux, au point focal de la perspective, l'*Assomption,* de Titien, réalisé en 1516, trône de ses 7 m de haut au-dessus de l'autel. Mais commençons le petit tour, vous verrez le tableau de plus près un peu plus tard.
- Au début de la nef (sur la droite juste en entrant par le portail principal), on trouve le ***tombeau de Titien,*** probablement mort de la peste en 1576, et, en face, celui du sculpteur *Antonio Canova.* Titien, qui a tant contribué à l'art, méritait peut-être mieux, même si son corps ne fut pas jeté à la fosse commune. En face du tombeau de Titien se dresse une insolite pyramide en marbre : c'est le **tombeau de Canova,** œuvre néoclassique détonante dans ce décor. C'est le sculpteur lui-même qui le dessina en le dédiant initialement à Titien. Ses élèves reprirent le projet pour le maître en collectant des fonds dans l'Europe entière. Les figures allégoriques éplorées se traînent en cortège vers une inquiétante porte entrouverte. En fait, seul son cœur repose sous la pyramide.
- À la droite du tombeau de Canova, un autre premier prix de grandiloquence dans l'art funéraire est accordé sans hésitation au **tombeau baroque du doge Giovanni Pesaro,** avec ses squelettes et les géants noirs courbant l'échine sous le poids du tombeau et du chagrin (mais un coussin allège leur souffrance !).
- À côté trône un autre chef-d'œuvre de Titien : le **retable *Madonna di Ca' Pesaro.*** Là encore l'artiste innove en ne donnant pas la position centrale à la Vierge. Explosion de couleurs éclatantes. Sur le tableau figurent l'évêque Jacopo Pesaro et sa famille, venant remercier la Vierge d'une victoire navale sur les Turcs (dans l'ombre surgit le turban d'un prisonnier maure). Ne vous laissez pas surprendre, un personnage du tableau vous observe, et, une fois que vous aurez accroché son regard, vous remarquerez qu'il est difficile de s'en détacher.
- Admirez ensuite les 124 stalles sculptées du chœur (1468) et sa clôture Renaissance qui isolait les frères franciscains de la communauté laïque. Seuls leurs chants parvenaient aux fidèles. Exceptionnel travail de marqueterie sur les dossiers des stalles.
- Au fond du chœur, en face de l'autel, voici l'***Assomption* de Titien,** au centre du chœur. Flamboiement des couleurs (rouges sublimes !), splendeur du mouvement d'élévation vers le ciel, grâce et rythme des gestes, beauté des drapés... Première œuvre religieuse de Titien, qui surprit tout le monde par sa liberté d'interprétation : la Vierge n'est plus représentée implorante et mains jointes, mais, au contraire, épanouie, gracieuse, bras ouverts, visage doux et serein, corps souple s'élevant en tournoyant dans un bain de lumière, vers le visage plein d'humanité de Dieu le Père. On raconte que Titien vint souvent revoir cette œuvre quand il manquait

d'inspiration. À droite de l'autel, toujours dans le chœur, à mi-hauteur, le tombeau du doge Foscari datant de 1457 et, en face, celui de Niccolò Tron.
– Dans les chapelles absidiales, repérez dans l'avant-dernière à gauche (la chapelle des Milanais) la tombe du compositeur Claudio Monteverdi, mort en 1643 ; au-delà, la chapelle Corner ou San Marco, avec le triptyque de Vivarini représentant saint Marc.
– Dans la première chapelle à droite du presbytère, celle de *Saint Jean-Baptiste,* avec une statue polychrome de Donatello. Dans la troisième chapelle de droite, *Vierge à l'Enfant,* superbe polyptyque de Vivarini.
– Dans la sacristie, à droite du chœur, allez saluer la *Vierge en majesté,* retable en triptyque de Giovanni Bellini (1488). Saisissant effet de perspective. Notez comme la Vierge présente un visage tout à la fois suave et moderne, révélant presque une expression désabusée dans le regard. Face à la porte, autel des reliques d'un baroque assez fou (on peut le dire).
– La salle du chapitre, à côté, donne sur un large cloître. Orfèvrerie religieuse. Sur la console à gauche, *Présentation du doge à la Vierge* de Paolo Veneziano (1339). Ce peintre fut un des premiers à signer ses peintures.

Scuola Grande di San Giovanni Evangelista *(plan détachable B3)* **:** *campiello di San Giovanni, San Polo, 2454. ☎ 041-71-82-34. • scuolasangiovanni.it • On y accède par un portique en marbre qui donne sur une cour. Visite 9h30-17h (dernière entrée 45 mn avt fermeture) mais slt pdt les expos temporaires (consulter leur site internet pour avoir les jours d'ouverture). Interdit au public pdt les conférences (il y en a souvent). Entrée : 8 € ; réduc.*
Cette *scuola,* fondée au XIIIe s, était l'une des plus anciennes de Venise avant que Napoléon la supprime tout simplement en 1806. À l'origine, le bâtiment abritait un hospice dont le saint patron était saint Jean l'Évangéliste (san Giovanni Evangelista).
À l'intérieur, au rez-de-chaussée, s'ouvre une superbe salle aux colonnes avec son remarquable pavement en marbre. Notez le bel escalier de Mauro Codussi. Au 1er étage, plusieurs tableaux du Tintoret (fils), de Tiepolo, de Longhi et de Vincentino ornent la salle Saint-Jean. Dans l'*oratorio della Croce* (oratoire de la Croix) est conservée, sur l'autel, la relique de la Sainte Croix. Malheureusement, on ne peut guère la contempler qu'un seul jour de l'année (le 14 septembre : fête *dell'esaltazione della Santa Croce* ou exaltation de la Sainte Croix). Juste derrière, la salle de l'Albergo avec une peinture sur bois du XIIIe s représentant la Vierge et (de gauche à droite) saint Pierre, saint Paul et saint Jean. Saint Matthieu, qui figurait également aux côtés de la Vierge, eut moins de chance puisque la partie droite du tableau fut découpée et volée !

AUTOUR DU CAMPO SAN POLO

Campo San Polo *(zoom détachable C3)* **:** c'est l'un des plus grands de la ville. Du fait de sa superficie importante, on y organise des fêtes et des manifestations en tout genre. Pendant le Carnaval, c'est d'ailleurs l'un des endroits les plus fréquentés (il n'y en a pas que pour la place Saint-Marc !).
Quand vous arriverez des petites rues adjacentes, vous serez tout d'abord surpris par une impression d'espace. Remarquez l'harmonie qui se dégage de l'ensemble ! C'est assez étonnant, car les édifices qui bordent le *campo* sont d'époques et de styles très différents : en arrivant par le sud, on trouve à gauche le *palais Corner-Mocenigo* (du XVIe s), puis à droite le *palais Soranzo* (XVe s) ; au fond se tient le *palais Tiepolo-Maffetti* (XVIIIe s).
Un petit détail : si vous vous tenez face au *campo,* dos à l'église, et que vous criez très fort, vous remarquerez un effet d'écho. Ne répondez pas, sinon vous n'en finirez plus.

Chiesa San Polo (zoom détachable C3) : campo San Polo. ☎ 041-275-04-62. • chorusvenezia.org • Lun-sam 10h-17h (dernière entrée 16h45). Entrée : 3 €. Accès avec le Chorus Pass. Cette église de style gothique à la voûte en carène de bateau, dont les origines remontent au IXe s, fut malheureusement remaniée au début du XIXe s. Elle renferme quelques œuvres intéressantes (de Véronèse, Tiepolo, le Tintoret et Palma le Jeune). Chemin de croix du fils de Tiepolo dans la chapelle du Crucifix (au fond de la nef). Face à l'église, le campanile date de 1362.

Casa Goldoni (maison Goldoni ; zoom détachable C4) : calle dei Nomboli, San Polo, 2794. ☎ 041-244-03-17. • carlogoldoni.visitmuve.it • Avr-oct, tlj sf mer 10h-17h (16h en hiver) ; dernier ticket 30 mn avt fermeture. Entrée : 5 € ; réduc. Accès avec le Museum Pass. Carte Rolling Venice acceptée.
Située dans le *palais Centani* (XVe s), c'est la maison natale de Carlo Goldoni. Il y vécut de 1707 à 1762, soit jusqu'à l'âge de 12 ans. À l'époque, il y avait plus de théâtres à Venise qu'à Paris. En 1762, Goldoni quitte Venise pour Paris où il touche une pension de Louis XVI. Il est alors « l'Italien de la cour ». La Révolution française le plonge dans la misère, sa pension est supprimée. Ironie de l'histoire, elle est rétablie le 7 février 1793, le lendemain de sa mort... Il fallait bien un musée pour cet extraordinaire auteur de théâtre qui fut souvent comparé à Molière, non sans raison.
À l'entrée, traversez la cour avec son ravissant petit puits et l'escalier extérieur avec, tout autour, les sols à l'ancienne, faits de briques posées en chevron. L'étage abrite trois salles qui présentent un film (en italien seulement) et quelques documents relatifs à la vie de Goldoni et au théâtre à Venise : joli petit théâtre de marionnettes du XVIIIe s, différents portraits de Goldoni et, bien sûr, quelques livres d'époque.
– Pour prolonger cette courte visite, vous pourrez faire un tour dans le magasin de masques *Tragicomica (zoom détachable C4, **212**)* qui se trouve juste en face de l'entrée (voir plus haut la rubrique « Achats »).

DU PONT DU RIALTO À LA CA' PESARO

Ponte di Rialto (zoom détachable D3) : vaporetti nos 1 ou 2, arrêt Rialto.
Avec le pont des Soupirs, ce Rialto est le pont le plus photographié de Venise ! C'est l'un des endroits les plus connus de la cité pour sa double vue sur le Grand Canal, alors que ce n'est pas le plus agréable ni le plus beau, surtout en pleine journée. Le lieu est souvent envahi par la foule, mais ce n'est pas une raison pour ne pas l'admirer... Le soir offre un peu de répit, et la nuit lui rend sa magie !
Les premiers habitants qui s'installèrent sur la lagune avaient qualifié ce site de *rivo alto* (« la haute rive »). Le nom *Rialto* est venu des déformations successives du langage et d'une contraction des deux termes. Avant la construction du premier pont, on passait du Rialto au quartier San Marco en gondoles (les *traghetti*), lesquelles faisaient l'aller-retour toute la journée. Aujourd'hui, les Vénitiens utilisent toujours ces *traghetti* pour passer, debout, d'une rive à l'autre. Faites de même au moins une fois, vous aurez l'impression de vivre à la vénitienne. Mais ne vous accrochez pas au voisin en voulant faire une photo, vous risqueriez de finir dans l'eau !
Le premier pont, construit vers la fin du XIIe s, était en bois, ce qui le rendait particulièrement vulnérable aux incendies. Il fut d'ailleurs plusieurs fois détruit et reconstruit. Il était constitué de deux pans qui pouvaient se soulever. Ce système de pont-levis permettait aux caraques et autres galions d'emprunter le Grand Canal pour déposer les marchandises près des marchés.
Au début du XVIe s, après un dernier incendie, on décida de construire un nouveau pont, mais cette fois-ci en pierre d'Istrie. Suivant le bon vieux principe du concours, plusieurs architectes furent mis en compétition. Des noms prestigieux comme Michel-Ange, Palladio, Sansovino ou encore Scamozzi présentèrent un

projet, mais c'est finalement Da Ponte qui remporta les faveurs du jury. L'ouvrage fut construit entre 1588 et 1591, sensiblement au même endroit que les précédents, au point le plus étroit du Grand Canal. Long de 48 m, large de 22 m et haut de 7,50 m, il repose de part et d'autre sur deux plates-formes, soutenues chacune par 6 000 pilotis. Au-dessus, on trouve trois rampes d'escaliers pour piétons et une double rangée de boutiques qui vendent, pour la plupart, des babioles pour touristes tragicomiques (et on ne se place pas seulement d'un point de vue théâtral).

Chiesa San Giacomo di Rialto *(zoom détachable D3)* **:** *ruga degli Orefici, San Polo. En principe, tlj 10h-12h, 16h-18h.* L'origine de l'édifice remonte au XIe s, mais cette petite église (appelée souvent *San Giacometto* en raison de sa taille réduite) fut presque entièrement reconstruite au XVIIe s. Une légende voudrait qu'elle ait été consacrée l'année de la fondation de Venise, pour que les premières personnes à s'installer dans le coin du Rialto aient un lieu de culte. Aujourd'hui, il ne reste plus de traces de l'ancien édifice (juste les chapiteaux et les colonnes en marbre). Sur la place, en face de l'entrée de l'église, jeter un coup d'œil au fût de granit rose coiffé d'une plate-forme, d'où le crieur public proclamait les édits publics. Sur le côté, remarquer l'escalier soutenu par une statue qui plie sous l'effort, d'où son appellation *Il Gobbo del Rialto* (« le Bossu du Rialto »).

Chiesa San Giovanni Elemosinario *(zoom détachable D3)* **:** *ruga Vecchia San Giovanni Elemosinario, San Polo, 479. • chorusvenezia.org • Lun-sam 10h-17h (dernière entrée 16h45). Entrée : 3 €. Accès avec le Chorus Pass.* Son origine remonte au Xe s. L'église fut détruite puis reconstruite après l'incendie de l'hiver 1514. À cette époque de l'année, l'eau des canaux était gelée ; presque tout le quartier du Rialto fut ravagé par les flammes. C'est du clocher que les ancêtres des pompiers volontaires sonnaient le couvre-feu. À l'intérieur, dans le chœur, très beau *San Giovanni Elemosinario* de Titien.

Mercati di Rialto *(marchés du Rialto ; zoom détachable D3)* **:** *marché aux fruits et légumes des Fabbriche Nuove lun-sam 7h-13h. Marché au poisson (campo della Pescheria) mar-sam 6h-11h30.*

Historiquement, le quartier du Rialto rive droite (en allant de la gare vers la place Saint-Marc) fut la plaque tournante du commerce à Venise. C'était le centre financier et économique de la ville. Les grands commerçants y vendaient les marchandises rapportées d'Orient et y négociaient les gros contrats ; parallèlement, les petits artisans s'occupaient du commerce de détail. On pouvait y trouver à peu près de tout : des étoffes aux pierres précieuses, en passant par les épices et les denrées alimentaires. À l'époque, le quartier était extrêmement actif. Les banques côtoyaient les comptoirs de change, et les différentes activités étaient réparties par ensembles homogènes. Les nombreux bars à vins du quartier étaient le siège de discussions animées entre vendeurs et acheteurs. C'était aussi le quartier des dames de bonne compagnie... Aujourd'hui, le lieu est toujours bien vivant. La *ruga degli Orefici* (dans le prolongement du pont du Rialto) est certes envahie de vendeurs de T-shirts « I love

DU MONDE AU BALCON !

Le ponte delle Tette (le « pont des Tétons », zoom détachable C3), sur le rio di San Cassiano, doit son nom aux prostituées vénitiennes qui travaillaient au-delà du rio terà della Carampane. Les carampane, comme on les appelait alors, étaient obligées d'exhiber leurs seins nus (tette) au balcon, aux yeux de tous, afin d'attirer les clients potentiels. En effet, ces derniers avaient une fâcheuse tendance à se consoler entre eux. L'exhibition mammaire par les prostituées avait alors été rendue obligatoire par une loi du Sénat visant à freiner l'homosexualité masculine, très répandue durant la Renaissance. Malin !

Venice » et de tabliers ou chapeaux d'un goût douteux. Pour surprendre le côté plus authentique des choses, il ne faut pas hésiter à fuir cette artère en passant par le *campo Battisti* (tourner le dos à l'entrée de l'église *San Giacomo di Rialto,* prendre le passage au fond de la petite place sur la droite).
On peut longer les ***Fabbriche Vecchie*** (bâtiments à arcades du XVIe s) avant de rejoindre les ***Fabbriche Nuove.*** On découvre alors des étalages de fruits et légumes qui offrent un spectacle aussi coloré que réconfortant. Tôt le matin, au moment où les commerçants installent leurs stands, l'atmosphère encore calme a quelque chose de magique. C'est ici que de nombreux Vénitiens viennent faire leur marché. À quelques mètres de là se dresse la ***Pescheria*** *(mercato del pesce Al Minuto),* une halle médiévale construite en... 1907 (belle leçon d'urbanisme !). C'est l'un des marchés au poisson les plus typiques d'Italie, avec ses mouettes et ses vendeurs qui haranguent le client. Il est néanmoins menacé de transfert vers un marché de gros, ce qui entraînerait un coût énorme. Affaire à suivre...
Pour ceux qui souhaitent visiter la *Ca' d'Oro* (sur l'autre rive), empruntez le *traghetto* qui part de la Pescheria. C'est beaucoup plus rapide que de repasser sur le pont du Rialto.

Chiesa San Cassiano *(zoom détachable C3)* **:** *campo San Cassiano, San Polo, 1852.* Vue de l'extérieur, cette église ne présente rien d'extraordinaire. Elle a été dédiée à sainte Cécile, la patronne des musiciens. Pour l'anecdote, on raconte que cette sainte avait des mœurs un peu légères, mais que l'on ne s'en aperçut qu'après l'avoir canonisée. Flûte alors ! Les *addicts* du Tintoret s'y précipiteront quand même pour voir, dans le chœur, une magnifique *Crucifixion* et *La Résurrection du Christ entouré de saints.*

DE LA CA' PESARO VERS LE PIAZZALE ROMA

Ca' Pesaro *(zoom détachable C2-3)* **:** *fondamenta Mocenigo, Santa Croce, 2076.* ☎ *041-72-11-27.* • *capesaro.visitmuve.it* • *Vaporetto n° 1, arrêt San Stae. En tt, 2 musées : la galleria d'Arte moderna et le museo d'Arte Orientale. Ticket commun. Tlj sf lun 10h-18h (17h nov-mars) ; dernière entrée 1h avt fermeture. Entrée aux 2 musées : 10 € ; réduc. Accès avec le* Museum Pass. *Carte* Rolling Venice *acceptée.*
Palais construit au XVIIe s par Longhena (le même architecte que la *Ca' Rezzonico*) et Gaspari pour la famille des doges et des procurateurs Pesaro. L'une des plus belles façades baroques de Venise (bien visible du Grand Canal). On y entre par une cour splendide.

1er étage
– ***Galleria d'Arte Moderna*** *(musée d'Art moderne)* **:** *notices en français dans chaque salle.* Ce musée abrite les œuvres des plus grands artistes des XIXe et XXe s. Accès par un imposant escalier, surveillé par un cardinal hermétique et pyramidal dont le seul trait d'humanité s'exprime à travers la main qui sort de sa cape.
Les **premières salles** sont consacrées à la peinture vénitienne des XIXe et XXe s. On y trouve notamment une toile d'Ippolito Caffi représentant les feux d'artifice en face de la place Saint-Marc. Notez le jeu des ombres qui se reflètent dans les visages anonymes des spectateurs. Dans la salle suivante, admirez le plafond de Bambini, peint à la demande de la famille Pesaro. Deux œuvres assez poignantes de Morbelli et de Signorini mettant en scène des exclus, une préfiguration du néoréalisme.
On traverse ensuite la **salle centrale** où sont exposées les œuvres acquises à la Biennale depuis ses origines jusqu'aux années 1950 : Klee, Kandinsky, Bonnard, Matisse, Zadkine, mais également Max Ernst, Matta, Raoul Dufy... On peut se laisser tenter tout de suite ou bien attendre la fin du parcours des salles contiguës pour la visiter. En tout cas, ne pas rater la *Judith II* de Klimt, le *Rabbin de Vitebsk* de Chagall avec un jeu subtil entre le noir et le blanc, la superbe sculpture du Belge

Minne (corps de jeune aussi fluide que l'eau qu'il fait couler) et une étonnante procession bretonne débordante de couleurs dans le tableau de Cottet. Également un casque amusant de Henry Moore datant de 1950, en pleine période d'après guerre. Immense toile de l'Espagnol Joaquin Sorolla y Vastida, *Cucendo la vêla.* Remarquable travail sur la lumière et les rayons du soleil sur la voile cousue par toutes ces femmes (reculez-vous pour mieux l'apprécier, sentez-vous le parfum des fleurs ?).
Dans la ***salle III,*** le magnifique plafond et les mosaïques du sol donnent du relief aux sculptures grandioses d'Adolfo Wildt, longilignes, légèrement défigurées, voire morbides, mais toujours élégantes et expressives. *Salle IV* : des œuvres surréalistes de Miró, Kandinsky, De Chirico, Tanguy, léguées par un collectionneur privé. La savoureuse interprétation de la folie de Martini laisse perplexe.
Les salles suivantes *(V et VI)* contiennent des œuvres du mouvement de la Ca' Pesaro, dont *Le Signorine* de Casorati. Comme dans la tradition de la Renaissance, les éléments symbolisant la féminité sont étalés par terre.
Salles VIII et IX : triomphe de l'abstraction avec les artistes italiens des années 1950. Superbe *Vent et Soleil* de Zoran Music. On en a plein les yeux !

2e étage
Malheureusement souvent fermé. Fresques géantes et réalistes de Giulio Aristide Sartorio (début du XXe s) et des exemplaires de deux des bronzes les plus connus de Rodin : *Les Bourgeois de Calais* et *Le Penseur* (ils sont en plâtre). Il se peut qu'ils soient déplacés ailleurs dans le musée.

3e étage
– ***Museo d'Arte Orientale*** *(musée d'Art oriental)* **:** *se renseigner pour des visites guidées gratuites au ☎ 041-524-11-73.*
Ce musée abrite l'une des plus grandes collections européennes d'art japonais de la période *Edo* (entre 1600 et 1868). Les pièces ont été rassemblées en grande partie par Henri de Bourbon, comte de Bardi, à la fin du XIXe s, lors de ses voyages en Orient (30 000 pièces collectées sur 2 ans !). On peut y voir des armures, une incroyable collection d'armes blanches : des *katanas* (des sabres) et des *kriss* (poignards) et toutes sortes d'objets insolites. Accès par un escalier en bois sombre flanqué de lances et de hallebardes. Ambiance *Sept Samouraïs* garantie !
Ne pas rater le paravent incrusté de nacres et le palanquin, cette chaise de portage laquée et dorée, dans la *salle IV.* Magnifiques peintures sur soie, vases et porcelaines. Collection impressionnante de boîtes en bambou, de *netsuké* (petits boutons et fermetures pour vêtements) et d'*inro* (boîtes à herbes médicinales). Un jeu d'échecs en ivoire, dont chaque pièce est en soi une œuvre d'art.
Dans la *salle VIII,* des instruments de musique japonais, et, dans la *salle XIII,* belle collection de kriss indonésiens (des sortes de dagues), de batiks javanais et de marionnettes. Aussi impressionnant qu'inattendu à Venise !

Chiesa San Stae *(zoom détachable C2-3)* **:** *campo San Stae, Santa Croce. ☎ 041-275-04-62. • chorusvenezia.org • Lun-sam 10h-17h (dernière entrée 16h45) ; pdt les expos temporaires, horaires totalement différents. Entrée : 3 €. Accès avec le* Chorus Pass. C'est un enchantement que de débarquer du *vaporetto* à la nuit tombée, devant la superbe façade baroque (1709) éclairée ! Celle-ci n'a été terminée que 30 ans après le début des travaux, en raison de problèmes financiers. Église dédiée à saint Eustache. À l'intérieur, des œuvres d'artistes fin XVIIe-début XVIIIe s tels que Tiepolo, Niccolò Bambini, Piazzetta ou encore Pittoni.

Palazzo Mocenigo **(*musée des Parfums et du Costume*** *; zoom détachable C3)* **:** *salizzada San Stae, Santa Croce, 1992. ☎ 041-72-17-98. • mocenigo.visitmuve.it • Tt droit en sortant de l'embarcadère. Tlj sf lun 10h-17h (16h nov-mars) ; dernière entrée 30 mn avt fermeture. Entrée : 8 € ; réduc. Accès avec le* Museum Pass. *Carte* Rolling Venice *acceptée. Brochure en français à l'entrée.*
Après une longue et complète restauration (achevée en 2013), ce beau palais abrite désormais un musée du Costume, mais également un musée du Parfum et

des Essences. Ce fut le lieu d'habitation des Mocenigo, l'une des plus anciennes familles patriciennes, qui a laissé sept doges ! Le dernier résident de la famille, Alvise Nicolo, y habita jusqu'en 1945. Puis il a offert le palais à la ville. On raconte que Lord Byron y séjourna en compagnie de perroquets, de singes et d'un renard, pour y écrire son *Don Juan.*

Visite

De tous les palais visitables de Venise, celui-ci est sans doute celui qui reconstitue le mieux le décor somptueux et l'existence d'une famille patricienne à travers les nombreuses pièces aménagées avec un grand soin.

Tableaux et fresques des XVIIe et XVIIIe s. Petite collection de costumes du XVIIIe s présentés sur des mannequins : les hommes portent des tricornes et des gilets en soie richement brodés... Une partie du palais abrite le remarquable musée du Parfum. Dans le passé, le transport du parfum était assuré par les *mude* (convois de bateaux) qui rapportaient d'Inde ou d'Amérique du Sud des épices ou des ingrédients particuliers. Une salle de distillation nous montre les différentes étapes de la réalisation d'un parfum. Savez-vous que c'est à Venise que le savon en barre est né ? C'est pourtant Marseille qui a revendiqué sa paternité : les Vénitiens n'ont pas été assez rapides pour déposer le brevet !

Dans chaque pièce, vous remarquerez (ou plutôt humerez) un diffuseur de parfums (ambre, fleur d'oranger, menthe), agréable et discret. À travers les salles, on peut aussi observer des instruments parfumés comme un rosaire pour les femmes lors des messes (d'ailleurs reproché par l'Église !). L'hygiène est aussi évoquée : l'idée de se parfumer (à la lavande) fait son chemin. On peut aussi admirer la jolie collection offerte par une société allemande au musée. Plus de 200 flacons aux formes originales ont trouvé leur place dans les vitrines. Enfin, dans la dernière salle, on peut humer un éventail de flacons aux senteurs connues ou moins connues (essayez donc le *zibetto*...).

Museo di Storia Naturale *(musée d'Histoire naturelle ; zoom détachable C2) : salizzada del Fontago dei Turchi, Santa Croce, 1730. ☎ 041-275-08-13. • msn.visitmuve.it • 1er juin-31 oct, tlj sf lun 10h-18h ; 1er nov-31 mai, mar-ven 9h-17h, w-e 10h-18h ; dernière entrée 1h avt fermeture. Entrée : 8 € ; réduc.* Museum Pass *et carte* Rolling Venice *acceptés. Visites guidées possibles sur résa : ☎ 848-082-000.*

Entièrement refondu, ce musée d'histoire naturelle est un modèle du genre. On y conjugue les explorations récentes menées notamment en Afrique saharienne et à celles plus anciennes du XIXe s.

Notons la salle entière consacrée à l'explorateur vénitien Giovanni Miani, un autodidacte musicologue, poète et patriote, parti à la recherche des sources du Nil en 1859. Les Anglais lui raviront la primeur de cette découverte 3 ans plus tard. Cela dit, il a rapporté une **extraordinaire collection d'objets rituels africains** : des armes, des bijoux, des outils, sans compter une curieuse momie datant de la période ptolémaïque, flanquée de deux crocodiles guère plus fringants.

Dans la salle suivante, nous sommes en pleine période coloniale. Un éminent politique vénitien, Giuseppe de Reali, a tiré sur tout ce qui bougeait dans la brousse ! La salle est bardée de trophées.

La visite se poursuit vers quelques **fantaisies de la nature** : veaux à deux têtes, chamois albinos, etc. Puis elle embraie vers une section plus scientifique, qui retrace assez bien ce que pouvait être un cabinet de curiosités de l'époque. Une collection à mettre au crédit de Nicolò Contarini, un Vénitien contemporain de Darwin, qui fit don du fruit de ses recherches en biologie marine, entomologie et ornithologie à la Ville de Venise. On aime bien les vitrines d'anatomie comparée (notez l'écorché en pleine forme).

Enfin, on aborde des problèmes plus actuels de protection de l'environnement à travers l'étude de différents biotopes et leur interaction sur la chaîne alimentaire. Le seul problème, c'est que c'est en italien. Une visite qui toutefois intéressera vos charmantes têtes blondes.

Campo San Giacomo dell'Orio *(zoom détachable B-C3)* **:** en sortant du musée d'Histoire naturelle, vous traversez un dédale de ruelles pour parvenir, presque par hasard, à ce *campo* aéré. C'est l'un des plus charmants de Venise avec ses platanes (les rares arbres de la ville !), son campanile vénéto-byzantin des XIIe et XIIIe s et ses quelques terrasses de cafés où il est agréable de faire une pause. Autrement, y venir lors du Carnaval pour apprécier la fête communale organisée par les habitants du quartier, loin du tapage de la place Saint-Marc.

Chiesa San Giacomo dell'Orio *(zoom détachable B-C3)* **:** ☎ *041-275-04-62.* • *chorusvenezia.org* • *Lun-sam 10h-17h (dernière entrée 16h45). Entrée : 3 € ; réduc. Accès avec le* Chorus Pass. Cette petite église discrète, construite aux IXe et Xe s, conserve encore quelques éléments d'origine (l'abside notamment). Toute simple, à défaut de grande famille pour la doter de riches éléments décoratifs, elle a été plusieurs fois remaniée au cours des siècles. Le mélange des styles à l'intérieur lui donne un cachet et un charme que l'on aime bien. Certaines colonnes de marbre proviennent de butins rapportés de Méditerranée orientale. Le plafond est en carène de navire (rare à Venise). Dans la sacristie (à droite du chœur) et la chapelle (à gauche), quelques tableaux de Francesco Bassano, Titien et Palma le Jeune.

CANNAREGIO

Codes postaux : 30121 et 30131

Un des quartiers les plus authentiques de Venise, encore habité par des familles vénitiennes. Le Cannaregio constitue la porte d'entrée de Venise quand on arrive par le train ou par le bateau qui assure la liaison directe depuis l'aéroport. Battu par le vent du nord en hiver, ce quartier populaire est quadrillé par une série parallèle de larges *rii* (des canaux) bordés de *fondamente* (quais). Cannaregio dessine une géographie urbaine douce et propice à la promenade, avec ses larges quais ensoleillés ponctués de gargotes et ses passages secrets qui vous propulsent, comme par miracle, d'une rue ombragée à un *campiello* inondé de soleil. C'est un quartier chargé d'histoire aussi, qui constitua dès le début du XVIe s une ville dans la ville avec le ghetto. Un quartier vivant, où subsistent encore aujourd'hui une poignée d'échoppes d'artisans, de *bacari* et d'épiceries...

Où dormir ?

Auberge de jeunesse et maison d'accueil

Ostello Santa Fosca (**Casa Studentesca** ; plan détachable C2, **33**) : *fondamenta Daniel Canal, Cannaregio, 2372. ☎ 041-71-57-75. • ostello@santafosca.it • ostellosantafosca.it • Vaporetto n° 1, arrêt San Marcuola. Au bout de la rue, passer la porte en pierre. Accueil et résas 9h-12h, 15h-20h (en continu en été). Par pers selon saison, en dortoir 10-30 € ; en chambres doubles privatives 30-40 € avec douche et w-c ; petit déj non inclus. Obligation de quitter la chambre tlj après 10h. L'été, couvre-feu à 0h30.* Cette AJ accueillante reçoit des étudiants de tous les pays dans un décor sobre presque dépouillé : carrelage, murs blancs, lits métalliques... Ce n'est pas le grand luxe mais c'est propre et on y rencontre d'autres jeunes. Au total, 90 places en dortoirs de 3 à 7 lits et chambres doubles. Possibilité d'utiliser la cuisine *(8h-10h, 14h-23h)*. Autrement, petit déj à... 1 €. L'ambiance est jeune, voire assez festive. En été, c'est vite saturé.

Casa Per Ferie L. Murialdo (*plan détachable C1,* **35**) : *fondamenta Madonna dell'Orto, Cannaregio, 3512. ☎ 041-71-99-33. • anspive@tin.it • Juste à côté de l'église della Madonna dell'Orto (arrêt vaporetto). Accueil au 2e étage. Doubles 60-70 € sans ou avec sdb, pas de petit déj.* Enfin une maison paroissiale dans laquelle vous avez une entière liberté sur les horaires ! D'octobre à juin, on trouve 2 chambres avec salle de bains pour 2 à 4 personnes et 5 chambres dans un appart avec salle de bains commune sur le palier. En été, quand les étudiants sont en vacances, une demi-douzaine de chambres en plus. Pas de petit déj, mais une cuisine qu'on peut utiliser.

De prix moyens à chic

Hotel Eden *(plan détachable C2,* ***80****) : rio terà Maddalena, Cannaregio, 2357. ☎ 041-524-40-03. • info@htleden.com • htleden.com • Vaporetti nos 1 ou 2, arrêt San Marcuola. Doubles 50-180 € selon saison, petit déj inclus. (payant).* En passant sous un porche, on accède au *campiello Volto Santo* puis à une cour minuscule avec un vieux puits. C'est un hôtel proche de la gare et relativement bon marché en basse saison. On est accueilli en français par le jovial Gherardo Toso, qui a vécu longtemps à Paris. Les chambres sont classiques et équipées comme il se doit. Une seule a la douche sur le palier (un peu moins chère). Pour la déco, c'est fleuri, excepté pour les plus grandes (2 à 4 personnes) qui donnent sur le canal. On a bien aimé la n° 207 (avec 2 grandes fenêtres ouvrant sur le canal).

Hotel Villa Rosa *(plan détachable B2,* ***65****) : Lista di Spagna, calle della Misericordia, Cannaregio, 389. ☎ 041-71-65-69. • info@villarosahotel.com • villarosahotel.com • Vaporetti nos 1, 2, 4.1, 4.2, 5.1 ou 5.2, arrêt Ferrovia. Congés : Épiphanie-Carnaval). Doubles 60-180 € selon saison, petit déj inclus. Prix avantageux pour les triples et quadruples et offres sur le site.* Petit hôtel accueillant et non dénué de caractère. Dans une ruelle calme, à l'écart de la rue principale, la *Villa Rosa* abrite des chambres aux tissus colorés, chacune ayant sa nuance de couleur. Elles sont impeccables, et bien arrangées. Certaines ont même une petite terrasse. Sympathique patron.

Ca' Dogaressa *(plan détachable B2,* ***67****) : fondamenta de Cannaregio, Cannaregio, 1018. ☎ 041-275-94-41. • info@cadogaressa.com • cadogaressa.com • À 10 mn à pied de la gare ferroviaire. Doubles et junior suites 50-250 € selon saison, petit déj inclus. Promos à partir de 3 nuits.* Idéalement situé, cet hôtel de charme possède une demi-douzaine de chambres de capacités et de tailles différentes. Têtes de lit capitonnées, voilages, dorures et passementeries confèrent à l'ensemble une personnalité typiquement XVIIIe s mais on pourrait aussi se croire aussi chez un antiquaire de talent (ce sont des copies parfaites). 2 chambres (un peu plus chères) donnent sur le canal. Salles de bains impeccables. Sinon, agréable petit solarium au 3e étage. Le petit déj est servi en chambre ou en terrasse au bord de l'eau. Accueil au diapason de l'établissement.

Casa Boccassini *(zoom détachable E2,* ***61****) : calle del Fumo, Cannaregio, 5295. ☎ 041-522-98-92. • info@hotelboccassini.com • hotelboccassini.com • Vaporetti nos 4.1, 4.2, 5.1 ou 5.2, arrêt Fondamenta Nove. Congés : déc. Doubles avec sdb 60-160 € (à partir de 40 € sans sdb en basse saison), petit déj inclus. Réduc de 5 % sur le prix de la chambre sur présentation de ce guide en réservant directement à l'hôtel.* Une demeure des années 1960 transformée en hôtel, à l'écart de l'agitation touristique, avec une dizaine de chambres (avec ou sans salle de bains). Les plus grandes donnent sur le petit jardin intérieur envahi par la glycine, et la vigne (il y a un beau palmier). Accueil francophone et jovial. Déco soignée dans un style vénitien. Les chambres avec salle de bains ont l'AC, les autres non. Agréable petit déj à l'extérieur en été.

Hotel Bernardi Semenzato *(zoom détachable D2-3,* ***62****) : calle dell'Oca, Cannaregio, 4363/66. ☎ 041-522-72-57. • info@hotelbernardi.com • hotelbernardi.com • Congés : 2 sem en janv. Vaporetto n° 1, arrêt Ca' d'Oro. Doubles 52-135 € selon saison, petit déj inclus. Réduc de 10 % sur le prix de la chambre sur présentation de ce guide.* Une de nos plus vieilles adresses à Venise qui a gardé son rang et son bon rapport qualité-prix. Un hôtel de taille modeste, situé dans un quartier populaire. Abrite une trentaine de chambres réparties dans 2 lieux différents. La plupart sont climatisées, les plus économiques partageant une salle de bains. Celles situées au niveau de la réception sont plutôt classiques, alors que celles de l'annexe sont plus spacieuses et bénéficient d'une touche de déco vénitienne (miroirs dorés, meubles d'époque, baldaquins, etc.). On aime bien la n° 303 ! Certaines ont vue sur un jardin ou un canal.

Hotel Rossi *(plan détachable B2, **63**) : Lista di Spagna, Cannaregio, 262. ☎ 041-71-51-64. • info@hotelrossi.ve.it • hotelrossi.ve.it • À 5 mn de la gare. Vaporetti n°s 1, 2, 4.1, 4.2, 5.1 ou 5.2, arrêt Ferrovia. Congés : janv. Dans une impasse, à gauche juste avt d'arriver sur le campo San Geremia. Doubles 50-100 € selon saison, avec ou sans sdb ; petit déj inclus.* On pénètre dans la ruelle par une belle porte gothique à arc d'ogive. Restauré en 2015, il compte une quinzaine de chambres de bon aloi, confortables, propres et à prix sages. Toutes ont la douche et les w-c à l'intérieur. Bon accueil.

Hotel Mignon *(zoom détachable D3, **43**) : SS. Apostoli, Cannaregio, 4535. ☎ 041-523-73-88. • info@mignonvenice.com • mignonvenice.com • Vaporetto n° 1, arrêt Ca' d'Oro. Doubles env 50-200 € selon saison, petit déj inclus ; également 2 apparts pour 6 pers.* À seulement 10 mn du Rialto. Mignon, quel nom ! Le quartier est populaire et animé, mais l'hôtel est tranquille. Côté déco, on est dans le classique vénitien, avec meubles peints, lustres en verre de Murano... Un bon plan en basse saison, avec des prix à la hausse en haute saison comme partout ailleurs. Néanmoins, ça reste une bonne adresse. Personnel accueillant.

De chic à beaucoup plus chic

Domus Orsoni *(plan détachable B2, **91**) : calle dei Vedei, Cannaregio, 1045. ☎ 041-275-95-38. • info@domusorsoni.it • domusorsoni.com • À 10 mn à pied de la gare ferroviaire. Du ponte delle Guglie, prendre la fondamenta di Cannaregio, puis à gauche le sottoportico dei Vedei. Doubles avec petit déj 100-250 € selon saison.* Dans l'ancienne maison de maître du XIXe s de la fabrique de mosaïques *Orsoni* (qui fonctionne toujours). 5 chambres aménagées au 1er étage avec un ameublement design aux tons clairs, chacune décorée (y compris les salles de bains) par un céramiste différent. L'ensemble, résolument contemporain, est très réussi et dégage une impression de grande sérénité. Le hall d'entrée au rez-de-chaussée abrite différentes réalisations en mosaïques. Petit déj dans une salle à manger très sobre, ou en terrasse aux beaux jours.

Palazzo Abadessa *(zoom détachable D2, **87**) : calle Priuli, Cannaregio, 4011. ☎ 041-241-37-84. • info@abadessa.com • ♿ (pas de pont à franchir depuis le vaporetto !). Vaporetto n° 1, arrêt Ca' d'Oro (avec ponton privé pour les arrivées en taxi depuis l'aéroport). Doubles 125-275 € selon saison, petit déj compris ; suite jusqu'à 500 €.* Îlot de calme dans un quartier animé, ce palais des XVIe et XVIIe s abrite une quinzaine de chambres arrangées avec beaucoup de goût, dans l'esprit raffiné de Venise. Entrée majestueuse, surtout pour qui arrive de nuit (un palais illuminé comme pour une fête !). Les fresques du XVIIe s et les lustres de Murano s'accommodent de touches originales. L'accueil est plus celui d'une maison d'hôtes que d'un hôtel classique. Adorable petit jardin pour boire un verre au calme.

Ca' San Marcuola *(zoom détachable C2, **68**) : Cannaregio, 1763. ☎ 041-71-60-48. • info@casanmarcuola.com • casanmarcuola.com • ♿ (juste en face de Fondaco dei Turchi mais sur l'autre rive du Grand Canal). Vaporetti n°s 1 ou 2, arrêt San Marcuola. Doubles 100-140 €, triples et quadruples 130-200 € selon saison, petit déj compris.* Emplacement idéal car l'arrêt du *vaporetto* est à côté de l'entrée de l'hôtel. Adresse familiale d'une quinzaine de chambres, toutes rénovées et différentes, desservies par un petit ascenseur (assez rare à Venise). Déco intérieure dans un style vénitien classique mais sans trop de prétention pour une fois. Bon petit déjeuner, comportant du salé, servi dans une toute petite salle. Excellent accueil.

Où manger ?

De la gare à la Ca' d'Oro

Très bon marché

Brek (plan détachable B2, **127**) : Lista di Spagna, Cannaregio, 124. ☎ 041-244-01-58. Pas loin de la gare. Tlj 7h30-22h pour le bar-snack, slt midi et soir pour le resto. Plats du jour et pâtes 6-9 €. Rien de bien vénitien pour ce self de chaîne, moderne, propre, et de bon rapport qualité-prix dans une rue où les menus touristiques abondent. C'est frais et ça tourne, toujours très fréquenté. Plats de cafétéria dans la salle au fond, paninis à emporter avant de prendre le train et quelques bonnes pâtisseries appétissantes.

Caffetteria di Museo Ebraico (plan détachable B2, **129**) : campo di Ghetto Nuovo, 2902. 340-104-68-58. Vaporetti nos 4.1, 4.2, 5.1 ou 5.2, arrêt Ponte delle Guglie. Mêmes horaires que le musée. Oct-mai, 10h-17h30 ; juin-sept, 10h-19h. Fermé sam et j. de fêtes juives. Plats 6-9 €. Quelques tables dans un coin de la librairie du Musée juif de Venise. Entouré de livres, on y déguste des raviolis, des falafels, des gâteaux faits maison, tout en regardant le petit canal qui passe en dessous. C'est bon, frais, économique, tout en étant historique car on est ici au cœur du Ghetto de Venise.

De bon marché à prix moyens

Trattoria Bar Pontini (plan détachable B2, **120**) : ponte delle Guglie, Cannaregio, 1268. ☎ 041-71-41-23. Tlj sf dim 6h30-22h30. Plats 7-14 € ; carte 20-30 €. Dans la petite salle ou sur les bords du canal quand il fait beau, cette adresse familiale sert une cuisine typiquement vénitienne. Vally, la chef, propose des plats à base de poisson mais aussi de légumes et de fromages pour les végétariens. Les prix sont raisonnables, le service est rondement mené. Bref, on s'y sent bien.

Gam-Gam (plan détachable B2, **109**) : fondamenta di Cannaregio, 1122 ; juste à côté du porche qui mène au Ghetto Vecchio. ☎ 041-523-14-95. Service non-stop dim-jeu 12h-22h, ven 12h-15h, sam 19h-22h. Antipasti israéliens avec falafel 10 € ; plats 9-18 €. Pour ceux qui veulent manger casher à des prix pas chers (sauf les jours de sabbat). Ce resto est un classique de la cuisine juive de la ville, il est souvent plein d'habitués et de visiteurs.

Al Timon (plan détachable C2, **98**) : fondamenta degli Ormesini, Cannaregio, 2754. 346-320-99-78. Ts les soirs sf mar. Carte 20-30 € ; secondi piatti un peu chers. Une petite adresse héritière des antiques *trattorie* avec quelques tables en terrasse au bord du *rio*. Cuisine traditionnelle et emplacement charmant. Carte simple mélangeant pâtes et poisson. Bonne carte des vins.

Osteria Paradiso Perdito (plan détachable C2, **113**) : fondamenta della Misericordia, 2540. ☎ 041-72-05-81. • osteriaparadisoperdito@gmail.com • Tlj sf mar et mer, lun ouv à partir de 18h, jeu-dim 12h-minuit. Résa conseillée. Compter 20-25 € pour un repas. Store bleu et mosaïque en dessous : c'est ici que l'on vient savourer les excellentes fritures de poisson faites maison, accompagnées de polenta et d'un bon verre de vin !

Chic

Trattoria Da' Marisa (plan détachable A2, **128**) : fondamenta di San Giobbe, Cannaregio, 652 B. ☎ 041-72-02-11. Fermé le soir lun, mer et dim. Résa indispensable. Menu 15 € le midi avec ¼ de vin et café. Carte env 35-40 €. CB refusées. Loin du tohu-bohu du monde et hors des sentiers battus ! Minuscule resto populaire tenu par Wanda, la fille de Marisa. Toute petite terrasse sur le quai. Pas de carte, les plats du jour sont annoncés à table ; soit on se fait aider par un francophone présent dans la salle, soit on sourit et on acquiesce. Franche cuisine goûteuse qui associe terre et mer comme souvent à Venise. Accueille une clientèle d'habitués, les gondoliers entre autres. Demandez bien le prix des plats pour éviter la mauvaise surprise...

De la Ca' d'Oro au Rialto

De prix moyens à chic

|●| *Alla Vedova* *(zoom détachable D2,* ***131****) : ramo Ca' d'Oro, Cannaregio, 3912/3952. ☎ 041-528-53-24. Tlj sf jeu et dim midi. Fermé de mi-juil à mi-août. Plats 12-18 €. Carte env 30 €. CB refusées.* C'est une des adresses préférées des Vénitiens depuis maintenant près de 130 années. Dans un cadre chaleureux et authentique, on se régale de *cicchetti* originaux à l'heure de l'*aperitivo.* Bon choix de vins de la région. Les serveurs sont souvent affairés surtout aux heures de pointe. Quand il y a du monde, on est un peu les uns sur les autres, mais ça reste une très bonne table, y compris pour déjeuner. Cuisine rôdée qui ne triche pas, demandez le plat du jour et bien sûr ne pas manquer les spaghettis.

|●| *La Bottega ai Promessi Sposi* *(zoom détachable D3,* ***124****) : calle dell'Oca, Cannaregio, 4367. ☎ 041-241-27-47. • aipromessisposi@alice.it • Tlj sf lun midi et mer midi ; fermé ts les midis les 3 dernières sem de janv et juil. Carte env 30 €.* Il n'y a parfois que quelques pas à faire pour s'éloigner des grands axes et trouver une bonne petite adresse de quartier. En voici une justement, fréquentée par des Vénitiens visiblement amateurs de bonne cuisine. La carte change tous les jours. Préparée avec les produits du marché, elle privilégie une cuisine locale particulièrement élaborée, jusque dans la présentation des assiettes. Délicieuse sélection de *cicchetti.* Et un service aimable pour clore le tout. Pour cuisiner heureux, cuisinons caché !

|●| *Osteria da Alberto* *(zoom détachable D-E3,* ***115****) : Cannaregio, 5401. ☎ 041-523-81-53. Tlj 10h30-15h, 18h30-23h. Carte 25-35 €.* À deux pas de *Santi Giovanni e Paolo,* au pied du *ponte de la Panada* ! Tonneaux au-dehors, casseroles en cuivre à l'intérieur, dame-jeanne et collection de gousses d'ail suspendues au plafond... pour cette auberge de quartier, rustique et chaleureuse, servant une nourriture saine et fraîche. Dans l'assiette, des plats simples vénitiens et sans fioritures : morue, sèche noire, poulpe... Accueil mitigé.

|●| *Trattoria Casa Mia* *(zoom détachable D2-3,* ***130****) : calle dell'Oca, Cannaregio, 4430. ☎ 041-528-55-90. Tlj sf mar. Congés : août. Carte 30-35 €.* Encore l'une de ces adresses discrètes, bien connues des locaux mais de plus en plus prisées des touristes. On y déguste une cuisine traditionnelle bien mijotée, comme à la maison dans une salle rustique et chaleureuse : chaudrons et lanternes au plafond. Un bon choix de pâtes aux fruits de mer. En *antipasti,* on recommande les *ascolane,* des olives fourrées à la viande et panées.

Chic

|●| *Osteria Giorgione* *(zoom détachable D2,* ***140****) : calle larga dei Proverbi, Cannaregio, 4582/A. ☎ 041-522-17-25. Tlj sf lun. Plats 10-25 €. Repas complet 30-40 €.* À 5 mn du campo dei SS. Apostoli, dans un coin tranquille, voici une *osteria* fondée en 1885 où la tradition du « bien manger » s'est perpétuée avec bonheur jusqu'à aujourd'hui. Dans un décor de bistrot élégant, on savoure une cuisine vénitienne de marché qui suit le rythme des saisons. Le chef a de l'imagination et de la personnalité dans ses choix, mais la règle d'or est la fraîcheur. Gnocchis aux coquilles Saint-Jacques, tagliatelles aux fruits de mer, riz façon Riviera avec scampis et légumes... un régal !

|●| *Osteria Boccadoro* *(zoom détachable D-E3,* ***106****) : campo Widmann, Cannaregio, 5405. ☎ 041-521-10-21. • info@boccadorovenezia.it • Tlj sf lun. Compter 35-40 € pour un repas complet.* Sur un petit *campo* tranquille, à 10 mn de l'agitation du Rialto, voici un resto où l'on a tout de suite envie de s'attabler après une journée de promenade. Bonne cuisine vénitienne spécialisée dans le poisson, produits frais, carte évoluant selon le marché, et assiettes joliment présentées. Ajoutons à cela l'accueil prévenant du patron, et la jolie terrasse aux beaux jours... C'est une très bonne adresse !

Où boire un verre ? Où manger sur le pouce ?

Les bars à vins fourmillent dans le Cannaregio. Non seulement on y boit, mais on y mange aussi, et souvent très bien. À notre goût, une des meilleures façons de se restaurer pas cher tout en abordant le quotidien des gens du quartier. La ***fondamenta degli Ormesini*** est un de nos coins préférés. Quelques petites salles bien typiques dans cette rue, comme la ***Cantina da Marco*** *(plan détachable C2, au 2839 ; tlj 6h-21h).* Minuscule troquet tenu par une patronne affable.

Cantina Aziende Agricole *(plan détachable C2, **185**) : rio terà Farsetti, Cannaregio, 1847. 333-345-88-11. Tlj sf dim 9h-14h30, 17h-22h. Congés : 9-23 août. CB refusées.* C'est notre coup de cœur dans le quartier ! Le local est petit et chaleureux, 3 tables hautes, un comptoir et des bouteilles sur les murs. Roberto Berti est un homme orchestre, il fait tout lui-même, à commencer par la cuisine. Ici ce sont les meilleurs *cicchetti* et *crostini* qui soient : frais et bon marché, avec du pain complet ou du pain toasté. Les mélanges sont savoureux, thon et câpres, thon avec olives et noix, ou bien jambon et gorgonzola... Beau choix de vins au verre.

Cicchetteria Venexiana *(plan détachable B2, **183**) : rio terà San Leonardo, Cannaregio, 1518. ☎ 041-71-61-70. Tlj sf mar 9h-22h. Plats 7-14 € ; menu du jour 13,50 €.* Une *cicchetteria* typique donnant sur une rue commerçante plus large que la moyenne de Venise. Bien pour grignoter en buvant un verre sans se ruiner en compagnie d'habitués en terrasse.

Cantina Vècia Carbonera *(plan détachable C2, **186**) : rio terà de la Maddalena, strada Nova, ponte Sant'Antonio, Cannaregio, 2329. ☎ 041-524-23-88. Tlj sf lun 10h30-22h. Verres de vin à prix très raisonnables.* Bancs en bois, tonneaux patinés par le temps, maquettes de bateaux, ce bar à vins donne sur les marches du ponte San Antonio. On y sert de succulents *paninetti* et des *crostini* bien garnis. Agréable pour faire une halte avant de repartir avec l'une des gondoles amarrées juste en face.

Un Mondo diVino *(zoom détachable D3, **182**) : salizzada S. Canciano, Cannaregio, 5984 A. ☎ 041-521-10-93. Tlj 10h-minuit. Intéressant menu des Doges env 12 € mais sans verre de vin.* Un bar à vins « divin », comme son nom l'indique... situé dans une ancienne boucherie dont la façade seule a gardé la trace *(spaccio carni bovine !).* Vins au verre à déguster accoudé au comptoir, au milieu des habitués du quartier venus discuter joyeusement à la sortie du travail. Nombreux et savoureux *cicchetti* (goûtez les *polpettine*). Bouteilles en vente à prix fort raisonnables.

La Cantina *(zoom détachable C2, **159**) : strada Nova, Cannaregio, 3689. ☎ 041-522-82-58. Tlj sf dim 11h-minuit. Fermé les 2 premières sem de janv et 2 sem fin juil-début août.* Une adresse de bar à vins pour trinquer autour de gros tonneaux, face à l'église San Felice. Seulement quelques tables à l'intérieur, mais une terrasse à l'extérieur aux beaux jours. Outre la boisson, il y a des assiettes de produits frais préparés et assaisonnés devant vous. On peut y faire un vrai repas mais c'est un peu plus cher. Au choix : fromage, charcuterie, petits légumes, poisson cru ou cuit, huîtres... En hiver, parfois soupe de légumes.

MQ10 *(plan détachable B2, **67**) : fondamenta di Cannaregio, Cannaregio, 1020. ☎ 041-71-32-41. Tlj 7h-1h. Compter 10-15 €.* Son nom *(MQ10)* pourrait être moins sec et moins techno car l'endroit est jeune, sympathique et chaleureux. Il s'agit d'un bar design qui sert à la fois du sucré et du salé. Une terrasse le long du *rio* idéal à l'heure de l'apéro en soirée, ou pour l'espresso du matin.

Nuova Taverna Ciardi *(plan détachable C2,* ***162****) : calle de l'Aseo, Cannaregio, 1885. ☎ 041-524-10-26. Tlj sf lun.* Cette taverne cachée dans une ruelle discrète est pourtant bien connue des habitués. Tables et chaises surélevées à l'extérieur, salle toute simple à l'intérieur. Au piano, un cuistot... musicien ! *Cicchetti* et *tramezzini* à toute heure, sans fausse note. On y vient surtout à l'heure de l'apéro, mais vous commencez à connaître la chanson...

Il Santo Bevitore *(plan détachable C2,* ***193****) : campo San Fosca, Cannaregio, 2393. ☎ 041-71-75-60. Tlj sf dim 16h-2h.* Ambiance de pub irlandais avec de vieilles affiches aux murs et objets insolites. Très bien pour grignoter des *cicchetti.* Grand choix de whiskies et une quinzaine de bières à la pompe, naturellement. Petite terrasse agréable pour écluser un gorgeon en fin d'après-midi.

Où boire un excellent café ?

Torrefazione Cannaregio *(plan détachable B2,* ***260****) : rio terà San Leonardo, Cannaregio, 1337. ☎ 041-71-63-71. Lun-sam 7h-19h ; dim 9h30-13h, 14h-18h30. Fermé sem du 15 août. Café offert sur présentation de ce guide.* Adresse incontournable ! Ici, vous ne pouvez prendre que le café, mais quel café ! Cette maison le torréfie elle-même depuis 1930. Entre les grands sacs en toile de jute et la machine, vous pourrez en déguster de toutes les sortes.

Achats

Giacomo Rizzo *(zoom détachable D3,* ***215****) : salizzada San Giovanni Crisostomo, Cannaregio, 5778. ☎ 041-522-28-24. Tlj sf mer ap-m et dim 9h-12h30, 15h-19h.* Une épicerie du monde ouverte en 1905 et tenue par Andrea, qui a hérité des talents de la famille Rizzo. On y vend des pâtes de toutes les formes, de toutes les couleurs et aux parfums incongrus : artichaut, myrtille, chocolat amer (!)... Les meilleures pâtes de Venise, c'est ici ! Une idée de cadeau.

I Vetri d'Arte *(zoom détachable E2,* ***230****) : calle del Fumo, Cannaregio, 5311. ☎ 041-522-22-65. Lun-ven 9h30-13h, 14h15-17h30.* On aurait pu classer cette boutique dans la rubrique « À voir », tant la vitrine laisse baba. Hors des sentiers battus, dans une ruelle où l'on entendrait les chats gambader tellement c'est calme, voici un atelier-boutique de verrier qui fabrique des miniatures d'une grande beauté : poissons, insectes, coquillages... Admirez la finesse des becs de colibris, le détail des ailes de papillons ou encore le rose des saumons. Les tarifs affichés sont justifiés.

À voir

LE QUARTIER DE LA GARE

Pas de choc esthétique à l'arrivée si vous avez pris le train en route et nous rejoignez maintenant : évitez de vous retourner, l'architecture de la gare est plutôt mal intégrée à l'ensemble des bâtiments environnants.

Chiesa Santa Maria degli Scalzi *(plan détachable A-B2-3) : sur les fondamenta Scalzi, à droite de la gare. ☎ 041-71-51-15. Lun-sam.* Édifice baroque construit par l'ordre des Carmes déchaussés (appelés ainsi parce qu'ils allaient pieds nus dans des sandales très ouvertes) entre 1670 et 1680, sur un projet de l'architecte Longhena. La somptueuse façade de Giuseppe Sardi, très scénographique, est la seule à Venise en marbre de Carrare. À l'intérieur, la fresque peinte au plafond par Tiepolo a été détruite par une bombe autrichienne en 1915. Il subsiste quelques fragments dans deux chapelles latérales. D'autres sont conservés au musée de l'Accademia. Le dernier doge, Ludovico Manin (1789-1797), y est enterré (deuxième chapelle à gauche, au pied de l'autel). L'église abrite quelques chefs-d'œuvre, de Tiepolo notamment.

L'AUTRE PONT DES SOUPIRS...

Les Vénitiens l'attendaient, plaisantant ou fulminant, ce quatrième pont sur le Grand Canal. Depuis 2008, en dépit des ajournements des travaux, des débats passionnés sur son utilité ou son esthétique moderne, le ponte della Costituzione *est enfin là. Mais si aujourd'hui le pont est très emprunté (sauf par les handicapés, qui ont été oubliés !), nombreuses furent les glissades et les chutes, surtout de nuit. La variation de la hauteur des marches et de leur profondeur répond en effet à une logique assez obscure ! De plus aujourd'hui, celui que les Vénitiens appellent le ponte di Calatrava se fissure. Ce trait d'union entre la modernité de la gare et le cœur historique de Venise n'a pas fini de susciter des soupirs.*

Campo San Geremia *(plan détachable B2)* **:** élégante place où l'on peut admirer, au 275, les façades du ***palazzo Labia,*** tant sur le *campo* que sur le *rio.* C'est aujourd'hui le siège de la *RAI,* la télévision publique italienne (vous n'avez pas vu l'émetteur sur le toit ?). Tiepolo a décoré l'intérieur de fresques en trompe l'œil, dont certaines illustrent la vie de Cléopâtre. Malheureusement, ce palais n'est pas ouvert au public. Dommage !
Cet édifice de style baroque vénitien, l'un des plus somptueux de l'époque, fut édifié en 1750 pour le compte d'une famille d'origine espagnole. Les Labia étaient tellement riches qu'ils jetaient leur vaisselle d'or par la fenêtre ! Mais on dit aussi qu'ils envoyaient des pêcheurs la récupérer dans le canal le lendemain... En fait, c'est le genre d'humour local qui échappe à ceux qui ne parlent pas la langue. Gian Francesco Labia aurait dit, toujours grand seigneur : « *L'abbia o non l'abbia, sarò sempre Labia.* » Traduisez : « Que je les aie ou pas, je serai toujours un Labia. » Une tête à claques, on vous dit ! Les visiteurs étrangers venaient aussi courtiser la maîtresse du logis qui possédait une collection de diamants digne d'une reine...

DU GHETTO À L'ÉGLISE DELLA MADONNA DELL'ORTO *(plan détachable B2 à C1)*

C'est un quartier aéré formé de trois *rii* parallèles : le *rio della Misericordia,* le *rio della Sensa* et le *rio di Sant'Alvise.* Idéal pour les grands marcheurs, le site offre aussi de jolies perspectives pour les photographes.

LE PREMIER GHETTO

L'afflux de juifs chassés d'Espagne en 1492 provoqua des réactions dans la ville, et les autorités instituèrent, en 1516, entre le canal de Cannaregio et le rio della Misericordia, un quartier séparé des autres pour la communauté juive. On y trouvait alors une fonderie, en vénitien getto, *mot qui donna son nom au quartier. Et c'est ce mot qui passa dans le langage courant pour désigner tous les quartiers juifs. Le premier ghetto de l'Histoire...*

Le Ghetto *(plan détachable B2)* **:** entrée principale sur les *fondamenta di Cannaregio.* Prendre à gauche après avoir franchi le *ponte delle Gúglie,* dont l'arche unique est décorée de curieuses têtes. Quatre obélisques se dressent sur le parapet. Plus loin, on découvre le pont des Tre Archi de la fin du XVIIe s.

Un peu d'histoire

Après la ligue de Cambrai contre Venise (1509-1516), les caisses de la République étant bien éprouvées, on a accepté d'autant plus facilement les juifs dans Venise (avec d'autres réfugiés ayant fui les dangers des conflits en terre ferme) qu'ils arrivaient avec leur argent.
Les Vénitiens avaient, en fait, besoin de leurs compétences et de leurs capitaux. On peut aussi penser qu'ils leur ont attribué un quartier parce qu'ils se méfiaient d'eux et qu'ils voulaient contrôler leur présence dans la ville, autant que leur influence économique...
Les Vénitiens leur imposaient le port d'un chapeau jaune (!), et les vexations étaient monnaie courante. Lors du Carnaval, par exemple : des juifs à moitié nus et plutôt bien portants se voyaient contraints de participer à une course à pied des plus humiliante. Enfin, toutes les fenêtres extérieures des habitations étaient bouchées. Toutefois, les débordements les plus graves étaient sévèrement punis, car les juifs jouissaient de la protection de la République. Ils pouvaient d'ailleurs pratiquer leur religion en toute liberté.
Pour résoudre au mieux des problèmes d'espace évidents, on dut construire des immeubles de six étages (la moyenne à Venise était de trois), où les familles s'entassèrent dans des conditions d'existence très dures.
La population du Ghetto ne fut jamais très nombreuse (en grande partie à cause de l'espace réduit). Il ne compta guère plus de 5 000 habitants (pas si mal vu le périmètre !), pour tomber à 1 600 au moment de l'arrivée de Bonaparte. L'élimination des grilles et la reconnaissance des mêmes droits pour les juifs furent parmi les rares résultats positifs des expéditions françaises de l'époque. Un cinquième des 1 000 juifs vénitiens furent déportés lors de la Seconde Guerre mondiale. Une fresque discrète et émouvante leur rend hommage sur la place du *Ghetto Nuovo.* Aujourd'hui, la communauté juive de Venise ne compte plus guère que 300 personnes enregistrées, et la grande majorité n'habitent pas le Ghetto.

Petit tour du quartier

Le quartier se divise en deux parties : le *Ghetto Vecchio* et le *Ghetto Nuovo.*
➢ ***Ghetto Vecchio :*** *on y accède par la rue du même nom, à partir de la fondamenta di Cannaregio (emprunter le porche situé entre les n°s 1249 et 1122).* Au niveau de celui-ci, on peut encore voir, sur le côté, les marques des grilles. Après quelques enjambées, on débouche sur une petite place, le *campiello delle Scuole,* où s'élèvent les **deux synagogues principales** : la *Scuola Spagnola* et la *Levantina.* Elles comptent parmi les plus anciennes d'Europe. Pour la visite (en italien ou en anglais uniquement), s'adresser au musée d'Art hébraïque (voir plus loin).
Avec un peu de chance, c'est en traînant par-ci par-là que vous découvrirez la vraie « **cour secrète dite de l'arcane** », celle qui ouvre les portes du rêve et qui a fait fantasmer des millions de lecteurs de Corto Maltese (relisez *Fable de Venise* chez Casterman !). Une cour qu'on atteint en franchissant sept portes que le créateur de Corto, Hugo Pratt, découvrit en imagination dans son enfance, lorsqu'il venait boire un chocolat chaud chez Mme Bora Levi... En vérité, le bruit court que ce passage correspondrait à un parcours secret permettant de relier les synagogues entre elles.
– ***Scuola Spagnola :*** la plus grande des synagogues de Venise, appelée aussi « synagogue d'été » (car ouverte uniquement l'été, pardi !). Construite au XVIe s par les juifs espagnols, elle présente une riche décoration intérieure d'inspiration largement vénitienne. Mais l'extérieur est beaucoup plus sobre, pour ne pas concurrencer les églises catholiques ! Décor très théâtral, d'ailleurs, avec tous les ors, les rouges et les marbres.
– ***Scuola Levantina :*** plus petite. C'est la synagogue d'hiver, celle qui possède la plus belle décoration. Plafond de bois sculpté, mais surtout, magnifique *bimàh* (chaire).

C'est un véritable travail d'orfèvre, que l'on attribue à Andrea Brustolon, fameux sculpteur sur bois (vers 1650). Il réalisa ici la fusion parfaite entre l'art juif et l'art vénitien. Deux escaliers en volute, abondamment sculptés, mènent à la chaire, soutenue par deux colonnes torsadées. Extraordinaire richesse des motifs floraux, végétaux et de fruits.

➢ ***Ghetto Nuovo :*** *accès depuis le Ghetto Vecchio, en suivant la rue du même nom.* Entièrement entouré de canaux. Paradoxalement, malgré son nom, il est antérieur au Ghetto Vecchio. C'est là que furent invités à s'entasser, en 1516, les premiers juifs ashkénazes et des Italiens. Son *campo,* très grand espace ouvert, offre une vision typique du quartier. Rien ou presque n'a bougé. Seul un côté, le *Ghetto Nuovissimo,* fut démoli pour y construire la « Maison de repos israélite ». Trois autres synagogues s'élèvent sur le *campo* (les *Scuole Italiana, Canton* et *Grande Tedesca*).

– ***Museo Ebraico*** *(musée d'Art hébraïque)* **:** *campo di Ghetto Nuovo, Cannaregio, 2902 B.* ☎ *041-71-53-59. Vaporetti n°s 4.1, 4.2, 5.1 ou 5.2, arrêt Ponte delle Guglie. Oct-mai, 10h-17h30 ; juin-sept, 10h-19h ; possibilité de fermeture anticipée ven. Fermé sam et j. de fêtes juives. Entrée pour le musée slt : 4 € ; réduc. Entrée : 10 € (réduc) pour la visite libre du musée et la visite guidée (en anglais ou en italien) de 3 synagogues (on ne visite pas les mêmes selon l'époque), ttes les heures 10h30-16h30 (17h30 l'été). Possibilité parfois de visite en français sur résa par tél. Carte* Rolling Venice *et* Venice Card *(à l'exception de la version San Marco) acceptées.* Le musée expose une petite collection unique d'objets cultuels, orfèvrerie religieuse, tissus, manuscrits, etc. En particulier, des *parakhoth* (voiles très anciens), *tasim* (plaques d'ornement des rouleaux de la Torah), *ataroth* (couronnes d'argent), etc. Possibilité de boire un café et de manger à la *caffetteria* du musée (voir la rubrique « Où manger ? »).

➢ Quitter le quartier en empruntant (à droite en sortant du musée) le *sottoportego di Ghetto Nuovo* et son pont de bois. Vous obtenez la vue la plus spectaculaire du Ghetto et de ses « gratte-ciel ». Après le pont, quelques rues avec de belles demeures rattachées au Ghetto au XVIIe s. Calle del Porton, certaines maisons portent encore des inscriptions hébraïques. Au bout de cette rue, on trouve là aussi des traces des grilles que l'on refermait chaque soir.

🏛 ***Chiesa di Sant'Alvise*** *(plan détachable C1)* **:** *campo Sant'Alvise, Cannaregio, 3282.* ☎ *041-275-04-62.* ● *chorusvenezia.org* ● *Tt droit en sortant de l'embarcadère Sant'Alvise. Lun-sam 10h-17h (dernière entrée 16h45). Entrée : 3 €. Accès avec le* Chorus Pass. Ce nom est la forme vénitienne du prénom Louis que portait l'évêque de Toulouse, auquel le sanctuaire est dédié. Ce petit-neveu de Saint Louis renonça à la couronne, entra chez les franciscains et mourut à l'âge de 23 ans, quelques mois après avoir été nommé évêque... L'église, construite en 1388, abrite trois œuvres de Tiepolo : *Le Couronnement d'épines, La Flagellation* (1740) et, dans le chœur, *La Montée au Calvaire* (1743). Elles rappellent les trois reliques du martyre du Christ qu'abrite l'église : une épine de sa couronne, un bout de colonne et un clou ! Mais elles ne sont pas visibles. Le mur de revers de la façade (sur la droite) est décoré de huit peintures exceptionnelles illustrant des scènes bibliques, réalisées au XVe s. Elles seraient de Lazzaro Bastiani. Le plafond est peint de fresques en trompe-l'œil étonnantes, exécutées au XVIIe s. On a l'impression que le plafond va s'écrouler !

🏛🏛 ***Chiesa della Madonna dell'Orto*** *(plan détachable C1)* **:** *fondamenta Madonna dell'Orto, Cannaregio, 3511.* ☎ *041-71-99-33.* ● *madonnadellorto.org* ● *Vaporetti n°s 4.1, 4.2, 5.1 ou 5.2, arrêt Madonna dell'Orto. Lun-sam 10h-17h (dernière entrée 16h45). Entrée : 2,50 €.* Une des plus belles églises de Venise, autrefois dédiée à saint Christophe mais qui porte le nom de la Madonna dell'Orto. Édifiée au XIVe s, en style gothique, tandis que le campanile, à côté, l'était en roman. Sa coupole a été ajoutée en 1503.

La façade

Elle marie avec élégance brique rouge et pierre blanche sculptée. Une superbe frise de statues et de motifs gothiques court sur les versants latéraux et en haut de la façade. Remarquable ornementation du portail principal, encadré de l'ange Gabriel, de saint Christophe et de la Vierge de l'Annonciation (statues qui seraient l'œuvre du maître du *Jugement de Salomon* qu'on retrouve au palais des Doges).

L'intérieur

À l'intérieur, lignes d'une grande simplicité. Espace lumineux, découpé par des arches gothiques en brique rouge et parfois recouvertes de fresques d'origine. Là encore, l'église apparaît comme un véritable petit musée d'art.

- À l'entrée, tout de suite à droite, une belle œuvre de Cima da Conegliano : *Saint Jean-Baptiste entouré de Pierre, Marc, Jérôme et Paul.*
- Dans la première chapelle (à gauche, en entrant dans l'église), reproduction photographique de la *Vierge à l'Enfant,* de Giovanni Bellini, l'original ayant été volé en 1993.
- Du côté gauche de la nef : chapelles dédiées aux grandes familles patriciennes de Venise, les Morosini et les Vendramin (bustes sculptés, tableaux et pierres tombales).
- Au quatrième autel de la nef de droite, *Martyre de saint Laurent,* du Flamand Daniel Van den Dyck (séduisant jeu de lumières sur les personnages). Juste après, dans la *Présentation au Temple* du Tintoret, notez le jeu subtil des ombres et des lumières, le dynamisme de la scène.
- Dans la chapelle Saint-Maur (sur la droite avant le chœur) est exposée la célèbre *Vierge* à l'origine du nom de l'église.
- Dans la chapelle absidiale à droite du chœur, **tombe du Tintoret** (1519-1594), avec son buste de terre cuite.
- C'est dans le chœur que l'on peut voir les œuvres les plus admirables : **deux toiles immenses du Tintoret** et six autres plus petites. À gauche, *L'Adoration du veau d'or.* Une curiosité : le Tintoret aurait représenté Giorgione, Titien et Véronèse sous les traits des porteurs de l'idole, et Michel-Ange serait celui qui ramasse l'or. Mais notre préféré, c'est *Le Jugement dernier,* à droite. Représentation tourmentée, voire terrifiante. Impossible de tout décrire, il y a tellement de symboles. Présence de trois Maures dans le purgatoire. Titien aurait suggéré à Tintoret de ne pas peindre uniquement les Blancs, pour bien marquer l'universalité du Jugement dernier.
- Dans l'abside, *L'Apparition de la Croix à saint Pierre,* une autre toile du Tintoret. Là encore, l'effet de mouvement est prodigieux.
- Dans la salle des trésors : étoles, ostensoirs, reliquaires, calices...

En sortant de l'église, traverser le pont et continuer tout droit pour arriver aux *fondamente dei Mori.* L'ancienne ***maison du Tintoret*** se trouve au n° 3398. Non loin, le ***campo dei Mori*** présente des sculptures de pierre, dans les murs, assez impressionnantes.

CANNAREGIO

DU PONTE DELLE GUGLIE À LA CA' D'ORO
(plan détachable B2 à zoom détachable C-D3)

Chiesa di San Marcuola *(zoom détachable C2)* **:** *Cannaregio, 1763. ☎ 041-71-38-72. Horaires variables, mais normalement lun-sam 8h30-11h15.* Son nom vient de la contraction des prénoms des saints *Ermagora* et *Fortunato* en vénitien. Construite entre 1728 et 1736 par Massari : c'est l'un des quelques édifices de Venise dont la façade est restée inachevée. Les autels sont entièrement décorés de sculptures en marbre. Sur le mur de gauche dans le chœur, très belle *Cène* réalisée par le Tintoret en 1547, à l'âge de 29 ans !

Palazzo Vendramin-Calergi (casino d'hiver) et appartement-musée de Richard Wagner *(zoom détachable C2)* **:** *calle larga Vendramin. ☎ 041-529-71-11. • casinovenezia.it • Vaporetti nos 1 ou 2, arrêt San Marcuola. En sortant du vaporetto, longer l'église San Marcuola, prendre la 1re rue à droite, traverser le* *rio ; ensuite, encore à droite. Tlj 11h-2h45 du mat (3h15 sam). Fermé 24-25 déc. Entrée : 10 € ; réduc. Carte d'identité nécessaire pour entrer dans la salle de la roulette (et veste, prêtée à l'entrée).* Construit au début du XVIe s par les frères Lombardo sur des plans de Mauro Codussi, ce palais, qui abrite aujourd'hui le casino d'hiver (l'été, c'est le Lido qui attire les foules), fut la propriété des plus grandes familles vénitiennes. Wagner vint y habiter avec sa famille en septembre 1882 et y mourut d'une crise cardiaque le 13 février 1883, à l'âge de 69 ans. Sa dépouille fut portée en gondole à la gare puis mise dans un train spécial envoyé par le roi Louis II de Bavière afin de la rapatrier à Bayreuth (Bavière). Le musicien loua 18 pièces du palais dont quatre ont été conservées aujourd'hui et ouvertes à la visite. *Sur rdv slt, en téléphonant à l'association Richard Wagner de Venise : ☎ 041-276-04-07. Visites guidées mar, jeu ap-m et sam mat.*

***Ca' d'Oro e la galleria Franchetti** (musée Franchetti ; zoom détachable C-D3) : ☎ 041-522-23-49. Résas au ☎ 041-520-03-45. • cadoro.org • Vaporetto n° 1, arrêt Ca' d'Oro. Accès par la calle della Ca' d'Oro (n° 3933). Lun 8h15-14h, mar-sam 8h15-19h15, dim 10h-18h (dernier billet 30 mn avt fermeture). Entrée : 6 € (majoré suivant l'expo) ; réduc ; gratuit pour les moins de 25 ans ressortissants de l'UE et pour les étudiants en histoire de l'art (justificatif demandé). Audioguide en français : 4 € ; 6 € pour 2. Dépliants en anglais.*

Un peu d'histoire

Si l'entrée du musée est discrète, regardez la façade côté Grand Canal : c'est **l'un des plus beaux palais gothiques de Venise,** qui abrite de plus une très belle galerie d'art. Le nom de *Ca' d'Oro* vient du fait que la façade était à l'origine en partie décorée d'or et de marbre.

Ce palais fut construit par Raverti et Bartolomeo Bon entre 1421 et 1434, sur ordre de Marino Contarini (procurateur de San Marco). Plusieurs propriétaires se succédèrent et opérèrent des transformations plus ou moins réussies. Maria Taglioni fit même abattre au XIXe s certaines parties du palais. Mais heureusement, un baron richissime (Giorgio Franchetti) mit fin au désastre en rachetant le tout. Un musée ouvrit ses portes en 1927 après que le généreux bienfaiteur eut fait don du palais et de ses collections d'œuvres d'art en 1916.

Visite

– Avant de monter, admirer la somptueuse cour intérieure, son bel escalier gothique et surtout son incroyable pavement, bigarré comme un tapis de mosaïques dans les tons orangés et verts. Repérer le niveau des marées depuis des centaines d'années sur l'un des piliers.

– Au 1er étage sont exposés une série de sculptures vénéto-byzantines des XIIe et XIIIe s et un polyptyque d'Antonio Vivarini *(La Passion du Christ).* On y contemple aussi un bel ensemble de bas-reliefs en bronze des XVe et XVIe s. Ne pas rater le *Saint Sébastien* de Mantegna et, dans la *salle 2,* trois œuvres de Carpaccio sur la Vierge : *L'Annonciation, La Visitation* et *La Mort de la Vierge.* Dans la dernière œuvre, remarquer l'envol des *putti* écarlates vers les cieux. Dans la *salle 3,* arrêtez-vous devant la *Madone* de Luca Antonio Busati. Notez le fil que tient l'Enfant dans sa main gauche (symbole de la Passion), ainsi que l'araignée que lui tend le petit saint Jean. La *salle 4* abrite une série de peintures originaires du centre de l'Italie, essentiellement des Madones (dont une avec l'Enfant Jésus au sein, malheureusement assez abîmée). Elle donne accès à l'étage supérieur.

– Accès au 2e étage par un bel escalier muni d'une antique rampe de bois, composée d'un treillage et de poutres sculptées. Au *portego* du 2e étage, expo de fresques murales des XVe et XVIe s provenant de plusieurs monuments religieux de la ville. Vues superbes sur le Grand Canal, le marché au poisson du Rialto et les toits du quartier de San Polo.

Dans les salles : intéressants tableaux de Guardi, du Tintoret, de Titien. Les *salles 11 à 13* font un petit clin d'œil à la peinture flamande et hollandaise avec la saisissante *Crucifixion* de Van Eyck, celle de Hans Memling, la *Déposition du Christ* attribuée à Hans Baldung, ou encore la *Tour de Babel* de Jan Van Scorel (noter comme les jaunes éclatent).

LE QUARTIER DU RIALTO RIVE GAUCHE *(zoom détachable D3)*

Chiesa di San Giovanni Crisostomo *(zoom détachable D3)* **:** ☎ 041-523-52-93. Vaporetti n°s 1 ou 2, arrêt Rialto. Tlj 8h15-12h15, 15h-19h. Église construite par Codussi entre 1497 et 1504. Les amoureux de Giovanni Bellini s'y précipiteront pour l'une de ses œuvres admirables : *Saint Christophe, saint Jérôme et saint Louis.* Le Christ sur les épaules de saint Christophe a vraiment une allure de bambin craintif. Voir également le bas-relief de Tullio Lombardo (fils), avec des personnages plus ou moins en relief selon la perspective. Au-dessus du premier autel de droite, préparez vos petites pièces pour les minuteries.
- Un peu après l'église, on arrive à la *corte Seconda del Milion.* C'est là que se trouvait l'ancienne maison de **Marco Polo,** démolie depuis belle lurette. On y trouve à la place le ***théâtre Malibran*** (du nom d'une cantatrice du XIXe s). Les récits de voyage du célèbre aventurier parurent tellement extravagants que les Vénitiens, avec l'humour acide qui les caractérise, surnommèrent Marco Polo le *Messer Millione* (« l'Homme des millions de merveilles » !). Il ne reste aucune autre trace de Marco Polo à Venise, son tombeau qui se trouvait dans une église de Venise ayant été détruit.

Chiesa Santa Maria dei Miracoli ou ***Santa Maria Nova*** *(zoom détachable D3)* **:** ☎ 041-275-04-62. • chorusvenezia.org • Lun-sam 10h-17h (dernière entrée 16h45). Entrée : 3 €. Accès avec le Chorus Pass. L'église et la place forment l'un des plus surprenants ensembles architecturaux de Venise. Cette petite merveille de la Renaissance vénitienne, aux formes géométriques, fut construite par Lombardo à la fin du XVe s. À l'origine, une icône de la Vierge, dite miraculeuse, avait été transférée dans une chapelle en bois. L'église actuelle n'est en fait que l'extension de celle-ci. Cette image trône sur l'autel : il s'agit de *La Vierge et l'Enfant* de Niccolò di Pietro. La façade et l'intérieur sont couverts de marbres polychromes et de médaillons sculptés (le tout a un petit côté oriental assez original). Très belle voûte en berceau en bois sculpté, avec la représentation des prophètes et des patriarches. Avec son allure d'écrin précieux tout en or et en marbre, c'est l'église de Venise la plus prisée pour la célébration de mariages.

LES FONDAMENTE NOVE

De ces quais qui bordent Venise au nord, on a une vue dégagée sur la lagune et sur le cimetière San Michele, avec ses rangées de cyprès pointés vers le ciel. Vous serez impressionné par le trafic maritime le long du quai. Toutes les liaisons pour les îles du Nord partent d'ici. Tout au bout, on peut voir parfois s'entraîner les rameurs du club d'aviron *Querini,* qui ont remporté les courses les plus prestigieuses de Venise. Quartier calme qui contraste avec l'agitation de San Marco.

Chiesa dei Gesuiti ou ***Santa Maria Assunta*** *(plan détachable D2)* **:** campo dei Gesuiti, Cannaregio. ☎ 041-523-16-10. Vaporetti n°s 4.1, 4.2, 5.1 ou 5.2, arrêt Fondamenta Nove. Tlj 10h-12h, 15h30-17h30 (17h en hiver).
Financée par une riche famille vénitienne, cette église a été bâtie entre 1715 et 1728 à la demande des jésuites, qui en ont confié la maîtrise d'ouvrage à Domenico Rossi (le pauvre s'est même vu imposer un plan strict pour en mettre plein la vue aux Vénitiens !). La façade baroque est surmontée des statues des 12 apôtres. L'intérieur obéit au plan en croix latine typique des églises jésuites : large nef flanquée de six chapelles de part et d'autre, et un chœur d'une folie baroque

incroyable avec un dôme bardé d'angelots, soutenue par huit colonnes salomoniques. Pour le reste, remarquez l'élégante marqueterie de marbre vert et surtout la superbe chaire de Francesco Bonazza, placée comme il se doit « très près des fidèles », conformément aux préceptes de la Contre-Réforme. Notez avec quelle maestria l'artiste a réussi à donner au marbre l'allure d'une étoffe, époustouflant ! Côté « barbouille », on n'est pas en reste non plus, avec au plafond des fresques de Fontebasso et Dorigny, tandis que les chapelles latérales accueillent Titien (*Le Martyre de saint Laurent,* œuvre qui passe pour être « la première nuit réelle de l'histoire de l'art », selon certains experts) ou encore Balestra *(Marie et le Saint-Esprit)* ; quant à la sacristie, elle n'abrite pas moins d'une vingtaine de tableaux de Palma le Jeune !

CASTELLO

Codes postaux : 30122 et 30132

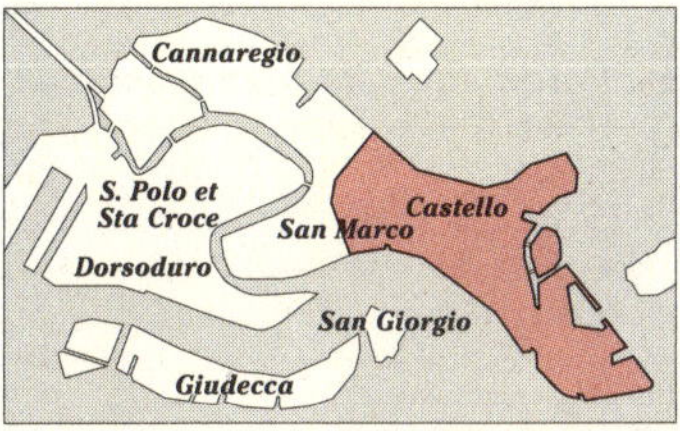

Castello est, avec le Cannaregio, l'un des quartiers les plus paisibles de la Sérénissime. Ses ruelles désertes, ses petits commerces, ses placettes et ses grands espaces verts (jardins de Napoléon, ou encore Sant'Elena) constituent un quartier tout trouvé pour celles et ceux qui cherchent l'authenticité et la tranquillité.

À partir de la place Saint-Marc, la *riva degli Schiavoni* constitue une très belle entrée en matière. C'est ici, sur les quais, qu'étaient accueillis autrefois les marchands de la côte dalmate, une des premières colonies de Venise. Un peu plus au nord, on trouve le quartier de l'hôpital, avec l'église *Santi Giovanni e Paolo,* le panthéon des doges et des dignitaires de la République. Une Venise séculaire, formant un dédale de ruelles qu'il vous faudra traverser en diagonale pour rejoindre l'Arsenal, une bâtisse empreinte de rigueur militaire, sur laquelle veille le lion de Corto Maltese (voir *Fable de Venise* dans la B.D. d'Hugo Pratt ; cet ouvrage peut d'ailleurs vous servir de livre de route pour découvrir le quartier).

De là, descendez jusqu'au quai où se dresse le musée d'Histoire navale, avant d'emprunter l'artère la plus large de Venise, la via Garibaldi, où se tiennent chaque matin (de 7h à 14h) des marchands de fruits et légumes dans une ambiance beaucoup moins touristique que celle du Rialto. Car oui, Castello offre plus d'un visage ! Avec ses placettes commerçantes, ses quais, ses darses et ses *bricole* semblant flotter entre deux eaux, il offre le paysage d'une cité depuis toujours orientée vers la mer.

Où dormir ?

Auberge de jeunesse et maisons d'accueil

Youth Venice Home *(plan détachable E-F3-4,* ***71****)* **:** *calle de la Fraterna, Castello, 3368. 347-070-18-33. • youthvenicehome@hotmail.com • youthvenicehome.com • Vaporetti nos 1, 2, 4.1, 4.2, 5.1 ou 5.2, arrêt San Zaccaria. Compter 30 € le lit en dortoir, et 60 €/pers la nuit en chambre, prix variant selon saison, petit déj non compris (cuisine à dispo).* Très bien située, c'est le modèle d'auberge économique pour *backpackers.* Abrite une petite dizaine de chambres doubles (grand lit) et des petits dortoirs (de 4 ou

5 lits) avec casiers, le tout réparti sur plusieurs étages. Les salles d'eau sont propres et collectives. C'est minimaliste mais ça ne manque pas de charme. Cuisine à disposition. Le matin, on s'y retrouve pour préparer son petit déj. Bon accueil par une équipe dynamique.

B & B Venice Hazel *(plan détachable E4,* ***88****) : fondamenta de l'Osmarin, Castello, 4977/A. 338-132-38-96. • venicehazel.com • Vaporetti nos 1, 2, 4.1, 4.2, 5.1 ou 5.2, arrêt San Zaccaria. Compter 30-50 €/pers selon confort et saison, petit déj compris.* Une bonne adresse à prix sages au cœur du Castello. Vieille maison bien aménagée avec 3 chambres se partageant 2 salles de bains. Elles sont sobrement décorées dans des couleurs vives. Une grande cuisine pour préparer son frichti, un accueil très gentil,

Foresteria Chiesa Valdese *(plan détachable E3,* ***32****) : calle lunga Santa Maria Formosa, Castello, 5170. 041-528-67-97. • info@foresteriavenezia.it • foresteriavenezia.it • (prévenir avt). Vaporetti nos 1 ou 2, arrêt Rialto ; 4.1, 4.2, 5.1 ou 5.2, arrêt Fondamenta Nove. Réception téléphonique 9h-19h. Pas d'arrivée après 19h30. Pas de couvre-feu. Doubles 100-140 € selon vue et j. de la sem, moins cher en hiver sf fêtes et Carnaval ; également des lits en dortoirs 35 €/pers ; petit déj et draps inclus. Les sdb sont à partager.* Située dans le palazzo Cavagnis, un énorme palais vénitien du XVIIIe s. C'est la maison d'accueil de l'Église vaudoise et méthodiste. Fidèle à sa tradition d'hospitalité, celle-ci propose des chambres et des dortoirs de 2 à 10 lits qui conviendront aux petits groupes. La déco est sobre et dépouillée. Meubles en mélamine, lits une place, TV... Même si les plafonds de certaines chambres sont ornés de quelques fresques d'époque, vous ne ferez pas de folies ici. Accueil aimable.

Casa per ferie Istituto della Pietà *(plan détachable F4,* ***34****) : calle della Pietà, Castello, 3701. 041-244-36-39. • info@bedandvenice.it • bedandvenice.it • Vaporetti nos 1, 2, 4.1, 4.2, 5.1 ou 5.2, arrêt San Zaccaria. Doubles sans sdb 60-135 €, dortoir env 40 €/pers, petit déj inclus. CB refusées.* Grand bâtiment ancien, entièrement modernisé à l'intérieur. Pour accéder à la réception, il faut monter au 3e étage (ascenseur). On trouve ici une quinzaine de chambres de 1 à 5 lits sobrement aménagées et très correctes. L'ensemble fait penser à un pensionnat, avec ses grandes chambres et ses petits lits (pas de lits superposés), mais c'est très propre et pas du tout moche. Demander la no 11 avec sa belle vue sur San Giorgio. Grande terrasse sur le toit où l'on peut musarder au soleil en été...

Institution religieuse

Patronato Salesiano *(plan détachable G4,* ***41****) : calle San Doménico, Castello, 1281. 041-523-07-69. • info@salesianivenezia.it • salesianivenezia.it • Vaporetti nos 1, 2, 4.1, 4.2, 5.1 ou 5.2, arrêt Giardini. Ouv tte l'année. Compter 60 €/pers en chambre simple, env 100 € la double, petit déj inclus.* À côté des beaux jardins de la Biennale et de la maison natale de Tiepolo, dans un quartier calme et verdoyant. Portrait de don Bosco dans les couloirs, on est chez les salésiens ! L'institut héberge des étudiants d'octobre à juin, mais une partie est toujours réservée pour les touristes. Pendant les vacances, c'est plus de 140 lits qui attendent les voyageurs. Pour le reste, c'est à la limite d'une... ambiance d'hôpital, avec des chambres cela dit très propres, toutes avec salle d'eau, clim et ventilo. Belle petite terrasse pour prendre son petit déj en été.

De prix moyens à chic

Hotel Corte Contarina *(plan détachable G4,* ***92****) : via Garibaldi, Castello, 1931. 041-277-85-33. • info@hotelcortecontarina.com • hotelcortecontarina.com • Prendre la ruelle à gauche de l'église San Francesco di Paola, puis 1re à gauche. Vaporetti nos 1, 2, 4.1, 4.2, 5.1 ou 5.2, arrêt Giardini. Doubles 50-150 € (ça peut monter jusqu'à 190 € en période de Carnaval) selon saison, petit déj inclus.* Voici un hôtel aménagé dans l'ancienne demeure (1600) du doge Contarini.

Au total, une vingtaine de chambres doubles, triples ou quadruples et un appart. Refaites pour la plupart, avec une déco néovénitienne, elles sont de bon confort (douche/w-c partout, AC) et calmes (vue sur rue ou sur cour). Un bon rapport qualité-prix. Accueil courtois de Marco ou Mauro, c'est selon.

Albergo Doni *(plan détachable E4, **70**) : calle del Vin, 4656. San Zaccaria, Castello, ☎ 041-522-42-67. • albergodoni@hotmail.it • albergodoni.it • Vaporetti nos 1, 2, 4.1, 4.2, 5.1 ou 5.2, arrêt San Zaccaria. Doubles sans ou avec sdb 60-140 € selon saison ; petit déj inclus. CB refusées. Réduc de 10 % sur le prix de la chambre nov-mars, 5 % le reste de l'année sur présentation de ce guide. (dans le hall slt).* Au bord d'un étroit canal, une demeure ancienne de caractère (elle date de 1700) avec une belle façade avec des ouvertures dans le plus pur style gothique vénitien. À l'intérieur, parquet posé en chevrons, vitrages cul-de-bouteille, mobilier années 1940, vieilles boiseries qui grincent sous les pieds... 4 chambres seulement possèdent une salle de bains.

Alloggi Barbaria *(plan détachable E3, **89**) : calle de le Capucine, Castello, 6573. ☎ 041-522-27-50. • info@alloggibarbaria.it • alloggibarbaria.it • Doubles 50-125 € selon saison, petit déj inclus. TV satellite. Petite bouteille de prosecco offerte sur présentation de ce guide.* Maison d'hôtes à l'écart de la foule. Ce n'est pas le grand charme mais c'est pratique et relativement économique en basse saison. Abrite 8 chambres simples, et sans caractère particulier mais propres et suffisamment confortables (AC, douche/w-c). Petit déj sur la toute petite terrasse aux beaux jours. Bon accueil.

Locanda Ca' del Console *(plan détachable E3, **49**) : calle Trevisan, Castello, 6217. ☎ 041-523-31-64. • info@locandadelconsole.com • locandadelconsole.com • Vaporetti nos 4.1, 4.2, 5.1 ou 5.2, arrêt Fondamenta Nove. Doubles 80-240 € selon saison, petit déj inclus. Apéritif ou café offert sur présentation de ce guide.* Une adresse confidentielle, dissimulée derrière une porte anodine. Et pourtant, il s'agit de l'ancien hôtel particulier d'un consul d'Autriche au XIXe s. Les aimables propriétaires ont conservé le style de cette époque, avec un mobilier choisi (souvent en bois peint), des peintures, des miroirs, des armoires... Tout est soigné, confortable (AC partout) et très bien tenu. Chaque chambre est dédiée à un personnage historique ou à une ambiance. Un coup de cœur, d'autant que les tarifs sont pratiqués avec diplomatie.

Hotel Canada *(zoom détachable D3, **47**) : campo San Lio, Castello, 5659. ☎ 041-522-99-12. • booking@canadavenice.com • canadavenice.com • Vaporetti nos 1 ou 2, arrêt Rialto. Doubles 50-100 € selon saison, petit déj inclus. Réception au 2e étage.* Petit hôtel modeste et bien situé, avec des chambres sans grand style mais propres et bien arrangées. Elles ont leur propre salle de bains, mais pour certaines la douche et les toilettes sont sur le palier. Carrelage au sol, murs travaillés à l'ancienne et rehaussés par quelques reproductions de tableaux. Par les fenêtres, on profite de vues dérobées sur un canal, une église ou la rue. Belle salle de petit déj et accueil gentil en français.

De chic à très chic

Ca' Foscolo *(zoom détachable D3, **73**) : campo della Fava, Castello, 5526. ☎ 041-241-37-20. • cafoscolo@mareahotels.com • mareahotels.com • Vaporetti nos 1 ou 2, arrêt Rialto. Réception tlj 9h-16h (les clients sont attendus jusqu'à 20h). Congés : janv. Selon saison, appart 40 m² pour 2 pers 95-220 €, également des apparts familiaux ; petit déj inclus. Réduc de 10 % sur le prix de la chambre sur présentation de ce guide.* Sur une placette au calme, dans une maison bourgeoise, voici un hébergement comprenant une petite dizaine d'apparts spacieux, chic et bien équipés : lave-vaisselle, lave-linge, télé, chauffage central et clim indépendants... Les petits (40 m² quand même !) possèdent une chambre et un vrai séjour (canapé convertible), les plus grands (80 à 100 m²) 2 grandes chambres avec séjour, ce qui fait qu'on peut loger à 6. Le ménage est fait chaque jour. La déco mélange agréablement le contemporain au style Liberty, avec les fameux *terrazzo alla veneziana* incrustés de verre de Murano. Une adresse qui dégage beaucoup de classe.

Hotel La Residenza (plan détachable F4, **77**) : *campo Bandiera e Moro, Castello, 3608. ☎ 041-528-53-15. • info@venicelaresidenza.com • venicelaresidenza.com • Vaporetti nos 1, 4.1 ou 4.2, arrêt Arsenale. En hte saison, 3 nuits min le w-e. Doubles 80-220 € selon saison, petit déj inclus.* Dans l'ancien palais Gritti-Badoer, sur la place de l'église San Giovanni della Bragora où fut baptisé Vivaldi. De dehors, admirez la façade gothique du XVe s et son balcon central aux 5 fenêtres. Le 1er étage est occupé par un hôtel d'une quinzaine de chambres restaurées et confortables (AC), pour 2 ou 4 personnes. Accueil remarquable. La réception se trouve dans un vaste salon lumineux et couvert de fresques du XVIIIe s. On y prend le petit déj près d'un piano à queue. Décoration superbe : tableaux d'époque, tentures et moulures au plafond, ravissants meubles peints. Demandez la n° 216 au demi-étage avec vue sur la place.

Locanda Silva (zoom détachable E3, **69**) : *fondamenta del Rimedio, Castello, 4423. ☎ 041-522-76-43. • info@locandasilva.it • locandasilva.it • Vaporetti nos 1, 2, 4.1, 4.2, 5.1 ou 5.2, arrêt San Zaccaria. Congés : janv. Doubles 80-140 € selon confort et saison, petit déj inclus. Sur présentation de ce guide, 10 % de réduc la 1re nuit en réservant directement à l'hôtel. (payant).* Cet hôtel d'une vingtaine de chambres devait être à la mode vers la fin des années *cinecitta*. Il n'est pas démodé mais il a gardé son style un peu rétro. Les chambres sont impeccables et confortables, donnant ou non sur le canal, il conviendra de bien choisir son lit car certains matelas sont plus mous que les autres. Accueil aimable en français.

Albergo Al Piave (plan détachable E3, **79**) : *ruga Giuffa, Castello, 4838/40. ☎ 041-528-51-74. • info@hotelalpiave.com • hotelalpiave.com • Vaporetti nos 1 ou 2, arrêts San Zaccaria ou Vallaresso. Fermé début janv jusqu'au Carnaval. Doubles 110-230 € selon saison, petit déj inclus. (payant).* Stores vénitiens, meubles vieillis en Inde, salle de bains en carreaux de pâte de verre... Ce petit hôtel ne manque pas de style ni de caractère. Les chambres, au nombre d'une trentaine, forment un ensemble à la fois confortable et agréable. La plus chère, au dernier étage, possède sa terrasse. D'autres chambres sont installées dans des bâtiments annexes proches de l'hôtel.

Hotel Casa Verardo (plan détachable E3-4, **52**) : *Castello, 4765. ☎ 041-528-61-38. • info@casaverardo.it • casaverardo.it • Vaporetti nos 1, 2, 4.1, 4.2, 5.1 ou 5.2, arrêt San Zaccaria. Près du campo SS. Filippo e Giacomo. Doubles avec sdb 90-300 € selon saison et standing, petit déj inclus. (payant).* Cet ancien palais du XVIe s offre une bonne vingtaine de chambres de style raffiné mais sans sophistication excessive. Elles ne sont pas grandes mais bien équipées (AC). La plus petite est aussi la plus mimi, avec son plancher en bois brut et ses tentures saumon. La *junior suite,* avec ses tapis d'Orient, invite au voyage. Quant aux salles de bains, elles sont modernes et nickel. La courette à l'arrière, avec un puits et une colonne sculptée, apporte la touche finale à cette élégante adresse. La maison possède également une bonne douzaine de chambres supplémentaires dans une annexe toute proche. Accueil charmant, bien dans le ton.

Hotel Bridge (plan détachable E4, **83**) : *campo SS. Filippo e Giacomo, Castello, 4498. ☎ 041-520-52-87. • info@hotelbridge.com • hotelbridge.com • Vaporetti nos 1, 2, 4.1, 4.2, 5.1 ou 5.2, arrêt San Zaccaria. Doubles avec sdb 60-230 € selon saison, petit déj inclus. Réduc de 10 % sur le prix de la chambre en hte saison, sur présentation de ce guide. (assez cher).* Un immeuble du XVe s bien situé et entièrement restauré et modernisé à l'intérieur. Hôtel tenu par la même famille depuis 4 générations, la continuité est souvent un gage de sérieux. Ici c'est le cas. La plupart des chambres sont au 1er étage. Certaines sont petites et plutôt réservées aux clients voyageant en solo. La déco est tantôt vénitienne, tantôt florentine, chacun ses goûts. Poutres apparentes, toiles tendues et lustres en verre de Murano, ça reste classique.

Où manger ?

Castello est un quartier très étendu. D'où la division des adresses en 2 sous-parties : près de la place Saint-Marc et les adresses plus excentrées.

De la place Saint-Marc à l'Arsenal

Bon marché

Birreria Forst *(plan détachable E4,* ***141****) : calle delle Rasse, Castello, 4540. ☎ 041-523-05-57. Tlj sf sam 10h-23h. Compter 10-15 € selon appétit.* Dans une ruelle près de San Marco, proche de l'hôtel *Danielli,* voici un petit snack plutôt agréable avec ses vieilles photos de gondoles, sa collection de billets de banque de toutes provenances et ses banquettes molles. Petits prix, produits de qualité et savoureuse collection de *cicchetti, tramezzini, ambrogini,* sans oublier les succulents pains au sésame garnis.

Birreria al Vecio Penasa *(plan détachable E4,* ***141****) : calle delle Rasse, Castello, 4585.* Juste en face de la *Birreria Forst,* dans le même style bon et pas cher. On y trouve l'essentiel du grignotage en cours de promenade : *schiacciata, focaccia, prosciutto...*

De prix moyens à chic

Antica Sacrestia *(plan détachable E4,* ***99****) : calle della Corona, Castello, 4463. ☎ 041-523-07-49. • info@anticasacrestia.it • Tlj sf lun. Congés : 1 sem en juil et 1 sem en déc. Menu du jour 24 € (servi aussi sam) puis 35-80 € (service et couvert inclus) ; carte env 40 €. Sur présentation de ce guide, apéritif offert.* Une belle bâtisse vénitienne du XVIIIe s, avec une cour intérieure et des salles en brique, chaleureusement aménagées. Pino Calliandro, l'adorable patron, vous reçoit avec jovialité. Ce Sicilien au faux air d'Al Pacino (ils sont nés quasiment dans le même village !) veille sur la destinée de la maison. Francophile et affable, il marie élégamment fraîcheur des produits, qualité et quantité ! Vous êtes perdu ? Faites-vous guider par Pino ou l'un de ses employés francophones dans cette carte très dense. Également un buffet d'*antipasti* maison qui aura raison de votre gourmandise, ainsi que 60 sortes de pizzas. Belle cave très complète aux prix raisonnables.

Osteria Alla Staffa *(plan détachable E3,* ***136****) : calle del Ospedaleto, Castello, 6397/A. ☎ 041-523-91-60. Tlj midi et soir jusqu'à 22h30. Plats 10-18 €.* Proche de l'église San Giovanni e Paolo, une discrète auberge vénitienne qui mijote une cuisine fraîche et sincère à des prix doux. Seulement 7 tables dans une salle attenante au bar à l'entrée. Raviolis, spaghettis, viandes et poissons. Excellente salade *caprese.* Également un plat végétarien unique. Bon service et accueil cordial. Le midi, il y a du monde et il faut parfois attendre. Le soir, il est conseillé de réserver.

Covino *(plan détachable F4,* ***111****) : calle del Pestrin, Castello, 3829. ☎ 041-241-27-05. • lorenzongood@gmail.com • Fermé mar et mer soir. Menu unique 36 €.* De la salle, on voit s'affairer en cuisine le chef seul aux commandes, qui prépare des plats savoureux et originaux. Le boute-en-train Andrea est là pour vous servir et vous conseiller. Grand comme un mouchoir de poche (4 tables seulement et une vingtaine de couverts), il est impératif de réserver. Une belle adresse qui sait mettre en avant les produits vénitiens.

De chic à très chic

Alle Testiere *(zoom détachable E3,* ***134****) : calle del Mondo Novo, Castello, 5801. ☎ 041-522-72-20. • osteriaalletestiere@yahoo.it • Tlj sf dim-lun. Congés : août et 20 déc-10 janv. Résa quasi obligatoire. Plats 20-40 €.*

Compter 50-60 € pour un repas à la carte. Un resto gastronomique dans un agréable décor de bistrot-resto. Ici le chef brille par sa virtuosité, et l'assiette est un régal pour les papilles. La carte ? Principalement à base de poisson et de spécialités vénitiennes. La maison édite même ses propres recettes en français ! Accueil pro avec moult conseils.

Trattoria Corte Sconta *(plan détachable F4,* ***147****) : calle del Pestrin, Castello, 3886. ☎ 041-522-70-24. • corte.sconta@yahoo.it • Tlj sf dim-lun. Congés : 2 dernières sem de janv. Résa obligatoire le soir. Plats 22-25 €. Pâtes 18 €. Repas complet 50-60 €.* Un restaurant culte et un nom qui rappellera des souvenirs aux fans d'Hugo Pratt (la fameuse cour secrète). Cadre sans prétention mais agréable, avec la possibilité de bénéficier de la courette et sa pergola fleurie aux beaux jours. Cuisine à base de crustacés et de poisson. Les *antipasti* peuvent faire tout un repas dégustation. Pour les amateurs de pâtes, profitez-en, elles sont faites maison. On peut leur reprocher parfois leurs portions congrues.

L'Osteria di Santa Marina *(zoom détachable D3,* ***138****) : campo Santa Marina, Castello, 5911. ☎ 041-528-52-39. Tlj sf dim et lun midi. Résa conseillée. Menus dégustation (chers) 75-80 € ; plats 18-30 €.* Plusieurs petites salles bien arrangées mais sans luxe, idéales pour un dîner en amoureux. La carte suit les saisons et le marché. Cuisine gastronomique, prix élevés mais la qualité est irréprochable. Service pro et convivial (à ce prix...). Attention, la cuisine ferme de bonne heure, n'y allez pas trop tard le soir.

De l'Arsenal à l'île San Pietro

Prix moyens

Trattoria Alla Rampa *(plan détachable G4,* ***148****) : via G. Garibaldi, Castello, 1135. Tlj sf sam soir et dim, dès 5h30 et jusqu'à 16h. Carte 20-25 €. Repas slt midi.* Petit resto situé près du seul marchand de légumes circulant en barque dans les canaux (c'est son quai d'amarrage). Difficile de deviner que, derrière le bar, on peut déjeuner dans une grande salle aux murs lambrissés. Prix tout doux et menu très simple, avec des spécialités locales comme le foie de veau à la vénitienne et les spaghettis au noir de seiche. Bon vin de la *casa*. Un peu bruyant tout de même. Mieux vaut arriver tôt pour avoir une place.

CASTELLO

Où boire un verre de vin ? Où manger sur le pouce ?

Osteria Al Portego *(zoom détachable D3,* ***167****) : calle malvasia Castello, 6015 (au débouché de la calle del Pistor). ☎ 041-522-90-38. Tlj 10h30-15h, 17h30-22h.* Une petite *osteria* typique : poutres apparentes, cuivres accrochés au plafond, vieilles photos en noir et blanc... Ambiance très animée à certaines heures, jusque dans la rue. On s'y serre le soir pour boire un verre entre copains et déguster quelques *cicchetti* bien frais. Spécialité de spaghettis aux écrevisses. Agréable cuisine dans la mouvance *slow food.* Goûtez en dessert aux petits gâteaux secs (les *biscottini veneziani*) délicieux, à tremper dans votre verre de vin.

Osteria Al Ponte *(zoom détachable E3,* ***194****) : calle larga G. Gallina, Cannaregio, 6378. ☎ 041-528-61-57. Tlj 8h-15h, 17h-22h. Vins au verre.* Bien que dans le Cannaregio, à côté de l'église San Giovanni e Paolo, ce resto sera plutôt sur votre chemin si vous visitez Castello, voilà pourquoi nous la plaçons ici ! Petite salle bardée de bouteilles et de saucissons, où vous croiserez peut-être le personnel de l'hôpital d'à côté. Dans l'assiette, un *gran misto di pesce* pour 2 (une friture, quoi !), de la charcutaille ou du fromage. Pour le vin, faites confiance...

Où boire un verre ? Où sortir ?

Bar-gelateria Zanzibar *(zoom détachable E3,* ***191****) : campo di Santa Maria Formosa, Castello, 5840. Tlj 8h-2h (21h hors saison).* Pas d'enseigne, mais on ne peut le manquer. C'est en fait un kiosque-bar en bordure du *rio.* Les jours de pluie, le *Zanzibar* ferme plus tôt car il n'y a pas de salle mais seulement des tables en terrasse. On s'y retrouve autour d'un *spritz* bien dosé.

Caffè La Serra *(plan détachable G5,* ***254****) : serra dei Giardini, viale Giuseppe Garibaldi, Castello, 1254. ☎ 041-296-03-60. • serradeigiardini.org • Mar-ven 11h-20h, w-e 10h-21h (ferme plus tard les j. de concert).* Très bien situé, au début de la grande allée ombragée d'un jardin public très agréable aux beaux jours. Dehors en terrasse ou sous la vaste serre, le cadre est verdoyant, enchanteur, et idéal pour siroter un thé bio ou un jus de fruits naturel. Possibilité de grignoter : toasts, paninis, *foccacia...*

Inishark *(zoom détachable E3,* ***190****) : calle del Mondo Novo, Castello, 5787. ☎ 041-523-53-00. Tlj sf lun 18h-1h30.* Derrière une vitrine bric-à-brac, ce pub irlandais patiné par les ans ravira les amateurs de whisky. Pour le décor, ce n'est pas le *Harry's Bar,* mais la bière est exquise : la brune ou la ténébreuse ambrée tout comme la blonde légère.

Les amateurs de vieux palaces légendaires ne manqueront pas de prendre un café au mythique et très classe ***Palazzo Danieli*** *(plan détachable E4) : riva degli Schiavoni, 4196.* Lire « À voir. Le quartier de la riva degli Schiavoni ».

Où déguster une bonne pâtisserie ?
Où savourer un bon chocolat ?

Pasticceria Chiusso *(plan détachable F4,* ***265****) : Castello, 3306. En principe, tlj 7h30-20h30.* Une pâtisserie-*enoteca* qui vend les *ossi da morto* (des biscuits à l'anis qu'on offrait jadis à la Toussaint) ou les *baci in gondola* (une petite douceur aux amandes). Les amateurs repartiront avec un sachet de *cantucci* à défaut d'une bouteille de *fragolino.* Prépare aussi des petits gâteaux salés.

Vizio Virtù Cioccolateria *(zoom détachable D3,* ***218****) : Castello 5988 ☎ 041-275-01-49. • info@viziovertu.com • Tlj 10h-19h30.* Le seul chocolatier de la ville vraiment digne de ce nom. Juliette Binoche a coupé le ruban le jour de l'inauguration ! Mariangela compose des chocolats aux saveurs très originales : poivre, gingembre, piment... Également une délicieuse production plus classique. Assez cher.

Où déguster une glace ?

La Mela Verde *(plan détachable E4,* ***263****) : fondamenta de l'Osmarin, Castello, 4977. Tlj sf mer 11h-20h (tlj juin-sept).* Avec ou sans GPS, nos pas dans Castello mènent vers ce glacier plus qu'appétissant. Produits choisis avec soin : lait frais uniquement, pistaches de Bronte (les meilleures !) en morceaux, noisettes du Piémont, cerises griottes qui font à peine rougir quand on en reprend... Et comme par hasard, le lendemain, on repasse encore devant !

La Boutique del Gelato *(zoom détachable D3,* ***267****) : salizzada San Lio, Castello, 5727. Tlj 11h (10h en été)-20h (23h en été).* On se régale ici toujours autant avec les glaces au yaourt ou *nutellosa,* fabriquées sur place.

Achats

Ca' del Sol *(plan détachable E4,* ***221****) : fondamenta dell'Osmarin, Castello, 4964. ☎ 041-528-55-49. • cadelsolmaschere.com • Tlj 10h-22h*

(20h hors saison). Peut-être le plus beau magasin de masques de Venise à notre goût. Dans cette caverne d'Ali Baba quelque peu encombrée, on tombe nez à nez avec des Jean qui pleurent ou qui rient ou les 2, des Casanova et des masques de médecins avec leur nez pointu, des lions à crinière ou de simples loups. Quasiment des pièces uniques à chaque fois et qui prennent vie rien qu'en les regardant. Prix encore abordables à condition de bien fureter. Hamid, l'heureux propriétaire des lieux, vous conseille et façonne ses masques en même temps. Son atelier est juste en face.

Manù *(plan détachable E3-4,* ***202****) : salizzada Zorzi, Castello, 4933. ☎ 041-522-92-94. En principe, lun-sam 10h-19h.* Des perles sous toutes leurs formes, en collier, en boucles d'oreilles ou en broches pour foulards. Si certaines viennent d'Asie, la plupart sont de véritables *murinne* (parfois centenaires !) de Murano, rachetées par la propriétaire à une fabrique en faillite.

Alice in Wonderland *(plan détachable F4,* ***223****) : salizzada San Antonin, Castello, 3541/A. ☎ 041-528-76-16. Tlj sf dim. À partir de 25 €.* Très belle boutique tenue par une jeune artiste qui réalise des objets en mosaïque de verre multicolore. Elle y met du style et du cœur, le résultat est original et charmant, ça n'a rien de commun avec une classique boutique de verrerie. Miroirs, poissons, hippocampes, coccinelles, papillons, à fixer sur un mur.

Atelier Marega *(plan détachable E4,* ***220****) : fondamenta dell'Osmarin, Castello, 4968. ☎ 041-522-30-36. Tlj 10h-20h.* Atelier dans la boutique, avec fabrication de masques sous vos yeux. Location pendant le Carnaval. Les prix sont corrects, la qualité assurée, et on y parle le français...

Banco Lotto n° 10 *(plan détachable F4,* ***224****) : salizzada Sant'Antonin, Castello, 3478 A. ☎ 041-522-14-39. Fermé dim et lun mat.* Cette boutique de vêtements féminins s'est installée dans l'ancien guichet (le n° 10) de billets de loto. Toutes les pièces vendues sont confectionnées par les détenues de la maison d'arrêt de la Giudecca. Vestes et manteaux en étoffes chatoyantes, sacs branchés. Voilà de quoi vous faire plaisir tout en donnant un coup de main.

Al Campanil *(plan détachable E3,* ***222****) : calle lunga Formosa, Castello, 5184. ☎ 041-523-57-34. Dans une ruelle perpendiculaire à la pl. Santa Maria Formosa. Lun-sam 9h30-12h30, 15h-19h.* Dans cet atelier, une artiste fabrique les perles au fuseau, sous vos yeux, et en fait des bijoux modernes. Quelques paires de boucles d'oreilles très originales.

Barbieri *(plan détachable E-F4,* ***211****) : ponte dei Greci, Castello, 3403. ☎ 041-522-81-77.* Une boutique tenue par une dame charmante qui propose un bel éventail de foulards fabriqués en Italie (pas très loin du lac de Côme). Il y en a pour tous les goûts et tous les prix. Accueil souriant et aimable.

Giovanna Zanella *(zoom détachable D3,* ***219****) : calle Carminati, Castello, 5641. ☎ 041-523-55-00. Tlj sf dim 13h30-20h.* Giovanna a bien retenu la leçon de son maître Segalin, véritable sculpteur de chaussures. Il en résulte des créations de très belle facture (plus ou moins portables selon les délires de l'artiste). Prix à la hauteur de la qualité !

À voir

DE SANTA MARIA FORMOSA À L'ARSENAL

Campo Santa Maria Formosa *(zoom détachable E3) :* autour de ce vaste *campo* très animé en semaine, on peut admirer de belles façades de palais. Le mieux est encore de s'y balader la nuit pour deviner les intérieurs de ces demeures. Sur ce *campo,* on célébrait chaque année la *fête des Marie.* Cette cérémonie remonte au Xe s, époque à laquelle quelques jeunes filles, en se rendant à la messe, avaient été enlevées par des pirates. Elles furent par la suite libérées par des *casselleri* (artisans qui fabriquaient des coffres). Pour commémorer l'événement, le doge se rendait tous les ans à Santa Maria Formosa le jour de la Chandeleur. Il recevait pour l'occasion du vin et un chapeau de paille (une des coiffes est encore visible au musée Correr).

Chiesa Santa Maria Formosa *(plan et zoom détachables E3)* **:** *sur le campo. ☎ 041-275-04-62. Lun-sam 10h-17h (dernière entrée 16h45). Entrée : 3 €. Accès avec le* Chorus Pass.

L'édifice actuel remonte à la fin du XVe s. La famille Cappello a financé les travaux de la façade principale et de celle donnant sur le *campo,* sans oublier d'y adjoindre trois bustes. La coupole a été reconstruite à deux reprises, après le tremblement de terre de 1668 et après un bombardement de la Première Guerre mondiale. Le campanile date de 1688 (remarquez la drôle de gueule tordue au-dessus de la porte, censée éloigner le diable).

À l'intérieur, triptyque de Bartolomeo Vivarini, *Vierge de la miséricorde,* dans la première chapelle sur la droite face à vous en entrant par le côté. Voir également, dans le transept, une *Cène* bien sombre, en hauteur, peinte par Leandro Bassano (fin XVIe s). Et aussi le polyptique de sainte Barbara de Palme l'Ancien. Organisation fréquente de concerts.

Fondazione Querini Stampalia *(plan détachable E3)* **:** *campo Santa Maria Formosa, Castello, 5252. ☎ 041-271-14-11. • querinistampalia.it • Vaporetti n°s 1, 2, 4.1, 4.2, 5.1 ou 5.2, arrêt San Zaccaria. À l'extrémité sud du campo, au sud de l'église. Tlj sf lun 10h-18h. Entrée : 10 € ; réduc. Audioguide 4 €, 6 € pour 2. Carte* Rolling Venice *et* Venice Card *(y compris en version San Marco) acceptées. Fiches explicatives en français dans chaque salle. Consigne gratuite obligatoire. Accès gratuit à la salle de médias de la bibliothèque (accès Internet). Une cafétéria et une boutique avec des bouquins pour enfants en français.*

Ce palais édifié au XVIe s a été légué par le comte Querini à la Ville de Venise en 1869. L'architecte Carlo Scarpa l'a réaménagé en 1960 et a dessiné le jardin. Le bâtiment abrite également une grande bibliothèque avec des rayonnages à l'ancienne.

– Au *2e étage,* le palais abrite une importante collection de toiles des plus grands peintres vénitiens depuis le XIVe s jusqu'au XVIIIe s. Le mobilier date du XVIIIe s.

– Dans la vaste *salle d'entrée (portego),* lustre polychrome réalisé par Briati (LA référence chez les maîtres verriers au XVIIIe s !).

– Dans une petite salle, on trouve le chef-d'œuvre du musée : *La Présentation de Jésus au Temple* de Bellini. Le peintre se serait représenté sous les traits de l'homme au regard mystérieux.

– *Salle Pietro Longhi (XVIIIe s) :* une vingtaine de tableaux un peu sombres, représentant des scènes de vie de la société vénitienne, comme de simples clichés. Riches, pauvres, nobles, paysans... tout ce petit monde se côtoie sur les mêmes toiles. Une démarche pas vraiment courante à cette époque !

– *Salle Giuseppe Jappelli :* dans la foisonnante scène de bataille, Mateo Stom (XVIIe s) utilise des couleurs froides pour mieux exprimer la violence des âpres combats. Également une très belle fête sur l'eau représentant le *bucintoro* (le navire officiel du doge).

– Nombreuses toiles de *Gabriel Bella* (XVIIIe s), boudé par ses contemporains : ses tableaux représentent aujourd'hui un véritable témoignage de la vie de la Sérénissime au XVIIIe s. Il faut scruter ses toiles, observer le moindre détail de certaines situations de la vie quotidienne, parfois curieuses ! Cherchez donc comment, lors des jeux populaires organisés entre quartiers, on rigolait follement en essayant de faire tomber ses adversaires des ponts (eh oui, ces derniers n'avaient pas encore de parapets...) !

– Dans la *chambre à coucher,* ne ratez surtout pas le splendide (!) miroir dans le plus pur style rococo, réalisé à partir d'un mélange de verre soufflé et de verre incisé à la pointe de diamant.

– La famille Querini possédait 10 toiles de *Tiepolo,* mais elle a vendu neuf d'entre elles, ne pouvant prévoir que le peintre deviendrait célèbre. La seule toile restante représente le général des Mers dans une allure fière et noble. La toile qui lui fait face n'est pas de Tiepolo mais représente le même homme. La différence est visible : c'est beaucoup moins flatteur... Également quelques pièces de lutherie des XVIIe et XVIIIe s.

– Dans la *salle des porcelaines,* magnifique service acheté à Paris en 1795 par Alvise Maria Querini Stampalia, qui fut le dernier ambassadeur de la Sérénissime en France, de 1795 à 1797.

– Au *3e étage* : expos temporaires d'art contemporain.

Palazzo Grimani *(plan détachable E3) :* *ramo Grimani, Castello, 4858. ☎ 041-241-15-07 (résas). • palazzogrimani.org • polomuseale.venezia.beniculturali.it • Vaporetti nos 1, 2, 4.1, 4.2, 5.1 ou 5.2, arrêt San Zaccaria. Tlj 8h15-19h15 (dernier billet 18h30) ; lun le mat slt. Entrée : 6 €, 11 € pour le billet jumelé avec l'Accademia ; réduc. Mais horaires et tarifs variables en fonction des expos temporaires (fermé certains dim hors saison).*

Dans la famille des palais vénitiens, celui-ci, un peu confidentiel, fait figure d'original. Avec son aspect antique inattendu et un péristyle central de style romain, on n'est plus vraiment à Venise ! Propriété de la grande famille des Grimani, dont plusieurs membres ont été doges, il avait été conçu au XVe s par Antonio pour accueillir sa riche collection de sculptures romaines. Rouvert au public en 2009, après 25 ans de travaux, c'est un musée un peu vide mais dont les seules décorations à fresques valent le détour.

La richesse de ce palais, ce sont donc ses incroyables fresques naturalistes qui ornent les murs et plafonds de certaines pièces, notamment la fresque au plafond de la *salle des feuillages,* chef-d'œuvre de Camillo Mantovani : une profusion de vignes, fruits, oiseaux exotiques perchés sur leurs plantes de prédilection... On est en 1560, en pleine période des grandes explorations : certains animaux ou plantes, comme le maïs ou le tabac, sont représentés pour la première fois.

Une multitude de salles se suivent en enfilade, pour arriver au fin du fin (quand elle est là, évidemment) : *La Vision de l'au-delà* de Jérôme Bosch, étonnante de modernité. Une œuvre inspirée des textes gnostiques et représentant des êtres de la mythologie nordique, le tout interprété en accord avec la sensibilité médiévale. Sa vision du tunnel blanc après la mort, souvent évoquée de nos jours, a dû faire passer Bosch pour un illuminé à l'époque !

Campo Santi Giovanni e Paolo *(zoom détachable E3) :* *autrement appelé campo San Zanipolo (contraction en dialecte vénitien des prénoms Giovanni et Paolo). Vaporetti nos 4.1, 4.2, 5.1 ou 5.2, arrêt Ospedale.*

C'est l'un des *campi* les plus vastes de Venise après la place Saint-Marc. Il se distingue par ses jolies façades et ses petites maisons peintes de toutes les couleurs. Il est bordé sur la gauche par le *rio dei Mendicanti,* un des canaux les plus empruntés. Sur le *campo,* outre la *basilique Santi Giovanni e Paolo* et la *Scuola Grande di San Marco,* se trouve la statue équestre du *condottiere* Bartolomeo Colleoni par Andrea Verrocchio (voir encadré). Colleoni était originaire de Bergame et fut engagé par Venise pour guerroyer sur la terre ferme.

UN MERCENAIRE PLUTÔT GONFLÉ

Le mercenaire Bartolomeo Colleoni légua, à sa mort, son immense fortune à la Ville de Venise qu'il avait si brillamment défendue. Sacrément culotté, il imposait à la Ville par testament qu'en reconnaissance sa statue fût érigée « à San Marco », ce que le gouvernement rechigna à accepter. Aussi, pour profiter du magot, on décida d'élever le monument devant la Scuola Grande « di San Marco ». Humour vénitien qui perdure, car pour clore le tout, ce qu'on voit, bien visible, en haut du pantalon, n'est pas une erreur du sculpteur. D'ailleurs, le blason situé sur le piédestal abonde en ce sens !

Dans ses *Mémoires,* Casanova évoque cette place où il donna rendez-vous de nuit à une femme. Quelle ne fut pas sa surprise de voir descendre d'une gondole une créature affublée d'un masque d'homme ! Sur le point de s'en aller, il découvrit en fait qu'il s'agissait bien de « son ange déguisé en homme ».
Cette magnifique *scuola,* à gauche de l'entrée de la basilique, abrite aujourd'hui l'hôpital de la ville. À l'origine, l'institution avait pour but, comme ses consœurs, l'assistance mutuelle entre ses membres et différentes activités caritatives. L'édifice a été construit à la fin du XVe s par Lombardo et Codussi, et la façade constitue l'un des meilleurs exemples d'architecture Renaissance. Noter les quatre compositions en trompe l'œil de Lombardo. À l'intérieur se trouve une superbe bibliothèque (Scuola Grande di San Marco) qui se visite (5 € le billet).

Basilica Santi Giovanni e Paolo *(plan et zoom détachables E3)* **:** *sur le campo du même nom. ☎ 041-523-59-13. Lun-sam 9h-18h ; dim 12h-18h. Entrée : 2,50 €.*
Construite par les dominicains, cette église est la plus grande de Venise (même la basilique Saint-Marc et les Frari sont plus petites). Pour les amateurs de classifications, c'est aussi la plus grande église gothique d'Europe, en dehors des cathédrales, bien sûr.
La **façade** se divise en trois parties, une rosace centrale et deux fenêtres rondes latérales. Par manque d'argent, elle n'a pas été recouverte de marbre comme cela était prévu. Les trois niches dans les clochetons abritent, à partir de la droite, *saint Pierre martyr, saint Dominique* et *saint Thomas d'Aquin.* Les quatre reliefs entourant le portail sont des urnes funéraires. À l'extrémité gauche se tient celle de Jacopo Tiepolo et de son fils Lorenzo, qui avaient fait don de ce terrain aux dominicains pour édifier un couvent et une église.
À l'**intérieur,** on est d'abord impressionné par les dimensions : 100 m de long et 30 m de large dans la nef (45 m au transept) ; 32 m de haut et une coupole de 40 m de diamètre ! Des chaînes en acier, cachées par des caissons en bois peint, stabilisent la construction. Le long du bas-côté droit : le polyptyque de *Saint Vincent Ferrier* de Bellini, avec la représentation de la Vierge, de l'archange Gabriel et du Christ.
– À droite du polyptique de Saint Vincent Ferrier, on peut voir aussi le **tombeau de Marc Antonio Bragadin,** défenseur de Famagouste (Chypre) qui fut écorché vivant par les Turcs le 15 août 1571 2 mois avant la bataille de Lépante. Chateaubriand s'en émeut dans les *Mémoires d'outre-tombe* : « là aussi se trouve la peau d'Antoine Bragadino... à laquelle on peut appliquer l'expression de Tertullien : une peau vivante... »
– Les **tombes et monuments funéraires les plus intéressants** se trouvent dans le chœur : tombeau d'une vingtaine de doges dont Michel Morisini, Leonardo, Andrea Vendramin et Marco Corner (de droite à gauche). À noter aussi, celui du doge Pietro Mocenigo sur la partie gauche du revers de la façade.
– Sur la gauche du chœur, monument funéraire de Sébastiano Vénier, capitaine de la flotte vénitienne lors de la bataille navale de Lépante (octobre 1571), qui se termina par une victoire de la coalition occidentale sur les Turcs. En remerciement à la Vierge après cet événement, on édifia la *chapelle du Rosaire,* aussi appelée *chapelle de Lépante,* située aussi à gauche du chœur.
Dans la **sacristie,** richement décorée, des œuvres de Vivarini, Palma le Jeune, Bassano... La chapelle Saint-Dominique, à droite, en face de la sacristie, est dédiée au fondateur de l'ordre. Au centre du plafond, la *Gloire de saint Dominique* par Piazzeta, au milieu d'une décoration très chargée. Dans la partie droite du transept, le vitrail gothique de la façade est un chef-d'œuvre sorti des ateliers de Murano. Il mesure 17,50 m de haut et 6,30 m de large.
Au XIXe s, l'ensemble des peintures de Palma le Jeune et du Tintoret qui décoraient la chapelle fut détruit dans un incendie. Mais Venise est une ville pleine de

ressources, et des toiles de Véronèse les ont remplacées, notamment une *Annonciation* au plafond de la chapelle du Rosaire.

Chiesa e convento (couvent) **San Francesco della Vigna** *(plan détachable F3)* **:** *campo della Confraternita, Castello. ☎ 041-520-61-02. Tlj 8h-12h, 15h-19h.*
Le lieu tire son nom des vignes dont était planté le terrain offert aux franciscains pour y construire leur église et leur monastère. Le campanile, l'un des plus élevés de la ville, a été construit en 1581. La façade a été réalisée par Palladio (l'architecte, entre autres, du *Redentore* et de *San Giorgio Maggiore,* d'où une certaine ressemblance). L'intérieur n'est peut-être pas extraordinaire mais réserve quelques belles surprises : la deuxième chapelle à gauche est décorée par Tiepolo, un Véronèse fraîchement restauré dans la quatrième, le *Martyre de saint Laurent* de Girolamo Rizzo.
Sortez de l'église en direction du **cloître,** vous y trouverez en effet un tableau de Giovanni Bellini (pour mieux l'apprécier, mettez un sou dans l'appareil, *per favore !).* S'ils sont ouverts, jetez aussi un coup d'œil sur les deux cloîtres en enfilade avant de sortir.

Arsenale *(Arsenal ; plan détachable F-G3-4)* **:** *ne se visite pas en temps ordinaire, mais partiellement ouv au public lors du Salon nautique ou des expositions de la Biennale ; quelques pièces de théâtre également en été. Rens auprès de l'office de tourisme.*
Cet ancien chantier de constructions navales de Venise fut fondé en 1104 et connut de nombreuses modifications aux XIVᵉ et XVᵉ s. On réalisait les pièces détachées dans les ateliers qui longent le plan d'eau, avant de les numéroter une par une pour faciliter l'assemblage. Les ouvriers (appelés *arsenalotti*) devaient promettre de ne pas révéler les secrets de fabrication, sous peine de représailles sévères.

LA PLUS GRANDE USINE DU MONDE

À la fin du XVIᵉ s, l'Arsenal faisait travailler 16 000 artisans et permettait de construire un bateau par jour. Chacun avait une tâche précise et bien définie. Pour augmenter les cadences, les Vénitiens y inventèrent le travail à la chaîne.

On construisit ainsi des centaines de navires marchands et des bateaux de guerre pour résister aux invasions. La puissance de l'Arsenal était telle que les doges le nationalisèrent à la fin du XIIᵉ s (première nationalisation connue !). L'activité de construction déclina au lendemain des guerres napoléoniennes et cessa complètement après la Première Guerre mondiale. Les deux tiers de l'Arsenal sont toujours la propriété de l'armée (elle y entretient encore certains bateaux de guerre), le reste appartient à la commune.
Pour se rendre compte de ses dimensions, prendre les *vaporetti* nᵒˢ 4.1, 4.2, 5.1 ou 5.2 aux stations Celestia ou San Zaccaria, qui contournent les bassins de l'ouest (malheureusement, ils ne s'arrêtent pas). Se rendre aussi sur le ***campo dell'Arsenale*** *(plan détachable F4)* pour y admirer l'entrée : deux tours encadrant le canal et une **magnifique porte monumentale,** surmontée de l'emblème de la ville. Les deux énormes lions qui trônent fièrement à gauche et à droite du portail ont été rapportés d'expéditions lointaines au XVIIᵉ s. Le lion symbolisait tellement Venise qu'à la fin de la République, en 1797, un décret imposa de les détruire tous. Les lions de l'Arsenal, entre autres, échappèrent aux coups de burin, mais pas aux ravages du temps ni aux dégradations de leurs admirateurs. Nombreux sont ceux qui, comme Corto Maltese en son temps, viennent leur rendre visite aux heures calmes : la statue à gauche de l'entrée est en effet celle à qui Corto Maltese parle dans *Fable de Venise,* la B.D. d'Hugo Pratt.
– Une balade originale consiste ensuite à longer le plus possible les hauts remparts à créneaux, en suivant le rio delle Gorne jusqu'à la station Celestia.

Quelques occasions de se retrouver dans un cul-de-sac, mais surtout, le plaisir de parcourir placettes et ruelles un peu loin de tout. C'est le quartier où habitaient les ouvriers qui travaillaient à l'Arsenal.

LE QUARTIER DE LA RIVA DEGLI SCHIAVONI

👁👁 ***Riva degli Schiavoni*** *(plan détachable E-F4)* **:** *vaporetti nos 1, 2, 4.1, 4.2, 5.1 ou 5.2, arrêts San Zaccaria ou Arsenale.* La *riva degli Schiavoni* est le début du grand quai qui s'étend du Molo (devant la piazzetta San Marco) jusqu'aux jardins publics (à l'est). À la grande époque du commerce à Venise, c'était l'endroit où accostaient les grands navires des marchands de la mer Adriatique et d'ailleurs. Aujourd'hui, c'est l'un des lieux les plus fréquentés de la ville. Les touristes s'y agglutinent pour voir le pont des Soupirs *(ponte dei Sospiri)* ou pour prendre une glace à la terrasse d'un café hors de prix.
Devant les hôtels aux noms prestigieux, les gondoliers discutent entre eux, et les caricaturistes s'affairent pour vous croquer le portrait. Pendant la journée, c'est vite intenable (sachez tout de même qu'à partir de l'arrêt *Arsenale,* l'agitation s'évapore comme par magie) ; en revanche, allez-y en fin d'après-midi, quand la foule est moins dense, pour faire une promenade au bord du bassin de Saint-Marc, au moment où le soleil se couche.

👁👁 ***Palazzo Danieli*** **(hotel** *; plan détachable E4)* **:** *riva degli Schiavoni, 4196. Devant l'arrêt des vaporetti San Zaccaria.* Entrée par une porte à tambour. Allez discrètement faire un petit tour dans le hall de ce somptueux palace, histoire de voir l'escalier monumental et les peintures au plafond. Ce palace de légende a hébergé de nombreux artistes et écrivains au fil du temps, c'est l'hôtel le plus littéraire de Venise : George Sand et Alfred de Musset en 1833-1834 (ils s'y aimèrent et s'y disputèrent, chambre nº 13), John Ruskin en 1835 et 1841, Balzac en 1837, Charles Dickens en 1844 et 1853, Émile Zola (son grand-père était vénitien) en 1894, Proust en 1900, Maurice Barrès en 1904... sans oublier Tourgueniev, Valery Larbaud, D'Annunzio, Truman Capote et bien d'autres. Le palace apparaît aussi dans des films et notamment dans la série des James Bond. L'agent 007 y loge à chaque fois qu'il passe à Venise, entre deux missions dangereuses. À défaut d'y dormir, on peut toujours prendre un verre au bar, à gauche après l'entrée. En revanche, on ne peut pas dire que les dépendances soient une franche réussite architecturale.

👁 ***Chiesa Santa Maria della Pietà*** *(plan détachable E4)* **:** *riva degli Schiavoni. ☎ 041-522-21-71. En principe, ouv mar-ven 10h15-12h, 15h-17h ; w-e 10h15-13h, 14h-17h ; ainsi que pour les offices et les concerts. Entrée : 3 €.* À l'origine, cette église recueillait des orphelins et des enfants abandonnés. Elle dépendait de l'hôpital de la Pietà et était subventionnée par le gouvernement pour élever les jeunes pensionnaires. On leur enseignait la musique et le chant (on dit que Vivaldi y fut d'ailleurs professeur de violon pendant de nombreuses années). Au XVIIIe s, l'église de la Pietà fut l'une des salles de concerts les plus fréquentées et était particulièrement réputée pour son acoustique. À l'intérieur, belles fresques de Tiepolo : entre autres, *Le Triomphe de la foi* et *Le Couronnement de la Vierge* (au plafond).

👁 ***Chiesa San Zaccaria*** *(plan détachable E4)* **:** *campo San Zaccaria. ☎ 041-522-12-57. Lun-sam 10h-12h, 16h-18h ; dim ap-m slt. Pour la crypte et la sacristie, une obole est bienvenue.*
Située en bordure d'un petit *campo* à l'écart de l'agitation de San Marco. Édifiée au IXe s, cette église fut modifiée à plusieurs reprises au moment de la Renaissance. L'ouvrage faisait partie, à l'origine, d'un ensemble religieux qui abritait des nonnes. Celles-ci étaient issues des plus riches familles vénitiennes, qui finançaient largement les travaux de construction et d'ornementation. Les doges

venaient s'y recueillir une fois par an (le jour de Pâques), pour remercier les nonnes de leur avoir gentiment cédé une parcelle d'un petit jardin qui avait permis à leurs ancêtres d'agrandir la place Saint-Marc.
La façade à trois étages (surmontés d'un fronton) est absolument magnifique. À droite, l'ancien cloître avec une tour-clocher de style vénéto-byzantin. À gauche, c'est l'ancien cimetière.
À l'intérieur, sur le côté gauche de la nef, très beau tableau de Bellini avec une ingénieuse entourloupe pour donner l'illusion de perspective : les piliers de l'autel sont reproduits sur le tableau, en plus petit. En fait, il faut surtout visiter la **chapelle du chœur** (accès payant mais symbolique ; entrée au fond à droite de la nef), qui contient un superbe Tintoret et un Tiepolo. On accède ensuite à la chapelle San Tarasio (ou chapelle d'Or), qui possède une voûte décorée de fresques du XVe s et de superbes triptyques de Vivarini. Remarquez la mosaïque du IXe s, qui correspond au pavement originel de l'église. Accès ensuite à la crypte du Xe s, située au-dessous du niveau de la mer. Vous serez chanceux si le sol n'est recouvert que de quelques centimètres d'eau : le niveau atteint parfois 1 m !

★ ***Chiesa San Giorgio dei Greci*** *(plan détachable E4)* **:** *calle dei Greci, Castello, 3412. ☎ 041-523-95-69. Ne se visite normalement pas.* Cette église orthodoxe témoigne de la présence des Grecs à Venise. Cette communauté a toujours fait partie de l'histoire de la Sérénissime, notamment dans les échanges commerciaux. Avec la chute de Constantinople en 1453 et celle de l'Empire byzantin, de nombreux réfugiés grecs sont arrivés à Venise. On les autorisa alors à construire une église et une *scuola.* Le campanile, construit à la fin du XVIe s, rivalise dangereusement avec la tour de Pise...
– À côté de l'église, les passionnés pourront visiter le ***musée d'Icônes de l'Institut hellénique*** : *☎ 041-522-65-81. Tlj 9h-17h (dernière entrée 16h30). Entrée : 5 € ; réduc. Carte* Rolling Venice *acceptée.* Deux salles qui exposent une belle collection d'icônes datant de la fin du XIIIe s jusqu'au XVIIe s.

★ ***Campo Bandiera e Moro*** *ou* ***San Giovanni della Bragora*** *(plan détachable F4)* **:** un bel exemple de place vénitienne, tout proche des quais et pourtant encore tranquille. L'été, les enfants s'y amusent innocemment sans se douter que leur aire de jeux porte le nom de républicains vénitiens nés dans l'une des maisons de la place et fusillés en 1846. On y trouve également l'église San Giovanni della Bragora où fut baptisé Vivaldi (son acte de baptême y est d'ailleurs exposé).

★★ ***Scuola San Giorgio degli Schiavoni*** *(Confrérie dalmate ; plan détachable F3)* **:** *fondamenta Furlani, Castello, 3259 A. ☎ 041-522-88-28. Vaporetti nos 1, 2, 4.1, 4.2, 5.1 ou 5.2, arrêt San Zaccaria. Lun 14h45-18h ; mar-sam 9h15-13h, 14h45-18h ; dim et j. fériés 9h15-13h. Entrée : 5 € ; réduc. Carte* Rolling Venice *acceptée.*
Au XVe s, les Schiavoni, marchands originaires de Dalmatie, décident d'installer ici leur confrérie. La Dalmatie est une province côtière aujourd'hui en Croatie, mais elle fut sous contrôle de Venise de 1420 à 1797. La décoration intérieure de la Scuola a été confiée notamment à **Carpaccio,** qui illustre merveilleusement, à travers ses toiles, la **vie des trois saints protecteurs des Dalmates** (saint Georges, saint Tryphon, surtout connu des lecteurs de *Tintin,* et saint Jérôme). Lui seul justifie que vous fassiez la queue, parfois (nombre restreint de visiteurs oblige), pour la visite de cet endroit unique. Il s'agit d'un cycle plus court que celui de la *Légende de sainte Ursule* exposé à l'*Accademia.* Les neuf tableaux se trouvent dans la salle inférieure qui servait d'oratoire. Le récit va de gauche à droite en commençant par *Saint Georges et le dragon* et finissant par l'histoire de saint Jérôme et du lion blessé.
Dans le premier tableau, d'un réalisme extraordinaire, notez la lance comme un « pont » entre le cavalier et le dragon, ainsi que le bateau aux voiles dépliées (symbole du vent de la foi) s'opposant à celui qui coule (les mécréants). Sublime travail sur les couleurs : ciel orageux, dégradé de verts pour les reptiles et superbe

mouvement du cheval. Les crapauds, les serpents et les cadavres victimes du monstre, une sorte de dragon-caméléon au regard mélancolique, font penser aux tableaux de Jérôme Bosch. L'influence des peintres flamands est aussi à chercher dans la toile qui clôt le cycle, notamment par le traitement minutieux des objets (le petit chien était en fait le griffon de Carpaccio). Cette toile splendide nous dévoile l'intérieur typique d'un érudit de l'époque, avec ses livres et ses instruments scientifiques.
À l'étage (remarquez aux premières marches de l'escalier le bénitier soutenu par une main de femme), chapelle richement ornée, dans les tons vert et or. Retable en bois polychrome reprenant le thème de saint Georges (XVe s) et, au plafond, le même saint entouré des quatre évangélistes.

Museo Storico Navale *(musée d'Histoire navale ; plan détachable F4)* **:** *campo San Biagio, Castello, 2148. ☎ 041-244-13-99. • marina.difesa.it • Lun-ven 8h45-13h30 ; sam 8h45-13h. Fermé dim et j. fériés. Entrée : 5 € ; réduc. Carte Rolling Venice acceptée.* ***Le musée est fermé en raison des travaux de restructuration qui dureront de mai 2015 à déc 2017.*** *Le descriptif des salles ici présenté risque de changer.*
Le musée rassemble sur quatre étages des dizaines de splendides maquettes de bateaux et retrace l'histoire de la marine vénitienne. C'est une visite qui intéressera les petits comme les grands.
Le **rez-de-chaussée** n'intéressera que les amateurs d'artillerie, avec toutefois quelques fines lames et sabres d'abordage. En revanche, il faut absolument s'arrêter dans la salle 17, au 1er étage, pour voir la **maquette du *Bucentaure*.** C'était la galère d'apparat des doges, qui servait en particulier pour la cérémonie des noces symboliques de Venise et de la mer (se reporter au texte sur la *Sensa* dans la rubrique « Fêtes et jours fériés » du chapitre « Venise utile » en début de guide). Elle fut détruite par Napoléon, décidément fin poète, et l'or qu'elle contenait récupéré. Notez également le plan de Venise de Jacopo de' Barbari (1500), ainsi que quelques embarcations typiquement vénitiennes, fustes, frégates et brigantines d'exploration côtière notamment. Autre détail qui vaut la peine, une double carène que l'on venait accoler à la coque des navires afin d'améliorer leur tirant d'eau pour leur éviter de rester en rade dans la lagune (XVIIIe s).
Au **2e étage,** l'amateur (ou -trice, il y en a peut-être) bichera devant les uniformes de tous grades. Le plus vieux date de 1780. Au **3e étage,** des jonques en veux-tu en voilà cédées à la Ville de Venise par un collectionneur français passionné de Marco Polo. Également une belle collection d'ex-voto, la gondole privée de Peggy Guggenheim et, pour finir, une expo de coquillages.

DE LA VIA GARIBALDI AUX JARDINS PUBLICS

Via Garibaldi *(plan détachable G4)* **:** *vaporetti nos 1, 4.1 ou 4.2, arrêts Arsenale ou Giardini.* La seule artère appelée *via* (avec celle du *XXII Marzo*). En fait, un canal qui a été comblé mais pas sur toute sa longueur. Marché aux fruits et légumes tous les matins *(7h-14h).* Loin de la foule, profitez des belles journées pour faire une balade le long de cette grande artère (la plus large de la ville avec ses 17,50 m) et enfoncez-vous dans les ruelles tortueuses. Ce quartier populaire vous montrera une facette méconnue de la ville. Ici, le linge sèche entre les fenêtres, savamment disposé sur des fils qui relient les maisons entre elles ; là, quelques vieilles dames discutent tranquillement sur un pas-de-porte ou de balcon à balcon.

Isola San Pietro di Castello *(hors plan détachable par G4)* **:** au bout de la via Garibaldi, en s'enfonçant dans le dédale des ruelles, on franchit le canal di San Pietro sur une passerelle en bois ; en allant vraiment jusqu'au bout de la *via,* passerelle métallique. Au choix ! On pénètre alors dans l'un des quartiers les plus authentiques de Venise. Quel calme ! On se croirait vraiment dans un petit village de province, bien loin du centre du pouvoir vénitien, avec ses places minuscules et ses bateaux de pêche sagement rangés.

Chiesa San Pietro di Castello *(hors plan détachable par G4)* **:** ☎ *041-275-04-62.* • *chorusvenezia.org* • *Lun-sam 10h-17h (dernière entrée 16h45). Entrée : 3 €. Accès avec le* Chorus Pass. Elle se trouve sur l'ancienne île d'Olivolo, premier habitat et centre religieux, politique et commercial de la ville dès le VIIIe s apr. J.-C. Ce fut la cathédrale de Venise de 1451 jusqu'à la chute de la République en 1797 (en 1807, c'est la basilique Saint-Marc qui prit le statut de cathédrale de la ville). San Pietro n'est pas la plus exceptionnelle des églises vénitiennes mais elle a du caractère. On remarquera son élégant campanile en pierre d'Istrie et penché (XVe s), sa façade dessinée par Palladio, plutôt austère, et quelques peintures du XVIIe s. À l'intérieur, on peut voir un trône en marbre du XIIe s (sur le côté droit, entre la deuxième et la troisième chapelle) provenant d'Antioche et appelé « **Trône de saint Pierre** ». Son dossier est constitué d'une stèle funéraire avec des versets du Coran. Et si vous avez fait, comme nous, toute cette balade dans Venise en pensant souvent à Corto Maltese, celle-ci doit vous rappeler certains souvenirs, puisqu'elle est au départ de l'album d'Hugo Pratt, la *Fable de Venise...*

Isola Sant'Elena *(hors plan détachable par G4)* **:** *juste au sud de San Pietro. Vaporetti nos 1, 4.1, 4.2, 5.1 ou 5.2, arrêt Sant'Elena.* Une petite oasis de fraîcheur en été (l'hiver, c'est plutôt tristounet). Pour s'y rendre, emprunter la via Garibaldi pour « redescendre » ensuite à travers les *jardins publics,* qui furent créés par Napoléon. Petite halte au *Caffè La Serra* (voir plus haut « Où boire un verre ? Où sortir ? »), avant de poursuivre le long des quais en longeant les jardins de la Biennale. Enfin un peu de verdure et d'oiseaux ! Un peu plus loin, vous trouverez des jeux pour les enfants et un peu de ce vert qui manque tant à Venise.

LES ÎLES DU BASSIN DE SAINT-MARC

Ne prévoyez pas un pique-nique pour la journée, ces deux îles sont seulement à quelques minutes de la place Saint-Marc et on peut s'y restaurer. Elles vous sont déjà familières si vous avez commencé votre visite de Venise par une balade avec le *vaporetto* n° 2 et méritent toutes les deux le déplacement : San Giorgio pour son église dessinée par Palladio, et la Giudecca pour son calme et son authenticité. En outre, on y profite des plus jolies vues sur la place Saint-Marc et les quais de Dorsoduro.

LA GIUDECCA

(code postal : 30133)

Sa forme géographique dessine une sorte de corne élancée et incurvée, on dirait presque le symétrique de Dorsudoro. L'une est une île, l'autre une presqu'île, il y a des milliers d'années Giudecca et Dorsoduro devaient être une même terre, l'eau et le temps les ont séparées. Cette île tranquille, de 300 m de large, presque campagnarde, se compose en fait de huit petits îlots séparés par de larges canaux. Contrairement à ce que l'on dit souvent, la Giudecca n'est pas une cité-dortoir pour les Vénitiens. C'est un quartier comme le Cannaregio mais en plus populaire. Dynamique, la Giudecca s'est également pourvue d'un nouveau secteur d'habitation, d'une résidence universitaire, d'un théâtre et d'un centre culturel. Moins visité que le centre historique de la Sérénissime, ce quartier mérite néanmoins une belle promenade. Quand bien même il reste par-ci par-là quelques demeures d'époque, les façades de ses immeubles n'affichent ni l'élégance ni le style de celles qui se dressent le long des *Zattere* de Dorsoduro. Les immeubles plus modestes donnent sur de petits jardins privés et sur des potagers. L'ancien moulin Stucky a été transformé en hôtel *(Hilton)*.
Allez-y donc pour goûter au charme d'une balade le long des quais ; la vue sur Venise et sur le grand bassin est superbe, elle vous donnera l'idée de ce qu'éprouvaient jadis les voyageurs lorsqu'ils arrivaient par la mer.

UN PEU D'HISTOIRE

Anciennement appelée la *spina lunga* (« longue épine ») en raison de sa forme allongée, cette île tirerait son nom d'une communauté juive *(giudea)* qui s'y installa au XIVe s, avant d'être transférée plus tard à Mestre, puis dans l'actuel Ghetto du Cannaregio. Une hypothèse plus vraisemblable voudrait que des nobles du IXe s qui passaient en jugement pour avoir entravé la bonne marche de la République aient été contraints de s'exiler dans l'île : le mot *zudegà* signifie « les jugés ». Dante y situait l'un des cercles de son *Enfer*. Dans les années 1920-1930, du fait des nombreuses inondations, les Vénitiens l'appelaient avec malice « l'île des Phoques ». C'est sur cette île que se trouve le plus fantasmatique des hôtels de Venise, le *Cipriani,* avec son annexe, le palais *Vendramin,* d'où vous pourrez, si vous avez été sponsorisés pour votre voyage de noces, bénéficier d'une vue merveilleuse sur Saint-Marc, de l'autre côté du grand bassin.

Comment y aller ?

➢ *Vaporetti* (ttes les 5-10 mn env) nos 2 ou 4.2 pour l'aller, 2 ou 4.1 pour le retour ; 4 arrêts desservent la Giudecca : Zitelle, Redentore, Palanca et Sacca Fisola.

Adresses utiles

■ ***Banco San Marco*** *(plan détachable C6)* **:** *fondamenta del Ponte Longo, 318. En face de l'arrêt Palanca.* Distributeur automatique.

■ ***Supermercato*** *(plan détachable C6)* **:** *fondamenta San Giácomo. Près de l'église de Redentore. Lun-sam 8h30-19h30 ; dim 9h-13h, 16h-19h.*

– Au niveau de chaque embarcadère, vous trouverez quelques petits commerces et un café.

Où dormir en auberge de jeunesse ?

Generator/Ostello Venezia *(plan détachable D6,* ***30****)* **:** *fondamenta delle Zitelle, Giudecca, 86. ☎ 041-523-82-11. • info@ostellovenezia.it • hostelvenice.org • Vaporetti nos 2, 4.1 ou 4.2, arrêt Zitelle. En sortant de la gare ferroviaire Santa Lucia, l'embarcadère se trouve en face. Pas de couvre-feu. Attention, il est conseillé de réserver longtemps à l'avance ! Compter 25-30 €/pers en dortoir, petit déj continental inclus : tarif avec carte des AJ (vendue sur place et valable 1 an) ; pas de supplément avec la carte* Rolling Venice. Installée dans des anciens entrepôts de céréales, cette auberge moderne a été entièrement repensée en 2013 par des jeunes designers soucieux du confort de nos *backpackers.* À peine la porte franchie, on est sous le charme... Grandes tables en bois pour des repas fraternels, un canapé Chesterfield par-ci, des fauteuils vintage par-là, un énorme lustre façon Murano, des grandes lattes de parquet pour encore plus de chaleur... Prête à accueillir 260 pensionnaires, cette AJ à la sauce italienne propose lits superposés, différentes catégories de chambres, dont des dortoirs de 10 à 20 personnes, mixtes ou non, ainsi que des doubles. Quelle que soit la catégorie, toutes les chambres ont des salles de bains privées, aux couleurs acidulées... et d'une propreté irréprochable. Certains soirs, programmation d'artistes et de DJs... Pour peu, on aurait presque du mal à la quitter, cette grande bâtisse en brique ! Et quelle vue sur la Sérénissime ! Un vrai coup de cœur !

Où manger ?

De bon marché à prix moyens

|●| ***Al Pontil Del Giudecca*** *(plan détachable C6,* ***145****)* **:** *Giudecca, 197. ☎ 041-528-69-85. Au niveau de l'arrêt Redentore. Tlj sf dim, slt le midi. Compter 15 € pour un repas.* Petit bistrot typique, idéal pour prendre un sandwich, un copieux plat de pâtes ou le plat du jour. On vous conseille quand

même de recompter l'addition.

🍴 **Sandro** (plan détachable E6, **158**) : *Zitelle calle Michelangelo, Giudecca, 53c. ☎ 041-520-01-19. Emprunter la ruelle qui longe la chiesa delle Zitelle. Tlj sf lun 10h-15h, 18h-23h. Carte 20-30 € ; pizzas (le soir slt) moins de 10 €.* Cantine de quartier où l'on croise surtout des ouvriers le midi. Salle toute simple, décorée de tableaux représentant Venise. Bonne cuisine familiale : pizzas, pâtes, salades... rien à redire, ça cale son homme et on en a pour son argent. Accueil chaleureux.

🍴 **Al Storico da Crea** (plan détachable C6, **157**) : *fondamenta San Giácomo, Giudecca, 212 A. ☎ 041-296-03-73. • ristorante.al.storico@hotmail.com • On y accède par les chantiers navals ; suivre les panneaux, c'est tt au fond à droite. Tlj midi et soir sf lun. Carte 30-40 € (attention, couvert 3 € !).* Pour ceux qui logent sur la Giudecca, ce resto, au 1er étage d'un entrepôt, est intéressant pour son emplacement (belle terrasse mais sans vue sur Venise). Le midi, l'endroit est surtout fréquenté par les ouvriers des chantiers navals. À la carte, des plats simples, orientés vers la mer. Le soir, c'est l'occasion de goûter une cuisine plus raffinée, avec quelques plats typiques de la *cucina giudecchina,* là aussi majoritairement à base de poisson.

Chic

🍴 **Altanella** (plan détachable C6, **153**) : *calle delle Erbe, Giudecca, 268. ☎ 041-522-77-80. Tlj sf lun-mar. Congés : dans le courant de l'hiver et une dizaine de j. en août. Résa fortement conseillée. Menu 35 € ; carte 50 €. Couvert 2,50 €. CB refusées.* Gérée par la même famille depuis 1902, cette petite *osteria,* bien connue des hommes politiques français (François Mitterrand y avait ses habitudes), sert une cuisine raffinée où le poisson et autres produits de la lagune occupent presque toute la carte. L'été, on choisit la terrasse gravillonnée en bordure du canal, l'hiver, les quelques tables bien au chaud. L'ambiance n'est pas guindée pour un sou, c'est l'occasion de se laisser tenter par les gnocchis maison.

À voir

La balade que l'on vous propose débute à la pointe est de l'île (près de San Giorgio Maggiore) pour s'achever à la pointe ouest.

★ **Hotel Cipriani** (plan détachable E6) : *vaporetti nos 2, 4.1 ou 4.2, arrêt Zitelle.* Ouvert de mars à décembre, c'est l'un des hôtels les plus luxueux de Venise – et c'est aussi le plus cher – avec ses boiseries magnifiques, sa piscine olympique, son resto (hors pair mais aussi hors de prix) et ses grandes baies vitrées qui donnent sur le sud de la lagune. C'est l'hôtel de l'acteur américain George Clooney quand il séjourne à Venise, notamment pour le festival cinématographique (la Mostra).

★★ **Casa dei Tre Oci** (plan détachable E6) : *fondamenta delle Zitelle. ☎ 041-241-23-32. • treoci.org • Vaporetti nos 2, 4.1 ou 4.2, arrêt Zitelle. Tlj sf mar 10h-18h. Entrée : 7 € ; réduc (variable suivant les expos).* Témoin de l'architecture néogothique du Xe s, cette demeure à la magnifique façade, achevée en 1913, a été pensée et habitée par le peintre et pionnier de la photographie Mario de Maria (alias Marius Pictor). Elle abrite depuis 2012 un centre d'exposition dédié à la photographie.

★ **Chiesa Santa Maria della Presentazione** ou **delle Zitelle** (plan détachable E6) : *☎ 041-521-74-11. Vaporetti nos 2, 4.1 ou 4.2, arrêt Zitelle. Messe dim à 10h30.* Cette église, toujours fermée *(ouverture slt sur résa),* a été dessinée à la fin du XVIe s par Palladio ; elle était la propriété d'un couvent qui accueillait de jeunes orphelines (d'où le nom, *zitelle* signifiant « vieilles filles »). À l'intérieur, peintures de Bassano et de Palma le Jeune. L'ancien couvent attenant est aujourd'hui occupé par un hôtel de luxe, le *Bauer Palladio.*

★ **Chiesa del Redentore** (plan détachable C-D6) : *☎ 041-275-04-62. Vaporetti nos 2, 4.1 ou 4.2, arrêt Redentore. Lun-sam 10h-17h (dernier billet 16h45). Entrée :*

3 €. Accès avec le Chorus Pass. *Notice en français à demander au guichet.*
Cette église fut construite après la peste qui sévit vers la fin du XVIe s et qui fit près de 50 000 victimes. À l'époque, le doge fit ériger ce sanctuaire dédié au Christ Rédempteur, qui aurait sorti Venise de l'effroyable épidémie. Palladio s'inspira de l'église San Giorgio Maggiore pour dessiner les plans et supervisa les travaux de 1577 jusqu'à sa mort (1580). Da Ponte reprit le flambeau et acheva la construction en 1592. Depuis cette époque, une grande fête populaire (la *festa del Redentore*) a lieu chaque année, le 3e week-end de juillet. Voir la rubrique « Fêtes et jours fériés » dans « Venise utile » en début de guide. Un pont fait de bateaux mis côte à côte relie la Giudecca aux *Zattere* (de l'autre côté du canal). Le samedi soir, les habitants dressent des tables sur le quai pour partager un immense repas traditionnellement à base de sardines *in saor,* d'escargots de mer à l'huile et à l'ail, et de canard rôti, suivi d'un feu d'artifice. Le dimanche, place à la célébration religieuse.
À l'intérieur de l'église, la grande luminosité intérieure caractérisant les constructions de Palladio est due à la blancheur des murs recouverts de poudre de marbre. Sur les côtés, certains retables sont attribués à l'école du Tintoret. Imposants autels en marbre sculpté de chaque côté. Si elle est ouverte, n'hésitez pas à jeter un œil à la sacristie. Un vrai petit bijou ! Sur quelques mètres carrés sont réunis des tableaux de Véronèse, Vivarini, Palma le Jeune, Bassano... impossible de tous les citer. Également les reliques de Giuseppe Briati, grand maître verrier de Murano du XVIIIe s, contenues dans deux châsses en verre, la troisième étant exposée au Metropolitan Museum de New York, tout simplement !

SAN GIORGIO MAGGIORE

(code postal : 30124)

Par sa situation privilégiée (en face du palais des Doges et de la piazzetta San Marco), l'île San Giorgio Maggiore a connu à la grande époque de la république de Venise une importance stratégique pour le contrôle des navires qui entraient et sortaient de la ville. Dès 790 s'élevait sur cette île une église, à côté de laquelle un monastère bénédictin fut construit au Xe s. Les deux bâtiments furent détruits après un tremblement de terre et reconstruits à la fin du XVIe s. En 1806, le vieux couvent, fermé sur ordre de Napoléon et transformé en caserne, abritait l'état-major de l'artillerie. On peut aujourd'hui y loger.
Après la Seconde Guerre mondiale, un entrepreneur italien finança la rénovation du site. Aujourd'hui, la Fondation Giorgio Cini (du nom du fils de l'industriel, mort dans un accident d'avion) abrite le Centre international d'art et de culture et finance une école des métiers de la marine ainsi qu'une école des arts et métiers. Certains font la traversée uniquement pour aller monter au campanile et profiter d'une vue privilégiée sur Venise.

Comment y aller ?

➢ *Vaporetto* n° 2, arrêt San Giorgio ou, le plus proche, San Zaccaria (près de la place Saint-Marc). Pas de problème, il passe un bateau ttes les 10 mn env. On peut aisément enchaîner avec la Giudecca, c'est la même ligne.

Où dormir ? Où manger sur le pouce ?

⌂ ***Abbazia di San Giorgio Maggiore*** *(plan détachable E5,* ***95****) : à droite de l'église, dos à Venise.* ☎ *041-522-78-27.* • *abbaziasangiorgio@gmail.com* • *praglia.it* • *Sonner à la porte avec l'inscription « Monaci*

Benedettini ». Compter 60 €/pers (slt des lits simples), petit déj inclus. Le plus original des hébergements en monastère. Imaginez-vous, le matin, seul ou presque face à la place Saint-Marc ! Don Andrea, un moine bénédictin à l'humour bien écossais (ses origines), propose 5 chambres seulement : 3 doubles, 1 triple et 1 *single*. Sobriété dans la déco, vous vous en doutez, mais les chambres sont très propres, dotées de salles d'eau modernes et de joli mobilier. L'une d'entre elles bénéficie même d'une vue sur la place aux lions ailés. Petit déj continental assez simple et cuisine à disposition pour faire son frichti. Une adresse un peu à part, qui invite à la contemplation dans tous les sens du terme.

|●| Petit ***snack-bar*** sur le port de plaisance, bien pratique et agréablement situé, avec terrasse, mais souvent plein (c'est le seul à la ronde).

À voir

Chiesa San Giorgio Maggiore (plan détachable E5) : ☎ *041-522-78-27. Tlj 9h-19h avr-oct, jusqu'au crépuscule le reste de l'année ; visite suspendue pdt les offices religieux.*
L'église actuelle, dont la construction commença en 1565, est l'un des rares chefs-d'œuvre entièrement dessinés par Palladio avec le Redentore (sur la Giudecca). Elle constitue esthétiquement le pendant idéal à la place Saint-Marc. Elle ne fut achevée qu'une quarantaine d'années plus tard par l'un des élèves du célèbre architecte. La façade est en pierre d'Istrie et se compose de trois parties séparées par des colonnes de style corinthien. L'ensemble synthétise remarquablement toutes les références à l'Antiquité. Aux extrêmes gauche et droite se trouvent deux statues de doges qui subventionnèrent généreusement le monastère (leurs dons valaient bien une petite récompense).
À l'intérieur, lumière et simplicité s'imposent immédiatement, non sans une certaine majesté et une dose d'austérité, d'autant qu'il y fait glacial ! Chœur des moines garni de superbes stalles et deux œuvres du Tintoret, une *Cène* et une *Récolte de la manne*.

Le campanile de San Giorgio Maggiore (plan détachable E5) : *accès par le transept gauche dans l'église. Tlj mai-sept 9h30-12h30, 14h30-18h30 (17h le reste de l'année). Billet : 5 € ; réduc. Ascenseur.*
Vaut vraiment la visite, surtout par beau temps. Il est beaucoup plus tranquille (car il y a moins de monde) que le campanile de la place Saint-Marc. Il date du XVIIIe s et a remplacé celui du XVe s. Une fois arrivé au sommet (63 m), magnifique panorama sur l'ancien monastère, la Giudecca (on aperçoit la piscine de l'hôtel *Cipriani*), le palais des Doges... Le spectacle est encore plus étonnant si les cloches se mettent à carillonner !

UN ÉTRANGE RETOUR DE NOCES

Les Noces de Cana de Véronèse semblent avoir retrouvé leur emplacement à San Giorgio Maggiore sans avoir quitté le Louvre. Auraient-elles le don d'ubiquité ? 210 ans après le pillage par les armées de Napoléon, cette toile grandiose réalisée pour le monastère a retrouvé sa place grâce au miracle... de la technologie. Un déplacement aurait de toute façon été trop risqué, la lumière et le climat étant peu favorables à ce genre d'exercice. La copie fidèle a été réalisée en 2007 au Louvre par une équipe de photographes ayant effectué plus de 1 500 scans de l'œuvre afin d'obtenir un fac-similé des plus fidèle.

Fondazione Giorgio Cini et l'ancien monastère (plan détachable E-F5) : ☎ *041-220-12-15. ● segretaria@civitatrevenezie.it ● cini.it ● Billets à gauche de*

la façade de l'église, visites à droite ! Le lieu se visite slt le w-e : visites guidées par petits groupes en français ou en anglais à 11h, 13h, 15h et 17h. Entre ces horaires, la visite se fait en italien ; nov-janv, la visite de 17h est supprimée. Entrée : 10 € ; réduc. Compter 1h pour le parcours complet. Attention, certains w-e, le monastère est réservé à des événements privés (vérifier avt sur leur site). En sem, slt sur rdv au ☎ 041-220-12-15, en payant un min de 140 € (incluant l'accès au site), soit l'équivalent d'un groupe de 12 pers (même si vous êtes 2 !).
Cet ancien monastère bénédictin est l'un des endroits les plus calmes de Venise. La visite commence par deux ouvrages dessinés par l'architecte Palladio : le *cloître des Cyprès* (*chiostro dei Cipressi,* 1578-1614), de style Renaissance, et le *réfectoire (Cenacolo Palladiano),* qui abritait autrefois les gigantesques *Noces de Cana* de Véronèse avant que le tableau ne soit emporté au Louvre par Napoléon. On passe ensuite dans le *cloître des Lauriers* (1520-1526), édifié à la place de l'ancienne bibliothèque et bordé par les anciennes cellules des moines. La visite permet également de découvrir la bibliothèque (très riche fonds, n'oublions pas que la Fondation est le siège de huit instituts culturels), à laquelle on accède par l'escalier monumental construit en 1643-1645 par Longhena. Enfin, le labyrinthe Borges (en hommage au célèbre écrivain argentin) mérite aussi le coup d'œil.

Le port de plaisance *(plan détachable F5)* **:** à gauche de l'église, ce petit port abrite les bateaux de quelques Vénitiens ou de touristes de passage. Construit pendant l'occupation napoléonienne, il fut agrémenté de deux petits phares en 1813.

LES ÎLES DU NORD

La visite des îles du Nord est complémentaire à celle de Venise même. D'abord, elle permet de découvrir un autre aspect de la Sérénissime : villages de pêcheurs, paysages plus aérés et plus verts, ambiance plus détendue, voire bucolique... Ensuite, elle réserve quelques belles surprises, comme les ateliers des souffleurs de verre de Murano, les façades colorées des maisons de Burano ou l'ensemble religieux de Torcello. Une excursion faisable en 1 journée au départ de l'embarcadère Fondamenta Nove, situé dans le quartier du Cannaregio. On vous conseille de commencer par Murano, pour jeter un œil aux ateliers des verriers (plutôt ouverts le matin), avant de poursuivre vers Burano, où vous pourrez vous arrêter pour une pause déjeuner. L'après-midi, ne vous privez pas d'un aller-retour sur Torcello avant de rentrer au bercail. Bref, une excursion qui permet de comprendre combien la lagune est grande et régit depuis toujours les relations entre les habitants des différentes îles.

Allez-y en transports collectifs, c'est toujours moins cher que les soi-disant tours organisés par les rabatteurs qui vous mettent le grappin dessus aux abords de la place Saint-Marc et qui n'ont, en vérité, qu'un seul objectif, vous emmener dans une boutique pour toucher leur commission.

SAN MICHELE

(code postal : 30100)

Attention, cette île n'est pas du tout un lieu touristique comme les autres, c'est un grand cimetière, donc un lieu de mémoire et de recueillement en souvenir de ceux qui y reposent pour l'éternité.

L'île de San Michele est reconnaissable depuis Cannaregio à son mur d'enceinte avec ses chapelles, d'où pointent des dizaines d'élégants cyprès. Ce fut initialement une *cavana* (lieu où l'on garait les bateaux), puis au XIIIe s un monastère et, enfin, au XVe s une prison. Elle abrite aujourd'hui la première église de facture Renaissance de Venise ainsi qu'un cimetière. Ce dernier fut aménagé au XIXe s, après l'interdiction des sépultures dans le centre historique.

Sous le nom d'« île des Morts », ce site étrange fut l'un des motifs populaires de la peinture romantique et symboliste. C'est l'un des seuls cimetières au monde où les morts accèdent par bateau. Autrefois, les gondoles funéraires transportaient les défunts selon un cérémonial très particulier : le prêtre se tenait à l'arrière, derrière le gondolier de poupe, et le convoi glissait doucement dans une atmosphère de recueillement. Aujourd'hui, les gondoles ont été remplacées par des bateaux à moteur. La place étant limitée et très chère, seules les familles aisées peuvent se faire inhumer sur cette île.

Comment y aller ?

➢ Pour s'y rendre, prendre les *vaporetti* n°s 4.1 ou 4.2 à partir de l'embarcadère Fondamenta Nove, au nord de la ville, dans le quartier du Cannaregio *(plan détachable D2).* Le trajet ne dure que quelques minutes, jusqu'à l'arrêt Cimitero. On peut faire le tour de l'île en 30 mn.

À voir

👁👁 ***Le cimetière :*** *☎ 041-528-95-18. Tlj 7h30-18h (16h30 en hiver).* ***Les photos sont interdites et on rappelle que la discrétion est de mise.*** On trouve, à l'entrée, auprès du gardien, un plan sur lequel sont indiquées les tombes les plus célèbres. Sont enterrés là, entre autres, dans le carré réservé aux étrangers, le compositeur ***Igor Stravinski*** (1882-1971), « l'inventeur » des Ballets russes ***Serge de Diaghilev*** (1872-1929 ; remarquez les chaussons de danse sur la tombe, en guise d'ex-voto), le poète américain ***Ezra Pound*** (1885-1972, il vécut les 12 dernières années de sa vie à Venise) et le poète russe ***Joseph Brodsky*** (1940-1996). Pour trouver les tombes de Stravinski et de Diaghilev, aller tout droit depuis l'entrée. On peut aussi voir les sépultures des Tramontin, parmi les derniers fabricants de gondoles à Venise. Ce qui est le plus frappant, ce sont les columbariums et les petits bouquets en plastique qui colorent la plupart des tombes.

MURANO

(code postal : 30141)

Proche de Venise par la distance, mais très différente de celle-ci par sa modestie, son histoire et son calme, Murano est l'une des plus grandes îles de la lagune. Comme Venise, elle vit au rythme des canaux mais elle ne possède pas le riche patrimoine de la Sérénissime. Néanmoins, elle a un charme fou, et de la personnalité. Cette île est célèbre pour son industrie verrière très ancienne et toujours active. Elle abrite notamment un important musée du verre *(museo del Vetro)* à ne pas manquer et la très belle *église dei Santi Maria e Donato.* Murano se parcourt facilement à pied et on peut y passer une matinée sans se presser. En fin d'après-midi, quand les touristes ont regagné Venise, les ruelles deviennent beaucoup plus calmes et l'atmosphère plus authentique. On peut aussi choisir d'y loger (quelques hôtels).

UN PEU D'HISTOIRE : LE VERRE DE MURANO

L'industrie verrière de Murano remonte au XIe s. Au départ implantée à Venise, elle fut transférée sur cette île à la fin du XIIIe s par crainte des incendies et afin de protéger les secrets de fabrication des artisans. Au XIVe s, le Grand Conseil de Venise commanda aux maîtres verriers de Murano des centaines de milliers de petits cubes de verre colorés pour décorer la basilique Saint-Marc. Cette commande publique stimula la production.

À quoi tient la qualité du verre de Murano ? La première raison est chimique et géologique : le sable de la lagune nécessaire à la fabrication du verre contient un pourcentage élevé de silice. La seconde raison vient des plantes à haute teneur en sodium (salicornes, algues, fougères) qui entrent dans la composition du carbonate de sodium indispensable à la réalisation du verre.

On colore la pâte en y ajoutant des oxydes métalliques (fer pour le jaune, nickel pour le violet). Les ateliers, autrefois florissants, travaillent aujourd'hui pour l'industrie touristique. On y crée encore de véritables œuvres originales signées par de grands maîtres verriers, mais elles sont destinées à des musées ou à des collections, et leur prix est très élevé. Nous ne recommandons aucun atelier de fabrication de verre en particulier, simplement parce que toutes les adresses se ressemblent plus ou moins : visite guidée des forges (plutôt le matin), avec leurs souffleurs de verre, et passage obligé ensuite par le magasin d'exposition... et de vente.

Arriver – Quitter

➢ ***De l'aéroport Marco-Polo** (Venise) :* possibilité de gagner directement Murano avec les bateaux de la ligne Alilaguna Blu. Descendre au 1er arrêt : Murano-Colonna. Un départ ttes les 30 mn 8h15-20h15. Mais un départ ttes les heures 6h15-8h15 et 20h15-0h15. Durée : 30 mn. Billet aller : 8 €. • *alilaguna.it* •

➢ ***Du centre historique de Venise,*** prendre les bateaux à l'embarcadère Fondamenta Nove (env 10-15 mn de trajet) ou à San Zaccaria (San Marco). Les lignes nos 4.1 et 4.2 s'arrêtent aux 6 débarcadères de l'île, dont Faro ou Colonna (pour les boutiques) et Museo (pour le musée du Verre). La ligne no 13 ne s'arrête qu'à Faro.

➢ ***Du piazzale Roma*** (terminus des bus) ou la gare ferroviaire, on peut aussi prendre la ligne no 3 (direct Murano) qui dessert en premier Colonna et fait le tour de l'île.

➢ ***De San Zaccaria :*** avr-oct, il est possible de prendre la ligne no 7 qui part de San Zaccaria et dessert Murano (Colonna, Faro et Navagero).

➢ ***De Murano à Burano :*** compter 40 mn de trajet. En hte saison, un départ ttes les 30 mn 6h-21h. Les *vaporetti* de la ligne no 12 s'arrêtent et repartent de la station Faro (phare). Ils desservent Burano, et Treporti (Punta Sabbioni). Dès votre arrivée à Murano, consultez les horaires des prochains départs de cette ligne (ils changent souvent) et planifiez votre visite en conséquence.

➢ ***De Burano à Torcello :*** avec la ligne no 9. Durée 10 mn.

Adresses utiles

■ ***Distributeurs automatiques :*** ***Cassa di Risparmio di Venezia*** *(plan B1-2,* ***1****), fondamenta dei Vetrai, 130. Ou* ***Veneto Banca*** *(plan A-B2,* ***2****), à l'angle de via Bresaggio et des fondamente Daniele Manin.*

Où dormir ?

Hotel Conterie *(plan B1,* ***5****) : calle Conterie, 21. ☎ 041-527-50-03. • info@locandaconterie.com • locandaconterie.com • Vaporetti nos 4.1 ou 4.2, arrêt Museo. Doubles 60-140 € selon saison, petit déj inclus ; réduc lun-jeu, promos à partir de 2 nuitées. CB refusées. (payant).* Dans une ruelle étroite entre le campo Bernardo et l'église San Donato, voici un petit hôtel tenu avec soin. Le bâtiment, divisé en 2 parties, abrite une trentaine de chambres. Elles ne sont pas toujours bien grandes mais toutes joliment décorées : murs tendus de tissu, portes peintes, lustres en verre local. Elles donnent sur la ruelle ou le jardin. Une courette et une terrasse couverte pour le petit déj (plutôt simple, d'ailleurs).

Murano Palace *(plan A2,* ***6****) : fondamenta dei Vetrai, 77. ☎ 041-73-96-55. • info@muranopalace.com • muranopalace.com • Fermé en janv. Doubles 110-200 € selon vue et saison.* « Ô temps, suspends ton vol. » Voilà comment résumer ce petit hôtel de charme niché dans une ancienne maison du XVIIIe s. Ne pas se fier à la façade banale, car l'intérieur est très charmant. On est reçu par l'excellent et jovial Cesare, francophone, et descendant d'une lignée de maîtres verriers. La demeure abrite une huitaine de jolies et grandes chambres aux couleurs chatoyantes, un beau parquet en bois blond. La plus grande compte 4 lits, avec une déco stylée (poutres, murs à l'ancienne rehaussés de feuilles d'or...). Pour la vue, demandez celles qui donnent sur le canal (avec petite terrasse privée). Et que dire de la salle de petit déj résolument design ! Pour ceux qui rêvent d'un petit week-end en amoureux à l'abri des regards, voici votre nid !

Où manger ? Où prendre le petit déjeuner ?

Attention aux restaurants fermés le soir.

De bon marché à prix moyens

|●| ☕ ***Osteria Acqua Stanca*** *(plan A2, **10**) : fondamenta Manin, 48. ☎ 041-319-51-25. • info@acquastanca.it • Tlj sf dim 9h-22h. Compter 25-30 €.* On passe un petit pont sur le canal, et un gros thon en bois nous attend dehors au-dessus d'un banc. La salle soigneusement décorée mais sans excès, l'accueil aimable, le service attentif et la cuisine finement élaborée, voilà autant de raisons pour s'y attabler. La carte est courte – un bon signe – car tout est frais et bien fait. Poissons, viandes, pâtes et de savoureux gnocchis aux Saint-Jacques... Bien aussi pour un petit café et un croissant le matin.

|●| ***Ai Bisatei*** *(plan B1, **11**) : campo San Bernardo, 6. ☎ 041-73-95-28. Tlj 9h-16h, ce qui veut dire ouv slt le midi et fermé le soir. Résa obligatoire le w-e. Plats 5-10 €.* On peut être très discret et être excellent à l'ouvrage. C'est le cas ici. Dans un quartier peu touristique, proche du musée du Verre, cette *osteria* (sans enseigne extérieure !) ignore les modes et le bling-bling, pour se consacrer à ses fourneaux. Cuisine sincère et authentique. *Cicchetti* au comptoir, mais aussi et surtout des plats bien mitonnés à des prix imbattables. Pâtes, fritures de poisson et côtelettes à la milanaise. Au dessert, petits biscuits (les *bussolai*) à tremper dans le *vin santo*. On peut manger dans la première salle, proche du comptoir, ou au fond sous une sorte de véranda.

De prix moyens à chic

|●| ***Trattoria Busa Alla Torre*** *(plan B1, **15**) : campo San Stefano, 3. ☎ 041-73-96-62. • busa.allatorre@alice.it • En face de l'église di San Pietro Martire. Tlj, le midi slt (avr-oct, ouv le soir ven-sam). Plats 10-20 €. Carte 30-40 €, taxe 12 %.* Sur une placette au pied d'un tour en brique, cette bonne auberge patinée par les ans est tenue par Lele, le patron au look de Viking. C'est une personnalité : comédien, barbe blanche et bonne humeur en prime. Beaucoup de monde en terrasse lorsqu'il fait beau. Si le temps ne le permet pas, 2 salles vous attendent, tapissées de photos à la gloire de Lele. Cuisine qui a fait ses preuves et qui maintient sa qualité avec les ans. Spécialités vénitiennes de poisson, excellents gnocchis et tiramisù maison. Belle sélection de vins.

|●| 🍕 ***B Restaurant Alla Vecchia Pescheria*** *(plan A2, **14**) : campiello Pescheria, 4 (accès à la placette par la fondamenta dei Vetrai, entre les nos 85 et 87). ☎ 041-527-49-57. • ristorarte@gmail.com • Lun-mar, jeu et dim le midi slt (ouv jeu soir en été) ; ven-sam midi et soir. Congés : 3 sem en janv. Menu 15 € ; carte 35 € (attention, couvert 3 € !).* Limoncello *maison offert sur présentation de ce guide.* Lorenzo, fils de Cesare *(Murano Palace)*, est un jeune chef talentueux. Il est chez lui ici, entouré d'une équipe dynamique. Artiste dans l'âme, il a aménagé son resto sur le concept anglais du partage « cuisine-art » : « *sharing art and venitian food* ». Goûteuse cuisine vénitienne inspirée de la tradition mais embellie par les idées du cuistot. Les portions sont assez copieuses et bien servies. Grande salle lumineuse et moderne, avec quelques touches de couleurs (hommage à la verrerie contemporaine) et des peintures modernes. Et aussi terrasse aux beaux jours.

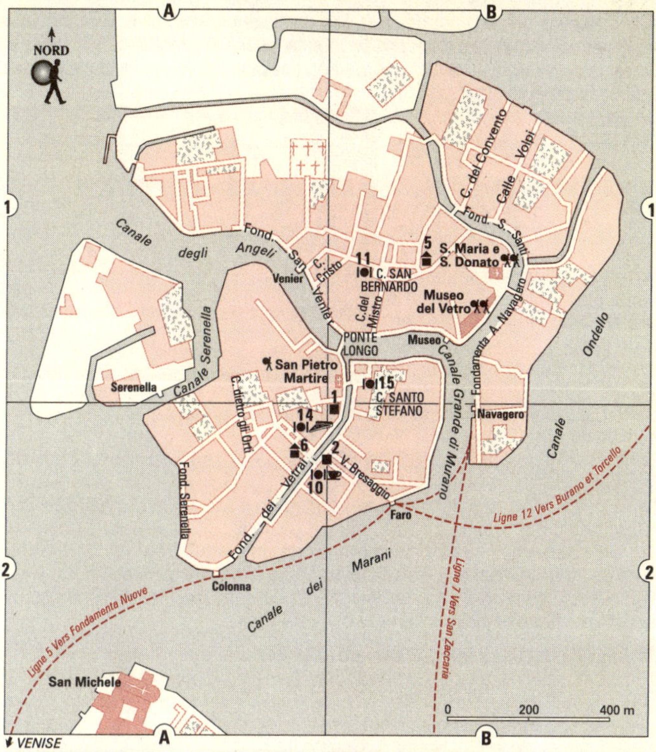

MURANO

Adresses utiles

1 Cassa di Risparmio di Venezia
2 Veneto Banca

Où dormir ?

5 Hotel Conterie
6 Murano Palace

Où manger ?
Où prendre le petit déjeuner ?

10 Osteria Acqua Stanca
11 Ai Bisatei
14 B Restaurant Alla Vecchia Pescheria
15 Trattoria Busa Alla Torre

À voir

Museo del Vetro (*musée du Verre ; plan B1*) **:** *fondamenta Giustinian, 8. ☎ 041-527-47-18. Vaporetti n*[os] *4.1 ou 4.2, arrêt Museo. Tlj sf lun 10h-18h (17h nov-mars). Fermé 1*[er] *janv, 1*[er] *mai et 25 déc. Entrée : 10 € ; réduc. Accès avec le* Museum Pass. *Carte* Rolling Venice *acceptée. Visites guidées en français possibles. Boutique.*

Le musée retrace l'histoire des techniques et des styles de la verrerie vénitienne. Il est installé dans un palais du XVIIe s naguère propriété de l'évêque de Torcello. En haut de l'escalier, plusieurs salles exposent des centaines de pièces qui illustrent la richesse et l'évolution de cet art du feu. La muséographie consiste en plusieurs vitrines sans guère d'explications et de chronologie, ce qui brouille un peu les pistes. Mais les pièces n'en perdent pas pour autant leur valeur esthétique : on rêve devant ce que pourrait devenir un jour ce musée si attachant... N'oubliez pas de lever les yeux pour admirer la décoration des plafonds et les lustres en verre de Murano, comme il se doit.

– Le ***verre ancien,*** collection intéressante de verreries du XVe au XIXe s (exposées par roulement). Lourd ou léger, figuratif ou stylisé... on constate que cet art si particulier a su s'adapter en permanence aux modes et besoins de chaque époque. La pièce la plus étonnante du musée reste le *Trionfo da Tavola,* en fait un jardin à l'italienne tout en verre, avec fontaines et parterres de fleurs.

ESPIONNAGE INDUSTRIEL

Louis XIV était fondu de miroirs. On en compte 357 à la galerie des Glaces ! Seuls les maîtres verriers de Murano connaissaient les techniques pour les rendre si lisses et si purs. Colbert enverra des espions à Venise qui permettront l'ouverture de la Manufacture royale. Ce sera l'origine de Saint-Gobain (1693). Eh oui !

– La partie ***verrerie moderne et contemporaine*** présente des pièces parfois insolites, curieuses, poétiques ou bien de forme classique quand il s'agit de vaisselle mais originale dans l'utilisation des couleurs. Il y en a assurément pour tous les goûts !

– Dans la salle à droite de l'escalier, vous apprendrez tout sur ***l'histoire et les techniques*** de la verrerie à Murano (fiche en français). Saviez-vous notamment que de l'arsenic entrait dans la composition du verre ? Pour la démonstration *in vivo* du travail du verrier, un seul moyen : faire une visite guidée.

– Voir aussi la ***section d'archéologie*** au rez-de-chaussée, avec de nombreuses pièces remarquablement conservées ou restaurées.

*** Basilica dei Santi Maria e Donato*** (plan B1) **:** *campo San Donato. ☎ 041-73-90-56. Juste après le musée du Verre ; elle donne sur la fondamenta Giustinian. Tlj 9h-18h (dim, l'ap-m slt). J. de fêtes 12h30-18h. Brochure en français (1 €).* À elle seule, cette église mérite de prolonger l'excursion à Murano que vous aviez prévue rapide (juste quelques magasins !). Construite au début du XIIe s, elle repose sur des fondations du VIIe s. Avant de pénétrer dans l'église, admirer la magnifique abside extérieure qui donne sur le rio di San Donato, avec ses deux rangées d'arcades superposées. La pierre blanche d'Istrie est bien mise en valeur et se détache sur les murs de brique rouge. À l'intérieur, le ***superbe pavement en mosaïques*** polychromes du XIIe s rivalise de beauté avec celui de la basilique Saint-Marc. On y distingue quelques motifs d'animaux fantastiques, des aigles, des paons et toutes sortes de volatiles intégrés à des figures géométriques. La coupole de l'abside, derrière le chœur, est tapissée de mosaïques dorées. Remarquer la « ***Vierge orante*** » caractéristique des maîtres verriers du début du XIIIe s. Observez sa silhouette longiligne, presque abstraite, son regard en coin, le geste de ses mains à plat et le drapé de son manteau bleu, tout évoque un art influencé par Byzance.

Chiesa di San Pietro Martire (plan B1) **:** *fondamenta dei Vetrai. Tlj (sf sam) 9h-17h30. J. de fêtes 12h-17h.* Évidemment, elle contraste avec la somptueuse basilique dei Santi Maria e Donato. Consacrée en 1417, détruite par un incendie, reconstruite, elle vaut la visite pour les quelques toiles de Giacomo Palma, du Tintoret *(Baptême de Jésus)* et de Giovanni Bellini. Dans le chœur, allez voir les très grandes toiles de Bartolomeo Latterini (1669-1748) : les *Noces de Cana* et la *Multiplication des pains* (un thème inépuisable !). Notez les vitraux en fond de bouteille. Jetez un œil aux spectaculaires boiseries de la sacristie, si elle est ouverte *(entrée payante).* Elles datent de la seconde moitié du XVIIe s et furent installées ici pour éviter qu'elles finissent en France lors de l'occupation napoléonienne en 1815. Il s'agit de 33 bustes masculins tous différents et grimaçants, avec une profusion de fruits, animaux et angelots. Moult détails anatomiques rendent le tout très expressif. C'est la seule œuvre connue du sculpteur Morando. Également un petit musée *(Museo parrochiale)* consacré à l'art religieux.

BURANO

(code postal : 30012)

Même si son éloignement (traversée Murano-Burano 40 mn) la rend plus paisible et plus attachante que Murano, l'île de Burano est souvent assaillie par les touristes pendant la journée. Beaucoup y apprécient l'atmosphère qui attira des artistes de toute l'Europe. C'est indéniable, Burano a beaucoup de charme avec ses petites maisons colorées, aux façades ornées d'un magnifique patchwork de couleurs. La tradition populaire raconte que les pêcheurs, rentrant par temps de brume, pouvaient alors repérer plus facilement leurs maisons.
Un conseil : n'hésitez pas à vous éloigner de la très commerçante via Galuppi (du nom du compositeur vénitien du XVIIIe s). On découvre tout de suite des ruelles beaucoup plus calmes...
Pensez à bien noter l'heure du dernier bateau, s'il vous prend l'envie de faire un saut à Torcello pour voir la basilique.

UN POINT SUR LA DENTELLE

Le village de Burano est principalement connu pour sa dentelle à l'aiguille, née au XVIe s en Italie, s'inspirant des motifs du gothique fleuri. Le travail et le *punto in aria* (point en l'air) devint la spécialité de l'île. La finesse des dentelles de Burano était autrefois célèbre dans l'Europe entière. La république de Venise offrit à Louis XIV des collerettes en dentelle de cheveux blancs.
Par la suite, Colbert fit venir en Normandie des ouvrières vénitiennes afin de transmettre leur savoir-faire. Ainsi naquit le point d'Alençon. Le « point de Burano » a bien failli disparaître au début du XXe s, alors qu'il ne restait plus qu'une vieille dentellière, mais l'administration dépêcha des jeunes filles pour prendre la relève de manière à pérenniser cet art à part entière. Une dentelle qui est aujourd'hui, on s'en doute, d'un luxe souvent inabordable.

Comment y aller ?

➢ ***Depuis Venise :*** prendre la ligne n° 12 à l'embarcadère Fondamenta Nove (Cannaregio) ou à San Zaccaria (San Marco). Depuis Murano, la ligne n° 12 se prend slt à l'embarcadère Faro. Compter 50 mn à partir du centre historique ou 40 mn à partir de Murano. Un *vaporetto* env ttes les 30 mn en saison touristique.

➢ ***En venant de Murano :*** on peut descendre à l'arrêt Mazzorbo (juste avt Burano ; se reporter à la rubrique « À voir ») et continuer à pied. En 5 mn, un petit itinéraire bucolique très sympa vous fera arriver à Burano.

➢ ***Pour l'île de Torcello :*** navettes régulières avec la ligne n° 9. Un départ ttes les 15 mn 10h-18h. Moins de bateaux avt et après cette fourchette horaire. Durée du trajet : 5 mn. Ce sont des bateaux-bus plus petits.

Adresses utiles

■ ***Distributeurs automatiques : Crédit agricole*** *(plan B2,* ***1****), piazza Galuppi, 135. Également la* ***Banco San Marco*** *(plan B1-2,* ***2****), via Galuppi, 310.*

Où manger ?

Si vous ne souhaitez pas vous attabler dans un restaurant, sachez qu'à Burano, il y a quelques espaces verts agréables pour pique-niquer. Il suffit de s'éloigner un peu du débarcadère pour aller en direction de l'île de Mazzorbo et de ses vergers. On se retrouve alors à la campagne et... au calme.

De prix moyens à chic

Al Vecio Pipa (plan A1, **10**) : *fondamenta Borgognoni, 397 ; au pied du pont. ☎ 041-73-03-57. Tlj sf jeu. Menus « poisson » ou « viande » 20-36 € ; carte 30-40 €.* Une adresse régulière et stable, tenue par un chef expérimenté et passionné par son métier. Décor classique pour découvrir une cuisine de la mer qui fait honneur à Burano : *risotto del pescatore*, en saison, *gnochetti aragostella, tagliatelle nere ai frutti di mare*, des plats qu'on n'a plus besoin de vous traduire à la fin de votre séjour.

Riva Rosa (plan A1, **8**) : *via San Mauro, 296. ☎ 041-73-08-50. • info@rivarosa.it • Ts les midis sf mer, plus le soir ven-dim. Plats 12-26 €. Compter 50-60 € pour un repas complet (couvert 3,50 €).* Petite maison rose saumon surmontée d'une terrasse belvédère sur le toit. Charmant restaurant étonnamment calme malgré sa situation au cœur de Burano. Cuisine vénitienne de rigueur, avec un large éventail de poissons pêchés dans la lagune. Service irréprochable. En période estivale, on apprécie la fraîcheur des jolies salles intérieures. Petite terrasse.

Chic

Trattoria Al Gatto Nero (da Ruggero ; plan A2, **12**) : *fondamenta della Giudecca, 88. En face du marché. ☎ 041-73-01-20. • info@gattonero.com • Tlj sf lun. Congés : 1re sem de juil et 3 sem en nov. Menus 35-45 € ; carte env 40-55 €.* Presque en face du marché au poisson, une maison bleue parmi l'enfilade des charmantes maisons colorées qui bordent le canal. C'est le coin préféré des peintres, qui s'y installent avec leur chevalet. Quelques tables agréables au bord du canal. À l'intérieur, salle élégante avec de nombreux tableaux aux murs, fleurs sur les tables. Service stylé. Spécialités : *spaghetti alla scogliera* (avec des coquillages ramassés du jour) et un risotto de poisson *a la « Buranella »* (avec du riz bio et des poissons locaux, le *ghiozzi* et le *paganei*). Carte en français.

Où acheter une bonne pâtisserie ?

L'île est connue pour ses biscuits secs. Les plus appréciés sont les *bussolai*, ou *buranei*, qui sont ronds, et les *essi*, en forme de S, à tremper dans un verre de *vin santo* ou de *fragolino*, bien sûr !

Panificio Garbo (plan A1, **15** ; *via S. Mauro, 336*), à 15 m du resto *Vecio Pipa*, sur le quai. Les gâteaux sont préparés à l'ancienne : strudel au miel, tarte à la coco ou aux amandes, meringues. Accueil fondant de gentillesse. Sinon, au **Panificio Savina** (plan A1, **14** ; *via Galuppi, 670*).

À voir

Museo del Merletto (musée de la Dentelle ; plan B2) : *piazza Galuppi, 187. ☎ 041-73-00-34. • museomerletto.visitmuve.it • Avr-oct, tlj sf lun 10h-18h ; nov-mars, 10h-17h (billetterie close 30 mn avt l'heure de fermeture). Fermé 1er janv, 1er mai et 25 déc. Entrée : 5 € ; réduc. Accès avec le* Museum Pass. *Carte* Rolling Venice *acceptée. Notice en français dans chaque pièce.*

Le musée de la Dentelle a fait peau neuve, et on découvre son histoire à travers une muséographie assez intéressante. La visite commence par une série

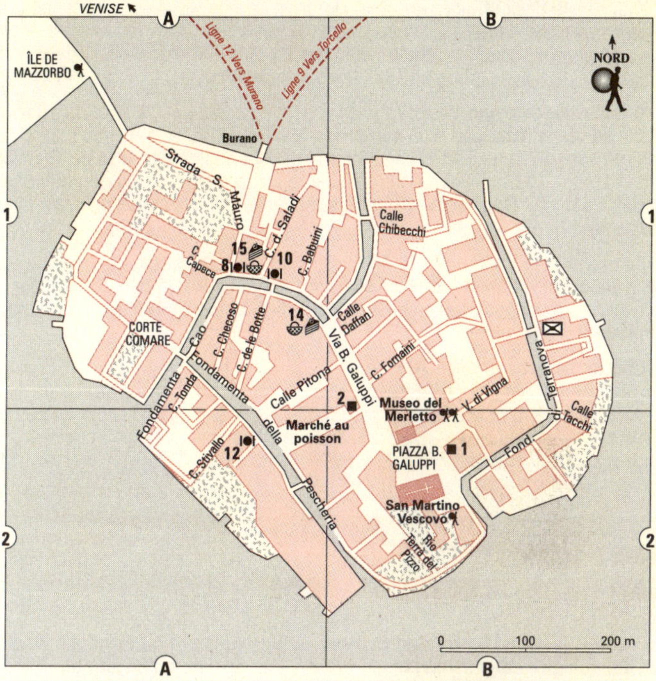

BURANO

Adresses utiles 1 Crédit agricole 2 Banco San Marco **Où manger ?** 8 Riva Rosa 10 Al Vecio Pipa	12 Trattoria Al Gatto Nero (da Ruggero) **Où acheter une bonne pâtisserie ?** 14 Panificio Savina 15 Panificio Garbo

de vêtements de baptême et se poursuit dans diverses salles avec de beaux napperons, nappes et ouvrages de grands-mères, mais pas le moindre centimètre carré de lingerie fine...

On apprend que les motifs créés puisent largement dans l'histoire de Venise. Au commencement, les artisans brodaient des motifs déjà présents sur les mosaïques byzantines dès les XIe et XIIe s. Dès la Renaissance se développe le travail à l'aiguille. Géométriques d'abord, les motifs évolueront vers des formes animales et florales, plus rondes. Cette activité de la dentelle se développa principalement dans la noblesse, puis elle sera relayée dès les XVIe et XVIIe s par les mères supérieures gérantes d'établissements religieux accueillant à l'époque les filles de l'aristocratie.

Avec l'avènement des révolutions (française et américaine) et la concurrence des nouvelles matières, la dentelle déclinera progressivement au XIXe s. Napoléon tentera de freiner sa disparition en introduisant la dentelle dans l'habit cérémonial de la cour, redonnant ainsi ses lettres de noblesse à cet art. Promue par le pouvoir politique, elle devient alors un objet de prosélytisme, et avec les voyages des missionnaires, la dentelle a fini par essaimer jusqu'en Chine (où elle est encore très pratiquée, d'ailleurs). Séduite, et initiée par une vieille dentellière de Burano, Marguerite de Savoie fonda en 1872 l'école de Burano.

Chiesa San Martino Vescovo *(plan B2)* **:** *piazza Galuppi. Tlj 8h-12h, 15h-19h.* Église du XVIe s, flanquée d'un campanile qui est incliné de 1,85 m à cause d'un tremblement de terre... À l'intérieur, sur la gauche, poignante toile de Giambattista Tiepolo : *La Crucifixion* (1725). Remarquez le médaillon du commanditaire en bas à gauche. Original, non ? Voir également la statue en pied de mère Teresa de Calcutta.

Le marché au poisson *(plan A-B2)* **:** *fondamenta Pescheria. Mar-sam, mat slt.* Pour découvrir un aspect de l'activité ancestrale de l'île, la pêche : étalages de poissons en tout genre, de l'anguille (pêchée dans le coin de Torcello) à la daurade, en passant par la seiche.

L'île de Mazzorbo *(plan A1)* **:** *à 5 mn à pied.* Il s'agit d'une petite île reliée à Burano par un pont en bois, depuis le quai. On peut y descendre de bateau avant d'arriver à Burano et continuer à pied, ou le reprendre à partir de là en partant. Environnement paisible et verdoyant, avec des champs, des prés et des vergers, ainsi qu'un jardin public.

SAN FRANCESCO DEL DESERTO

Au nord-ouest de l'île de San Erasmo, à plus de 1 km au large de Burano, cet îlot solitaire est plus un lieu de prière et de retraite qu'un site touristique. Néanmoins les touristes peuvent la visiter (y compris le couvent). Elle est habitée toute l'année par une dizaine de moines franciscains qui vivent dans un couvent niché à l'abri d'un bouquet de cyprès. Ne l'a-t-on pas surnommée d'ailleurs « l'île aux Cyprès » ? Loin du tohu-bohu du monde San Francesco del Deserto, bijou solitaire de la lagune, reste la plus belle, la plus calme, la plus simple de cet archipel d'îles éparpillées autour de Venise. Pour vivre heureux, vivons cachés, d'où la difficulté d'accès (les moines veulent vivre en paix).

– Évitez la période de juin à septembre : non seulement il y fait très chaud mais les moustiques pullulent.

UN PEU D'HISTOIRE

Saint François d'Assise (1182-1226) y débarqua en 1220 (ou 1224) en revenant de Syrie, salué par le gazouillement des oiseaux : « Il y construisit une cabane et y planta un bâton de cyprès coupé en Albanie qui prit aussitôt racine, bourgeonna et devint un arbre dont on conserve encore les restes... » L'ordre des Franciscains fut ainsi fondé, et l'île occupée dès le XIIIe s par les moines franciscains à la recherche de solitude. Ceux-ci furent contraints de l'évacuer au XVe s en raison d'une épidémie de paludisme. Le paludisme a heureusement disparu, mais les moustiques n'ont pas déserté leur île...

Comment y aller ?

➢ L'île n'est desservie par aucun bateau public. À Burano ou à Sant'Erasmo, il faut donc louer un bateau (à plusieurs, c'est mieux, pour rentabiliser le trajet). S'adresser par exemple au *Romano,* sur le port de Burano *(☎ 041-73-02-38 ou 📱 347-992-29-59 ; • lagunafla.it •).* Formule la moins chère : contacter l'association *Terra e Acqua,* qui organise des parcours des îles les moins connues sur la lagune (San Francesco, Torcello, Sant'Erasmo...). *Rens au 📱 340-664-94-80 ; • veneziainbarca.it •* Compter dans ce dernier cas 380-460 € pour la loc d'un bateau à la journée (pour 9-12 pers), eau et apéritif à bord compris, mais pas les repas ; l'intérêt est évidemment de pouvoir partir à plusieurs pour réduire le coût.

À voir

On peut visiter l'île tlj sf lun 9h-11h, 15h-17h. ☎ 041-528-68-63. • sanfrancescodeldeserto.it • En italien slt. Fermé mat 17 sept et 4 oct. La visite est gratuite, mais les dons sont les bienvenus. Les moines vous font volontiers visiter leur couvent : cloîtres paisibles, nature magnifique (cyprès, plantes verdoyantes).

TORCELLO

(code postal : 30142)

À 2 km à peine au nord de Burano (la traversée dure environ 5 mn), Torcello fut la première île de la lagune à être habitée et la plus peuplée. C'est ici que tout a commencé, elle constitua le cœur historique et religieux de la lagune. Difficile d'imaginer sur cet îlot quasi désertique (une vingtaine d'habitants aujourd'hui) une population atteignant les 20 000 âmes au milieu du XVIIe s ! En débarquant du bateau de Burano, empruntez le chemin (10 mn de marche) qui longe le canal en direction du campanile de la cathédrale *Santa Maria Assunta,* seul vrai point de repère de Torcello. Vous pouvez aisément faire le tour des lieux en 1h et reprendre le bateau suivant.

UN PEU D'HISTOIRE

Au Moyen Âge, on comptait jusqu'à 10 églises et même un siège épiscopal, qui subsista jusqu'au début du XVIe s. La malaria (autrement dit le paludisme) fit des ravages sur ce terrain plat composé de marécages et de roseaux infestés de moustiques... Amorcé au milieu du XVIIe s, le déclin de l'île poussa ses habitants vers Venise. Palais et églises furent démantelés, les pierres (dont le marbre) de Torcello servirent aux entrepreneurs vénitiens, et à la décoration des palais.

Arriver – Quitter

➢ ***De Burano :*** prendre le *vaporetto* de la ligne n° 9 qui relie Burano à Torcello en 5 mn. Un départ ttes les 15 mn 10h-18h. Moins de bateaux avt et après cette fourchette horaire. Et n'oubliez pas de vérifier les horaires pour retourner au centre de Venise depuis Burano.

Où manger ?

Quelques restos sur l'île situés les uns à la suite des autres sur la gauche du chemin piéton, entre le débarcadère et la cathédrale. *Al Trono da Attila, Villa 1600, Al Ponte del Diavolo...* autant de styles différents (rustique, lounge, élégant...), autant de variété dans les prix. Il y en a pour tous les budgets *(de moins de 10 € à 30-40 €)*. Les plus fortunés choisiront l'adresse mythique de l'île :

Locanda Cipriani : *piazza Santa Fosca, 29. ☎ 041-73-01-50. • locandacipriani.com • Au niveau du petit pont, avt d'arriver à la cathédrale. Accessible à pied ou en vedette-taxi. Congés : janv-fév. Resto fermé mar. Résa impérative. Chambre 380 €/nuit pour 2 pers. Repas 50-60 €.* Fondée en 1935 par Giuseppe Cipriani, cette auberge villageoise est devenue au fil des ans une adresse légendaire, grâce aux ribambelles de célébrités, acteurs et actrices, stars d'Hollywood, écrivains, artistes, et têtes couronnées qui y sont passés. Hemingway y séjourna en 1948 puis en 1954, logeant au 1er étage. Et aussi Somerset Maugham (1951), Maria Callas (1952), Kim Novak, Charlie Chaplin (1959 et 1970), Fellini, Roberto Rossellini, Al Pacino, Tom Cruise, Julia Roberts, Spielberg, Polanski, Elton John... sans oublier la famille royale d'Angleterre, Queen Elizabeth et Lady Di. La longue liste des stars figure sur leur site... Cette auberge « rustique-chic », prolongée par un adorable jardin, affiche des prix de palace 5 étoiles... Drôle de destinée quand même pour cette demeure si modeste à ses débuts ! Si ces murs pouvaient parler, elle raconterait une incroyable chronique des « *beautiful people* »...

À voir

Cattedrale Santa Maria Assunta : *☎ 041-73-01-19. Mars-oct, tlj 10h30-18h ; nov-fév, 10h-17h ; dernier billet 30 mn avt fermeture. Entrée : 5 € (audioguide 2 €) ; 8 € pour le billet combiné avec la visite du musée (fermé lun), audioguide inclus.*
Santa Maria Assunta fut fondée en 639, ce qui en fait l'un des édifices de style vénéto-byzantin les plus anciens de toute l'Adriatique. Elle fut remaniée à plusieurs reprises aux IXe, XIe, puis XIVe s, et est flanquée d'un campanile commencé au XIe s (sévèrement touché par la foudre en 2008). À l'intérieur, superbe pavement en mosaïques polychromes, dans le goût et le style de Byzance.
Le plus spectaculaire, le chef-d'œuvre de Torcello, c'est l'**immense mosaïque du *Jugement dernier*** qui couvre la hauteur d'un mur. Exécutée par des maîtres verriers vénéto-byzantins aux XIIe et XIIIe s, elle raconte des scènes de l'histoire sainte sur six rangées superposées. Au sommet, le Christ « saisit » Adam. Juste derrière, dans le rôle de la figurante avec la robe rouge, vous aurez certainement reconnu Ève ! À remarquer, à droite, en bas, les damnés et les anges déchus avec l'Antéchrist sur les genoux de Lucifer. À gauche, en bas sur la première rangée, les heureux élus partent au Paradis. Entre le chœur et l'abside, une iconostase (cloison) composée de quatre panneaux de marbre surmontés de colonnettes.
Les icônes du XVe s représentent la Vierge et les apôtres, le tout surmonté d'un Christ en Croix du même siècle et de têtes de mort.
– Au sol du transept gauche, entre deux piliers sous la chaire en marbre, remarquez la vitre révélant les différentes couches de tesselles qui ont été recouvertes au fil du temps.
– Dans l'abside en rotonde derrière l'autel du chœur, très belle mosaïque dorée de l'école vénéto-byzantine du XIe s. Celle-ci représente une Vierge hiératique, toute nimbée d'or et vêtue de bleu, tenant l'Enfant Jésus dans ses bras. En dessous, on retrouve les 12 apôtres. À gauche du chœur, un fragment de fresque nous laisse rêveurs : difficile d'imaginer que la plupart des façades du Grand Canal étaient ainsi recouvertes.

Chiesa Santa Fosca : *juste à côté, à droite.* Mérite aussi une visite. Cette petite église du XIe s au plan en croix grecque est inscrite dans une structure octogonale et reliée à la cathédrale par un portique. À l'intérieur, belles colonnes de marbre grec avec des chapiteaux à feuillage.

Museo di Torcello : *☎ 041-73-07-61. Mars-oct, tlj 10h30-17h30 ; nov-fév, 10h-17h ; dernier billet 30 mn avt fermeture. Entrée : billet combiné avec la* *cathédrale (s'y rendre d'abord).* Divisé en deux sections et en deux bâtiments différents. La section archéologie installée dans le *palazzo dell'Archivio* présente des pièces trouvées dans la lagune, datant du Paléolithique à la fin de l'Empire romain. La section médiévale et moderne se trouve dans le *palazzo del Consiglio* et présente des tableaux et des sculptures provenant des anciennes églises de l'île avant son déclin au milieu du XVIIe s. À l'étage, entre autres, belle *Adoration des Mages* du XVIe s, attribuée à Véronèse. Le siège de pierre conservé à l'extérieur (devant le musée), surnommé « le trône d'Attila » (il traversa l'Italie en l'an 452 si vite qu'il n'a pas dû prendre le temps de s'y asseoir), servait en fait à annoncer les édits publics.

SANT'ERASMO

(code postal : 30141)

Entre le Lido et Burano, cette île de Sant'Erasmo s'étire sur une dizaine de kilomètres de long. Vue d'avion, elle a la vague forme d'une chaussure aplatie et décousue. Trompeuse apparence, car on est ici sur l'une des îles les plus fertiles et les plus paisibles de la lagune. Véritable potager de Venise, ses artichauts *(castraure)* et ses asperges blanches s'arrachent sur tous les marchés de la région. La plupart des légumes et des fruits du Rialto viennent d'ici ; d'ailleurs, les cageots sont marqués du label de qualité « San Rasmo ». Quant aux habitants de Sant'Erasmo, filles de roses et fils de choux, ils vivent aussi de la pêche.

En été, beaucoup de moustiques. Si vous souhaitez vous baigner, il y a une petite plage à l'est de l'île, au pied de la *torre Massimiliana* construite par les Autrichiens au XIXe s.

Comment y aller ?

➢ ***De Venise :*** on y accède en empruntant la ligne n° 13 du *vaporetto* à partir de l'embarcadère Fondamenta Nove (Cannaregio). Départ ttes les heures, 4h25-22h40. Compter 30 mn de traversée. Le bateau s'arrête à Murano Faro, à Vignole (petite île), puis à San Erasmo-Lazaretto Nuovo et San Erasmo-Capannone. À noter qu'il y a 3 arrêts à San Erasmo : Capannone, Chiesa (église) et Punta Vela.

➢ ***De Capannone à la Chiesa :*** 2 options, le bateau (petite vedette en correspondance avec le *vaporetto*) ou la marche (20 mn).

Où dormir ? Où manger ?

Il Lato Azzurro : *via Forti. ☎ 041-523-06-42. • info@latoazzurro.it • latoazzurro.it • Descendre du bateau à l'arrêt Capannone puis marcher 20 mn par un chemin bitumé et étroit entre marais et jardins. Chambres doubles à partir de 80 € (hte saison) et quadruples à partir de 120 €. Panier pique-nique sur demande avec des spécialités de l'île (les végétariens vont être ravis !).* À 800 m du débarcadère au milieu des champs et des prés, ce centre de vacances peut intéresser les familles plus que les couples d'amoureux. L'ensemble est très bien tenu, avec des chambres propres et équipées, donnant sur le parc. Pas du tout moche, ce n'est pas carcéral mais coquet et bien arrangé. Fait aussi resto : prix sages et cuisine naturelle avec une touche de créativité. Forfaits très intéressants pour les familles, location de vélos (gratuit pour ceux qui y séjournent). Compter 1h pour parcourir l'île à vélo et environ 3h pour une découverte à pied. Le centre propose des stages et activités de type alternatif.

|●| ***Ca' Vignotto :*** *via Forti 71/2. ☎ 041-244-40-00. • vignotto.com • Ouv tte l'année ; slt sur résa, midi et soir. Fermé Noël-Jour de l'an. Menu dégustation env 30 € ; carte 30-50 € à base des produits de l'île, eau et vin compris. CB refusées.* Descendre au débarcadère San Erasmo-Chiesa (église) et marcher 10 mn. L'auberge se tient auprès d'un grand jardin fleuri et verdoyant. Vous pourrez goûter sur place les produits de cette île-potager et peut-être même la vigne qu'un Français, Michel Thoulouze, y a plantée, sur 6 ha. Le premier vrai vin de la lagune commercialisé.

LES ÎLES DU SUD

Les îles du Sud possèdent chacune leur particularité. Le Lido, bien desservi et rapidement accessible, s'avère un intéressant point de chute pour l'hébergement, surtout en été. Station balnéaire avec ses villas Liberty, ses plages et son festival du cinéma (la célèbre *Mostra* de Venise), il est très apprécié des Italiens. San Lazzaro, c'est tout l'inverse. À deux brasses de la place Saint-Marc, l'île abrite des moines arméniens dans une agréable ambiance méditative. Chioggia, notre préférée mais aussi nettement plus éloignée, a gardé intact le charme d'un village de pêcheurs. Un chapelet d'îles formant en quelque sorte une « extension » à votre séjour à Venise.

LIDO

(code postal : 30126)

Le Lido ! Un nom qui a fait le tour de la terre et qui sonne comme le symbole du farniente et de la Belle Époque des vacances aux bains de mer en Italie. Le Lido mesure une douzaine de kilomètres de long mais à peine 500 m de large par endroits. Véritable barrière naturelle face à l'Adriatique, cette lande de sable offre, depuis l'avènement du tourisme balnéaire au début du XXe s, un panorama de l'architecture Liberty. Metteurs en scène, stars internationales et jet-set italienne y viennent régulièrement y séjourner, notamment à l'*Excelsior,* un vieux et luxueux palace. En hiver, l'atmosphère est plutôt triste, mais en été, pas moyen d'y étendre sa serviette. En septembre, le Lido est littéralement pris d'assaut à l'occasion de la *Mostra,* le célèbre festival de cinéma de Venise, et les prix s'envolent.
Cela dit, l'île possède un charme certain. Aux beaux jours, c'est l'occasion d'une balade à vélo jusqu'à Malamocco, le tout petit village où Hugo Pratt avait élu domicile. Il y plane encore un sentiment de bout du monde. Sur le chemin du retour, vos coups de pédales vous conduiront certainement du côté du Casino, du palais du Festival ou du *Grand Hôtel des Bains* (fermé depuis 2012), où fut tourné *Mort à Venise* de Visconti.

Arriver – Quitter

➢ De Venise, compter une dizaine de mn. Au départ de l'embarcadère San Zaccaria (riva degli Schiavoni), *vaporetti* n°s 1 (terminus Lido), 14, 2 (slt en été), 5.1 et 5.2. Descendre à l'arrêt Lido.

➢ Ceux qui auraient la mauvaise idée de venir au Lido en voiture peuvent emprunter le bac n° 17 à partir du Tronchetto (ttes les 50 mn 5h40-1h) et s'arrêter au nord de l'île (arrêt San Nicolò).

Adresse et info utiles

✉ **Poste :** *via Doge Domenico, Lido, 1 E. Rue parallèle à la droite du Gran Viale en venant du débarcadère.*

■ Plusieurs banques avec ***distributeur automatique*** à deux pas du débarcadère.

Où dormir ?

Pour ceux qui aiment le calme, les balades à vélo... Hors saison, on trouve facilement de quoi se loger (maison d'hôtes ou hôtels) ; le gros avantage de séjourner au Lido, c'est la proximité du centre de Venise, à seulement 15 mn en *vaporetto.* En outre, ceux qui viennent à Venise en voiture par la terre ferme peuvent y dormir pour économiser le prix du parking du Tronchetto. Les jeunes enfants peuvent profiter de la plage (emprunter alors le bac nº 17 jusqu'au Lido). Attention, durant la *Mostra* de Venise, les prix grimpent vertigineusement, et les hôtels sont réservés plusieurs mois à l'avance.

Camping

⛺ ***Campeggio San Nicolò :*** *via dei San Micheli, 14. ☎ 041-526-74-15. • info@campingsannicolo.com • campingsannicolo.com • À l'est de l'île, du côté de l'aérodrome. À la descente du bateau, prendre un bus (A ou B) et descendre à l'arrêt San Nicolò (10 mn), puis marcher sur 200 m. Ouv 24 avr-30 sept. Pour 2 pers avec voiture et tente, compter env 35-40 €/j.* Un tout petit camping très ombragé, très calme et fonctionnel, chaleureusement recommandé par les habitués ! 50 emplacements sur un espace d'un demi-hectare. Sanitaires propres. Des fleurs, des bananiers, des chèvrefeuilles, des vignes... partout, des tables et bancs en bois pour le petit déj, une grande tente pour pouvoir préparer sa cuisine et manger au sec en cas d'orage. Prix sages pour la qualité de l'environnement.

De prix moyens à chic

🏠 ***Villa delle Palme :*** *via Enrico Dandolo, 12. ☎ 041-242-02-36. • info@hotelvilladellepalme.com • hotelvilladellepalme.com • Doubles 100-150 € selon saison, petit déj et excursion en bateau à Murano inclus. Parking gratuit pour les lecteurs du guide, sinon 12 €.* 💻 📶 Voilà un hôtel de charme, installé dans une belle villa blanche du début du XXᵉ s, à l'architecture originale. Pendant la *Mostra,* il est occupé par les journalistes de la *RAI.* Toutes les chambres, de 2 à 4 personnes, sont parfaitement équipées, mais évitez celles en sous-sol, sans vraie fenêtre. Les murs sont recouverts de très beaux tissus, histoire de recréer l'atmosphère des palais vénitiens. 3 chambres disposent d'une petite terrasse donnant sur le jardinet planté de palmiers et de magnolias. Que dire enfin du belvédère offrant une vue imprenable sur le Lido et, au loin, Venise (à ne pas rater au coucher du soleil) ?

🏠 ***Hotel Villa Cipro :*** *via Zara, 2. ☎ 041-73-15-38. • info@hotelvillacipro.com • hotelvillacipro.com • Emprunter Gran Viale à la sortie du débarcadère, puis la 2ᵉ à gauche avt d'arriver à la mer. Doubles 50-160 € selon saison, petit déj inclus.* 📶 Encore une jolie villa restaurée, très élégante dans son environnement (arbres et belle pelouse). Une vingtaine de chambres doubles, agréables et confortables, aménageables en triples. Celles sur l'avant sont très lumineuses, celles sur l'arrière plus au calme, et certaines chambres du 2ᵉ étage bénéficient même d'une terrasse. Délicieux petit déj aux beaux jours sur la terrasse. Accueil souriant en français le plus souvent. Conseils avisés pour les promenades et les plages.

🏠 ***Villa Casanova :*** *via Orso Partecipazio, 9. ☎ 041-526-28-57. • info@casanovavenice.com • casanovavenice.com • Prendre à droite en sortant du débarcadère, faire 200 m, puis à gauche. Fermé en déc. Doubles pour ts budgets 40-180 €, triples à partir de 70 €. Réduc de 10 % sur présentation de ce guide en réservant directement auprès de l'hôtel. Parking gratuit.* 📶 Dans une rue calme d'un quartier résidentiel. Petit hôtel à taille humaine dans une villa des années 1930 au fond d'un jardin où Casanova n'est jamais venu. Une douzaine de chambres confortables (AC) aménagées selon le principe du feng shui, preuve que les propriétaires, soucieux d'écologie et d'environnement, ont bien voyagé ! Petit déj bio, évidemment. Accueil attentionné.

Grande Albergo Ausonia & Hungaria : *Gran Viale S.M. Elisabetta, 28. ☎ 041-242-00-60. • info@hungaria.it • hungaria.it • Doubles 50-290 € selon confort et saison, petit déj inclus. Parking gratuit. (gratuit mais limité dans la durée).* Encore un palace de légende (1907) chargé d'histoire ! La magnifique façade est classée en raison de la beauté et de la rareté de ses majoliques polychrome. Elle a été réalisée en 1913 par le célèbre céramiste Luigi Fabris. Il s'agit d'un exemple unique du style Liberty. L'hôtel fut un haut lieu de la période faste du Lido. On venait y danser au *Follies Dancing.* Aujourd'hui restauré avec le meilleur goût, il abrite des chambres de petit luxe très confortables. Tentures et passementeries, lustres étincelants et marqueterie de bois précieux, tapis rouge courant dans les couloirs, photos d'avant guerre... Les chambres pourvues de lits *king size* hésitent entre la déco marine et le style fleuri de Laura Ashley. Excellent petit déj-buffet servi dans une salle qu'on dirait de bal, et un spa.

Où manger ?

Rien de très exaltant, à vrai dire. Les restos pour touristes affichent tous le même menu. Vous en trouverez plein le long de Gran Viale (la rue principale face au débarcadère).

Bon marché

Bar & Bistrot Maleti : *Gran Viale S.M. Elisabetta, 43/47. ☎ 041-242-81-33. À 200 m du débarcadère principal, sur la gauche en allant vers les plages du sud. Tlj sf mar 7h-2h du mat.* Très bien situé, au cœur de l'animation, ce café-resto-bar à vins est l'endroit idéal pour croquer des *tramezzini,* des sandwichs et des paninis à petits prix. On mange debout au comptoir ou assis dans la salle aux sièges confortables. Vend aussi des glaces. Bonne adresse économique.

Prix moyens

Trattoria Andri : *via Lepanto, 21. ☎ 041-526-54-82. Emprunter Gran Viale et prendre la 1re rue à droite ; suivre la rive gauche du canal sur 500 m et dépasser l'hôtel* Atlanta. *Ts les soirs avr-nov. Fermé déc-mars (sf à Noël). Plats 12-20 €. Menu 25 € ; carte 40-45 €.* Au rez-de-chaussée d'une villa de caractère dotée d'une façade avec de jolis balcons en pierre. Attention, ne venez pas trop tard, car le resto est bondé en été. Préférez les quelques tables dehors aux 2 salles. L'accueil est chaleureux et le service souriant. Bons plats de poisson et succulentes tartes maison, quoique un peu chiches.

Ristorante Africa : *via Lazzaro Mocenigo, 9. ☎ 041-77-01-23. Du débarcadère principal, prendre la Gran Viale S.M. Elisabetta, la suivre sur 200 m env, tourner à droite via Lepanto, continuer 300 m, à la 3e intersection tourner à gauche, vous verrez le resto sur la gauche un peu plus loin. Tlj. Plats 10-18 €.* Dans un carrefour tranquille d'un quartier résidentiel, chic et verdoyant. Non, ce n'est pas de la cuisine africaine mais bel et bien de l'authentique et savoureuse cuisine italienne ! Le chef met en vedette les poissons, le turbot, la sole, le bar... Tout est frais, et soigneusement préparé. Grande salle et des tables dehors en été.

Où déguster une glace ?

Magiche Voglie : *Gran Viale, 47 G. Tt droit face au débarcadère, situé à 250 m côté gauche. Tlj sf lun 10h-20h (21h l'été).* La *gelateria* préférée des locaux parmi celles de Gran Viale. On la repère vite à la file d'attente sur le trottoir ! Délicieuses glaces !

À voir. À faire

Le quartier de San Nicolò : on y accède depuis le débarcadère du Lido, à pied *(env 1,5 km, 20 mn)* ou en bus *(slt 2 arrêts)*. L'*église San Nicolò* et le couvent valent le détour. Le *planétarium* qui se trouve juste à côté est l'un des plus importants d'Italie *(rens : 338-874-97-17 ; • astrovenezia.net • ; séance dim à 16h oct-mai)*. Tout près, *le cimetière juif*, sauvage et étonnant, sera une étape intéressante *(avr-sept, ouv 9h30-12h30, 15h-18h30 ; oct-mars, 9h30-14h30 ; fermé sam et j. de fêtes juives)*.

Promenades à vélo : le Lido est une île plate et aérée, où la circulation est facile. À la différence de Venise, on y croise des voitures mais la pression automobile reste très supportable. Le vélo reste donc un moyen idéal pour explorer le Lido. Les fans d'Hugo Pratt pousseront par exemple jusqu'à Malamocco, où vivait le célèbre dessinateur. On trouve sur place un savoureux petit bar-trattoria à l'ambiance festive *(**Al Ponte di Borgo,** calle Le Merceria, 27 ; ☎ 041-77-00-90 ; mar-sam 9h-21h, dim 9h-18h)*. Les plus sportifs poursuivront jusqu'à Chioggia (80 km A/R !). Faites plutôt suivant l'humeur et le temps, celui qui vous reste comme celui de la saison !

■ ***Lidoonbike*** *(location de bicyclettes)* **:** *Gran Viale S.M. Elisabetta, 21/B. ☎ 041-526-80-19. • lidoonbike.it • En venant du débarcadère, passer le rond-point, marcher env 50 m sur l'avenue, puis tourner à gauche au niveau d'un bureau de tabac. La boutique est au fond de l'impasse. Ouv 15 mars-fin sept, tlj 9h-19h. 5 € pour 1h30, 8 € (4h) et 9 € pour 1 j.* Magasin de location de bicyclettes tenu par le dynamique et francophone Stefano. VTT ou vélos classiques, tandem ou Rosalie, le matériel est en très bon état. Il y a aussi des vélos pour enfants. Stefano donne à ses clients une carte du Lido avec le tracé des promenades cyclistes les plus intéressantes, du quartier de San Nicolò (à l'est) jusqu'à Malamocco et la pinède Alberoni (à l'ouest). Très bonne adresse.

Les plages : il y en a plusieurs. La plupart des plages de la côte sud du Lido sont privées et payantes. Les abonnés y louent une cabane de bains durant la belle saison (cher). Néanmoins, il existe une plage publique (Blue Moon), donc gratuite, à l'extrémité de la *Gran Viale S.M. Elisabetta.* Idéale, à la belle saison, pour piquer une tête si vous résidez dans le quartier. La meilleure solution consiste à se rendre à bicyclette ou en bus aux extrémités de l'île où l'on peut se baigner sur des plages publiques *(spaggia libera)*, bordées de dunes encore sauvages et peu urbanisées. On conseille la ***plage de San Nicolò*** (parasols) au bout de la viale Klinger (2 km à l'est du centre-ville) et celle d'***Alberoni*** (10 km à l'ouest) à la pointe près du phare après le *Golf Club Venezia d'Alberoni.*

SAN LAZZARO DEGLI ARMENI ET SAN SERVOLO

Cette île minuscule se trouve à moins de 400 m au large du Lido du côté qui regarde Venise. Il n'y a pas de village mais un monastère habité par une dizaine de moines qui conservent la tradition et font rayonner la culture arménienne à Venise et dans le monde. Saint Lazare est restée en plein XXIe s une « thébaïde » du savoir et de la connaissance. Est-ce un hasard si Lord Byron y venait se ressourcer et apprendre l'arménien ? Petite île, grand rayonnement !

UN PEU D'HISTOIRE

Les Arméniens occupèrent à Venise une place de choix. Autrefois composée de grands commerçants et de banquiers, leur communauté s'est peu à peu éparpillée. Du XIIe au XVIIe s, l'île abritait une léproserie. En 1717, l'île abandonnée est offerte par la république de Venise au père catholique arménien Mékhitar de Sébaste (1676-1749), fuyant Istanbul (Constantinople) et les persécutions par les Turcs. Il fuyait aussi, dit-on, les tracasseries du patriarche arménien de Constantinople... Personne ne voulait de cette île Saint-Lazare qui avait accueilli les lépreux. Mékhitar y recréa son paradis perdu, fondant un monastère et installant une congrégation de linguistes et de savants. Celle-ci acquit très vite une grande notoriété. Contrairement aux autres ordres monastiques, les pères mékhitaristes ne vouent leur existence qu'au travail intellectuel et scientifique et ne s'occupent pas de travaux agricoles ou manuels (il n'y a rien à cultiver sur cet îlot minuscule).

– La visite mérite le détour. Le moine qui vous servira de guide parle trois ou quatre langues (au minimum !).

Arriver – Quitter

➢ Prendre le bateau nº 20 de l'embarcadère San Zaccaria (riva degli Schiavoni) et descendre à l'arrêt San Servolo ou San Lazzaro. Le bateau partant vers 15h permet de faire la visite guidée du monastère de San Lazzaro. En arrivant, se renseigner sur les horaires pour le retour. Sinon, partir plus tôt et faire une halte à l'île de San Servolo. Notez que le trajet simple coûte 4 € et non 7 € comme la plupart des autres billets de *vaporetto.*

À voir

➢ En se rendant à San Lazzaro, pourquoi ne pas faire une halte à l'***île de San Servolo,*** juste avant en venant de Venise par le bateau ? Cet ancien asile (on la surnommait « l'île des fous ») a été reconverti en centre de congrès et en université. Très agréable parc, cantine pas chère sur place et un musée de la folie assez déconcertant *(visite en anglais et italien, sur résa slt ; • fondazionesanservolo.it •).* Un endroit reposant, loin de la foule. Possibilité de reprendre tranquillement le bateau pour continuer sur San Lazzaro.

Monastero Mekhitarista : *à San Lazzaro. ☎ 041-526-01-04. Visite guidée (en italien et anglais) par des étudiants en histoire slt 15h25-17h25. Entrée : 6,50 € ; réduc.*

Un des hauts lieux de la spiritualité de Venise, qui inspire la paix et l'harmonie. L'église est très belle (superbes mosaïques de Murano de 1753). Elle abrite le tombeau de Mékhitar de Sébaste, fondateur de l'ordre des Mékhitaristes, considéré aussi comme le pionnier de la renaissance de la littérature arménienne classique.

Le plus intéressant est sans conteste le monastère. Les moines y conservent de véritables pièces de musée, léguées notamment par de généreux donateurs. Importante collection de tableaux arméniens depuis le XVIIIe s jusqu'au début du XXe s. Une pièce est d'ailleurs entièrement consacrée à la culture arménienne. Nombreux objets insolites ou surprenants, comme ce morceau de pain (presque intact !) de 1848, cette momie égyptienne qui repose au monastère depuis 1825 (c'est l'une des mieux conservées d'Europe !), une sculpture de Canova représentant le fils de Napoléon, etc.

Le monastère possède aussi plus de 100 000 ouvrages arméniens. Le plus ancien date du VIIIe s ! En 1797, Napoléon, impressionné par le travail scientifique et littéraire des moines, leur laissa une totale indépendance. Il signa en leur faveur un manuscrit reconnaissant leurs droits et assurant leur liberté. Celui-ci est toujours conservé dans les archives du monastère.

Les **jardins** qui entourent le monastère vous permettront de faire une balade bien agréable. On y produit aussi de la confiture de roses grâce aux nombreux rosiers de l'île. San Lazzaro est surnommée « l'île verte et rose » en raison de sa verdure et de ses fleurs.

CHIOGGIA

10 000 hab. (code postal : 30015)

Chioggia se situe à 25 km à vol d'oiseau au sud de Venise. Le charme de la lagune est ici plus intense, car encore préservé de l'invasion touristique. La pêche est la principale activité de la ville, qui se classe d'ailleurs au deuxième rang des ports de pêche d'Italie. Vous n'y verrez pas de gondoles, et les nombreux bateaux multicolores typiques d'ici, tout en bois peint, qui coloraient la vieille ville, sont pour l'heure relégués à l'extérieur. Les canaux et leurs quais subissent en effet de gros travaux liés au projet *Mose,* dans le but de limiter les *acque alte* sur Venise, et certains tronçons sont remblayés provisoirement. En revanche, Chioggia n'a pas pour autant perdu sa douce atmosphère de petite ville méditerranéenne, et on croise toujours beaucoup de monde l'après-midi sur l'artère principale, le corso del Popolo, des pêcheurs essentiellement en repos (ils travaillent généralement la nuit).

Ne pas confondre avec *Sottomarina,* une île qui ne présente guère d'intérêt, reliée à Chioggia par un pont. Hôtels en béton, enseignes fluo, campings surpeuplés et hordes de touristes composent le décor de cette station balnéaire quelconque.

– Pour voir les bateaux multicolores parader fièrement toutes voiles dehors, venez donc le 3e dimanche de juin, pour le ***Palio della Marciliana,*** quand les six quartiers de la ville s'opposent dans le plus grand respect des traditions ; ou mi-juillet, pour la ***fête du Poisson*** (elle dure 10 jours).

BEAUCOUP DE BRUIT POUR UNE COMÉDIE

Il n'y a pas plus querelleurs que les Chioggiotti (habitants de Chioggia) ! Un tempérament immortalisé par Goldoni, un habitué des lieux, dans une comédie écrite en 1762 et qui fait la fierté de la ville : Le Baruffe chiozzotte. *D'ailleurs, le terme italien* baruffa, *que l'on pourrait traduire par « querelle confuse », a donné en français le mot... « barouf ».*

Comment y aller ?

On peut y accéder par bateau ou par la terre ferme.

➢ ***Par la terre ferme*** *(50 km)* **:** en voiture, prendre à Marghera, au sud de Mestre, la SS 309 qui longe la lagune en direction de Ravenne. On peut aussi emprunter un bus à l'arrêt Piazzale Roma à Venise. Compter largement 1h et beaucoup de circulation. De Padoue, bus direct (le n° 805) ou prendre la SS 516. Compter 1h de trajet là encore.

➢ ***Par le Lido*** *(40 km)* **:** de Venise, gagner le Lido et là, prendre le bus n° 11 en face du n° 6 Gran Viale. Le bus passe (en bac) par l'île de Pellestrina, puis il faut prendre une *motonave* jusqu'à Chioggia. Un départ ttes les 30 mn en journée, sinon ttes les heures. Compter 1h45 au total de Venise à Chioggia pour un peu plus de 7 € l'aller (autant prendre la *Venice Card 12h,* qui couvre l'A/R pour quasiment le même prix). Une balade très sympathique, que les Vénitiens vous recommanderont aux beaux jours, consiste à louer un vélo au Lido et à pédaler jusqu'à Chioggia, en empruntant les bacs successifs (mais attention, le transport des vélos à bord est limité en nombre et vous parcourrez 80 km A/R !).

Adresse et infos utiles

ℹ ***Ufficio del turismo :*** *sur la plage, Sottomarina.* ☎ *041-40-10-68. • turismovenezia.it • (lien vers Chioggia). Hiver : le mat lun-sam, plus l'ap-m mar et jeu ; été : tlj mat et ap-m, sf dim ap-m en juil-août.* Une fois votre plan

récupéré, traversez le pont pour gagner Chioggia.
- **Grand marché :** *jeu mat.*

Parking : *grand parking payant à l'entrée de la ville.* Pas de place dans Chioggia.

Où dormir ?

B & B Palazzo Carlo Goldoni : *calle Rosalba Carriera, 307. ☎ 041-40-56-48. • imm.c.goldoni@immobiliarecarlogoldoni.com • immobiliarecarlogoldoni.com • À l'angle du corso del Popolo. Doubles 70-110 €, petit déj inclus. Fermé déc-janv.* 3 chambres au rez-de-chaussée, avec entrée indépendante et une baie vitrée donnant sur une cour. Très propres et équipées d'un réfrigérateur. Cette villa cossue vit naître Rosalba Carriera, une artiste peintre du XVIIIe s, et Carlo Goldoni la fréquenta (on parle de la villa) pour échapper au joug paternel. Les lustres et les marbres baroques auront beaucoup d'histoires à vous raconter. Accueil charmant.

Où manger ?

Pour manger sur le pouce, pas mal de bars et de *paninoteche* sous les arcades du *corso* offrent un large choix de *tramezzini, bruschette, piadine* et paninis.

Prix moyens

Antico Toro : *corso del Popolo, 1306. ☎ 041-40-05-60. À côté du marché et pas très loin du débarcadère. Tlj sf mar. Congés : de fin déc à mi-janv. Menu 20 € ; carte env 30 €.* Une carte variée à des prix raisonnables de spécialités de la mer. L'accueil est chaleureux, la cuisine ordinaire mais correcte. Agréable terrasse sur le *corso.*

Mano Amica : *corso del Popolo, sur la piazzetta Vigo, 1340. ☎ 041-40-17-21. Tlj sf lun. Fermé en janv. Carte 30-35 €.* Un petit resto agréable du centre historique, à deux pas du débarcadère, spécialisé lui aussi dans les poissons et fruits de mer. Déco intérieure amusante, avec de petites arcades en brique. L'été, on peut manger sur la terrasse ombragée qui donne sur la place animée.

Bella Venezia : *calle Corona, 51. ☎ 041-40-05-00. Dans une ruelle étroite qui part du corso, en face d'*Antico Toro*. Tlj sf jeu. Résa conseillée dim. Menu 18 € ; carte 25-35 €.* Ambiance un peu froide en salle. Préférez la jolie cour intérieure, surmontée de statuettes représentant les saisons. Réputé pour ses excellentes spécialités vénitiennes, à base de légumes locaux.

Où déguster une pâtisserie ou une glace ?

- En allant vers la mer, repérer la banque installée dans un ancien palais couvert de fresques, sur le *corso del Popolo.* Dans la ruelle en face, la ***Pasticceria Bugero*** *(tlj sf lun)* propose de délicieuses meringues maison, uniques en leur genre, les *spumiglie.*

Grom : *corso del Popolo, 1306. Tlj.* Cette chaîne italienne applique le principe du *slow food.* Qualité des produits donc, et à chaque mois sa glace... Également de délicieux chocolats chauds. Terrasse.

À voir

Museo Civico della Laguna Sud : *dans l'ancienne église San Francesco Fuori le Mura. Abrite un point Info. Tlj sf lun : de sept à mi-juin, mar-sam 9h-13h, jeu-dim 15h-18h ; de mi-juin à fin août, jeu-dim 19h30-23h30. Entrée : 4 € ; réduc.*

Joli petit musée consacré à l'histoire de la marine et à la vie dans la lagune depuis la Préhistoire. La construction sur pilotis est très bien expliquée. On peut aussi y admirer quelques tableaux montrant, au fil des siècles, la vie sur l'île, l'exploitation des salines, les fêtes populaires ou religieuses. Quelques barques (les *bragozzi*) avec leurs voiles chamarrées, chargées de symboles ésotériques... Ne pas manquer non plus la superbe représentation sur bois doré de la *Justice trônant avec saint Felice et saint Fortunato,* datant de 1436. Felice et Fortunato sont les deux saints protecteurs de la ville.

Corso del Popolo : Chioggia s'organise autour d'une large artère centrale, le *corso del Popolo.* Passé la *porta Garibaldi* (du XVIe s), la ville est saucissonnée par des dizaines de petites rues qui coupent cette grande avenue perpendiculairement. De part et d'autre du *corso,* une rangée d'arcades abrite des commerces en tout genre, mais surtout de nombreux cafés et une flopée d'églises. Pas mal pour un peuple de pêcheurs ! Voir notamment la cathédrale et ses peintures très réalistes représentant le martyre de certains saints (on dit que les artistes eurent beaucoup de mal à achever l'œuvre, tant elle les effrayait !). Ou encore l'église Saint-Jacques et ses émouvants *tolele,* des ex-voto en forme de tableaux naïfs peints sur du bois par les pêcheurs eux-mêmes. Avant d'aboutir à la mer, remarquer la colonne surmontée du lion de Venise.

Quand vous arrivez au bout du *corso,* à l'embarcadère, empruntez le pont à droite. Belle vue sur le ***canale della Vena,*** souvent utilisé pour le tournage de films sur Venise (quand il n'est pas en travaux !). On pénètre alors dans le vieux quartier populaire. Façades colorées, conserveries de poisson, linge suspendu aux fenêtres... En continuant tout droit, on rejoint le canal San Domenico et ses chalutiers. Petit coup d'œil dans l'***église*** du même nom, qui abrite un tableau de Carpaccio et un Christ en Croix sculpté, défiguré par la souffrance, longtemps objet de procession. Pour l'anecdote, ses côtes sont faites de corde peinte, et si on l'observe depuis l'arrière de l'autel (accès possible), l'expression de son visage change en fonction de l'angle d'observation !

Le marché au poisson : *tlj sf lun 8h-12h. Il se trouve près du corso, derrière le resto* Antico Toro. Installé dans un ancien entrepôt à grains, c'est le plus pittoresque de la lagune. La salle de vente se trouve le long du canal della Vena. Les petits bateaux y accostent juste après la pêche pour vendre au plus offrant. L'entrée du marché est surmontée d'un superbe portique en pierre sculptée.

LA TERRE FERME, DE MESTRE À PUNTA SABBIONI

La partie administrative de Venise se trouve à Mestre, sur la terre ferme. Mestre est une ville tressée de nœuds autoroutiers et de voies rapides, autant dire qu'elle n'est pas très romantique. De nombreux quartiers s'étendent de Marghera, au sud-ouest, jusqu'à l'aéroport, au nord-est. C'est le passage obligé, en voiture ou en train, avant de gagner l'île. Le paysage est franchement amoché par les industries. On peut certes y loger, car c'est moins cher que dans les endroits les plus prisés du centre historique. Une option surtout valable en pleine saison. Pour vous rendre à Venise, pas de problème : vous disposez du train ou du bus. Comptez au minimum 50 mn entre le moment où vous sortirez de votre hôtel et celui où vous apercevrez le campanile de la place Saint-Marc. Principal intérêt : l'accès très rapide aux autres villes de Vénétie, dont Padoue et Trévise, ainsi qu'au canal de la Brenta (voir le chapitre suivant).
Les adeptes du camping contourneront la lagune en passant par Jesolo, pour gagner le *litorale di Cavallino* ou *Treporti,* une presqu'île d'une vingtaine de kilomètres, en partie dans la pinède. La pointe *(Punta Sabbioni)* est toute proche de Venise, et la traversée en *vaporetto* (compter 35 mn) se fait facilement grâce aux lignes *ACTV*.

Comment se rendre à Venise ?

➢ ***De Mestre :*** compter min 30 mn de trajet en train ou en bus si vous logez au centre de Mestre. L'*ACTV* (société de transports en commun de Venise) a mis en place un service de bus qui relie le piazzale Roma à la piazza Barche, au centre de Mestre. Il est donc préférable de laisser sa voiture sur la terre ferme. De nombreux parkings sont prévus pour cela (voir plus haut le chapitre « Informations et adresses utiles »).
➢ ***De Marghera/Fusina :*** à 5 km au sud de la Malcontenta, au sud de Mestre. Vedettes *ACTV* (ligne n° 16) ttes les heures en été pour Venise (ligne Fusina-Zattere), 8h-22h env (jusqu'à 18h slt hors saison). Compter 25 mn. Attention, les forfaits *vaporetti* ne fonctionnent pas sur cette ligne, il faut acheter un billet spécial. *Infos au ☎ 041-547-01-60.* • *terminalfusina.it* • Parking env 8 € les 12h et 13 € jusqu'à minuit.
➢ ***De Treporti :*** accès facile par les *vaporetti* des lignes *ACTV.* 2 embarcadères sur la presqu'île : Punta Sabbioni (lignes n°s 12, 14 et 15) et Treporti (lignes n°s 12 et 13). Les n°s 12 et 13 rejoignent Fondamenta Nove, les n°s 14 et 15 San Zaccaria (pl. Saint-Marc). La ligne N (de nuit) fonctionne également jusqu'à env 3h du mat. Des navettes relient Jesolo à Punta Sabbioni et à Treporti. Autre solution : les bus de Sabbioni/Cavallino jusqu'à piazzale Roma avec la compagnie *ATVO.* C'est moins cher mais nettement plus long (60 km) et on n'arrive pas directement dans le centre, comme avec les *vaporetti.*

Où camper ?

Il est facile de trouver un camping *(campeggio)* si vous n'êtes pas trop difficile. À vous de bien choisir votre point de chute, si c'est encore possible.

À Mestre et Marghera

Les campings situés sur la commune de Mestre se trouvent sur la S 14 qui relie Mestre à l'aéroport (quartiers Campalto ou Tessera). Pratiques mais sans charme et bruyants, surtout pour les plus proches de l'aéroport. En revanche, il est facile de rejoindre Venise en bus (n° 5, toutes les 30 mn). On arrive au terminal de piazzale Roma *(plan détachable A3).* L'inconvénient, c'est qu'on est tributaire des horaires de bus, notamment le soir pour rentrer. Tous les campings donnent à l'arrivée un petit fascicule avec horaires et renseignements pratiques. On préfère nettement les campings du côté de Marghera, plus au calme.

Camping Fusina : *via Moranzani, 93, 30176* ***Fusina-Marghera.*** *☎ 041-547-00-55. • info@camping-fusina.com • camping-fusina.com • Dans un cul-de-sac, tt au bout de la SP 23 qui se prend à la Malcontenta. Compter 35 € pour 2 avec tente et voiture.* C'est le camping apparemment le plus tranquille, mais il est tout près de la zone industrielle de Marghera (et si le vent est mal orienté...). Bon à savoir également : une fois qu'on y est, on est quasiment tributaire, à moins de refaire 10 km en voiture, de la liaison de bateau Fusina-Venise (bien pratique, cela dit).

Camping Venezia : *via Orlanda, 81 C, 30170* ***Campalto-Mestre.*** *☎ 041-531-28-28. • info@veneziavillage.it • veneziavillage.it • Le plus proche de Venise, sur la S 14 (direction aéroport ou Trieste), entre San Giulano et Campalto. Bus pour Venise (nos 5 et 19) ttes les 30 mn ; arrêt à 150 m du camping. Résa à l'avance conseillée. Env 30 € pour 2 en été avec voiture et tente ; mobile homes 2-6 pers 50-80 €.* Camping 2 étoiles. Surface de 18 000 m². Accueil plein de bons conseils. En revanche, évitez les bungalows, peu plaisants et pas super bien équipés.

Sur le litorale del Cavallino

Plus de 20 campings se succèdent tout le long du *litorale del Cavallino,* plus éloigné que Mestre mais facile d'accès par les *vaporetti* des lignes *ACTV.* Cette région reçoit 6 millions de touristes en saison ! Le ton est donné... Les campings sont grands, voire gigantesques, avec tous les services nécessaires, évidemment. Ils proposent des navettes gratuites jusqu'aux arrêts de *vaporetto.* Noter que la circulation des voitures est interdite de 13h à 15h, pendant la sieste (il paraît que les Français ne respectent pas toujours cette consigne !), et que le soir après 22h ou 23h, on est prié de chuchoter.

Camping San Marco : *via del Faro, 10, 30013* ***Cavallino-Venezia.*** *☎ 041-96-81-63. • info@campingsanmarco.it • campingsanmarco.it • Pas très loin de Porto Jesolo, à 14 km de Punta Sabbioni. Ouv de mi-mai à mi-sept. Env 25-50 € pour 2 avec voiture et tente selon saison ; également des maxi-caravanes 4 pers et des petits apparts 6-7 pers (60-120 €).* Un camping 1 étoile qui en vaut 3 ! Accès direct à la mer avec plage privée, restos, supermarché, douches chaudes gratuites, machines à laver, location de vélos. Beaucoup d'arbres, donc beaucoup d'ombre. En tout, 100 emplacements. Mais c'est le plus éloigné des campings de Cavallino, à 1h de bus/*vaporetto* de Venise.

Camping Miramare : *via lungomare Dante Alighieri, 29, Punta Sabbioni, 30013* ***Cavallino-Treporti.*** *☎ 041-96-61-50. • info@camping-miramare.it • camping-miramare.it • Tt proche de l'arrêt de bateau Treporti (5 mn à pied en prenant la route sur la droite). Ouv Pâques-Toussaint. 22-33 € pour 2 avec voiture et tente selon saison. En période estivale, séjour min de 2 nuits exigé.* Pas trop grand : 130 emplacements et une trentaine de bungalows. Pas au bord de la plage (elle est à 1,5 km), mais navette pour s'y rendre. Accueillant. À ne pas confondre avec un camping du même nom à Sottomarina, près de Chioggia.

Camping Marina di Venezia : *via Montello, 6, Treporti, 30010* ***Punta Sabbioni.*** *☎ 041-530-25-11. • camping@marinadivenezia.it • marinadivenezia.it • À un peu plus de 1 km du débarcadère de Punta Sabbioni. Ouv Pâques-fin sept. 21-47 € pour 2 avec voiture et tente selon saison. Attention :*

séjour min de 2 nuits (voire 7 en juil-août) au camping et de 4 nuits en bungalow. Plus de 300 bungalows, restos, marchés, une dizaine de bars, tennis, 5 piscines dont une olympique, un cinéma et même une église... c'est du délire ! Ce 4-étoiles s'étend sur 550 000 m² et propose 3 000 emplacements ! Très belle plage « privée ».

Camping Al Boschetto : *via delle Batterie, 18, Ca' Savio, 30010* ***Cavallino-Treporti.*** *☎ 041-96-61-45. • info@alboschetto.it • alboschetto.it • À 4,5 km de Punta Sabbioni. Ouv de mai à mi-sept. 29-47 € pour 2 avec tente et voiture selon saison. Séjour min de 2 ou 3 j. hors saison et de 5 j. au plus fort de l'été.* Une soixantaine de bungalows. Un 3-étoiles plus convivial, de « seulement » 70 000 m² pour 300 emplacements. Resto, plage privée, supermarché, terrains de basket et de tennis.

Où dormir ? Où manger ?

À Mestre

Hotel Adria : *via Cappucina, 34. ☎ 041-98-97-55. • info@hoteladriavenice.it • hoteladriavenice.it • De la gare ferroviaire, prendre à droite, puis la grande avenue à gauche (15 mn à pied). Le bus n° 7 s'arrête à 80 m de l'hôtel et rejoint Venise (piazzale Roma) en env 25 mn. Doubles 50-95 € selon saison. Parking privé gratuit.* Une adresse au charme fonctionnel, avec une petite déco sympa. Une trentaine de chambres comme il faut, sans mauvaise surprise et spacieuses. Accueil charmant, et très attentionné à l'égard du client.

Hotel Paris : *viale Venezia, 11, 30175. ☎ 041-92-60-37. • info@hotelparis.it • hotelparis.it • À 100 m de la gare : dans une petite rue tranquille, juste en face en sortant. Bus n° 2 devant la gare, trains et bus ttes les 10 mn pour Venise. Fermé quelques j. à Noël. Doubles 60-130 € selon saison, petit déj inclus. Parking payant (15 €/j.).* Hôtel entièrement rénové, proposant une petite vingtaine de chambres modernes et élégantes, desservies par un ascenseur. Assez cher mais tellement pratique car à deux pas de la gare.

À Favaro

Locanda Al Convento : *via Ca' Colombara, 41, 30030. ☎ 041-501-07-03. • info@agriturismoalconvento.it • agriturismoalconvento.it • Double 75 €, petit déj compris. Repas (copieux) 30 €. Parking gratuit.* À la fois en ville et à la campagne (le bus n° 19 pour Venise est à moins de 600 m à pied). Cet agrotourisme propose 7 chambres doubles ou triples, aménagées dans un style campagnard fleuri. Le resto, quant à lui, sert une cuisine gastronomique préparée à base de produits de la ferme. Goûtez aux gnocchis maison, à la *trippa alla parmigiana,* à l'*osso buco in umido* ou encore à la *faraona in salsa di peverada* (une recette de pintade en sauce qui date du Moyen Âge). Une escale qui satisfera les bons vivants. Bon accueil.

À Marghera

Antica Villa Graziella : *via Luigi Coletti, 6, 30175. ☎ 041-92-16-55. • villagraziella.com • À 800 m de la gare de Mestre ; accès à Venise par le bus n° 6 ou 6/ (2 lignes différentes). Dès l'arrivée à Marghera, c'est bien indiqué ; au pied du château d'eau. Doubles 50-100 € selon saison ; petit déj-buffet 7 €. Parking gratuit.* Dans une maison bourgeoise toute de jaune vêtue, avec un jardinet fleuri devant. Une petite quinzaine de chambres claires, à la déco classique. Quelques familiales avec un grand lit et un lit superposé. Très propre, accueil souriant. Petit déj servi dans le jardin en été. Pas d'ascenseur et un peu cher en pleine saison.

Sur le litorale del Cavallino

B & B Dolce Acqua : *via Baracca, 102 A,* ***Cavallino-Treporti.*** *☎ 041-96-81-29. • agri.dolceacqua@alice.it • agriturismodolceacqua.it • À une dizaine de km de l'embarcadère de Punta Sabbioni. Doubles avec sdb*

70-110 € selon saison, petit déj inclus ; réduc enfants. Cette coquette ferme reconvertie arbore de jolis volets turquoise et propose une petite douzaine de chambres au confort standard, propres et modernes, décorées avec goût. Certaines avec en plus des lits superposés pour les enfants. Et comme il reste encore quelques poules dans la cour, les œufs frais servent à concocter un délicieux petit déj. Les confitures maison sont à vendre. Resto de la même famille à 300 m.

Hotel La Rondine : *via Fausta, 60, Punta Sabbioni, 30010* ***Cavallino-Treporti.*** *041-96-61-72 ou 041-96-62-84. • info@hotellarondine.it • hotellarondine.it • À 1 km du débarcadère de Punta Sabbioni. Doubles 88-100 € avec petit déj copieux ; possibilité de ½ pens. Apéritif maison offert sur présentation de ce guide.* Extérieur pas très attirant, en bordure de la route qui traverse le *litorale di Cavallino.* Mais des chambres pour 2 ou 3 personnes très correctes même si assez petites, avec AC et TV. Plein de photos du Carnaval sur les murs. Bon accueil. Fait aussi resto-pizzeria.

Hotel-ristorante Il Ghebo : *via Fausta, 41, Punta Sabbioni, 30010* ***Cavallino-Treporti.*** *041-65-82-70. • ilghebo@virgilio.it • ilghebo.it • À 700 m de l'embarcadère de Punta Sabbioni. Double 110 €, petit déj inclus ; réduc à partir de 2 nuitées.* Une maison dans les pins, au bord de la route principale mais dans un environnement plaisant. Seulement 7 chambres assez exiguës, avant tout fonctionnelles et bien propres. Restaurant-pizzeria sur place. Intéressante carte des vins.

À faire

➢ La ***presqu'île de Treporti*** se prête à merveille à la découverte de la nature à pied, à vélo et en bateau, surtout au printemps, lors de la floraison du limonium (la lavande de mer), une fleur qui couvre les marécages de sa couleur violette. Demander auprès des offices de tourisme le dépliant *Le Littoral de Cavallino* (en français), qui propose 14 parcours différents. On peut aussi se renseigner à l'association *FIAB (Amici della Bicicletta),* qui organise des tours à vélo au départ de Treporti : • *fiab-onlus.it* •

LE CANALE DEL BRENTA (CANAL DE LA BRENTA)

Le canal de la Brenta, entre Mestre et Padoue, est jalonné d'une cinquantaine de villas, construites du XVIe au XVIIIe s pour de richissimes Vénitiens. Pour clore une balade dans la Vénétie ou simplement un séjour à Venise, nous aurions aimé vous faire rêver d'une fabuleuse balade dans le temps, au long d'un canal propice aux promenades à pied, aux virées à vélo. Mais les rêveurs éveillés vont devoir, ici comme dans toute la Vénétie, s'inquiéter davantage des flux automobiles et des radars avant de s'arrêter près des rares lieux encore ouverts à la visite : si les villas construites par Palladio et ses successeurs sont désormais progressivement restaurées, la magie n'opère vraiment qu'avec un minimum d'imagination. Car aujourd'hui, le paysage est assez urbanisé, même autour de Spra, Dolo et Mira, qui restent les points incontournables.
De luxueuses fêtes nocturnes étaient autrefois organisées dans ces villas, avec concerts, bals et feux d'artifice. Les orchestres, dissimulés dans les bosquets, jouaient des airs de Pergolèse et de Vivaldi. Il existait même au XVIIIe s un bateau, nommé *Il Burchiello,* qui reliait Padoue à Venise et transportait seigneurs, marchands, artistes, comédiens, aventuriers et femmes légères. Il fut notamment célébré par Casanova et cité par Byron. Rien à voir évidemment avec ceux qui parcourent le *canale del Brenta* et proposent des croisières sur les traces de ce faste passé.
Cette microrégion peut constituer un point de chute intéressant pour visiter Venise. Des lignes de bus directes passant par le canal desservent en effet la cité. Autre solution : rejoindre en voiture l'embarcadère de Fusina et prendre le *vaporetto.* Dans tous les cas, compter de 45 mn à 1h en tout pour rejoindre Venise.

UN PEU D'HISTOIRE

La Brenta prend sa source dans des lacs d'altitude près de Trente et traverse la plaine de la Vénétie à partir de Padoue pour aller se jeter dans la lagune de Venise près de Fusina. L'histoire de la Brenta est une longue suite d'inondations et de changements de lits. En 1152, les digues cédèrent, et elle se déversa violemment dans la lagune, provoquant une épidémie de paludisme. Les Vénitiens commencèrent alors de grands travaux pour la canaliser. Jusqu'à la fin du XIXe s, on creusa quatre canaux pour faire

QUE C'EST TRISTE VENISE...

Parmi les villas notables, si celle de la Malcontenta revêt un aspect tristounet, c'est qu'elle conserve toujours de lourds secrets. Elle appartenait à un Foscari jaloux de sa femme, un peu trop volage à son goût. Il l'assigna à résidence dans cette villa jusqu'à la fin de ses jours. Elle y passa les 30 dernières années de sa vie, sans jamais sortir ni même apparaître aux fenêtres, dans la solitude la plus totale ! Le parc était à l'image de cette femme énigmatique : triste et à l'abandon. D'où le nom de la villa, signifiant « mécontente ».

s'écouler plus paisiblement ses eaux tumultueuses, dont l'un se dirige vers Chioggia. Écluses et ponts mobiles la rendirent alors navigable. La visite qu'on vous propose suit les villas les plus belles installées le long du cours principal de la Brenta.

Adresse utile

Ufficio turistico : *via Nazionale, 420, 30034* ***Mira.*** *☎ 041-560-06-90. • turismovenezia.it • À l'entrée de la villa Widmann Foscari. Mars-oct, tlj sf lun 10h30-13h, 13h30-16h30 (slt w-e en hiver), mais les horaires peuvent être variables.* Des brochures complémentaires des livres que vous trouverez en français dans les villas et quelques infos pratiques. Vente du billet d'entrée pour la *villa Widmann Foscari Rezzonico.*

Croisières en bateau

Basées à Padoue, plusieurs compagnies de navigation se partagent le marché avec des navires panoramiques (jusqu'à 200 personnes !) ou des péniches traditionnelles moins chargées (50 personnes maximum). Croisières à la journée ou à la demi-journée, de mars à octobre, au départ de Padoue ou de Venise, avec passage des écluses et visite guidée de villas. Le repas, la visite des villas et le retour au point de départ en bus ou train sont souvent en option. Du coup, cette excursion est chère : compter 45 à 90 € par personne selon le jour et le trajet ! Évidemment, le temps passé dans chaque villa est limité. Mais tout le plaisir réside dans la balade au fil de l'eau ! *• batellidelbrenta.it •* (en français, très bien fait), pour le détail des parcours et des tarifs, en fonction des compagnies. *• booking-on-line.com •* (en français), rubrique « Les bateaux de la Brenta » pour les résas.

Consorzio Battellieri di Padova e Riviera del Brenta : *piazza V. Bardella, 3, 35137* ***Padoue.*** *☎ 049-803-30-69. • padovanavigazione.it •* Ce consortium regroupe les principales compagnies de navigation proposant des croisières sur le *canale del Brenta,* sans oublier les autres fleuves et canaux de la région : canal Piovego, Battaglia, Bisatto, Pontelongo, Brentella et le fleuve Bacchiglione.

En voiture, en bus

➢ ***En voiture :*** vous pouvez suivre le parcours du bateau en longeant le canal par la route nationale 11, qui relie Venise à Padoue via Marghera, Mira, Dolo et Stra. Vous pourrez ainsi visiter les villas à votre rythme. C'est la meilleure solution.

➢ ***En bus :*** la liaison Padoue-Venise est assurée par les nombreux bus de la compagnie *ACTV (• actv.it •),* qui dessert Marghera, Mira, Dolo et Stra. Si le temps est de la fête, pourquoi pas ? Arrêts bien signalés.

À vélo

– ***Attention :*** la piste cyclable a beau avoir été refaite, ce n'est pas l'idéal. On peut certes longer la rivière de Padoue à Venise, mais il faudra la plupart du temps partager la route nationale 11 avec les innombrables voitures et bus. Pas terrible ! 2 itinéraires ont toutefois été balisés sur la rive sud, à travers la plate (et morne) campagne.

■ ***Location de vélos :*** *chez* ***Center Bike Bartolomiello,*** *via Mocenigo, 3, à* ***Mira Porte.*** *☎ 041-42-01-10. • negozio@centerbike.191.it • Au bord du canal. Tlj sf dim (sur résa slt) 8h30-12h30, 15h-19h. Compter 15 €/j.*

Où dormir ? Où manger au fil du canal ?

Il y a des petites adresses encore fréquentées par les habitués, au centre de Mira, mais ce serait exagérer de prétendre que vous allez faire une croisière gastronomique au fil de la Brenta. Que vous soyez sur l'eau ou longiez le canal, d'ailleurs !

Hotel Villa Gasparini : *riviera Martiri della Libertà, 37, 30031* **Dolo.** *☎ 041-560-81-56. • info@villagasparini.it • villagasparini.it • À 17 km de Venise centre, à l'entrée de Dolo, le long de la route nationale SS 11. Doubles 65-100 € selon saison, taille et confort, petit déj-buffet inclus.* Face au canal, cette belle demeure bourgeoise du XVIIIe s propose des chambres de charme, dans un style vénitien avec poutres apparentes et jacuzzi pour les plus chères. Les chambres standard sont dans une annexe dans le jardin. Parmi les petits plus, outre la qualité de l'accueil, la location de vélos et les tours guidés (à vélo) le week-end.

Hotel Riviera dei Dogi : *via Don Minzoni, 33, 30034* **Mira.** *☎ 041-42-44-66. • rivieradeidogi@bighotels.it • bighotels.it • À 17 km de Venise et à l'écart de la route nationale SS 11. Doubles 70-90 € selon saison, petit déj inclus. Parking gratuit.* Au cœur du village et donnant sur un gentil méandre de la Brenta, c'est un hôtel confortable, construit en partie sur les restes d'une ancienne villa vénitienne du XVIe s. Une quarantaine de chambres agréables (meubles anciens, vieilles poutres pour certaines...), bien équipées et calmes, dont plusieurs avec vue sur le canal. Les plus fonctionnelles sont réparties sur 2 annexes. Accueil en français par une patronne qui saura vous conseiller les restos les plus sympas du village. Une bonne adresse.

Hotel Villa Alberti : *via E. Tito, 90, 30031* **Dolo.** *☎ 041-426-65-12. • info@villalberti.com • villalberti.com • À 15 km de Venise, dans une rue parallèle à la route SS 11, de l'autre côté du canal. Doubles 90-120 € selon saison, petit déj inclus. Parking gratuit. Loc de vélos.* Une adresse au charme indéniable, nichée dans une élégante villa vénitienne du XVIIIe s, plantée au fil de la *riviera del Brenta,* mais sans vue. Chambres dépouillées assez chères, même s'il s'en dégage un certain cachet. Préférer peut-être les chambres standard de la *Barchessa,* l'annexe du jardin, plus agréables, spacieuses et confortables. Beau parc soigné pour une balade bucolique et solarium. Possibilité de dîner sur place.

I Molini del Dolo : *via Garibaldi, 3, 30031* **Dolo.** *☎ 041-510-10-12. • info@molinidolo.com • En plein centre du village, au bord de l'eau. Tlj sf lun 8h-2h. Plats 10-16 €.* Pas loin du campanile, on repère facilement cette *enoteca-caffetteria* installée dans un moulin à eau du XVIe s, toujours pimpant. Un cachet rustique et authentique, tandis que l'on est bercé par les cliquetis du mécanisme ancestral. Agréable terrasse à l'arrière, bordée de part et d'autre par le canal. Pâtes, charcuterie, fromages, salades, *tramezzini...* de belles assiettes du pays pour un délicieux repas en perspective. En cas d'affluence, le service mouline un peu, mais on a tout loisir d'admirer les produits locaux sur les étagères de ce vénérable établissement qui fait aussi épicerie fine. Pour une bonne pizza, on ira au resto d'à côté, *Al Cristo,* du même propriétaire.

Les villas

La villa Pisani : *via Doge Pisani, 7, 30039* **Stra.** *☎ 049-50-20-74. • villapisani.beniculturali.it • À 15 km du centre de Padoue. Tlj sf lun (ouv lun fériés) 9h-19h (16h oct-mars) ; caisse fermée 1h avt. Entrée : 10 € avr-oct (7,50 € hors saison) ; 4,50 € parc seul ; réduc ; gratuit jusqu'à 18 ans. Audioguide en français : 4 €.*
Cette immense bâtisse – la plus célèbre de toutes celles du bord de la Brenta – fut construite au XVIIIe s par l'architecte Preti, dans un style grandiose et fastueux qui

se voulait un hommage au château de Versailles. Il faut dire aussi que son proprio d'alors, le doge Pisani, était ambassadeur de Venise en France... Des gens célèbres en furent les hôtes, tels que les grands-ducs de Russie, Gustave III de Suède, Ferdinand d'Autriche, Maximilien de Habsbourg... Cette villa est aussi connue pour avoir été le lieu de la première rencontre entre Hitler et Mussolini, mais on en parle moins. On doit la décoration actuelle à son plus célèbre occupant, Napoléon, toujours aussi désireux de laisser son empreinte partout où il passait. L'essentiel du mobilier et des tapisseries est donc de style Empire et souvent frappé du « N » impérial ! La visite comprend de nombreux salons et plusieurs chambres en enfilade, qui engendrent à la longue une impression de tristesse car ici on n'a pas vraiment recherché à créer une muséographie originale, même dans les pièces rénovées. Vous n'y passerez pas forcément des heures, sauf si des groupes vous empêchent d'avancer, mais le véritable clou du spectacle est sans aucun doute l'ensemble harmonieux formé par les fresques de la salle de bal, peintes par Tiepolo à la gloire de la famille Pisani.
On peut aussi très bien se contenter de prendre l'air du temps côté jardins. Dans le beau parc de 10 ha, qui s'ordonne autour d'une grande pièce d'eau, ne pas manquer le célèbre labyrinthe décrit par D'Annunzio dans son roman *Le Feu.* Charmant et très ludique !
IOI Près de l'Orangerie, faites une pause gourmande au ***Museum Cafe,*** joliment aménagé, à l'écart des flux touristiques.

La villa Foscarini Rossi : *via Doge Pisani, derrière la précédente. ☎ 049-98-01-10-91. • villafoscarini.it • Ouv avr-oct, lun-ven 9h-13h, 14h-18h ; w-e et j. fériés, visites guidées slt 14h30-18h. Entrée : 5 € en sem ; 7 € le w-e.* Cette villa entièrement retapée appartient au célèbre fabricant de chaussures de luxe italiennes Rossi (vous n'y échapperez pas au *museo Rossimoda della Calzatura* – musée de la Chaussure !)...

POMPE ART

Dans les années 1950, alors qu'il commence une carrière de graphiste publicitaire à New York, Andy Warhol dessine aussi des chaussures pour Rossi, le grand fabricant de luxe italien qui possédait la villa Foscarini au bord du canal de la Brenta. Un éclectisme artistique qui le propulse bientôt au sommet du pop art, dont il demeure à jamais la figure emblématique.

La villa Widmann Rezzonico Foscari : *via Nazionale, 420, 30034* ***Mira.*** *☎ 041-42-49-73. • widmann@turismovenezia.it • À la sortie de Mira, sur la gauche de la route en allant vers Venise. Tlj 10h-18h, sur résa 48h avt, mais la visite est possible avec un groupe de croisiéristes. Il suffit de demander l'heure d'arrivée du prochain bateau (ou du prochain bus). Entrée : 5,50 € ; 9 € avec la villa Valmarana (en face) ; réduc.* Villa du XVIIIe s beaucoup plus modeste que les autres en taille, on a l'impression qu'elle a été conçue dans une logique intimiste et non ostentatoire. Seulement quatre pièces sont visitables ; peu meublées, elles sont organisées autour d'un hall orné d'un lustre de Murano. Son principal intérêt réside dans ses fresques peintes par des élèves de Tiepolo. Des personnalités comme Stravinsky ou D'Annunzio y ont séjourné, ainsi que quelques papes... Petit parc à l'arrière, mais quasi à l'abandon, comme souvent quand ce ne sont pas des privés qui ont réussi à mettre la main sur ces villas. Quelques voitures anciennes, et un semblant de café pour les groupes. Si la faim ou la soif vous tenaillent, plusieurs petites auberges dans le village même.

Barchessa Valmarana : *via Valmara, 11, 30034* ***Mira.*** *☎ 041-426-63-87. • villavalmarana.net • À la sortie de Mira, face à la villa Widmann, de l'autre côté du canal. Mars-oct, tlj 10h-18h. Entrée : 6 € ; 9 € avec la villa Widmann ; réduc.*
Cette Barchessa, seul espace ouvert à la visite, ne donne qu'une petite idée de la majestueuse villa centrale abattue par la famille Valmarena... pour éviter de payer

les taxes sur la fortune, eh oui ! Elle doit son nom aux bateaux *(barche)* qui se glissaient en dessous, au départ, pour ne pas bloquer le trafic sur le canal. Utilisée au départ comme un grenier pour l'agriculture, elle vira à l'agrotourisme avant l'heure en devenant une maison d'amis pour la famille, lors des grandes soirées données ici. Sa restauration dans les années 1960 a permis de lui donner cette apparence hors du temps qui mérite, sinon l'admiration, du moins toute l'attention des visiteurs.
La maison est d'abord remarquable pour sa façade embellie de colonnes doriques. On retrouve ces symboles de richesse et de luxe à l'intérieur, dans la salle principale, avec ses fresques peintes par un élève de Tiepolo, dédiées à la glorification de la famille. De part et d'autre, du même acabit, la *salle des Arts,* dont certaines fresques sont en partie effacées, et la *salle des Caprices* avec ses monochromes représentant les caprices du canal de la Brenta au XVIIe s. Parc romantique à l'arrière, plutôt bien entretenu celui-là, car le reste de la maison est encore habité par les descendants de la riche famille Valmarana.

La villa Foscari – La Malcontenta : *via dei Turisti, 9, 30161* ***Malcontenta.*** *☎ 041-520-39-66. • lamalcontenta.com • Pâques-oct slt, mar et sam 9h-12h ; les autres jours (sf lun), sur résa pour les groupes slt. Entrée : 10 €.* Construite par Palladio vers 1560, cette villa affiche une très belle architecture extérieure et contient des fresques de Zelotti. Son nom viendrait du mécontentement des paysans locaux qui s'étaient alors soulevés contre des mesures relatives à la propriété. Une autre légende, appuyée par une fresque peinte à droite en entrant, prétend qu'un mari jaloux y aurait enfermé sa femme, la rendant du coup... plutôt mécontente !

Des dizaines d'autres ***villas*** bordent le canal. Parmi les plus intéressantes : les villas *Priulli, Ca' Moro* et *Gradenigo* à Oriago di Mira ; la villa *Grimani* à Dolo ; la villa *Zuconi* à Stra... Mais, pour la plupart, elles ne sont plus entretenues et ne se visitent pas.

les ROUTARDS sur la FRANCE 2016-2017

(dates de parution sur • *routard.com* •)

Découpage de la FRANCE par le ROUTARD

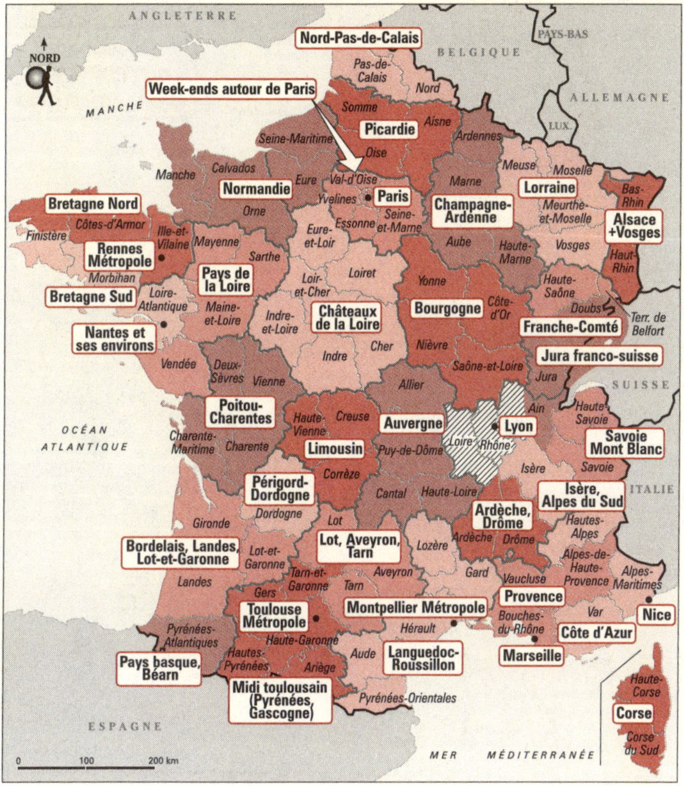

Autres guides nationaux

- La Loire à Vélo
- La Vélodyssée (Roscoff-Hendaye ; avril 2016)
- Les grands chefs du Routard
- Nos meilleurs campings en France
- Nos meilleures chambres d'hôtes en France
- Nos meilleurs hôtels et restos en France
- Nos meilleurs sites pour observer les oiseaux en France
- Tourisme responsable

Autres guides sur Paris

- Paris
- Paris à vélo
- Paris balades
- Restos et bistrots de Paris
- Le Routard des amoureux à Paris
- Week-ends autour de Paris

les ROUTARDS sur l'ÉTRANGER 2016-2017

(dates de parution sur • **routard.com** •)

Découpage de l'ESPAGNE par le ROUTARD

Découpage de l'ITALIE par le ROUTARD

Autres pays européens

- Allemagne
- Angleterre, Pays de Galles
- Autriche
- Belgique
- Budapest, Hongrie
- Crète
- Croatie
- Danemark, Suède
- Écosse
- Finlande
- Grèce continentale
- Îles grecques et Athènes
- Irlande
- Islande
- Madère
- Malte
- Norvège
- Pologne
- Portugal
- République tchèque, Slovaquie
- Roumanie, Bulgarie
- Suisse

Villes européennes

- Amsterdam et ses environs
- Berlin
- Bruxelles
- Copenhague
- Dublin
- Lisbonne
- Londres
- Moscou
- Prague
- Saint-Pétersbourg
- Stockholm
- Vienne

les ROUTARDS sur l'ÉTRANGER 2016-2017

(dates de parution sur • *routard.com* •)

Découpage des ÉTATS-UNIS par le ROUTARD

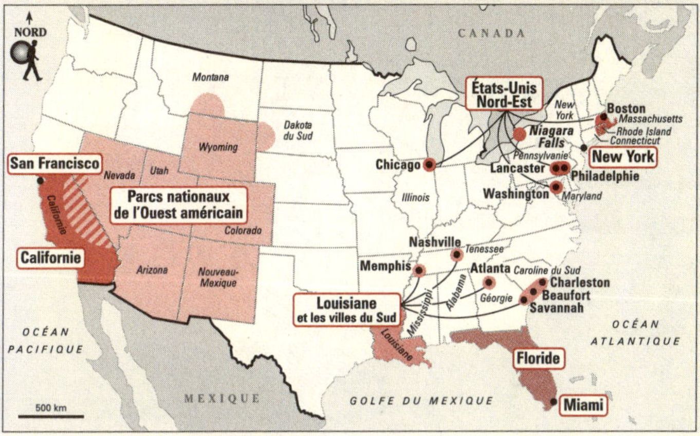

Autres pays d'Amérique

- Argentine
- Brésil
- Canada Ouest
- Chili et île de Pâques
- Équateur et les îles Galápagos
- Guatemala, Yucatán et Chiapas
- Mexique
- Montréal
- Pérou, Bolivie
- Québec, Ontario et Provinces maritimes

Asie et Océanie

- Australie (Sydney, Melbourne ; mai 2016)
- Bali, Lombok
- Bangkok
- Birmanie (Myanmar)
- Cambodge, Laos
- Chine
- Hong-Kong, Macao, Canton
- Inde du Nord
- Inde du Sud
- Israël et Palestine
- Istanbul
- Jordanie
- Malaisie, Singapour
- Népal
- Shanghai
- Sri Lanka (Ceylan)
- Thaïlande
- Tokyo, Kyoto et environs
- Turquie
- Vietnam

Afrique

- Afrique de l'Ouest
- Afrique du Sud
- Égypte
- Kenya, Tanzanie et Zanzibar
- Maroc
- Marrakech
- Sénégal
- Tunisie

Îles Caraïbes et océan Indien

- Cuba
- Guadeloupe, Saint-Martin, Saint-Barth
- Île Maurice, Rodrigues
- Madagascar
- Martinique
- République dominicaine (Saint-Domingue)
- Réunion

Guides de conversation

- Allemand
- Anglais
- Arabe du Maghreb
- Arabe du Proche-Orient
- Chinois
- Croate
- Espagnol
- Grec
- Italien
- Japonais
- Portugais
- Russe
- G'palémo (conversation par l'image)

Les Routards Express

Amsterdam, Barcelone, Berlin, Bruxelles, Budapest (septembre 2015), Dublin (septembre 2015), Florence, Istanbul, Lisbonne, Londres, Madrid, Marrakech, New York, Prague, Rome, Venise.

Nos coups de cœur

- Nos 52 week-ends dans les plus belles villes d'Europe (octobre 2015)
- France
- Monde

INDEX GÉNÉRAL

A

B

C

D-E

L

M-N

O-P

Q-R

S

T

U-V-W-Y-Z

OÙ TROUVER LES CARTES ET LES PLANS ?

Les **Routards** *parlent aux* **Routards**

Faites-nous part de vos expériences, de vos découvertes; de vos tuyaux. Indiquez-nous les renseignements périmés. Aidez-nous à remettre l'ouvrage à jour. Faites profiter les autres de vos adresses nouvelles, combines géniales... On adresse un exemplaire gratuit de la prochaine édition à ceux qui nous envoient les lettres les meilleures, pour la qualité et la pertinence des informations. Quelques conseils cependant:

– Envoyez-nous votre courrier le plus tôt possible afin que l'on puisse insérer vos tuyaux sur la prochaine édition.
– N'oubliez pas de préciser l'ouvrage que vous désirez recevoir.
– Vérifiez que vos remarques concernent l'édition en cours et notez les pages du guide concernées par vos observations.
– Quand vous indiquez des hôtels ou des restaurants, pensez à signaler leur adresse précise et, pour les grandes villes, les moyens de transport pour y aller. Si vous le pouvez, joignez la carte de visite de l'hôtel ou du resto décrit.
– N'écrivez si possible que d'un côté de la lettre (et non recto verso).
– Bien sûr, on s'arrache moins les yeux sur les lettres dactylographiées ou correctement écrites!

En tout état de cause, merci pour vos nombreuses lettres.

Les Routards parlent aux Routards:
122, rue du Moulin-des-Prés, 75013 Paris

e-mail: • ***guide@routard.com*** •
Internet: • ***routard.com*** •

Routard Assurance *2016*

Née du partenariat entre *AVI International* et le *Routard*, *Routard Assurance* est une assurance voyage complète qui offre toutes les prestations d'assistance indispensables à l'étranger : dépenses médicales, pharmacie, frais d'hôpital, rapatriement médical, caution et défense pénale, responsabilité civile vie privée et bagages. Présent dans le monde entier, le plateau d'assistance d'*AVI International* donne accès à un vaste réseau de médecins et d'hôpitaux. Pas besoin d'avancer les frais d'hospitalisation ou de rapatriement. Numéro d'appel gratuit, disponible 24h/24. *AVI International* dispose par ailleurs d'une filiale aux États-Unis qui permet d'intervenir plus rapidement auprès des hôpitaux locaux. À noter, *Routard Assurance Famille* couvre jusqu'à 7 personnes, et *Routard Assurance Longue Durée Marco Polo* couvre les voyages de plus de 2 mois dans le monde entier. *AVI International* est une équipe d'experts qui répondra à toutes vos questions par téléphone : ☎ 01-44-63-51-00 ou par mail • *routard@avi-international.com* • Conditions et souscription sur • *avi-international.com* •

Édité par Hachette Livre (58, rue Jean-Bleuzen, CS 70007 92178 Vanves Cedex, France)
Photocomposé par Jouve (45770 Saran, France)
Imprimé par Lego SPA Plant Lavis (via Galileo Galilei, 11, 38015 Lavis, Italie)
Achevé d'imprimer le 7 septembre 2015
Collection n° 13 - Édition n° 01
50/5568/9
I.S.B.N. 978-2-01-161249-6
Dépôt légal: septembre 2015

PAPIER À BASE DE FIBRES CERTIFIÉES

hachette s'engage pour l'environnement en réduisant l'empreinte carbone de ses livres. Celle de cet exemplaire est de : 250 g éq. CO_2
Rendez-vous sur www.hachette-durable.fr